Ethik der Menschenrechte

Eine Studie zur philosophischen Begründung von
Menschenrechten als universalen Normen

von

Jens Hinkmann

Tectum Verlag
Marburg 2002

Die Deutsche Bibliothek - CIP-Einheitsaufnahme

Hinkmann, Jens:
Ethik der Menschenrechte.
Eine Studie zur philosophischen Begründung von
Menschenrechten als universalen Normen.
/ von Jens Hinkmann
- Marburg : Tectum Verlag, 2002
Zugl.: Erfurt, Univ. Diss. 2001
ISBN 978-3-8288-8395-6

© Tectum Verlag

Tectum Verlag
Marburg 2002

Vorwort

Eine Promotion ist nicht nur ein akademischer Titel, sondern damit verbindet sich immer ein Stück Lebenszeit. Es ist unmöglich, allen und allem gerecht zu werden, die mir dabei geholfen haben. Einige seien dennoch genannt.

Zuallererst möchte ich Herrn Professor Dr. Julian Nida-Rümelin von der Georg-August-Universität Göttingen, derzeit Staatsminister beim Bundeskanzler und Beauftragter der Bundesregierung für Angelegenheiten der Kultur und der Medien, danken. Ohne seine stetige aufmunternde Unterstützung hätte die Arbeit gar nicht erst entstehen können. Ein wesentlicher Teil dieser Studie ist darüber hinaus in Erfurt verfaßt worden. Für die hervorragende und sehr intensive Betreuung bedanke ich mich herzlich bei Herrn Professor Dr. Dr. Dietmar von der Pfordten. Schließlich danke ich Herrn Professor Dr. Winfried Franzen von der Universität Erfurt für seine spontane Bereitschaft, die Arbeit zu begutachten.

Doch auch den Teilnehmern der philosophischen Kolloquien in Göttingen und Erfurt schulde ich Dank für viele wertvolle Anregungen und Verbesserungsvorschläge. Stellvertretend für viele weitere seien Frau Dr. Monika Betzler, Frau Kendra Briken, Herr Christian Demuth, Frau Gabriele Dördelmann, Herr Dr. Karl Hepfer, Frau Lynne Hunter, Herr Lorenz Kähler, Frau Elif Özmen, Frau Dr. Anne Sliwka und Frau Friederike Stratmann genannt.

Für die notwendige Wachsamkeit und Beweglichkeit während der Entstehungszeit dieser Arbeit sorgten Frau Dr. Janna Puumalainen und Julian Hinkmann, meine Eltern Dr. Annegret und Jürgen Hinkmann sowie Hermann Posch. Ihnen allen möchte ich für ihre Unterstützung warm und herzlich danken.

Der Friedrich-Ebert-Stiftung schließlich danke ich für ein Promotionsstipendium, das es mir ermöglicht hat, diese Studie in großer Freiheit und Unabhängigkeit anzufertigen. Und bei der Deutschen Forschungsgemeinschaft bedanke ich mich für die Unterstützung, die es mir erlaubte, die Ergebnisse dieser Studie auf einem Kongreß in Peking zur Diskussion zu stellen.

Erfurt, im März 2002   Jens Hinkmann

Ethik der Menschenrechte

Eine Studie zur philosophischen Begründung
von Menschenrechten als universalen Normen

Inhaltsverzeichnis

1 Einleitung 7

2 Rechtstheoretische Analyse des Begriffs „Menschenrechte" 9

    2.1 Analyse des Gedankens „ein Recht haben" 11
        2.1.1 Ansprüche 13
        2.1.2 Träger und Normadressaten von Ansprüchen 16
        2.1.3 Privilegien und weitere Subklassen von Rechten 23

    2.2 Analyse des Gedankens „ein Menschenrecht haben" 29
        2.2.1 Die drei Generationen von Menschenrechten 30
        2.2.2 Rechtstheoretische Präzisierung 34

3 Relativistische Kritik 43

    3.1 Kultureller Relativismus 51
    3.2 Ethischer Relativismus 59

4 Theorien der Begründung von Menschenrechten als universalen Normen 63

    4.1 Naturrecht und Menschenrechte 67
        4.1.1 Menschenwürde und Menschenrechte 67
        4.1.2 Rationales Naturrecht 73

    4.2 Diskursethik und Menschenrechte 79
        4.2.1 Grundlagen der Diskursethik 81
        4.2.2 Diskursregeln und Menschenrechte 83

    4.3 Libertarismus und Menschenrechte 95
        4.3.1 Die formale Struktur des moralischen Diskurses 102
        4.3.2 Die materialen liberalen Prinzipien 106

    4.4 Kommunitarismus und Menschenrechte 119
        4.4.1 Das Scheitern des ungebundenen Selbst 122
        4.4.2 Der Vorrang des Guten vor dem Gerechten 130

4.5 Utilitarismus und Menschenrechte 137
   4.5.1 Charakteristika des Utilitarismus 140
   4.5.2 Kompatibilität und eigenständige Begründungsleistung 142

4.6 Rationalistischer negativer Utilitarismus und Menschenrechte 147
   4.6.1 Die moralischen Regeln 151
   4.6.2 Potentielle öffentliche Befürwortung und tatsächliches moralisches Handeln 156

4.7 Transzendentaler Kontraktualismus und Menschenrechte 161
   4.7.1 Zur Anthropologie menschlicher Interessen 169
   4.7.2 Gerechtigkeit als Tausch 175

4.8 Fairneßorientierter Kontraktualismus und Menschenrechte 183
   4.8.1 Politische Gemeinschaften, Völker, Staaten und das Völkerrecht 186
   4.8.2 Toleranz und hierarchische wohlgeordnete politische Gemeinschaften 193

4.9 Normativer Individualismus und Menschenrechte 201
   4.9.1 Interessen, Individuen und Kollektive 203
   4.9.2 Normativer Individualismus und deskriptiver Holismus 215

5 Pragmatischer Individualismus und Menschenrechte 223

5.1 Interessen, Handlungen und ein rationales Individuum 224
5.2 Pragmatische Umsetzung 240

6 Bausteine einer Ethik der Menschenrechte 243

6.1 Zusammenfassung der Ergebnisse 243
6.2 Ausblick 256

Literaturverzeichnis 257

Ethik der Menschenrechte

Eine Studie zur philosophischen Begründung
von Menschenrechten als universalen Normen

1 Einleitung

Die Menschenrechte sind ein Thema von großer Bedeutung. Dies gilt sowohl für die Wissenschaft als auch für die praktische Politik. Richtet man jedoch einen nüchternen Blick auf die Problematik, herrscht Konfusion. Allein schon die rechtstheoretische Frage, was genau unter dem Begriff der Menschenrechte zu verstehen sei, erlaubt keine einfache Antwort. In der rechtsethischen Diskussion bestimmt der Streit zwischen Universalisten und Relativisten die Szenerie. Aber auch innerhalb des universalistischen Theorienspektrums öffnet sich ein weites Feld stark divergierender Rechtfertigungen – weniger hinsichtlich der Ergebnisse, als vielmehr hinsichtlich der Art und Weise der rechtsethischen Begründung der Menschenrechte. In der Politik werden die Menschenrechte für ethisch-politische Zielsetzungen aller Art instrumentalisiert. Und die Handhabung der Menschenrechte in der Alltagspraxis läßt in vielen Staaten dieser Welt zu wünschen übrig, wie die Jahresberichte der verschiedenen Menschenrechtsorganisationen dokumentieren.

Um die emotional aufgeladene Diskussion zu versachlichen und die Grundlage für eine wissenschaftliche Behandlung der Thematik zu legen, wird im folgenden zweiten Kapitel dieser Arbeit zunächst der *Begriff der Menschenrechte rechtstheoretisch analysiert*. Die Frage lautet, was genau unter dem Begriff der Menschenrechte sinnvoll verstanden werden kann. Darauf aufbauend sollten die Ergebnisse unabhängig von der politischen Ausrichtung und der wissenschaftlichen Fachdisziplin an Klarheit und Eindeutigkeit gewinnen können.

Im dritten Kapitel werden *relativistische Ansätze* und Positionen untersucht. Die relativistische Kritik an universalistischen Theorien motiviert die zentrale Fragestellung der Studie, ob sich die Menschenrechte als universale Normen rechtsethisch begründen lassen.

Das vierte Kapitel diskutiert ausgewählte einschlägige *ethische Theorien*, die die Menschenrechte als universale Normen zu begründen suchen. Dieser Schwerpunkt der Arbeit weist wie schon der Titel darauf hin, daß nach einer universellen normativen Rechtfertigung ausgewählter und ausgezeichneter Normen gesucht wird, die als Menschenrechte verstanden werden können. Das erkenntnisleitende Interesse der Evaluation verschiedener ethischer Theorien ist dabei keineswegs historischer, sondern systematischer Art. In diesem Sinne nähern sich jedoch viele weitere wissenschaftliche Fachdisziplinen dem Thema der Menschenrechte. Da es sich bei der vorliegenden Studie um eine philosophische Arbeit handelt, steht die Frage der *Begründung* der Menschenrechte im Mittelpunkt. Welche ethischen Theorien leisten was genau für die Begründung welcher Menschenrechte? Auf der anderen Seite richtet sich das Augenmerk spezifisch auf die Begründung der *Menschenrechte*. Es wird nicht versucht, eine allgemeine ethische oder auch eine allgemeine rechtsethische Theorie zu entwerfen. Das würde den Rahmen bei weitem sprengen. Durch die konstruktive Kritik verschiedener (rechts-)ethischer Theorien wird lediglich versucht, die Bausteine einer Ethik der Menschenrechte zu identifizieren.

Im fünften Kapitel wird, aufbauend auf den Ergebnissen der Evaluation der ethischen Theorien des vorhergehenden Kapitels, eine Ethik der Menschenrechte entwickelt. Sie kann als *pragmatischer Individualismus* bezeichnet werden und fußt auf den beiden zentralen Kategorien des Interesses und des Handelns. Die Begründung erfolgt dabei soweit möglich in Abhängigkeit vom jeweils zur Diskussion stehenden Menschenrecht. Darüber hinaus soll versucht werden, die Konflikte zwischen verschiedenen Menschenrechten in die ethische Theorie zu integrieren. Dies ergänzt die Ebene der Rechtfertigung um diejenige der Umsetzung der ethischen Theorie. Zumindest teilweise sollen die im vierten Kapitel diskutierten ethischen Theorien den Ebenen der Rechtfertigung und der Umsetzung zugeordnet werden. Insofern integriert und ergänzt das Konzept des pragmatischen Individualismus einen Teilbestand der rechtsethischen Theorien. Eine präzise Zusammenfassung und ein knapper Ausblick schließlich sollen im sechsten und letzten Kapitel die Anwendungsfelder einer Ethik der Menschenrechte zumindest andeuten.

2 Rechtstheoretische Analyse des Begriffs „Menschenrechte"

Der Begriff der Menschenrechte ist zugleich komplex und vieldeutig. Von Menschenrechten wird in der Öffentlichkeit wie in der Politik tagtäglich auf ganz unterschiedlichen Ebenen und mit verschiedenen, sich nicht selten widersprechenden Stimmen gesprochen. Humanitäre Interventionen beispielsweise werden einerseits mit Rekurs auf Menschenrechtsverletzungen gerechtfertigt, andererseits aber nicht zwingend durch diese ausgelöst. Die Idee der Menschenrechte kann sowohl dazu benutzt werden, ein stärker interventionistisches Staatsverständnis zu unterfüttern – etwa im Falle des Menschenrechts auf Entwicklung, verbunden mit der Forderung nach einer gerechteren neuen Weltwirtschaftsordnung – als auch dazu, einen Rückzug des Staates zu fordern – wenn die Freiheit des Individuums und die klassisch-liberalen Menschenrechte in den Mittelpunkt gestellt werden. Der Begriff der Menschenrechte wird inflationär für ethisch-politische Zielvorstellungen aller Art verwendet.

Diese Diagnose für die politische Öffentlichkeit trifft in Teilen auch auf die wissenschaftliche Behandlung der Thematik zu. Die Menschenrechtsdebatte differenziert sich aus in philosophische, juristische, politikwissenschaftliche, soziologische, ethnologische, theologische, religionswissenschaftliche sowie historisch ausgerichtete Diskussionen, zwischen denen die Verständigung zunehmend schwieriger wird. Insofern der Menschenrechtsgedanke in verschiedenen wissenschaftlichen Fachdisziplinen eine wachsende Bedeutung erlangt hat, kann man von einer neuen Unübersichtlichkeit[1] sprechen. Mit der zunehmenden Beachtung drohen jedoch die inhaltlichen Konturen des Menschenrechtsbegriffs zu verschwimmen.

Angesichts dieser Melange, als Therapie für die diagnostizierte Begriffsverwirrung, bietet es sich für die Philosophie an, zunächst eine *rechtstheoretische Analyse* des Begriffs der Menschenrechte in Angriff zu nehmen. Den Ausgangspunkt der folgenden Überlegungen bildet ein klassischer Artikel von

---

[1] Vgl. Heiner Bielefeldt: Philosophie der Menschenrechte. Grundlagen eines weltweiten Freiheitsethos. Darmstadt 1998, S. 4ff.

Wesley Newcomb Hohfeld[2] einschließlich neuerer Interpretationen.[3] Obwohl die ursprüngliche Analyse Hohfelds der analytischen Jurisprudenz entstammt, ist sie prinzipiell offen gegenüber ihrer Anwendung in anderen wissenschaftlichen Disziplinen.[4] Damit stellt sie eine fachübergreifende begriffliche Grundlage bereit, die es ermöglicht, die relevanten Probleme präziser zu fassen. Die Schlußfolgerungen und Ergebnisse sollten dadurch unabhängig von der Fachdisziplin an Klarheit und Eindeutigkeit gewinnen können.

Die Analyse geschieht dabei zunächst in rechtstheoretischer Absicht, d.h. sie enthält noch keine rechtsethische Argumentation und insbesondere *keine normativen Schlußfolgerungen.*[5] Zuerst muß untersucht werden, was rechtstheoretisch möglich ist, ehe sinnvoll diskutiert werden kann, was rechtsethisch begründet ist. Denn eine fehlende Unterscheidung zwischen rechtstheoretischen und rechtsethischen Argumenten ist ebenso wie die Vermengung von deskriptiven und normativen Aussagen und Behauptungen mitverantwortlich für die Unübersichtlichkeit der Menschenrechtsdiskussion. Ferner liegt es nahe, zunächst den Gedanken „ein Recht haben" genauer zu explizieren, um ihn im zweiten Schritt auf „ein Menschenrecht haben" zu erweitern. Es ist zwar beinahe trivial, festzustellen, daß der Begriff des Rechts unterbestimmt ist – ähnlich dem Be-

---

[2] Wesley Newcomb Hohfeld: Fundamental legal conceptions as applied in judicial reasoning. Edited by Walter Wheeler Cook. Reprint of the first edition New Haven 1919. Westport 1978. Die Seitenzahlen der folgenden Analyse beziehen sich auf die Edition von Cook.

[3] Vgl. u.a. Helle Kanger: Human rights and their realization. An inquiry into the U.N. declaration of human rights based upon a philosophical theory of rights and influence. Uppsala 1981. Helle Kanger: Human rights in the U.N. declaration. Uppsala 1984. David M. Adams: Hohfeld on rights and privileges, in: Archiv für Rechts- und Sozialphilosophie 71 (1985) S. 84-95 sowie Judith Jarvis Thomson: The realm of rights. Cambridge, Massachusetts 1990.

[4] Cook 1978, S. XII-XIII: „One great merit of Hohfeld's analysis is that he adopted his terms out of actual judicial usage. ... his analysis and classification make it possible for a lawyer, an economist, or any individual who masters it, to analyze complex problems and to write solutions and construct generalizations in the ordinary language with greater clarity, ..." Vgl. Thomson 1990, S. 39: „Hohfeld was a professor of law, not of moral philosophy, and what he was interested in was, as his titles put it, fundamental legal conceptions – not fundamental moral conceptions. I pretend otherwise ..."

[5] Cook 1978, S. XI: „It solves no problem of social or juristic policy, but it does much to define and clarify the issue that is in dispute and thus enables the mind to concentrate on the interests and policies, that are involved, and increases the probability of an informed and sound conclusion. ... An understanding of the distinction has no bearing on the question whether a right or a privilege exists."

griff der Menschenrechte. Jedoch liegen der Idee des „ein Recht haben" möglicherweise eindeutig bestimmbare Strukturen zugrunde, die eine größere Klarheit in der Menschenrechtsdebatte ermöglichen.

2.1 Analyse des Gedankens „ein Recht haben"

Der alltagssprachlichen Formulierung, daß „ein Mensch ein Recht auf Leben hat", würden die allermeisten Menschen wohl ohne weiteres zustimmen.[6] Sie findet sich wieder in Artikel 3 der *Allgemeinen Erklärung der Menschenrechte*[7] von 1948, der da lautet: „Jeder Mensch hat das Recht auf Leben, Freiheit und Sicherheit der Person." Artikel 2 Absatz 1 der *Europäischen Grundrechtecharta* aus dem Jahre 2000 formuliert kurz und bündig: „Jede Person hat das Recht auf Leben." Doch was genau ist damit gemeint?

Ein Recht auf Leben zu haben könnte zum Beispiel bedeuten, daß man nicht getötet werden darf. Doch wie verhält es sich – erstens – im Falle der Notwehr? Darf ein Mensch im Falle der akuten Gefährdung seines eigenen Lebens sich über das Recht auf Leben eines anderen Menschen hinwegsetzen, wenn er dadurch sein eigenes Leben zu schützen vermag? Vielleicht ist ein Recht auf Leben dahingehend einzuschränken, daß man nicht ungerechtfertigt getötet werden darf. Doch ist – zweitens – das Recht auf Leben kompatibel mit der Todesstrafe? Gibt es Tatbestände und Sachverhalte, die zur Folge haben, daß jemand sein Recht auf Leben verliert?[8] Wenn ja, kann dann noch von einem unveräußerlichen oder absoluten Recht gesprochen werden? Und welcher Zusammenhang besteht – drittens – zwischen dem Recht auf Leben und einer kriegerischen Auseinandersetzung? Unter Umständen wird im Falle eines bewaffneten Konfliktes zwischen politischen Gemeinschaften das Recht auf Leben für eine Teilgruppe von Menschen gravierend eingeschränkt, wenn nicht

---

[6] Vgl. für eine Ausdeutung Gerhard Schurz: Der Wert des Lebens und die Grenzen ethischer Universalisierung, in: Peter Koller / Klaus Puhl (Hrsg.): Current issues in political philosophy: Justice in society and world order. Wien 1997, S. 310-320.

[7] Vgl. Wolfgang Heidelmeyer (Hrsg.): Die Menschenrechte. Erklärungen, Verfassungsartikel, Internationale Abkommen. 3. Auflage. Paderborn 1982 sowie die Publikationen der Europäischen Union. Die englischen Fassungen finden sich in Felix Ermacora / Manfred Nowak / Hannes Tretter (Hrsg.): International human rights. Documents and introductory notes. Wien 1993.

[8] Dies wird zum Beispiel in Europa und in den Vereinigten Staaten von Amerika unterschiedlich beantwortet.

gänzlich suspendiert. Oder ist – viertens – das Recht auf Leben vereinbar mit dem Recht darauf, sein eigenes Leben zu beenden, wann immer man dies wünscht? Bezieht sich das Recht auf Leben lediglich auf den Schutz vor äußeren Einflüssen, die das eigene Leben gefährden und vernichten, oder umfaßt es darüber hinaus das Verbot des Selbstmords? Wie auch immer diese Fragen beantwortet werden, es handelt sich bei der Aussage „ein Recht auf Leben zu haben" in jedem Fall um eine sehr komplexe Aussage, die mehr Fragen aufwirft als beantwortet. Darüber hinaus sind rechtstheoretische und rechtsethische Probleme nur schwer auseinanderzuhalten.

Ähnlich verhält es sich mit den Rechten auf Freiheit und Sicherheit der Person. Es lassen sich zahllose Beispiele finden, die demonstrieren, daß ein „Recht auf Freiheit" deutlich unterbestimmt ist. Die klassische Unterscheidung Isaiah Berlins zwischen negativer Freiheit vom Staat und positiver Freiheit zum Staat[9] etwa läßt sich weiter konkretisieren durch die Menschenrechte der ersten und zweiten Generation. Auch in diesem Fall sind viele Interpretationen möglich. Es ist daher offensichtlich notwendig, mit *einfacheren* Sachverhalten zu beginnen, um zu klären, was es bedeutet, „ein Recht auf etwas zu haben". Plastisches Anschauungsmaterial findet sich bei Rechten, die sich auf zwei Personen A und B sowie auf einen bestimmten Zustand Z zurückführen lassen.

Angenommen, eine Person A ist die Eigentümerin eines Stückes Land. Man kann deshalb mit einer gewissen Plausibilität annehmen, daß die Person A das Recht gegenüber der Person B hat, daß B sich nicht auf dem Stück Land aufhält. Der Zustand Z würde in diesem Fall damit beschrieben, daß die Person B sich nicht auf dem Stück Land aufhält. Das Recht der A folgt dabei keineswegs zwingend aus der Tatsache, daß der A das Stück Land gehört. A kann B möglicherweise die Erlaubnis gegeben haben, das Stück Land zu betreten. Oder A kann B das Stück Land vermietet oder verpachtet haben. Diese Einwände beziehen sich jedoch auf die Frage, ob A eine Rechtfertigung dafür hat, daß sie B verbietet, das Stück Land zu betreten. Für die rechtstheoretische Analyse gilt es zunächst zu klären, was genau es bedeutet, daß A ein Recht gegenüber B hat, daß B das Stück Land nicht betritt – unter der Annahme, daß A dieses Recht tatsächlich hat. Ob es darüber hinaus gerechtfertigt werden kann, sei einstweilen dahingestellt.

---

[9] Vgl. Isaiah Berlin: Two concepts of liberty, in: Ders.: Four essays on liberty. Oxford 1991, S. 122-134.

Eine mögliche Antwort auf die soeben formulierte Frage findet sich bei Wesley Newcomb Hohfeld, von dem auch das Beispiel herrührt:

„... the term ‚rights' tends to be used indiscriminatedly to cover what in a given case may be a privilege, a power, or an immunity than a right in the strictest sense; ..."[10]

Ein Recht auf etwas zu haben kann nach Hohfeld im konkreten Fall heißen, daß dieses Recht ein Privileg, eine Macht, ein Vorrecht oder ein Recht im engsten Sinn ist. Für den Ausdruck „Recht im engsten Sinn" wird als terminus technicus der Begriff „Anspruch" vorgeschlagen.[11] Damit ergeben sich die folgenden vier Subklassen von Rechten:

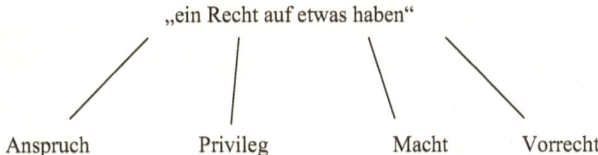

2.1.1 Ansprüche

Ansprüche bezeichnen nach Hohfeld Rechte im engsten Sinn. Sie beziehen sich demnach auf einen Kernbereich des Gedankens „ein Recht auf etwas haben". Zweifelsfrei wird der Begriff des Rechts oft unpräzise[12] und in einem wenig technischen Sinn benutzt. Dennoch ist den verschiedenen Verwendungen gemeinsam, daß Rechte stets in Verbindung gebracht werden mit *Pflichten*, oder genauer, daß sie mit Pflichten korreliert sind. Hohfeld sondert daher als erste Subklasse von Rechten genau diejenigen Rechte aus, die mit einer Pflicht korreliert sind. Definitionsgemäß werden sie im folgenden als Ansprüche bezeichnet.[13]

Im oben genannten Beispiel mit zwei Personen A und B und einem Stück Land kann das Recht des A als ein solcher Anspruch bezeichnet werden. Denn dem

---

[10] Hohfeld 1978, S. 36.
[11] Vgl. Hohfeld 1978, S. 38: „... a synonym for the term ‚right' in this limited and proper meaning, perhaps the word ‚claim' would be the best."
[12] Vgl. z.B. Kanger 1981, S. 8 und Adams 1985, S. 84.
[13] Dies entspricht sinngemäß der Legaldefinition des § 194 BGB: „Das Recht, von einem anderen ein Tun oder ein Unterlassen zu verlangen (Anspruch), ..."

Anspruch des A gegenüber dem B, daß B das Stück Land nicht betritt, korrespondiert die Pflicht des B gegenüber dem A, daß B das Stück Land nicht betritt. Zugleich kann in diesem Beispiel präzise angegeben werden, worin genau das Recht bzw. der Anspruch des A gegenüber dem B besteht.

Etwas formaler läßt sich ein Anspruch, der definiert ist als ein Recht im engsten Sinn, das mit einer Pflicht korreliert ist, wie folgt darstellen[14]: Die Aussage

„A hat einen Anspruch gegenüber B, daß p",

wobei p einen beliebigen Zustand bezeichnet, ist ex definitione äquivalent mit der Aussage

„B ist verpflichtet gegenüber A, nämlich durch die Pflicht,
die B erfüllt genau dann, wenn p",

wobei p natürlich denselben Zustand bezeichnet wie in der ersten Aussage. Doch was genau ist durch diesen Ansatz gewonnen? Und welche Konsequenzen ergeben sich?

Erstens ist eine Folgerung zu erwähnen, die zwar durch das Beispiel nahegelegt wird, die sich jedoch meines Erachtens nicht aus der soeben eingeführten Definition ergibt. Das Beispiel suggeriert, daß B eine bestimmte Handlung unterlassen sollte, wenn er seine Pflicht erfüllen will. Er darf das Stück Land nicht betreten, damit p der Fall ist, nämlich, daß B sich nicht auf dem Stück Land aufhält. Die Tatsache, daß B gegenüber A verpflichtet ist, impliziert jedoch nicht notwendig, daß B selbst zu einem Unterlassen oder auch zu einer aktiven Handlung verpflichtet ist. B erfüllt seine Pflicht gegenüber A „genau dann, wenn p", d.h. wenn ein bestimmter Zustand eintritt. B ist demnach verpflichtet zu gewährleisten, daß ein bestimmter Zustand eintritt. Ob dieser Zustand durch eine aktive Handlung des B, durch ein Unterlassen des B wie in unserem Beispiel, durch ein Handeln oder Unterlassen einer anderen Person oder durch sonst irgend etwas herbeigeführt wird, ist dabei unerheblich. B könnte beispielsweise von einer dritten Person C entgegen seinen Absichten daran gehindert werden, das Stück Land zu betreten. Oder das Stück Land könnte durch eine Überschwemmung völlig unzugänglich geworden sein, so daß B faktisch gar keine Möglichkeit hat, es zu betreten. In beiden Situationen ist p der Fall und ein bestimmter Zustand eingetreten. Damit erfüllt B seine Gewährleistungspflicht. Ein Handeln oder Unterlassen des B kann durch verschiedene an-

---

[14] Vgl. Thomson 1990, S. 41.

dere Einflüsse substituiert werden. Entscheidend für die Pflichterfüllung ist die Tatsache, daß ein bestimmter Zustand gewährleistet wird, unabhängig davon, von wem oder wodurch dies verursacht worden ist.[15] Lediglich in dem Fall, in dem keine anderen Einflüsse dazu führen, daß ein bestimmter Zustand eintritt, führt die Verpflichtung des B gegenüber dem A zugleich dazu, daß B selbst verpflichtet ist, etwas zu unterlassen oder auch eine bestimmte Handlung vorzunehmen.

Zweitens ist ein Anspruch gemäß diesem Ansatz immer ein Anspruch einer Person A gegenüber einer Person B, niemals jedoch ein Anspruch gegenüber niemandem bzw. gegenüber keiner anderen Person.[16] Es gibt keine Ansprüche ohne Relationen zwischen Personen. Denn andernfalls könnte einem Anspruch keine Pflicht korrelieren, die einem Anspruch ex definitione zu eigen ist. Ansprüche implizieren demnach auf der einen Seite einen *Träger* des Anspruchs, auf der anderen Seite aber notwendig einen Verpflichteten oder einen *Normadressaten*.[17]

Drittens ist es rechtstheoretisch nicht notwendig, daß sich Ansprüche auf zwei *verschiedene* Personen A und B beziehen. Ein Anspruch kann sich durchaus auf eine einzige Person A beziehen, die dann zugleich Träger und Normadressat des Anspruchs ist. Ein Beispiel wäre ein Anspruch auf Leben, der das Verbot des Selbstmordes beinhaltet, wenn eine Person A zugleich Träger und Normadressat des Anspruchs ist. Ob diese Selbstbezüglichkeit sinnvoll ist und gerechtfertigt werden kann, kann an dieser Stelle wiederum offen bleiben. Die Konstellation ist rechtstheoretisch möglich.

Viertens müssen sich Ansprüche nicht notwendig auf zwei *Personen* A und B oder auch auf eine einzige Person A beziehen. Dies war lediglich die adäquate Reformulierung des Beispiels. Sie ergab, daß Ansprüche Träger und Normadressaten implizieren, jedoch nicht notwendig, daß die Träger und Normadres-

---

[15] Vgl. Thomson 1990, S. 39.
[16] Vgl. Thomson 1990, S. 41.
[17] Die Aufteilung in Träger und Normadressaten eines Anspruchs ist einstweilen nur für diejenige Subklasse von Rechten gültig, die als Ansprüche bezeichnet werden können. Sie gilt in modifizierter Form auch für die weiteren Subklassen. Ferner bezeichnen die Begriffe „Träger", „Verpflichteter" und „Normadressat" sowohl männliche als auch weibliche Entitäten, ohne daß dies durch die grammatikalische Form zum Ausdruck gebracht wird.

saten Personen sind. Auch andere Entitäten sind als Träger oder Normadressaten von Ansprüchen rechtstheoretisch möglich.

2.1.2 Träger und Normadressaten von Ansprüchen

Im Hinblick auf die Fragestellung dieser Studie erscheint es sinnvoll, sowohl für die Träger als auch für die Normadressaten von Ansprüchen die drei Kategorien Individuum, Kollektiv und als Restgröße sonstige Entitäten einzuführen. Und da es sich bei der Subklasse der Ansprüche prima facie um eine für die rechtstheoretische Analyse von Menschenrechten gut geeignete Kategorie handelt[18], wird die Unterteilung an dieser Stelle exemplarisch diskutiert, ehe anschließend die weiteren Subklassen von Rechten betrachtet werden.

Mögliche Träger X		Mögliche Normadressaten Y
X1: Individuen I1, I2, ...	Ansprüche	Y1: Individuen I1, I2, ...
X2: Kollektive K1, K2, ...	Verpflichtungen	Y2: Kollektive K1, K2, ...
X3: Sonstige Entitäten E1, E2, ...		Y3: Sonstige Entitäten E1, E2, ...

Ein möglicher Träger eines Anspruchs wird durch X gekennzeichnet, der dazugehörige Normadressat mit Y. Unter einem *Individuum* soll im folgenden ohne nähere Qualifizierung ein menschliches Individuum im Sinne der alltagssprachlichen Verwendung des Begriffs verstanden werden. In Abgrenzung zum Legalbegriff der juristischen Person können diese menschlichen Individuen positivrechtlich als natürliche Personen aufgefaßt werden. Die unter X1 genannten Individuen I1, I2, etc. sind dieselben Individuen, die unter Y1 aufgeführt werden, da sich Träger und Normadressaten von Ansprüchen nicht notwendig unterscheiden.

Gleiches gilt für die unter X2 und Y2 gereihten Kollektive. Unter einem *Kollektiv* wird in diesem Zusammenhang eine beliebig große Gruppe von menschlichen Individuen verstanden. Die Größe eines Kollektivs variiert von minimal

---

[18] Diese Annahme ist prima facie plausibel, weil Ansprüche Rechte im engsten Sinne bezeichnen, während Menschenrechte in einem alltagssprachlichen Sinne als die wichtigsten Rechte überhaupt verstanden werden können.

zwei bis hin zu maximal allen Individuen. Festzuhalten ist, daß in der rechtstheoretischen Analyse der Begriff des Kollektivs deskriptiv-explanatorisch benutzt wird. Als terminus technicus bezeichnet er lediglich eine Gruppe von mehr als einem menschlichen Individuum. Insbesondere dient er nicht als normativer Gegenbegriff gegenüber dem Individuum wie etwa in einer rechtsethischen Debatte.

Ferner sind die verschiedenen Kollektive K1, K2, etc. nicht notwendig überschneidungsfrei. Ein Individuum kann durchaus mehreren Kollektiven angehören, etwa gleichzeitig einer Familie, einer bestimmten Klasse, einer politischen Gemeinschaft und der Weltgemeinschaft. Während man sich diese Reihung von Kollektiven noch als konzentrische Kreise vorstellen kann, scheint es nicht zwingend zu sein, daß auch Kollektive einer Ebene bzw. einer Kreisgröße schnittmengenfrei definiert sind. Man denke zum Beispiel an die doppelte Staatsbürgerschaft, durch die ein Individuum Mitglied zweier verschiedener politischer Gemeinschaften sein kann oder auch an den Fall der Bigamie, bei dem ein Individuum gleichzeitig Mitglied mehrerer Familien ist. Diese Fälle sind rechtsethisch problematisch, aber rechtstheoretisch ohne weiteres vorstellbar. Denn die Kriterien, mit deren Hilfe ein einzelnes Kollektiv definiert wird, unterliegen keinen Restriktionen. Eine auf Kommunikation beruhende Weltgemeinschaft kann ebenso als Kollektiv aufgefaßt werden wie die Mitglieder einer Glaubensgemeinschaft, die Bürger eines Staates oder die Vereinsmitglieder eines Schachclubs. Lediglich der Rückbezug auf menschliche Individuen als Grundbestandteile des wie auch immer definierten Kollektivs muß nachvollziehbar sein. Kollektive müssen ein personales Substrat haben. Man kann sich die Kollektive K1, K2, usw. als sich wechselseitig überlagernde Kreise verschiedenster Größe vorstellen. Der größtmögliche Kreis umfaßt alle Individuen und könnte als Weltgemeinschaft bezeichnet werden. Er enthält alle weiteren Kreise, deren kleinste Bausteine die einzelnen Menschen sind.

Sonstige Entitäten schließlich enthalten abstrakte Entitäten wie zum Beispiel Gott oder die Natur, zugleich aber im Sinne einer Residualgröße all diejenigen Entitäten, die nicht unter die Kategorien „Individuum" oder „Kollektiv" subsumiert werden können. In Frage kommen juristische Personen, die nicht unmittelbar auf einzelne natürliche Personen zurückgeführt werden können, wie zum Beispiel Stiftungen. Ebenso fallen internationale Organisationen, Wirtschaftsunternehmen und andere Institutionen unter diese Rubrik. Der Ausdruck „sonstige" drückt die Offenheit der Kategorie aus und gewährleistet die Vollständigkeit der Unterteilung.

Dieses im rechtstheoretischen Sinne vollständige Tableau bedarf nun allerdings mit Blick auf die Menschenrechte, interpretiert als Ansprüche von Menschen, sowohl hinsichtlich der möglichen Träger als auch hinsichtlich der möglichen Normadressaten einiger Einschränkungen.

Zunächst sticht ins Auge, daß auf Seiten der Träger von Menschenrechten keine sonstigen Entitäten in Frage kommen. Es ist begriffslogisch ausgeschlossen, daß Gott oder die Natur als Träger von Menschenrechten zur Disposition stehen. Den Menschenrechten ist somit immer schon eine anthropozentrische Perspektive zu eigen. Dies bedeutet jedoch nicht, daß die sonstigen Entitäten für die Betrachtung irrelevant sind. Es kann durchaus im Interesse von Menschen liegen, daß zum Beispiel die Natur erhalten wird. Zum Ausdruck kommt dies beispielsweise im Menschenrecht auf eine natürliche Umwelt. Andere Menschen wiederum wollen ihre religiöse Spiritualität ausleben, für die transzendente Entitäten von Bedeutung sind, verankert im Menschenrecht auf Religionsfreiheit. Allerdings sind auch diese anthroporelationalen Perspektiven auf den Menschen oder die Menschen als Träger des Anspruchs bezogen. Ein nichtanthropozentrischer Sachbezug ändert nichts an dieser Feststellung.[19] Wie die Argumentation nahelegt, sind auf der anderen Seite sowohl Individuen als auch Kollektive rechtstheoretisch mögliche Träger von Ansprüchen, interpretiert als menschenrechtliche Ansprüche.

Wie sieht es auf der Seite der möglichen Normadressaten aus? Auch hier scheiden die sonstigen Entitäten als mögliche Verpflichtete eines Anspruchs aus. Im Falle einer Naturkatastrophe wie etwa einem Vulkanausbruch, einem Erdbeben oder einer Überschwemmung können zwar durchaus Individuen oder Kollektive davon betroffen sein. Individuelle oder kollektive Ansprüche können verletzt werden. Jedoch fehlt hier der mögliche Normadressat, da die Natur mangels Verantwortlichkeit nicht sinnvoll einbezogen werden kann. Ein menschenrechtlicher Anspruch gegenüber der Natur ist ausgeschlossen und widerspricht dem intuitiven Verständnis des Begriffs „Menschenrechte". Gleiches läßt sich für

---

[19] Vgl. zu den Begriffen „Anthropozentrik", „Anthroporelationalität" und „Nichtanthropozentrik" Dietmar von der Pfordten: Ökologische Ethik. Reinbek bei Hamburg 1996, S. 18-23.

Gott und ähnliche transzendente Entitäten behaupten, wobei in diesem Fall die Ansprüche ohnehin in der Regel die inverse Relation abbilden dürften. Wenn überhaupt, dann haben göttliche Entitäten Ansprüche gegenüber dem Menschen oder den Menschen, nicht umgekehrt. Doch wiederum können diese keine menschenrechtlichen Ansprüche sein.

Wie verhält es sich mit Individuen und Kollektiven? Sind beide Kategorien als mögliche Verpflichtete zulässig? Auf den ersten Blick scheinen beide rechtstheoretisch möglich zu sein. Es sprechen allerdings eine Reihe von guten Gründen gegen eine Einbeziehung einzelner Individuen als unmittelbar Verpflichtete von Ansprüchen, wenn diese Ansprüche als menschenrechtliche Ansprüche aufgefaßt werden.

Erstens impliziert der Begriff der Menschenrechte bestimmte Verhaltensanforderungen gegenüber anderen Individuen oder Kollektiven. Interpretiert man diese Verhaltensanforderungen als individuelle oder kollektive Ansprüche, ergeben sich definitionsgemäß bestimmte Verpflichtungen auf Seiten der Normadressaten. Allerdings sind diese Verpflichtungen niemals auf ein einziges anderes Individuum beschränkt, sondern es handelt sich stets um Ansprüche gegenüber *mehreren* anderen Menschen. Ein Menschenrecht auf Leben eines Individuums I1, so ungenau es auch bislang gefaßt werden konnte, wird jedenfalls nicht adäquat reformuliert als die bloße Verpflichtung eines anderen Individuums I2 gegenüber dem Individuum I1, daß I1 nicht von I2 getötet wird. Sondern darüber hinaus werden weitere Individuen I3, I4, usw. durch die gleiche Verpflichtung betroffen, sofern es sich um ein Menschenrecht handelt, möglicherweise, wenn es sich um einen absoluten Anspruch handelt, sogar alle anderen Individuen und Kollektive. Nun können aber mehrere Individuen stets als Kollektiv gefaßt werden, da keine Restriktionen bezüglich der Kriterien eingeführt wurden, mit deren Hilfe ein Kollektiv definiert wird. Als mögliche Normadressaten von menschenrechtlichen Ansprüchen genügen Kollektive der Anforderung, daß es sich bei dieser Art von Ansprüchen stets um Ansprüche gegenüber mehr als einem anderen Individuum handelt. Eine Reduktion des Anspruchs auf ein einziges Individuum ist unangemessen.

Zweitens erscheint es wenig sinnvoll, den Begriff der Menschenrechte so weit zu fassen, daß damit jegliche ethische Verhaltensanforderung gemeint ist. Man würde sich der pragmatischen Möglichkeit berauben, mit den Begriffen „Ethik" und „Menschenrechte" unterschiedliche Dinge zu bezeichnen. Der Oberbegriff „Ethik" bezieht sich in diesem Zusammenhang auf Rechte und Pflichten mit Blick auf alle rechtstheoretisch möglichen Träger und Normadressaten von Ansprüchen. Insbesondere fallen auch individualethische Rechte und Pflichten zwischen Privatpersonen in den Bereich der Ethik.[20] Demgegenüber können mit Menschenrechten die Ansprüche eines Individuums oder eines Kollektivs *gegenüber einem Kollektiv* bezeichnet werden. Die Interaktion zwischen Privatpersonen wird mit dem Begriff der Menschenrechte nur indirekt erfaßt. Ein Individuum hat als Träger von menschenrechtlichen Ansprüchen ein Recht gegenüber einem Kollektiv, dessen Intervention in das privatrechtliche Verhältnis einzufordern, sofern diese Ansprüche tangiert werden. Menschenrechte sind, wenn sie legitime Ansprüche darstellen, mittelbar relevant für das Verhältnis zwischen Privatpersonen. Sie spannen einen rechtstheoretischen Raum auf, innerhalb dessen sich Privatpersonen unter Beachtung der Menschenrechte frei entfalten können. Die Grenzen ergeben sich mittelbar durch die Bezugnahme auf ein Kollektiv, jedoch nicht unmittelbar oder direkt aus der Interaktion von Privatpersonen. Dies wäre der Gegenstandsbereich der Individualethik, nicht mehr derjenige der Menschenrechte.

Drittens widerspricht die Reduktion von menschenrechtlichen Ansprüchen auf ein Individuum als möglichem Normadressaten der historischen Entwicklung der Menschenrechte.[21] Sie entstanden aus dem Bedürfnis bzw. der Notwendigkeit heraus, den einzelnen gegenüber der politischen Gemeinschaft zu schützen oder auch dem Menschen bestimmte Ansprüche gegenüber der politischen Gemeinschaft zuzusprechen. Sie betreffen damit wiederum mittelbar die Relationen zwischen Individuen, aber nur indirekt über die Bezugnahme auf eine politische Gemeinschaft. Auch die Erweiterung auf Kollektive als Träger von menschenrechtlichen Ansprüchen, etwa in der zweiten und dritten Generation von Menschenrechten, ändert nichts an dieser Normadressierung.

Zusammenfassend läßt sich feststellen, daß als möglicher Normadressat von menschenrechtlichen Ansprüchen die Kategorie des Kollektivs verbleibt. Kollektive wurden eingeführt als Gruppen von Individuen ohne inhaltliche Anfor-

---

[20] Vgl. z.B. Thomas Scanlon: What we owe to each other. Cambridge 1998.
[21] Siehe z.B. Gerhard Oestreich: Geschichte der Menschenrechte und Grundfreiheiten im Umriß. Berlin 1978. Ludger Kühnhardt: Die Universalität der Menschenrechte. 2. Auflage. Bonn 1991, S. 17-130.

derungen an die sie konstituierenden Merkmale. Damit ist jedoch noch immer ein weites Spektrum möglicher Normadressaten zulässig. Wenn man nochmals die historische Entwicklung des Menschenrechtstopos betrachtet, zeigt sich, daß als konstituierendes Merkmal von Menschenrechten unter Umständen weitere Anforderungen an den Normadressaten gestellt werden müssen. Menschenrechte wurden und werden gegenüber einer oder mehreren *politischen Gemeinschaften* reklamiert. Diese zeichnen sich durch ein hierarchisches Verhältnis gegenüber dem Individuum aus. Einzelne Individuen können als gleichberechtigte Verhandlungspartner miteinander Verträge aller Art abschließen, die im Normalfall privatrechtlichen Charakter haben. Diese Gleichberechtigung entfällt, sobald der Blick auf die Relation zwischen einem Individuum und einer politischen Gemeinschaft gerichtet wird. Dieser Gemeinschaft ist das Individuum untergeordnet. Ebenso sind manche Kollektive wie zum Beispiel die Familie dem größeren Kollektiv der politischen Gemeinschaft untergeordnet. Menschenrechtliche Ansprüche beziehen sich auf genau dieses Über-/Unterordnungsverhältnis, indem sie als Ansprüche gegenüber einer oder mehreren politischen Gemeinschaften diesen bestimmte Verpflichtungen auferlegen. Menschenrechte limitieren den Entscheidungsspielraum politischer Gemeinschaften.[22]

Auch in diesem Falle gilt, daß entscheidend für die Pflichterfüllung die Tatsache ist, daß ein bestimmter Zustand gewährleistet wird, unabhängig davon, von wem oder wodurch dies verursacht worden ist. Menschenrechtliche Ansprüche implizieren nicht notwendig ein Handeln oder Unterlassen politischer Gemeinschaften, da dies substituiert werden kann durch das Handeln oder Unterlassen anderer Entitäten, beispielsweise während der Interaktion von gleichberechtigten Privatpersonen. Die politische Gemeinschaft ist lediglich dazu verpflichtet zu gewährleisten, daß ein bestimmter Zustand eintritt.

Problematisch an dieser Qualifizierung des Kollektivbegriffs ist zum einen die inhaltliche Bestimmung dessen, was eine politische Gemeinschaft ausmacht. Zum anderen ist klärungsbedürftig, ob sich lediglich die Mitglieder einer politischen Gemeinschaft menschenrechtlicher Ansprüche gegenüber derselben er-

---

[22] Vgl. Dietmar von der Pfordten: Zur Rechtfertigung der Menschenrechte. Unveröffentlichtes Manuskript. Erfurt 2000, S. 1.

freuen können oder ob sich diese Art von Rechten auch für Nichtmitglieder reklamieren läßt.

Zunächst fällt auf, daß die Menschenrechte im Falle ihrer Anerkennung häufig innerhalb bereits bestehender politischer Gemeinschaften in Grund- und Bürgerrechte[23] transformiert werden. Somit lassen sich zwei Formen von Menschenrechten unterscheiden, ethische und juristische.[24] *Ethische Menschenrechte* sind diejenigen Ansprüche, die ein Träger von Menschenrechten gegenüber der politischen Gemeinschaft oder den politischen Gemeinschaften hat – und zwar unabhängig von der tatsächlichen rechtlichen Institutionalisierung des Anspruchs. *Juristische Menschenrechte* sind die tatsächlich geltenden Menschenrechte innerhalb der Rechtsordnung einer bestimmten politischen Gemeinschaft. Sie werden als Grund-, Bürger-, Staatsbürger- oder auch mißverständlich als Menschenrechte ohne nähere Erläuterung bezeichnet, nachdem sie die Transformation durchlaufen haben. Ethische und juristische Menschenrechte sind dabei rechtsethisch verknüpft, aber in ihrem tatsächlichen Stand voneinander unabhängig. Somit können zwar juristische Menschenrechte in ihrem Anwendungsbereich limitiert werden auf die Mitglieder der jeweiligen politischen Gemeinschaft, nicht hingegen die ethischen Menschenrechte – sofern sie gerechtfertigt werden können. Unterstützt wird diese Position durch die – zugegeben vage – Bestimmung einer politischen Gemeinschaft als eine dem Individuum übergeordnete Instanz. Dieses hierarchische Verhältnis läßt sich jedoch für die Relation zwischen einem Individuum und einer politischen Gemeinschaft unabhängig von der Mitgliedschaft des Individuums in der jeweiligen politischen Gemeinschaft behaupten. Somit können ethische Menschenrechte als individuelle oder kollektive Ansprüche gegenüber politischen Gemeinschaften beschrieben werden.

Die Präzisierung des Menschenrechtsbegriffs, interpretiert als Ansprüche, hat damit ergeben, daß als mögliche Träger von menschenrechtlichen Ansprüchen sowohl Individuen als auch Kollektive in Frage kommen, während als mögliche

---

[23] Im folgenden sollen abweichend von den Legaldefinitionen als Menschen- und Bürgerrechte (in den internationalen Menschenrechtserklärungen und -pakten) bzw. als Nichtdeutschen- und Deutschenrechte (im deutschen Grundgesetz) die in *positivem Recht* gefaßten Menschenrechte als *Grund- und Bürgerrechte* bezeichnet werden.

[24] Vgl. Pfordten 2000a, S. 2.

Normadressaten einzig eine oder mehrere politische Gemeinschaften verblieben sind.

Mögliche Träger X		Mögliche Norm-adressaten Y
X1: Individuen I1, I2, ...	Ansprüche	Y2: Politische Gemeinschaften PG1, PG2, ...
X2: Kollektive K1, K2, ...	Verpflichtungen	

2.1.3 Privilegien und weitere Subklassen von Rechten

Zu Beginn dieses Kapitels wurde das „Recht auf etwas" aufgespalten in die Kategorien Anspruch, Privileg, Macht und Vorrecht. Um die Analyse fortzuführen und die Unterscheidung zwischen einem Anspruch und einem Privileg zu illustrieren, sei zunächst ein weiteres Beispiel von Wesley Newcomb Hohfeld[25] angeführt.

Angenommen, einer Person C gehört ein Salat. Wiederum seien die näheren Spezifikationen des Eigentumsrechts irrelevant, wie schon im ersten Beispiel. Die Person C gibt einer anderen Person D die Erlaubnis, den Salat zu essen. Es ist plausibel anzunehmen, daß die Person C dadurch der Person D bezüglich C das Recht gegeben hat, den Salat zu essen.[26] Doch dieses Recht des D unterscheidet sich gravierend von einem Anspruch. Denn dadurch, daß C dem D die Erlaubnis gegeben hat, den Salat zu essen, und D das Recht erhalten hat, den Salat zu essen, ergibt sich nicht zwingend eine korrespondierende Verpflichtung des C oder D, die sich auf denselben Zustand beziehen läßt. D hat zwar das Recht, den Salat zu essen, er ist aber nicht dazu verpflichtet. Doch auch C ist nicht durch etwas verpflichtet, das er erfüllt genau dann, wenn ein bestimmter Zustand eintritt – im genannten Beispiel der Zustand, daß D den Salat ißt. Wenn man jemandem die Erlaubnis gibt, einen Salat zu essen, und dieser das Recht hat, den Salat zu essen, impliziert dies keine Verpflichtung, die genau dadurch erfüllt wird, daß der andere den Salat ißt. Beispielsweise könnte D keinen Appetit auf Salat haben, sondern lieber eine Tafel Schokolade essen wollen. Dar-

---

[25] Hohfeld 1978, S. 41. Vgl. Adams 1985, S. 84-95. Thomson 1990, S. 43ff.
[26] Auch das erste Beispiel ließe sich in ähnlicher Weise beschreiben: Wenn A dem B die Erlaubnis gibt, das Stück Land zu betreten, dann hat B bezüglich A das Recht, das Stück Land zu betreten.

aufhin ißt C den Salat auf, weil er noch Hunger hat. Weder C noch D verletzen dadurch prima facie irgendwelche Pflichten, die sich daraus ergeben, daß C dem D die Erlaubnis gegeben hat, den Salat zu essen. Allenfalls kann behauptet werden, daß C dadurch, daß er dem D die Erlaubnis gegeben hat, den Salat zu essen, dazu verpflichtet ist, sich nicht zu beschweren, wenn D tatsächlich den Salat ißt. Doch diese Verpflichtung des C kann nicht als eine mit einem Anspruch des D korrelierte Verpflichtung verstanden werden, die sich auf ein und denselben Zustand beziehen läßt. Das Recht des D bezüglich C ist kein Anspruch im eingeführten Sinne.

Hohfeld schlägt vor, das Recht des D bezüglich C als *Privileg* zu bezeichnen. Privilegien werden definiert als die Negation einer Pflicht mit entgegengesetztem Inhalt.[27] Angewandt auf das Beispiel kann das Privileg des D bezüglich C, zuzulassen, daß D den Salat ißt, reformuliert werden als Feststellung, daß D bezüglich C nicht verpflichtet ist, den Salat nicht zu essen. Oder, formaler ausgedrückt[28], ist die Aussage

„D hat bezüglich C das Privileg, zuzulassen, daß p"

wobei p einen beliebigen Zustand beschreibt, ex definitione äquivalent mit der Aussage

„D ist nicht verpflichtet bezüglich C, nämlich durch die Pflicht,
die D erfüllt genau dann, wenn nicht p".

Welche Konsequenzen ergeben sich aus dieser Erweiterung des Begriffs „Rechte" durch die zweite Subklasse der Privilegien?

Erstens können Privilegien ebenso wie Ansprüche als Rechte einer Person gegenüber einer Person interpretiert werden. Auch die Verallgemeinerung des Beispiels und die Ersetzung von Personen durch Entitäten ändern daran nichts. Zwar deutet sich dadurch, daß der Begriff „gegenüber" durch „bezüglich" ausgetauscht worden ist, ein schwächerer Bezug zwischen den beiden Entitäten an. Er charakterisiert die Tatsache, daß keine korrespondierende Pflicht beim Gegenüber festzustellen ist, die sich auf denselben Zustand wie das Privileg beziehen läßt. Doch wird die Relation zwischen den beiden Entitäten dadurch nicht

---

[27] Hohfeld 1978, S. 39: „... for, always, when it is said that a given privilege is the mere negation of a duty, what is meant, of course, is a duty having a content or tenor precisely opposite to that of the privilege in question."

[28] Vgl. Thomson 1990, S. 45.

überflüssig oder gar ganz aufgehoben. Auch Privilegien sind *relativ*.[29] Mit anderen Worten, die für die Subklasse von Ansprüchen eingeführte Unterscheidung zwischen Träger und Normadressat ist weiterhin zulässig. Unter einem Normadressaten ist allerdings im Falle eines Privilegs lediglich der Bezugspunkt des Rechts und nicht zugleich eine verpflichtete Entität zu verstehen. Auch die Aussage, daß keine zwei verschiedenen Entitäten notwendig sind für die Charakterisierung eines Privilegs, kann übertragen werden. Somit läßt sich die Unterteilung in Individuen, Kollektive und sonstige Entitäten einschließlich der Einschränkungen für den Begriff der Menschenrechte auch auf den Begriff des Privilegs anwenden.

Zweitens sind Privilegien extensiv in dem Sinne, daß es rechtstheoretisch möglich ist, ein Privileg gegenüber allen anderen Entitäten zu haben. Zugleich sind Privilegien sehr *schwache* Rechte, weshalb nicht weiter verwunderlich ist, daß sie so extensiv, d.h. ohne irgendwelche Begrenzungen hinsichtlich der möglichen Normadressaten konstruiert werden können.[30] Betrachten wir ein drittes Beispiel. Angenommen, ich habe das Privileg bezüglich allen anderen Entitäten, mich an der Nase zu kratzen. Dieses Privileg ist definitionsgemäß äquivalent damit, daß ich nicht verpflichtet bin bezüglich allen anderen Entitäten, mich nicht an der Nase zu kratzen. Diese Aussage kann zutreffen, einfach aufgrund der Tatsache, daß ich nicht gegenüber irgend jemandem oder gegenüber irgend etwas anderem dazu verpflichtet bin, mich nicht an der Nase zu kratzen. Darüber hinaus kann dieses Privileg prinzipiell nicht verletzt werden.[31] Denn wie sollte dies möglich sein? Angenommen, eine andere Person hält mich davon ab, mich an der Nase zu kratzen. Dadurch würde sie meinen Anspruch gegenüber dieser Person – sofern ein solcher besteht – verletzen, mich an der Nase zu kratzen, da diesem Anspruch eine Verpflichtung korrespondiert auf Seiten des Gegenübers, die sie genau dann erfüllt, wenn ich mich an der Nase kratze. Allerdings läßt dies mein Privileg, mich an der Nase zu kratzen, völlig unberührt, da ich noch immer nicht dazu verpflichtet bin, mich nicht an der Nase zu kratzen. Das trifft auch dann zu, wenn ich davon abgehalten werde, mich an der

---

[29] Vgl. Thomson 1990, S. 45.
[30] Vgl. Thomson 1990, S. 45ff. Im Rekurs auf Menschenrechte sind natürlich auch Privilegien limitiert auf politische Gemeinschaften als mögliche Normadressaten von Privilegien.
[31] Vgl. Thomson 1990, S. 46ff. mit einer etwas formaleren Rekonstruktion der Hohfeldschen Analyse.

Nase zu kratzen, weil ich das Bedürfnis dazu habe. Privilegien implizieren keine Ansprüche auf Nichtbeeinträchtigung.[32]

Wenn allerdings Privilegien in diesem schwachen Sinn gelesen werden können, liegt die Frage nahe, weshalb sie überhaupt noch als Subklasse von Rechten aufgeführt werden, die relevant sind für eine rechtstheoretische Analyse. Hierfür werden zwei Zitate aus dem *Leviathan* des Thomas Hobbes gegenübergestellt, die beide der Beschreibung des Hobbesschen Naturzustandes dienen:

„To this warre of every man against every man, this also is consequent; that nothing can be Unjust. The notions of Right and Wrong, Justice and Injustice have there no place. Where there is no common Power, there is no Law: where no Law, no Injustice."[33]

„And because the condition of Man, (as hath been declared in the precedent Chapter) is a condition of Warre of every one against every one; in which case every one is governed by his own Reason; and there is nothing he can make use of, that may not be a help unto him, in preserving his life against his enemyes; It followeth, that in such a condition, every man has a Right to every thing; even to one anothers body. And therefore, as long as this naturall Right of every man to every thing endureth, ..."[34]

Wenn dies eine adäquate Beschreibung des Naturzustandes, des Krieges eines jeden gegen jeden anderen sein soll, welcher Art sind dann die genannten natürlichen *Rechte*? Die natürlichen Rechte von jedermann auf alles lassen sich jedenfalls nicht als Ansprüche auffassen. Denn diese Ansprüche müßten definitionsgemäß mit Pflichten korreliert sein, die prinzipiell verletzt werden können. Die Wahrscheinlichkeit, daß sie tatsächlich verletzt werden, ist gerade im Naturzustand besonders hoch. Doch gleichzeitig gibt es in diesem Zustand kein richtig oder falsch, keine Gerechtigkeit oder Ungerechtigkeit. Eine Pflichtverletzung muß zwar nicht unbedingt als Ungerechtigkeit interpretiert werden, kann jedoch im Falle eines legitimen Anspruchs als ungerecht bezeichnet werden, unabhängig davon, welchen Inhalt sie hat. Wenn dieser Fall überhaupt

---

[32] Vgl. hierzu das Fazit der ausführlichen Analyse von Privilegien in Adams 1985, S. 94f.
[33] Thomas Hobbes: Leviathan or the matter, form and power of a commonwealth, ecclesiastical and civil. Edition of the first edition of 1651 by Richard Tuck. Cambridge 1991, Kapitel 13.
[34] Hobbes 1651, Kapitel 14. Die Gegenüberstellung der Zitate stammt von Thomson 1990, S. 50f.

nicht vorgesehen ist, weil es keine Ungerechtigkeit gibt, dann kann es sich bei den genannten Rechten nicht um Ansprüche handeln.

Eine näherliegende Lesart wäre es, die natürlichen Rechte als Privilegien aufzufassen. Diese könnten erstens gegenüber allen anderen behauptet werden und zweitens prinzipiell nicht verletzt werden. Es ergibt sich in diesem Fall kein Widerspruch zur Aussage, daß es im Naturzustand keine Ungerechtigkeit gibt. Eine weitere Parallele mit Bezug auf das Beispiel der zwei Personen C und D und des Salates läßt sich darin sehen, daß im Naturzustand jeder Mensch die Erlaubnis hat, alles zu tun. Im Umkehrschluß hat niemand das Recht, sich darüber zu beschweren, daß von dieser Erlaubnis auch Gebrauch gemacht wird. Die Erlaubnis für jedermann, alles tun zu dürfen, ist verbunden mit der Verpflichtung, sich nicht darüber zu beklagen, daß dies auch geschieht – wenn die natürlichen Rechte keine Ansprüche, sondern Privilegien sind.

Deutlich wird damit aber zugleich, daß Privilegien alleine nicht als Menschenrechte verstanden werden können. Denn ein Menschenrecht, das per definitionem prinzipiell nicht verletzt werden kann, steht im deutlichen Gegensatz zum Begriff der Menschenrechte, die ja gerade in besonders hohem Maße schützen sollen vor bestimmten Verletzungen. Eine Interpretation, die Menschenrechte auf Privilegien reduziert, unterhöhlt den Begriff der Menschenrechte vollständig.

Drittens läßt sich mit Hilfe von Privilegien das Phänomen der *aggregierten Rechte* näher beschreiben.[35] Betrachten wir noch einmal das „Salatbeispiel". Was genau könnte mit der Behauptung gemeint sein, daß D die *Freiheit* hat, den Salat zu essen? Zunächst scheint ein Bestandteil dieser Freiheit zu sein, daß D das Privileg gegenüber allen anderen Entitäten einschließlich C hat, den Salat zu essen. Dies ist eine sehr schwache Behauptung, wie bereits gezeigt wurde. Privilegien allein konstituieren noch keine Freiheit.[36] Darüber hinaus sind Ansprüche des D gegenüber allen anderen Entitäten einschließlich C erforderlich, zuzulassen, daß D den Salat ißt. Diese Ansprüche können bestimmt werden als Ansprüche auf Nichtintervention für den Fall, daß D den Salat ißt. Erst die

---

[35] Vgl. Thomson 1990, S. 53ff. sowie Kanger 1984, S. 48ff. mit einer Analyse von atomaren Rechten als aggregierten Rechten.

[36] Vgl. Adams 1985, S. 87: „Hohfeldian privileges must be distinguished from that sense of ‚privilege' according to which to say I have a privilege is to affirm that I am ‚free' or ‚at liberty' to do or refrain from some act; ... the latter seems to make a stronger claim."

Kombination des Privilegs mit den Ansprüchen ergibt ein adäquates Bild dessen, was unter der Freiheit des D verstanden werden kann, den Salat zu essen. Zugleich ist Freiheit ein Beispiel für ein aggregiertes Recht, das sich in zweierlei Hinsicht aufspalten läßt. Erstens können Privilegien und Ansprüche unterschieden werden. Zweitens können Privilegien und Ansprüche gegenüber verschiedenen anderen Entitäten separiert werden. Erst die Summe der einzelnen Rechte ergibt das aggregierte Recht der Freiheit.

Eine mögliche Anwendung dieser Aufteilung auf die Menschenrechte ist offensichtlich, insbesondere auf diejenigen der ersten Generation, die als Freiheitsrechte bestimmt werden können.[37] Auch die übrigen Menschenrechte können als aggregierte Rechte in dem Sinne verstanden werden, daß sie Ansprüche gegenüber verschiedenen anderen Entitäten formulieren, denen entsprechende Verpflichtungen korrespondieren. Allerdings ist die Subklasse des Privilegs lediglich für Freiheitsrechte einschlägig.

Im Gegensatz zu Ansprüchen und Privilegien sollen die beiden verbleibenden Kategorien der Aufteilung Hohfelds – Macht und Vorrecht – relativ kurz betrachtet werden, da sie als juristische bzw. positivrechtliche Kategorien für eine rechtstheoretische Analyse von Menschenrechten lediglich begrenzt fruchtbar gemacht werden können.

Macht bezeichnet bei Hohfeld als terminus technicus die Fähigkeit, durch eine aktive Intervention eine Veränderung der legalen Rechte einer Entität herbeizuführen.[38] Dies bezieht sich sowohl auf die Rechte der Entität selbst wie auch auf die Rechte anderer Entitäten. Da es sich jedoch ausschließlich um legale bzw. juristische Rechte handelt, ist diese Kategorie für eine rechtsethische Diskussion wenig ergiebig. Denn erst durch die Transformation von ethischen Menschenrechten in juristische Menschenrechte wird die Frage relevant, welche Entität dafür zuständig ist und deshalb notwendig dazu in der Lage sein muß, bestimmte legale Rechte zu schützen bzw. zu gewährleisten. Anzumerken ist, daß politische Gemeinschaften als mögliche Normadressaten menschenrechtlicher Forderungen die notwendige Bedingung der Macht erfüllen, eine Veränderung der juristischen Rechte eines Individuums oder eines Kollektivs herbeiführen zu können. Insofern ist die Normadressierung rechtstheoretisch korrekt.

---

[37] Zur Auffächerung der Menschenrechte in drei Generationen vgl. Kapitel 2.2.1.
[38] Hohfeld 1978, S. 51: „... the person (or persons) whose volitional control is paramount may be said to have the (legal) power to effect the particular change of legal relations that is involved in the problem." Vgl. Thomson 1990, S. 57ff.

Vorrecht steht nach Hohfeld zur Macht in gleichem Verhältnis wie ein Anspruch zu einem Privileg.[39] Ein Vorrecht wird definiert als die Abwesenheit der Fähigkeit aller Entitäten, durch eine aktive Intervention eine Veränderung einer bestimmten legalen Relation herbeizuführen. Auch in diesem Fall ist der Anwendungsbereich der Kategorie auf die juristische Problematik limitiert und es trifft das zu, was bereits für den terminus technicus der Macht gesagt wurde.

Damit verbleiben die Subklassen der Ansprüche, der Privilegien, der aggregierten Rechte und in gewissem Maß das Kriterium der Macht als diejenigen Kategorien Hohfelds, die für die philosophische Diskussion der Menschenrechte einen interessanten Beitrag leisten können.

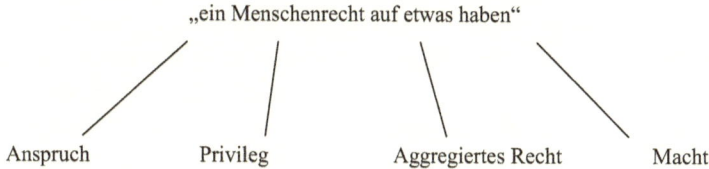

2.2 Analyse des Gedankens „ein Menschenrecht haben"

Menschenrechte wurden in der rechtstheoretischen Analyse bestimmt als Rechte von Individuen oder Kollektiven gegenüber politischen Gemeinschaften. Sie konnten dabei als Ansprüche oder aggregierte Rechte spezifiziert werden. Faktisch umfassen die Menschenrechte ein breites und sehr heterogenes Spektrum verschiedenster Rechte in genanntem Sinn, weshalb die Frage naheliegt, ob sich noch weitere Systematisierungen und Unterteilungen des Objektbereiches ermitteln lassen. Den Ausgangspunkt der folgenden Diskussion bildet dabei der Istbestand des Menschenrechtsbegriffs, der sich am ehesten mit Hilfe der drei Generationen von Menschenrechten abbilden läßt. Diese Aufteilung ermöglicht eine vollständige Erfassung dessen, was de facto unter dem Thema Menschen-

---

[39] Hohfeld 1978, S. 60: „... that a power bears the same general contrast to an immunity that a right does to a privilege. A right is one's affirmative claim against another, and a privilege is one's freedom from the right or claim of another. Similarly, a power is one's affirmative control over a given legal relation as against another; whereas an immunity is one's freedom from the legal power or control of another as regards some legal relation."

rechte verhandelt wird.[40] Darüber hinaus können Menschenrechte innerhalb dieses Rahmens sowohl als individuelle wie auch als kollektive Rechte gegenüber politischen Gemeinschaften interpretiert werden.

2.2.1 Die drei Generationen von Menschenrechten

Die drei Generationen von Menschenrechten sind unter dem Dach der Vereinten Nationen entstanden. Die *Charta der Vereinten Nationen* vom 26. Juni 1945 bestimmt an prominenter Stelle in Artikel 1 Ziffer 3 die Förderung und Festigung der Achtung der Menschenrechte als eines ihrer wichtigsten Ziele.[41] Dies ist ein Novum, wenn man die Charta der Vereinten Nationen mit der Satzung des Völkerbundes vergleicht, denn in der Völkerbundsatzung findet sich kein Artikel, der ausschließlich auf die Menschenrechte abstellt.[42] Allerdings wird zu diesem Zeitpunkt noch offen gelassen, was genau unter den Begriff Menschenrechte subsumiert werden soll. Gravierend eingeschränkt wird die herausragende Stellung der Menschenrechte ferner durch Artikel 2 Ziffer 1 der Charta, der die Souveränität bzw. die souveräne Gleichheit der einzelnen Mitgliedsstaaten als das Organisationsprinzip der Vereinten Nationen bestimmt.[43] Darauf fußt das völkerrechtliche Interventionsverbot des Artikel 2 Ziffer 7 der Charta, das eine Befugnis der Vereinten Nationen explizit negiert, sich in die inneren Angelegenheiten eines Mitgliedstaates einzumischen.[44] Die Frage, ob die Achtung

---

[40] Das Kriterium der Vollständigkeit wird meines Erachtens von der oft zitierten Unterscheidung Georg Jellineks zwischen negativen, positiven und partizipativen Rechten nicht erfüllt. Sie erfaßt die Menschenrechte der dritten Generation nur unzureichend. Auch die elaborierte rechtstheoretische Analyse der Allgemeinen Erklärung der Menschenrechte in Kanger 1981, S. 46ff. und Kanger 1984, S. 67ff. trifft dieser Vorwurf.

[41] Charta der Vereinten Nationen Artikel 1 Ziffer 3: „Die Vereinten Nationen setzen sich folgende Ziele: ... 3. eine internationale Zusammenarbeit herbeizuführen, um internationale Probleme wirtschaftlicher, sozialer, kultureller und humanitärer Art zu lösen und die Achtung vor den Menschenrechten und Grundfreiheiten für alle ohne Unterschied der Rasse, des Geschlechts, der Sprache oder der Religion zu fördern und zu festigen; ..."

[42] Vgl. Felix Ermacora: Die Menschenrechte im Rahmen der Vereinten Nationen, in: Politik und Zeitgeschichte B 19 (1986) S. 3.

[43] Charta der Vereinten Nationen Artikel 2 Ziffer 1: „Die Organisation und ihre Mitglieder handeln im Verfolg der in Artikel 1 dargelegten Ziele nach folgenden Grundsätzen: (1) Die Organisation beruht auf dem Grundsatz der souveränen Gleichheit aller ihrer Mitglieder. ..."

[44] Charta der Vereinten Nationen Artikel 2 Ziffer 7: „Aus dieser Charta kann eine Befugnis der Vereinten Nationen zum Eingreifen in Angelegenheiten, die ihrem Wesen nach zur inneren Zuständigkeit eines Staates gehören, oder eine Verpflichtung der Mitglieder, sol-

der Menschenrechte ausschließlich als innere Angelegenheit eines Staates aufgefaßt werden kann oder als Angelegenheit, die alle Mitgliedsstaaten der Vereinten Nationen betrifft, ist jedoch – vorsichtig formuliert – zumindest umstritten. Dies gilt sowohl für die Völkerrechtsdogmatik[45] wie für die Rechtsethik[46] und erst recht für die politische Öffentlichkeit[47]. Darüber hinaus sind die Ziele einer Organisation aufgrund der Zweck-Mittel-Relation zwischen beiden wohl höher zu gewichten als deren Organisationsprinzipien. Rechtstheoretisch mögliche Normadressaten von Menschenrechten sind demnach sowohl die einzelnen Mitgliedsstaaten als auch die Vereinten Nationen, verstanden als politische Gemeinschaft sui generis.

Besonderheiten der Institution der Vereinten Nationen sind mit Blick auf die rechtstheoretische Analyse zum einen ihre nur eingeschränkt vorhandene Macht, definiert als Fähigkeit, durch eine aktive Intervention eine Veränderung der legalen Rechte einer Entität herbeizuführen. Die legislative Macht der einzelnen Mitgliedsstaaten ist sicherlich größer als diejenige der Vereinten Nationen, wenn man etwa das bereits erwähnte völkerrechtliche Interventionsverbot betrachtet. Zum anderen sind Staaten und nicht einzelne Individuen oder andere Kollektive Mitglieder der Vereinten Nationen. Zwischen der politischen Gemeinschaft der Vereinten Nationen und den einzelnen Individuen und Kollektiven ist immer eine weitere Ebene eingezogen, diejenige der Mitgliedsstaaten der Vereinten Nationen. Da jedoch ausschließlich politische Gemeinschaften Mitglied der Vereinten Nationen werden können, während zum Beispiel Nichtregierungsorganisationen lediglich Beobachterstatus zuerkannt wird, kann auch die Institution der Vereinten Nationen als eine politische Gemeinschaft sui generis bezeichnet werden.

Angesichts der politischen Differenzen und der dahinterstehenden Disparität der Weltanschauungen mag es verwundern, daß kurze Zeit nach Gründung der Vereinten Nationen am 10. Dezember 1948 eine *Allgemeine Erklärung der*

---

che Angelegenheiten einer Regelung auf Grund dieser Charta zu unterwerfen, nicht abgeleitet werden; ..."

[45] Vgl. die ausführliche Studie von Charles E. Ritterband: Universeller Menschenrechtsschutz und völkerrechtliches Interventionsverbot. Bern 1982.

[46] Vgl. z.B. John Rawls: The law of peoples. With „The idea of public reason revisited". Cambridge 1999, S. 27f. sowie die Kapitel 4 und 5 dieser Arbeit.

[47] Siehe z.B. die Diskussion um die militärische Intervention der NATO-Staaten, der Vereinten Nationen und der Vereinigten Staaten von Amerika im ehemaligen Jugoslawien und in Afghanistan.

Menschenrechte formuliert und verabschiedet werden konnte. Sie konkretisiert, welche Menschenrechte im Rahmen der Vereinten Nationen geachtet werden sollen, und füllt die Leerstelle des Artikel 1 Ziffer 3 der Charta. Erstens handelte es sich jedoch nur um eine Erklärung mit appellativem und ohne völkerrechtsverbindlichen Charakter. Und zweitens war die Erklärung ein bloßer politischer Kompromiß. Die unterschiedlichen Auffassungen traten noch deutlicher in den beiden – nun allerdings völkerrechtsverbindlichen – Menschenrechtspakten vom 16. Dezember 1966 hervor. Der *Pakt über bürgerliche und politische Rechte* enthält die Menschenrechte der ersten Generation, der *Pakt über wirtschaftliche, soziale und kulturelle Rechte* die der zweiten Generation. Die dritte Generation von Menschenrechten ist in keinem Pakt kodifiziert, sondern findet sich in verschiedenen Deklarationen und Resolutionen der Vereinten Nationen wieder. Ebenso wie diese Absichtserklärungen enthalten auch die Pakte genügend Spielraum, um sich jeder wahren internationalen Rechtsverpflichtung zu entziehen und auf die Legalität innerstaatlicher Praktiken auszuweichen.[48] In dieser Durchsetzungsschwäche, der eingeschränkten Macht der Vereinten Nationen, liegt der Ansatzpunkt vieler Kritiker ihrer Menschenrechtsarbeit. Aber auch wenn die Menschenrechte noch immer als das uneingelöste Versprechen apostrophiert werden können, haben die Vereinten Nationen unstrittig einen wertvollen Beitrag zur Kodifizierung und Systematisierung der Thematik geleistet. Doch was genau wird unter die einzelnen Generationen von Menschenrechten subsumiert?

Die erste Generation von Menschenrechten – von den westlich-kapitalistischen Staaten propagiert – enthält die bürgerlichen und politischen Menschenrechte mit ihrer Akzentuierung des Individuums als Ausgangspunkt jeglicher Menschenrechtskonzeption. Betont werden die Abwehrrechte des einzelnen gegenüber der politischen Gemeinschaft, verstanden als negative Freiheitsrechte. Die zweite Generation von Menschenrechten – von den ehemals kommunistischen Ostblockstaaten unterstützt – umfaßt die wirtschaftlichen, sozialen und kulturellen Menschenrechte als Anspruchs- und Teilhaberrechte. Zugleich werden Menschenrechte als kollektive Klassenrechte interpretiert, was auf ihre Entstehungsgeschichte zurückzuführen ist, aber nicht zwingend zu sein scheint.

---

[48] Vgl. für diese Einschätzung Ermacora 1986, S. 9.

Unter der dritten Generation von Menschenrechten schließlich – von den sogenannten Dritte-Welt-Ländern im Rahmen der Vereinten Nationen initiiert – wird seit Beginn der siebziger Jahre des 20. Jahrhunderts ein amorphes und sehr heterogenes Bündel von Menschenrechten diskutiert, wie zum Beispiel das Recht auf Selbstbestimmung, auf Entwicklung, auf Frieden, auf eine natürliche Umwelt oder auch das Recht auf Kommunikation.[49] Diese dritte Generation von Menschenrechten, wie bereits erwähnt von Vertretern der Dritten Welt initiiert und deshalb partiell interpretierbar als Ausfluß des Selbstbestimmungsrechts der Völker, wird durch das Kriterium der Solidarität qualifiziert. Es sei der Staat, der die Aufgabe habe, für seine Bürger zu sorgen, und der verantwortlich sei für die Solidarität der Bürger untereinander. Programmatisch formuliert Indira Ghandi: „It is not individuals who have rights but states."[50] Damit werden unter der dritten Generation von Menschenrechten zumindest zum Zeitpunkt ihrer Entstehung prima facie kollektive Rechte verstanden. Da es sich jedoch um eine sehr heterogene Gruppe von Rechten handelt, die eher als Residualkategorie denn als inhaltlich zusammenhängender Block von Rechten bezeichnet werden kann, trifft diese Bestimmung als kollektive Rechte nicht für alle der genannten Rechte zu. Insbesondere diejenigen neueren Ursprungs wie das Recht auf eine natürliche Umwelt oder das Recht auf Kommunikation können auch individualistisch gelesen werden.

	Istbestand des Menschenrechtsbegriffs	
Erste Generation von Menschenrechten	Negative Freiheitsrechte	Individuelle Rechte
Zweite Generation von Menschenrechten	Soziale Anspruchsrechte	Kollektive Rechte (?)
Dritte Generation von Menschenrechten	Solidarische Rechte	Individuelle und kollektive Rechte

---

[49] Vgl. zur Einführung Armin Barthel: Die Menschenrechte der dritten Generation. Aachen 1991.
[50] New York Times vom 3. Juli 1975, S. 4. Vgl. die Zitate in Amartya Sen: Human rights and Asian values: What Lee Kuan Yew and Le Peng don't understand about Asia, in: The new republic 7 (1997) S. 217-228.

Problematisch an dieser der Politik entlehnten Terminologie ist der Begriff der Generation. Er legt die Idee der Ablösung der ersten Generation durch die darauffolgenden im Sinne einer evolutorischen Entwicklung der Menschenrechte nahe. Dieser inflationäre Gebrauch des Begriffs führt aber zu einer Verwässerung der Menschenrechtsidee.[51] Demgegenüber ist in einer rechtstheoretischen Diskussion festzuhalten, daß der Begriff der Generation weder subsidiär noch komplementär zu verstehen ist, sondern lediglich bestimmte Kategorien beschreibt. Durch eine Generation wird keine zuvor folgende abgelöst oder diskreditiert. Ferner dient die dritte Generation der Menschenrechte als Auffangkategorie und wird durch immer weitere Rechte aufgefüllt, begünstigt durch die fehlende abschließende Kodifizierung innerhalb eines Paktes oder einer Erklärung.

2.2.2 Rechtstheoretische Präzisierung

Die *erste Generation der Menschenrechte* enthält die bürgerlichen und politischen Rechte. Diese haben sich in der westlichen Zivilisation herausgebildet[52] und werden als unveräußerliche Rechte des Individuums begriffen. Sie sind Abwehrrechte des Einzelnen gegenüber der politischen Gemeinschaft bzw. den politischen Gemeinschaften, mit anderen Worten negative Freiheitsrechte. Der Akzent der Interpretation liegt auf der Betonung der Freiheit des Individuums. Da diese jedem Individuum zukomme, erheben die bürgerlichen und politischen Freiheiten den Anspruch auf universelle normative Geltung. Ferner bedürfen sie der verfassungsrechtlichen Umsetzung, der Konkretisierung in positivem Recht als Grund- und Bürgerrechte, um die tatsächliche Ausbreitung der individuellen Freiheiten in einem Einzelstaat sicherzustellen. Dieses Verständnis der Menschenrechte ist aber ein Produkt spezifisch westlicher Denkweise und Geschichtserfahrung, weil sich kein Nachweis über die Existenz des Menschen-

---

[51] Vgl. Ludger Kühnhardt: Herausforderung des Westens. Droht eine Entpersönlichung der Menschenrechte?, in: Die politische Meinung 31 (1986) 228, S. 54. Philipp Alston: A third generation of solidarity rights: Progressive development or obfuscation of International human rights law?, in: Netherlands International law review 29 (1982) S. 307-322.

[52] Vgl. z.B. Oestreich 1978. Norbert Brieskorn: Menschenrechte. Eine historisch-philosophische Grundlegung. Stuttgart 1997. Zur Entwicklung der Menschenrechtsidee nach 1945 siehe Paul Gordon Lauren: The evolution of International human rights. Visions seen. Philadelphia 1999.

rechtsbegriffs in ausgewählten politischen Kulturen vor ihrer Berührung und Reibung mit der westlichen Welt finden läßt.[53]

Aufgliedern läßt sich die erste Generation von Menschenrechten in drei weitere Untergruppen, die Rechte des Menschen als körperlicher, geistiger und politisch-sozialer Person.[54] Zur ersten Untergruppe gehören das Recht auf Leben und Unversehrtheit der Person, das Verbot von Folter und Sklaverei sowie implizit das Recht auf Erfüllung der minimalen sozialen und materiellen Grundbedürfnisse, um überhaupt ein menschenwürdiges Leben führen zu können. Zur zweiten Kategorie zählen die Rechte auf Gewissens-, Meinungs- und Redefreiheit, einschließlich des Rechts auf Religionsfreiheit. Diese Freiheitsrechte können als aggregierte Rechte im Sinne einer Kombination von Privilegien und Ansprüchen auf Nichtintervention präzisiert werden. Die Rechte des Menschen als politisch-sozialer Person schließlich beziehen sich auf das Rechtsstaatsprinzip, das an pluralistische, offene politische Gemeinschaften sowie das Prinzip der Gewaltenteilung gekoppelt ist. Das Menschenrecht auf Anerkennung als Rechtsperson in Artikel 6 der Allgemeinen Erklärung der Menschenrechte[55] kann beispielsweise als Vorrecht jedes einzelnen Menschen interpretiert werden, verstanden als die Abwesenheit der Berechtigung bzw. Fähigkeit jeglicher Entität, durch eine aktive Intervention dieses juristische Grundrecht auf Anerkennung als Rechtsperson einzuschränken. Allen Rechten der ersten Generation gemeinsam ist der status negativus von Freiheitsrechten, d.h. sie fungieren als Abwehrrechte des Individuums gegenüber der politischen Gemeinschaft.

Demgegenüber wurden die *Menschenrechte der zweiten Generation* zur Zeit ihrer Kodifizierung als Kollektivrechte interpretiert. Gemäß der kommunistisch-marxistischen Auffassung seien sie „ein Produkt der geschichtlichen Entwicklung von Staat und Recht und entsprechen den objektiven Bedingungen der jeweiligen Gesellschaft, ändern sich mit ihr und werden durch sie verändert."[56]

---

[53] Vgl. das Resümee in Kühnhardt 1991, S. 229.

[54] Vgl. Jacques Maritain: The rights of man and natural law. New York 1949, S. 58ff., S. 111-114. Die Aufteilung unterscheidet verschiedene Aspekte menschlicher Personalität. Sie behauptet jedoch in keiner Weise, daß sich eine menschliche Person auf den jeweiligen Aspekt reduzieren läßt.

[55] Allgemeine Erklärung der Menschenrechte Artikel 6: „Jeder Mensch hat überall Anspruch auf Anerkennung als Rechtsperson."

[56] Institut für internationale Beziehungen: Wörterbuch der Außenpolitik und des Völkerrechts. Berlin 1980, S. 407f.

Der Begriff „Gesellschaft" soll in der folgenden Paraphrase durch den Ausdruck „politische Gemeinschaft" ersetzt werden, um die hier verwendete Terminologie zu vereinheitlichen. Es handele sich jedoch nicht mehr um individuelle Rechte, da der Mensch in die politische Gemeinschaft eingebunden sei. Das Primäre sei die politische Gemeinschaft, der Mensch als einzelner sei nur sekundär. Nicht die Freiheit von der politischen Gemeinschaft kennzeichne die Menschenrechte, sondern die Freiheit in der politischen Gemeinschaft. Die westlichen Menschenrechte der ersten Generation würden den Menschen von seinen Verpflichtungen gegenüber dem Gemeinwohl ablösen.

Darüber hinaus werden die Menschenrechte gemäß dieser Konzeption durch das positive Recht verliehen, das Individuum erhält sie von der politischen Gemeinschaft. Konsequenterweise wird nicht mehr von Menschenrechten, sondern von Staatsbürgerrechten gesprochen. Die politische Gemeinschaft bzw. der Staat kann diese Rechte jederzeit wieder entziehen, sie umformulieren und transformieren, wenn dies das Gemeinwohl erforderlich erscheinen läßt. Staatsbürgerrechte beruhen auf der Toleranz des sie gewährenden Staates.

Zugleich verschiebt sich der Akzent vom Begriff der Freiheit hin zum Begriff der Gleichheit. Menschenrechte werden nicht mehr als negative Freiheitsrechte, sondern als positive Anspruchs- und Teilhaberechte verstanden. Sie normieren die Verpflichtung einer politischen Gemeinschaft, durch positive Intervention die Teilhabe des Kollektivs an materiellen, sozialen und kulturellen Gütern zu ermöglichen. Allerdings ist die Restriktion auf das Kollektiv als Träger des Anspruchs auf die Entstehungsgeschichte bzw. die damalige Konfrontation zwischen West und Ost zurückzuführen. Einige Menschenrechte der zweiten Generation können ohne weiteres individuell gefaßt werden, etwa das Menschenrecht auf Arbeit.[57]

Pointiert lassen sich die ersten beiden Generationen von Menschenrechten dadurch gegenüberstellen, daß die erste Verbote, die zweite Gebote enthält. Die eine bezieht sich auf die individuelle Freiheit, die eine politische Gemeinschaft dadurch gewährleistet, daß sie bestimmte Eingriffe unterläßt. Die andere bezieht sich auf die soziale Sicherheit, deren Grundlagen die politische Gemeinschaft durch gesetzliche oder administrative Maßnahmen schaffen muß. Die westliche

---

[57] Siehe auch die Übersicht und Zusammenfassung am Ende dieses Abschnitts.

Interpretation bezieht sich auf die Freiheit von Furcht, die kommunistische auf die Freiheit von Not.[58]

Die *dritte Generation von Menschenrechten* scheint anzudeuten, daß mit der zunehmenden Zahl der Generationen von Menschenrechten die individualistische Konzeption immer weiter zurückgedrängt wird zugunsten kollektiver Träger von Menschenrechten, allerdings mit sehr uneinheitlicher Tendenz. Ein erster Hinweis ergibt sich bereits, wenn man die Allgemeine Erklärung der Menschenrechte von 1948 mit den beiden Menschenrechtspakten von 1966 vergleicht. Die allmähliche Aufhebung der Zentralstellung des Einzelmenschen deutet sich an, wenn in der Allgemeinen Erklärung der Menschenrechte noch „der Mensch" als Ausgangspunkt der Menschenrechtsdefinitionen fungiert, während in den beiden Menschenrechtspakten die „Völker", also kollektive Entitäten, als Träger der Menschenrechte aufgeführt werden.[59] Dies setzt sich in der dritten Generation der Menschenrechte fort, unterfüttert durch die Akzentuierung des Selbstbestimmungsrechts der Völker. Ähnlich der zweiten Generation von Menschenrechten wird zugleich die Menschenrechtsfrage eng verknüpft mit den wirtschaftlichen und sozialen Verhältnissen, manifest geworden durch das Menschenrecht auf Entwicklung. „The realization of the new international economic order is an essential element for the effective promotion of human rights and fundamental freedom and should be accorded priority. The full realization of civil and political rights without the enjoyment of economic, social and cultural rights is dependent upon sound and effective national and international policies of economic and social development, ..."[60] Deutlicher formuliert, fordern die Völker der Dritten Welt von den hochentwickelten Ländern Hilfe und Unterstützung bei ihrer wirtschaftlichen Entwicklung, ehe eine Respektierung der Menschenrechte des Individuums umsetzbar sei. Betrachtet man demgegenüber diejenigen Menschenrechte der dritten Generation näher, die nicht inspiriert worden sind durch das Selbstbestimmungsrecht der Völker, wird die Tendenz zur Kollektivierung relativiert. Die Menschenrechte auf eine

---

[58] Vgl. Martin Kriele: Menschenrechte in Ost und West. Köln 1977, S. 16.
[59] Vgl. Allgemeine Erklärung der Menschenrechte Artikel 1: „Alle Menschen sind ..." und Artikel 2: „Jeder Mensch hat ..." mit Internationaler Pakt über bürgerliche und politische Rechte Artikel 1: „Alle Völker haben ..." und Internationaler Pakt über wirtschaftliche, soziale und kulturelle Rechte Artikel 1: „Alle Völker haben ..."
[60] United Nations: Resolution 32/130 der UN-Generalversammlung vom 16. Dezember 1977. New York 1977.

natürliche Umwelt oder auf Kommunikation können auf Individuen als Träger des Anspruchs zurückgeführt werden.

Qualifizieren läßt sich die sehr heterogene Gruppe der Menschenrechte der dritten Generation durch das – zugegeben vage – Kriterium der *Solidarität*, das dem Recht auf Selbstbestimmung, dem Recht auf Entwicklung, dem Recht auf eine natürliche Umwelt oder auch dem Recht auf Frieden gemeinsam ist. „Rights are rights *with*. It is the interaction among persons and the nature of that interaction that sets rights."[61] Beispielsweise gibt es keinen individuellen Frieden, individuelle Rechtsansprüche sind in diesem Fall undenkbar. Frieden ist ein Gesamtzustand oder auch ein öffentliches Gut, zu dessen Umsetzung es der Solidarität der Individuen ebenso bedarf wie derjenigen der Völker und der politischen Gemeinschaften. Dieses Element der Solidarität läßt sich auch bei denjenigen Rechten beobachten, die auf individuelle Ansprüche zurückgeführt werden können wie zum Beispiel das Recht auf eine natürliche Umwelt. Konkretisieren läßt es sich dadurch, daß menschenrechtliche Ansprüche der dritten Generation sich nicht mehr auf eine einzige politische Gemeinschaft beziehen, sondern auf *mehr als eine*, mehrere oder alle politischen Gemeinschaften. Im Falle des Menschenrechts auf Frieden zum Beispiel bezieht sich das Recht auf mehr als eine politische Gemeinschaft, um überhaupt sinnvoll von Frieden sprechen zu können. Und auch die ökologische Problematik wird sich nicht nur auf die Binnenperspektive einer politischen Gemeinschaft limitieren lassen, sondern sich immer stärker auf mehrere oder alle politischen Gemeinschaften beziehen. Bei der dritten Generation von Menschenrechten handelt es sich somit um individuelle und kollektive Ansprüche gegenüber politischen Gemeinschaften, die für ihre Umsetzung der Solidarität mehrerer politischer Gemeinschaften bedürfen.

Wenn die drei Generationen der Menschenrechte mit Hilfe der rechtstheoretischen Unterscheidungen nochmals rückblickend betrachtet werden, fällt – wie bereits erwähnt – auf, daß die Interpretation der Menschenrechte der zweiten Generation als kollektive Rechte fragwürdig ist. Die vermutlich ideologisch motivierte Restriktion auf das Kollektiv als Träger des Anspruchs hat keinen sachlichen Grund. Ein Menschenrecht auf Arbeit zum Beispiel kann sowohl ei-

---

[61] Adamantia Pollis: Liberal, socialist and third world perspectives of human rights, in: Adamantia Pollis / Peter Schwab: Toward a human rights framework. New York 1982, S. 16 (Hervorhebung im Original).

2 Rechtstheoretische Analyse des Begriffs „Menschenrechte"

nem Individuum als auch einem Kollektiv zugesprochen werden. Ähnlich gelagert zu sein scheint ein Teil der dritten Generation der Menschenrechte. Diese und weitere Differenzierungsmöglichkeiten – unter anderem hinsichtlich des Anforderungsniveaus, das quantitative (Tendenz-)Aussagen hinsichtlich der Konsequenzen einzelner Menschenrechte für die betreffende politische Gemeinschaft andeuten soll – werden zusammenfassend im Anschluß an die folgende Übersicht erläutert.

Überblick über die drei Generationen von Menschenrechten			
Generation	Träger	Beispiel	Anforderungsniveau
Erste Generation von Menschenrechten			
Rechte des Menschen als körperliche Person	Individuum	Menschenrecht auf Leben und körperliche Unversehrtheit	Sehr hoch
Rechte des Menschen als geistige Person	Individuum als Mitglied einer Lebens- und Kommunikationsgemeinschaft	Menschenrecht auf Gedanken-, Gewissens- und Religionsfreiheit	Sehr niedrig
Rechte des Menschen als politisch-soziale Person	Individuum als Mitglied einer politischen Gemeinschaft	Menschenrecht auf Anerkennung als Rechtsperson	Niedrig/Mittel
Zweite Generation von Menschenrechten			
	Individuum	Menschenrecht auf Arbeit	Mittel
	Individuum als Mitglied einer politischen Gemeinschaft	Menschenrecht auf soziale Sicherheit	Mittel
	Kollektiv	Menschenrecht auf gleichen Lohn für gleiche Arbeit	Mittel
Dritte Generation von Menschenrechten			
	Individuum	Menschenrecht auf eine natürliche Umwelt	Mittel/Hoch
	Kollektiv	Menschenrecht auf Selbstbestimmung	?

Als mögliche Träger von Menschenrechten stehen Individuen und Kollektive zur Disposition. Diese beiden Pole lassen sich jedoch nicht schematisch den einzelnen Generationen von Menschenrechten zuordnen, sondern müssen gradualisiert werden, wie die Übersicht verdeutlicht. Während zum Beispiel der Teilaspekt des Menschen als körperliche Person und bedingt auch noch als geistige Person unabhängig von anderen Menschen gedacht werden kann, ist bereits die Kategorie der Rechte des Menschen als politisch-soziale Person an die Mitgliedschaft des Individuums in einer bestimmten politischen Gemeinschaft gekoppelt. Ähnliches läßt sich für die zweite Generation beobachten. Auch die dritte Generation der Menschenrechte enthält nicht nur kollektive Rechte, denn ein Menschenrecht auf eine natürliche Umwelt läßt sich ohne weiteres als individuelles Recht verstehen. Dies gilt jedoch nicht für alle Rechte der dritten Generation, da zum Beispiel die Rückführung des Menschenrechts auf Selbstbestimmung eines Volkes auf ein Individuum nicht möglich ist. Der Anspruch würde zugleich seinen Charakter verändern, aus dem Kollektivrecht würde das individuelle Recht auf freie Meinungsäußerung werden.

Eine weitere Beobachtung betrifft das *Anforderungsniveau*, das einzelne Menschenrechte zumindest potentiell nach sich ziehen. Wie bereits erwähnt impliziert ein menschenrechtlicher Anspruch gegenüber einer oder mehreren politischen Gemeinschaften nicht notwendig, daß die politischen Gemeinschaften selbst zu einer aktiven Handlung oder einem Unterlassen verpflichtet sind. Entscheidend für die Pflichterfüllung ist die Tatsache, daß ein bestimmter Zustand gewährleistet wird, der durch das jeweilige Menschenrecht inhaltlich beschrieben wird. Jedoch lassen sich *Tendenzaussagen* treffen, inwiefern erwartet werden kann, daß eine politische Gemeinschaft selbst involviert wird. Eine hohe Wahrscheinlichkeit, daß erst aktive Handlungen einer politischen Gemeinschaft sicherstellen, daß ein bestimmter Zustand eintritt, korrespondiert mit einem hohen Anforderungsniveau. Umgekehrt zeigt ein niedriges Anforderungsniveau an, daß die Wahrscheinlichkeit gering ist, daß eine politische Gemeinschaft selbst aktiv tätig werden muß, um den Zustand sicherzustellen. Es kann tendenziell erwartet werden, daß das aktive Handeln einer oder mehrerer politischer Gemeinschaften durch andere Einflüsse substituiert wird, die den geforderten oder gewünschten Zustand herbeiführen. Allerdings sind die Aussagen lediglich als Tendenz zu verstehen, die nicht in jedem einzelnen Fall zutrifft.

2 Rechtstheoretische Analyse des Begriffs „Menschenrechte"

Um die Rechte des Menschen als körperlicher Person wie zum Beispiel die Menschenrechte auf Leben und körperliche Unversehrtheit zu gewährleisten, bedarf es tendenziell eines großen Leistungsumfangs der politischen Gemeinschaft. Man stelle sich die Situation eines Hobbesschen Naturzustandes oder eine bürgerkriegsähnliche Situation vor. Der Aufbau von Polizei und Justiz, die Schaffung von Rechtssicherheit, die Kontrolle der Interaktion von Privatpersonen hinsichtlich elementarer Menschenrechtsforderungen und ähnliches kann nur durch erhebliche Anstrengungen und aktive Handlungen der politischen Gemeinschaft erreicht werden. Dieses Anforderungsniveau sinkt drastisch bei den Rechten des Menschen als geistiger Person. Um die Gewissensfreiheit oder auch die Gedankenfreiheit zu ermöglichen, bedarf es in erster Linie eines Unterlassens von repressiven Maßnahmen von Seiten der politischen Gemeinschaft. Und nur in sehr geringem Maße kann das Eingreifen der politischen Gemeinschaft nicht durch aktive Handlungen anderer Individuen oder Kollektive substituiert werden. Bei den Menschenrechten der zweiten Generation läßt sich tendenziell ein allmählicher Anstieg des Anforderungsniveaus verzeichnen. Ein Menschenrecht auf Arbeit oder auf soziale Sicherheit bedarf im Regelfall bestimmter aktiver Handlungen der politischen Gemeinschaft, um diese positiven Leistungsansprüche zu erfüllen, insbesondere für diejenigen Individuen, die nicht aus eigener Kraft in der Lage sind, sich diese Leistungen zu erwerben. Die Tendenz in der dritten Generation von Menschenrechten scheint uneinheitlich. Deutlich wird durch diese Variation des Anforderungsniveaus, daß die faktische Abhängigkeit der Menschenrechte von den ökonomischen Ressourcen einer oder mehrerer politischer Gemeinschaften zwar vorhanden ist, aber keine Konsequenzen hat hinsichtlich der Frage, ob Individuen oder Kollektive als bevorzugte Träger menschenrechtlicher Ansprüche verstanden werden können.

Schließlich ist mit diesen Bemerkungen unterstrichen worden, daß die beiden Pole des Individuums und des Kollektivs als möglicher Träger der Menschenrechte keineswegs als konträre Alternativen, sondern als die zwei Endpunkte eines Kontinuums gedacht werden müssen. Graduelle Abstufungen in Abhängigkeit vom jeweils diskutierten Anspruch sollten die ursprüngliche und historisch erklärbare Disparität zwischen Individualismus und Kollektivismus bezüglich des Trägers der Menschenrechte ersetzen. Dieses rechtstheoretische Fazit sollte jeglicher wissenschaftlichen und rechtsethischen Diskussion der Menschenrechte als Grundlage dienen.

3 Relativistische Kritik

Angesichts der Unübersichtlichkeit der Menschenrechtsdebatte kann die Philosophie einen Beitrag zur Klärung leisten, indem sie den Begriff der Menschenrechte *rechtstheoretisch* analysiert. Dadurch wird die – zumindest teilweise ideologisch motivierte – Entgegensetzung von Individualismus und Kollektivismus abgemildert. Ein abgestuftes Kontinuum zwischen diesen beiden Polen, das in Abhängigkeit vom jeweils zur Diskussion stehenden Menschenrecht den Träger des Rechts als Individuum und/oder Kollektiv bestimmt, wird der Problematik besser gerecht. Eine weitere und in ähnlicher Weise ideologisch aufgeladene Konfrontationslinie der Menschenrechtsdebatte verläuft zwischen universalistischen und relativistischen Ansätzen und Theorien. Damit sind zugleich die beiden Extrempositionen der *rechtsethischen* Kontroverse benannt.

Universalistische Theorien behaupten die universelle normative Geltung von Menschenrechten. Menschenrechte seien prima facie als ethische Menschenrechte zu verstehen, die für alle Menschen zu allen Zeiten und in allen Situationen gültig seien.[62] Damit gehen die Vertreter universalistischer Positionen implizit davon aus, daß es kontextunabhängige Kriterien gibt, die einen Vergleich verschiedener Kulturen, aber auch die Bewertung von in den verschiedenen Kulturen herrschenden Ansichten, Werten und Normen erlauben.[63] Die Menschenrechte bedürften darüber hinaus der Umsetzung in positives Recht, der Transformation in Grund- und Bürgerrechte als juristische Menschenrechte, um einen effektiven Schutz zu gewährleisten. Die *Begründung* des universalen Geltungsanspruchs oder auch der Nachweis, daß eine stichhaltige Rechtfertigung des behaupteten Geltungsanspruchs fehlt, kann dabei als zweiter genuin philosophischer Beitrag zur Menschenrechtsdebatte aufgefaßt werden. Diese Rechtfertigungsdiskussion bildet ab dem folgenden Kapitel den Schwerpunkt der vorliegenden Arbeit.

Eingefordert wird die Rechtfertigung des Geltungsanspruchs von *relativistischen Ansätzen*. Relativisten zeichnen sich dadurch aus, daß sie nicht von der

---

[62] Maurice Cranston: What are human rights?, London 1973, S. 21: „... in being the rights of all people at all times and in all situations."
[63] Vgl. Heinke Deloch: Verstehen fremder Kulturen. Die Relevanz des Spätwerks Ludwig Wittgensteins für die Sozialwissenschaften. Frankfurt am Main 1997, S. 54.

3 Relativistische Kritik

Existenz universal gültiger Kriterien zur Beschreibung und Beurteilung fremder Handlungs- und Denkweisen ausgehen, sondern diese Kriterien stets als kontextabhängig und somit nur als eingeschränkt gültig betrachten.[64] Beispielsweise hängt die Bewertung einer Handlung als rational davon ab, was innerhalb einer bestimmten Gemeinschaft als guter Grund für eine bestimmte Handlung betrachtet wird. Folgerichtig wird auch die universelle Geltung der Menschenrechte bestritten und als Euro- oder Ethnozentrismus gebrandmarkt.[65] Die Menschenrechte seien als Produkt der westlichen Kultur und einer bestimmten historischen Epoche, der europäischen Aufklärung, nicht verallgemeinerungsfähig. Ihre universelle normative Geltung zu behaupten, käme einem Kulturimperialismus gleich, einer Fortsetzung der Kolonisierung der nichtwestlichen Welt in sublimierter Form. Menschenrechte seien weder universell noch absolut gültig, sondern allenfalls partikular in bestimmten politischen Gemeinschaften anerkannt.[66]

Relativistische Positionen reichen ebenso wie der Streit zwischen Relativisten und Universalisten weit in die Philosophiegeschichte zurück. Bereits im platonischen Dialog „Theaitetos" findet sich der Homo-mensura-Satz des Sophisten Protagoras, der den Menschen als das Maß aller Dinge bezeichnet.[67] Die naheliegendere Interpretation dieses Satzes scheint „ein" Mensch zu sein, woraus sich relativistische Folgerungen ergeben. Liest man hingegen „der" Mensch, so lassen sich universalistische Positionen darauf aufbauen. Der platonische Dialog beschäftigt sich mit der Frage, ob ein Satz zugleich wahr und falsch sein kann. Ein Relativist behauptet, daß in dem Fall, in dem eine Person einen bestimmten Satz für wahr hält, eine andere Person ihn jedoch als falsch bezeichnet, *beide* Personen recht haben können. Ihr Urteil ist abhängig vom jeweiligen Kontext. Wenn etwa eine Person A behauptet, die Wassertemperatur des Lago

---

[64] Vgl. Deloch 1997, S. 51ff.
[65] Siehe z.B. Dieter Mersch: Vom Anderen reden. Das Paradox der Alterität, in: Manfred Brocker / Heino Heinrich Nau (Hrsg.): Ethnozentrismus. Möglichkeiten und Grenzen des interkulturellen Dialogs. Darmstadt 1997, S. 27-45.
[66] Vgl. zu den Begriffen „Universalismus", „Relativismus", „Partikularismus" und „Absolutheit" auch Georg Lohmann: Zu Problemen der Institutionalisierung von Menschenrechten in Japan, in: Peter Koller / Klaus Puhl (Hrsg.): Current issues in political philosophy: Justice in society and world order. Wien 1997, S. 196f.
[67] Platon, Theaitetos 152a: „Er [Protagoras] sagt nämlich, der Mensch sei das Maß aller Dinge, der seienden, wie sie sind, der nichtseienden, wie sie nicht sind."

3 Relativistische Kritik

Maggiore sei warm, so daß man darin baden könne, so kann der Satz „Das Wasser ist warm." richtig sein. Eine andere Person B kann aber gleichzeitig behaupten und auch damit recht haben, das Wasser sei kalt, da sie der Meinung ist, daß man nicht darin baden könne. Ähnliche Beispiele lassen sich zuhauf für moralische Meinungsverschiedenheiten finden.

Zugleich läßt sich illustrieren, daß ein Relativist nicht gleichzeitig ein Skeptiker sein muß. Der Relativist behauptet lediglich, daß zwei kontradiktorische Urteile hinsichtlich ein und desselben Satzes bzw. Sachverhaltes wahr sein können, die jeweils im Rahmen ihrer Kontextabhängigkeit diese Wahrheit auch beanspruchen können. Der Skeptiker hingegen würde die Wahrheit beider Urteile bestreiten und behaupten, daß es überhaupt kein Verfahren zur Beurteilung von moralischen wie nichtmoralischen Meinungsverschiedenheiten gibt.[68] Weder die eine noch die andere Person könnten gerechtfertigt behaupten, daß sie recht hätten.

Der Einwand des Skeptikers macht eine Explikation des Vorverständnisses von Wissen notwendig, das der Diskussion zugrunde gelegt werden soll. Wissen wird erstens als säkulares Wissen verstanden, das zweitens auf epistemischer Rationalität beruht. Mit *säkularem Wissen* wird nicht behauptet, daß jegliches religiöse Wissen oder jeglicher Glaube abzulehnen ist. Vielmehr erscheint religiöses Wissen als partikulares Wissen, das durchaus in der Lage ist, Antworten auf die Frage nach dem Sinn menschlicher Existenz bereitzustellen. Aufgrund der trivialen Tatsache, daß es eine Vielzahl von Weltreligionen und nicht eine einzige Religion gibt, wird jedoch angenommen, daß religiöses Wissen oder religiöse Offenbarung nicht als unhintergehbare Grundlage der Debatte dienen können. Dies würde einer Immunisierung gleichkommen, die jegliche Diskussion abbricht. Auch religiös geprägtes Wissen muß dem Anspruch genügen, in Frage gestellt werden zu können, sofern es die Sphäre des strikt Individuellen überschreitet.

Und mit auf *epistemischer Rationalität* beruhend wird darüber hinaus angenommen, daß es prinzipiell möglich ist, mit Hilfe der menschlichen Fähigkeiten der Sprache und Vernunft subjektive Einstellungen und Wertvorstellungen zu kommunizieren und sich darüber zu verständigen. Vermutlich bedürfen Werte

---

[68] Vgl. Klaus Peter Rippe: Ethischer Relativismus. Seine Grenzen, seine Geltung. Paderborn 1993, S. 15.

und Normen, die das Zusammenleben von Menschen betreffen, der Begründung, insbesondere dann, wenn sie, wie die Menschenrechte, einen universellen Geltungsanspruch erheben. Ein postmodernes Verständnis von Wissen, das diesen Versuch als *von voneherein* zum Scheitern verurteilt ansieht, wäre jedoch primär Teil einer erkenntnistheoretischen Debatte, weshalb es in dieser Arbeit weitgehend ausgeklammert wird. Epistemische Rationalität beinhaltet auf der anderen Seite nicht die wesentlich stärkere Forderung, daß Werte und Normen immer streng rational begründet werden müssen,[69] sondern lediglich die Behauptung, daß Sprache und Vernunft Vehikel darstellen, sich über Werte und Normen verständigen zu können.

Sowohl der Skeptizismus als auch der Relativismus können auf das im Alltag permanent beobachtbare Phänomen zurückgeführt werden, daß es zu einem bestimmten moralisch relevanten Sachverhalt verschiedene und voneinander abweichende Beurteilungen gibt, sowohl innerhalb als auch zwischen verschiedenen Kulturen. Das Faktum der Pluralität von Überzeugungen und Urteilen alleine charakterisiert jedoch noch nicht die relativistische Position, sondern würde auch von universalistischen Theorien nicht bestritten werden. Es ist ein notwendiges, aber kein hinreichendes Kriterium. Was genau kommt hinzu, um den Relativismus exakter zu bestimmen? Zur Diskussion stehen die folgenden Kriterien[70]:

Kriterien relativistischer Theorien
• Annahme einer *Pluralität* von Überzeugungen, Werten und Normen
• Beschreibung dieses Pluralismus in Abhängigkeit vom jeweiligen *Kontext*
• Annahme eines Äquivalenz- oder *Gleichwertigkeitspostulats*

Die erste Annahme einer *Pluralität* von Überzeugungen, Werten und Normen ist mit relativistischen wie universalistischen Positionen kompatibel. Auch ein

---

[69] Vgl. zu weiteren Differenzierungen Julian Nida-Rümelin: Normatives Orientierungswissen, in: Jürgen Mittelstraß (Hrsg.): Die Zukunft des Wissens. Berlin 2000, S. 374ff. sowie Julian Nida-Rümelin: Strukturelle Rationalität. Ein philosophischer Essay über praktische Vernunft. Stuttgart 2001.
[70] Vgl. Deloch 1997, S. 51ff und Barnes / Bloor 1981, S. 22.

3 Relativistische Kritik

ethischer Universalist kann die kulturelle Vielfalt befürworten.[71] Die Behauptung, universalistische Theorien würden zwangsläufig zu einer mehr oder weniger vollständigen Uniformisierung der Lebensverhältnisse führen, ist unplausibel. Die Anerkennung allgemeingültiger Regeln verändert zwar konkrete Lebensformen, vereinheitlicht sie aber deshalb weder notwendig noch vollständig. Die Pluralität von Überzeugungen, Werten und Normen läßt sich im übrigen mit Blick auf die real herrschende Vielfalt menschlicher Lebensformen überhaupt nicht sinnvoll bestreiten. Sie bezieht sich darüber hinaus sowohl auf moralisch relevante als auch auf moralisch irrelevante Meinungsverschiedenheiten. Allerdings ist die Annahme lediglich *deskriptiv* zu verstehen, als Behauptung einer faktischen Vielfalt. Adamantia Pollis und Peter Schwab formulieren zum Beispiel: „... that the lack of a universal conception of human rights is clearly verified, because almost all states violate to lesser or greater degree, their own human rights principles; and many societies are caught between traditional and modern norms and are unable to apply any consistent human rights standard."[72] Damit ist lediglich festgestellt, daß überall auf der Welt Menschenrechte verletzt werden. Aufgrund dieses unbestreitbaren Sachverhalts ergeben sich noch keine normativen Konsequenzen. Ein kruder Relativismus, der daraus folgert, daß universelle Normen obsolet seien, begeht einen naturalistischen Fehlschluß. Aus Tatsachenbehauptungen können keine Normen abgeleitet werden, ebensowenig kann von Tatsachen auf die prinzipielle Ungültigkeit von Normen geschlossen werden.

Gleiches gilt für die Behauptung, daß die universelle normative Geltung der Menschenrechte allein schon deshalb hinfällig sei, weil die Menschenrechte ein Produkt westlicher Kultur und Geschichtserfahrung seien. Genese und Geltung von Normen sind zu trennen. Aus der Tatsache, daß die Menschenrechte im westlichen Kulturkreis entstanden sind, läßt sich nichts bezüglich der rechtsethischen Geltung der Menschenrechte folgern, weder im positiven noch im negativen Sinn. Die Frage der Gültigkeit von Normen kann unabhängig von ihrer Genese gestellt werden. Dabei sollte allerdings nicht unterschätzt werden, daß

---

[71] Vgl. Julian Nida-Rümelin: Über die Vereinbarkeit von Universalismus und Pluralismus in der Ethik, in: Wilhelm Lütterfelds / Thomas Mohrs (Hrsg.): Eine Welt – eine Moral? Eine kontroverse Debatte. Darmstadt 1997, S. 104-117.

[72] Adamantia Pollis / Peter Schwab: Toward a human rights framework. New York 1982, S. 239.

insbesondere manche einflußreichen Repräsentanten nicht-westlicher Kulturen dem Westen von vornherein feindselig gegenüberstehen und Ansprüche auf Authentizität geltend machen.[73] Der psychologisch und strategisch gut erklärbare Faktor der Distanz allein schon dem Begriff der Menschenrechte gegenüber ist sicherlich im vorbehaltlosen Dialog, in der politischen Arena, aber auch bei der Umsetzung der Menschenrechtsidee von zentraler Bedeutung. Ihn zu vernachlässigen, kann jede Menschenrechtspolitik konterkarieren.

Zweitens diskutieren relativistische Ansätze Überzeugungen, Werte und Normen vor dem Hintergrund des jeweiligen *Kontextes*. Beispiele für einen relativierenden Kontext sind die natürliche Umgebung, menschliche Fähigkeiten wie die der Wahrnehmung und des Denkens, die gesellschaftliche Umgebung, die Sprache oder auch ein allumfassender lebensweltlicher Kontext. Zunächst wird damit deutlich, daß es sich beim Streit zwischen Relativisten und Universalisten nicht ausschließlich um eine rechtsethische Diskussion handelt. Wenn etwa die natürliche Umgebung, die Fähigkeit der Wahrnehmung oder die Sprache als relativierende Kontexte betrachtet werden, handelt es sich zumindest auch um eine erkenntnistheoretische Fragestellung. Für den Menschenrechtstopos sind demgegenüber in erster Linie die gesellschaftliche Umgebung interessant, bedingt wohl auch der allumfassende lebensweltliche Kontext, wenn man Kultur als einen solchen interpretiert. Damit erklärt sich ein zweites Phänomen relativistischer Positionen innerhalb der Diskussion um die Menschenrechte. Aufgrund ihrer sozialwissenschaftlichen Orientierung integrieren sie in hohem Maße empirische Forschungsergebnisse. Der Abstand zur Politikwissenschaft, zur Soziologie, zur Ethnologie und zur Kulturanthropologie ist in der Regel kleiner als der zur Philosophie. Diese empirischen Forschungen spielen bei Fragen der Durchsetzung von Menschenrechten, der tatsächlichen Implementierung gerechtfertigter Normen, wohl die entscheidende Rolle, sind allerdings für eine philosophische Betrachtung nur begrenzt fruchtbar zu machen. Insbesondere ist die Analyse faktischer kultureller Vielfalt noch nicht in jedem Fall rechtsethisch einschlägig. Sie soll im folgenden als *kultureller Relativismus* bezeichnet wer-

---

[73] Bassam Tibi: Universalität der Menschenrechte?, in: Universitas 2 (1992) S. 131. Siehe auch Bassam Tibi: Krieg der Zivilisationen. Politik und Religion zwischen Vernunft und Fundamentalismus. Hamburg 1995. Bassam Tibi: Fundamentalismus im Islam. Eine Gefahr für den Weltfrieden? Darmstadt 2000.

den mit den folgenden Kennzeichen[74]: Lebensformen, Kulturen und Zivilisationen werden in der Regel deskriptiv erfaßt. Betont wird die Historizität jeder Kultur, ihre enge Einbettung in die jeweilige geschichtliche Entwicklung. Darüber hinaus präge Kultur das Verhalten von Menschen in hohem Maße. Indem der einzelne die Werte und Normen der Kultur, in der er aufwachse, durch den Prozeß der Sozialisation vollständig internalisiere, seien seine Urteile kulturrelativ und könnten nur vor diesem Hintergrund angemessen verstanden werden. Jede Kultur bilde als lebensweltlicher Kontext eine Art integriertes Ganzes für den einzelnen Menschen und sei insofern ein relativierender Kontext.

Das dritte Kriterium des Äquivalenz- oder *Gleichwertigkeitspostulats* besagt, daß die jeweils betrachteten Überzeugungen, Werte und Normen unter dem jeweiligen Aspekt – wie zum Beispiel wahr / falsch, rational / irrational, gut / schlecht, angemessen / unangemessen – als gleichwertig angesehen werden. Erst wenn auch diese dritte These vertreten wird, kann von einem *ethischen Relativismus* gesprochen werden. Sie stellt zusammen mit den beiden ersten Annahmen eine hinreichende Beschreibung der relativistischen Position im eigentlichen Sinn dar, weil sie behauptet, daß Überzeugungen, Werte und Normen nicht von außerhalb kritisiert werden können. Sie können stets nur in Bezug zu den jeweiligen Kontexten betrachtet und beurteilt werden. Und erst dieser ethische Relativismus bildet die Herausforderung jeglicher universalistischer Konzeptionen, da ihnen die Beweislast für ihre Hypothesen und Behauptungen zugewiesen wird. Konkret muß eine universalistische Theorie etwa den Nachweis dafür erbringen, daß die Beurteilung einer bestimmten Handlung als ethisch geboten nicht nur nach den Maßstäben der eigenen partikularen politischen Gemeinschaft, sondern auch nach denen aller anderen politischen Gemeinschaften begründet werden kann.

Für die rechtsethische Rechtfertigung ist die Differenz zwischen einem kulturellen und einem ethischen Relativismus entscheidend. Der Ausgangspunkt beider Varianten beruht auf der Auffassung, daß Kulturen ein relativierender Kontext sind.[75] Wird eine Kultur oder auch eine Gesellschaft als Kontext aufgefaßt, innerhalb dessen gewisse Kriterien gültig sind, so stellen verschiedene Kulturen verschiedene Kontexte mit jeweils anderen Kriterien für Wahrheit,

---

[74] Vgl. Rippe 1993, S. 55.
[75] Vgl. zur folgenden Argumentation Deloch 1997, S. 52f.

3 Relativistische Kritik

Rationalität, Moralität und Begründung von Handlungen dar. Was dann als wahr, rational oder gut gilt, kann nur in Bezug zu den Kriterien der jeweiligen Kultur beurteilt werden. Eine rationale Rekonstruktion der Menschenrechte mit Hilfe eines vertragstheoretischen Modells, um ein Beispiel zu nennen, setzt vermutlich einen säkularen Staat als Akzeptanzbedingung voraus. In einer nichtsäkularen, religiös geprägten Staatsdoktrin hat das vertragstheoretische Modell deshalb keine Geltung, weil es auf anderen Prämissen beruht, die innerhalb eines anderen Kontextes akzeptiert werden, in einer religiösen Weltanschauung jedoch keinen Platz finden. All diese Feststellungen sind jedoch noch im Rahmen eines kulturellen Relativismus verortet. Erst die zusätzliche Behauptung, daß die Handlungs- und Denkweisen verschiedener Kulturen als gleichwertig, als gleich richtig oder falsch, als gleich gut oder schlecht, als gleich rational oder irrational betrachtet werden müssen, verwandelt einen kulturellen in einen ethischen Relativismus. Die Vernachlässigung des Gleichwertigkeitspostulats und das Ineinssetzen der beiden Positionen hat im übrigen wesentlich dazu beigetragen, die Debatte zwischen Universalisten und Relativisten insbesondere in der politischen Öffentlichkeit ideologisch aufzuladen.

Zusammenfassend läßt sich festhalten, daß den einzelnen Kriterien relativistischer Theorien bestimmte Varianten des Relativismus korrespondieren.[76] Die Annahme der Pluralität von Werten und Normen oder auch das Faktum kultureller Pluralität ist mit relativistischen und universalistischen Theorien vereinbar. Wenn dieser Kulturpluralismus darüber hinaus in Abhängigkeit vom jeweiligen Kontext betrachtet wird, kann von einem kulturellen Relativismus gesprochen werden, wie ihn neben vielen anderen zum Beispiel Surya Prakash Sinha vertritt. Wenn darüber hinaus das dritte Kriterium der Gleichwertigkeit divergierender Werte und Normen in Anschlag gebracht wird, kann von einem Relativismus im eigentlichen Sinne oder auch vom ethischen Relativismus gesprochen werden. Exponenten dieser Position in der Menschenrechtsdebatte sind zum Beispiel Richard Rorty[77] oder Jean Francois Lyotard.[78]

---

[76] Für eine detaillierte Aufspaltung relativistischer Ansätze mit einer abweichenden Terminologie siehe Rippe 1993, S. 209ff.

[77] Richard Rorty: Menschenrechte, Rationalität und Gefühl, in: Stephen Shute / Susan Hurley (Hrsg.): Die Idee der Menschenrechte. Frankfurt am Main 1996, S. 144-170. Für einen aktuellen Überblick siehe Tobias Rosefeldt: Die Rechtfertigung von Wahrheit. Richard Rorty und seine Kritiker, in: Philosophische Rundschau 48/3 (2001) S. 196-207.

[78] Jean Francois Lyotard: Die Rechte des Anderen, in: Stephen Shute / Susan Hurley (Hrsg.): Die Idee der Menschenrechte. Frankfurt am Main 1996, S. 171-182.

Kriterien relativistischer Theorien und Arten des Relativismus	
• Pluralität von Werten und Normen	• Relativismus und Universalismus
• Kontextabhängigkeit	• Kultureller Relativismus
• Gleichwertigkeitspostulat	• Ethischer Relativismus

3.1 Kultureller Relativismus

Exemplarisch für den kulturellen Relativismus soll der Ansatz des Inders Surya Prakash Sinha vorgestellt werden.[79] Er bezeichnet sein Konzept als eine anthropozentrische Theorie der Menschenrechte, die sich an den Grundbedürfnissen der Menschen orientiere.[80] Dies würde den Anspruch der Menschenrechte empirisch fundieren, ihre kulturspezifischen Ausprägungsmerkmale und damit ihre kulturelle Relativität berücksichtigen und die jeweilige allgemeine Akzeptanz ermöglichen.

Der behaupteten universellen normativen Geltung der Menschenrechte fehle der Rückbezug zur Kultur. Der Ableitung der Menschenrechte aus der Natur des Menschen zum Beispiel liege die Prämisse zugrunde, daß es eine einheitliche, ubiquitär anerkannte Konzeption der Natur des Menschen gebe.[81] Doch die Beschreibungen dieser Natur umfassen ein weites Spektrum. Außerdem bilde nicht der historische Mensch, sondern ein in der Regel hypothetisch angenommener Naturzustand die Legitimationsbasis – eine Variante des Vorwurfs der Ahistorizität. Ein ebenso grundlegender Dissens zeige sich im Streit darüber, welches Menschenbild einer Theorie zugrunde gelegt werden soll[82] oder ob der Mensch von Natur aus ein Einzelwesen oder ein Gemeinschaftswesen sei. Ebenso problematisch sei die Hervorhebung von Rechten. Das klassische islamische Kon-

---

[79] Vgl. zu den folgenden Ausführungen auch Jens Hinkmann: Philosophische Argumente für und wider die Universalität der Menschenrechte. Marburg 1996, S. 66-79, besonders S. 72ff.

[80] Surya Prakash Sinha: The anthropocentric theory of International law as a basis for human rights, in: Case Western journal of International law 10 (1978) S. 469-504. Surya Prakash Sinha: Human rights philosophically, in: Indian journal of International law 18 (1978) S. 139-159.

[81] Siehe Kapitel 4.1 für eine ausführliche Diskussion des naturrechtlichen Ansatzes.

[82] Vgl. Stefan Batzli u.a. (Hrsg.): Menschenbilder, Menschenrechte. Islam und Okzident: Kulturen im Konflikt. Zürich 1994.

zept einer sozialen Ordnung bestimmt Pflichten und nicht Rechte als Ausgangspunkt der Diskussion.[83] Zwar korrespondieren Rechte und Pflichten nicht zwingend mit einem individualistischen oder kollektivistischen Ansatz, da sowohl Individuen als auch Kollektive als mögliche Rechtsträger in Frage kommen. Darüber hinaus können Rechte und Pflichten teilweise ineinander überführt werden, wie die rechtstheoretische Analyse von Ansprüchen gezeigt hat. Allerdings verändert der Ausgangspunkt der Pflichten insofern die Situation, als sowohl einzelne wie auch Kollektive direkt verpflichtet sein können. Demgegenüber fungierten in der rechtstheoretischen Analyse der Menschenrechte politische Gemeinschaften als Normadressaten menschenrechtlicher Ansprüche. Individuen sind lediglich indirekt über ihre Mitgliedschaft in einer politischen Gemeinschaft und nicht direkt verpflichtet. Universalistische Begründungsstrategien benötigten demnach, wie die Diskussion um den Ausgangspunkt zeigt, stets kulturspezifische Prämissen, die keiner Universalisierung fähig seien. Die „Natur des Menschen" sei kein geeignetes Medium, um daraus bestimmte Rechte des Menschen ableiten zu können.[84] Ob diese Kritik des von Sinha selbst so bezeichneten naturrechtlichen Ansatzes schlüssig ist, sei an dieser Stelle dahingestellt.[85] Deutlich zu Tage tritt die Stoßrichtung des kulturellen Relativismus, der auch in der theoretischen Konzeption die enge Anbindung an den spezifischen kulturellen Kontext anmahnt.

Dies betrifft zum Beispiel die Transformation ethischer in juristische Menschenrechte. Der Westen sei eine legalistische Kultur, die Gerichtsbarkeit und Rechtsprechung als die Möglichkeit schlechthin etabliert hätte, divergierende Interessen zu beurteilen und Konflikte zu lösen. „Our thesis maintains that law is not an universal phenomenon, ... other civilizations have likewise developed their own principles of moral life which are not law, ..."[86] „Law is only one of several principles of social life developed by one of several human civilizations.

---

[83] Surya Prakash Sinha: Human rights: A non-western viewpoint, in: Archiv für Rechts- und Sozialphilosophie 67 (1981) S. 98: „... the classical Muslim concept of social order, unlike that of the West, centers around duties, not rights."

[84] Vgl. Surya Prakash Sinha: Freeing human rights from natural rights, in: Archiv für Rechts- und Sozialphilosophie 70 (1984) S. 378: „For these reasons, natural law is unsuitable to serve as a satisfactory basis for contemporary human rights."

[85] Siehe Kapitel 4.1 für eine ausführliche Diskussion des naturrechtlichen Ansatzes.

[86] Surya Prakash Sinha: Non-universality of law, in: Archiv für Rechts- und Sozialphilosophie 81 (1995) S. 185.

3 Relativistische Kritik

A claim larger than that is unsustainable."[87] Sinha dokumentiert, daß in anderen Kulturen keine Entsprechung dieses Modells als Lösungsmechanismus sozialer Konflikte zu finden ist, sofern diese Kulturen nicht bereits westlich orientiert sind. So habe in der chinesischen Kultur der Konsens eine viel größere Bedeutung. Die Übereinstimmung mit der Gemeinschaft sei wichtiger als die Verwirklichung der Einzelfallgerechtigkeit. Es sei undenkbar, als einzelner seine persönlichen Rechte vor Gericht zu erstreiten, da der Bereich der Rechtsprechung auf unpersönliche wirtschaftliche Anwendungen und den Kontakt mit Fremden und anderen Kulturen beschränkt sei.[88] Von daher sei eine Verrechtlichung der Lebenswelt, wie sie durch die Universalität der Menschenrechte gefordert und insbesondere im Menschenrecht auf Anerkennung als Rechtsperson in Artikel 6 der Allgemeinen Erklärung der Menschenrechte zum Ausdruck gebracht werde, ein ungeeignetes Modell für andere Kulturen. „... law does not exist as a principle of social organization in all civilizations. The same fire may burn in Greece as well as in Persia (Aristoteles: Nikomachische Ethik 1129b), but that is not so with the law."[89]

Diese Kritik des Legalismus kann empirisch kaum bestritten werden. Allerdings könnte man einwenden, daß der Zweck der Norm der Anerkennung als Rechtsperson hier überstrapaziert wird. Wie Sinha ausführlich dokumentiert, sind in anderen Kulturen Gerichtsbarkeit und Rechtsprechung als sozialer Regelungsmechanismus unbekannt. Das postulierte Menschenrecht ist jedoch kein Selbstzweck in der engen Bedeutung des Begriffes. Anders zum Beispiel als das Recht auf körperliche Unversehrtheit oder das Recht auf Religionsfreiheit betrifft das Recht auf Anerkennung als Rechtsperson in erster Linie die Umsetzung und Einhaltung der anderen Menschenrechte. Wenn ein Individuum oder ein Kollektiv von einer politischen Gemeinschaft nicht als Rechtsperson anerkannt wird, hat dies für den Moment noch keine negativen Konsequenzen. Erst bei der Verletzung weiterer Menschenrechte treten diese zutage, wenn beispielsweise ein fairer Prozeß verweigert wird, nachdem jemand einer Straftat beschuldigt oder körperlich verletzt wurde. Wenn hingegen die körperliche Un-

---

[87] Sinha 1995, S. 210.
[88] Sinha 1995, S. 193-199: The Chinese way of life. Ähnliches gilt in abgeschwächter Form für die japanische Kultur, vgl. Lohmann 1997, S. 196-202.
[89] Surya Prakash Sinha: Why has it not been possible to define law?, in: Archiv für Rechts- und Sozialphilosophie 75 (1989) S. 11.

versehrtheit einer Person oder das Recht auf freie Religionsausübung in Frage gestellt werden, hat dies unmittelbare Konsequenzen für die betroffene Person. Sie kann ihre Religion nicht mehr ausüben oder ist unter Umständen der Folter und / oder anderer unmenschlicher Behandlung ausgesetzt. Wenn nun in anderen Kulturen andere Regelungsmechanismen existieren, ist dagegen überhaupt nichts einzuwenden, solange sie dasselbe leisten.

Allerdings diagnostiziert Sinha selbst ein allmähliches Sich-Ausbreiten der westlichen Kultur. Dies kann man begrüßen oder ablehnen. Es erscheint jedoch unter dieser faktischen Prämisse sinnvoll, das Menschenrecht auf Anerkennung als Rechtsperson ebenfalls in den Katalog der Menschenrechte aufzunehmen – als dasjenige Menschenrecht, das sich aufgrund der historischen Erfahrung am ehesten bewährt hat, die Menschenrechte effektiv umzusetzen, wie Hannah Arendt noch unter dem Eindruck des Zweiten Weltkrieges pointiert postulierte. Es könne nur ein einziges Menschenrecht geben, nämlich das Recht, in einem Staat zu leben und gemäß dessen Gesetzen als rechtskräftige Person behandelt zu werden.[90] Auf der anderen Seite ist auch in dieser Diskussion die entscheidende Rolle der Kultur bei der Frage der Implementierung der Menschenrechte unterstrichen worden.

Sinhas kritische Distanz gegenüber universalistischen Bestrebungen wird flankiert durch eine anthropozentrische Theorie der Menschenrechte als Grundbedürfnisse. Er beginnt mit der Feststellung, daß das Problem der Bedürfnisbefriedigung zu einem zentralen Thema der Politik, genauer der Entwicklungspolitik, geworden sei angesichts des sich ständig vergrößernden Nord-Süd-Gefälles und der um sich greifenden Globalisierung. Die menschlichen Bedürfnisse als empirisch meßbare Größen und Tatsachen sollten daher als Grundlage der Menschenrechte dienen. Ausgangspunkt sei dabei nicht die Natur des Menschen, sondern die „Umgrenzungen" des Menschen, sein „Biotop". Als primäre menschliche Bedürfnisse, die dem Schutz des menschlichen Lebens dienen,

---

[90] Hannah Arendt: Es gibt nur ein einziges Menschenrecht, in: Die Wandlung 4 (1949) S. 762. Vgl. die stärker normativ aufgeladene Argumentation zur Notwendigkeit des positiven Rechts, beruhend auf einem Erkenntnisproblem, einem Durchsetzungsproblem und einem Organisationsproblem bei Robert Alexy: Recht, Vernunft, Diskurs. Frankfurt am Main 1995, S. 144-146. Siehe zum Menschenrecht auf Anerkennung als Rechtsperson auch die Beiträge in Seyla Benhabib (Hrsg.): Democracy and difference. Princeton 1996.

werden genannt: „Air, food, water, procreation, protection of life from war, crime, disease, starvation and the dangers of modern life like transportation and industry." Sekundäre Bedürfnisse seien „... economic betterment, cultural enrichment and achievement of intangible values like freedom and liberty."[91] Eine nähere Begründung der Auswahl und Hierarchisierung der aufgezählten Grundbedürfnisse erfolgt jedoch nicht. Dem Völkerrecht schließlich wachse die Aufgabe zu, „... the management of human existence on a planetary scale, no longer limited to its traditional role of providing binding rules for governing relations among states".

Rechtstheoretisch läßt sich hierzu bemerken, daß die sozialen Anspruchsrechte der zweiten Generation der Menschenrechte denjenigen der ersten Generation lexikalisch übergeordnet werden. Und da dem Völkerrecht und nicht den einzelnen politischen Gemeinschaften die Aufgabe der Umsetzung zugewiesen wird, fordert Sinha insofern zur Solidarität mit den unterentwickelten politischen Gemeinschaften auf, als er mehrere – und nicht nur einen einzigen jeweils spezifischen – Normadressaten menschenrechtlicher Ansprüche benennt.

Davon unberührt bleibt – so läßt sich ironisch formulieren – das Grundproblem des Grundbedürfnisseansatzes in einem philosophischen Begründungszusammenhang. Wenn Menschenrechte auf menschliche Grundbedürfnisse zurückgeführt würden, werden Normen (die Menschenrechte) aus Fakten (den Grundbedürfnissen) abgeleitet. Der Verdacht eines naturalistischen Fehlschlusses liegt nahe. Wenn die Menschenrechte auf empirisch feststellbare Grundbedürfnisse gestützt werden, sind sie im Extremfall frei disponibel. Je nach Versorgungslage kann es gerechtfertigt sein, sie zu minimalisieren oder ganz zu negieren, etwa in dem ohne weiteres denkmöglichen Fall, daß die Ressourcen der Welt unzureichend sind, alle Menschen zu ernähren. Wie die Diskussion des Anforderungsniveaus im vorherigen Kapitel gezeigt hat, trifft dies im übrigen auf alle Generationen von Menschenrechten zu. Sowohl die sozialen Anspruchsrechte der zweiten Generation als auch die liberalen Abwehrrechte der ersten Generation können mittlere bis hohe Anforderungsniveaus nach sich ziehen. Wenn diese nicht erfüllt werden können, entfällt auch die Anspruchsgrundlage, wenn man dem Grundbedürfnisseansatz folgen würde.

---

[91] Sinha 1978, S. 498.

Darüber hinaus handelt es sich bei der Bestimmung der Grundbedürfnisse nicht nur um ein quantitatives Problem, sondern auch um ein Problem der Begründung. „Wer definiert die Bedürfnisse, wer konkretisiert sie legitimerweise, wie grenzt man Bedürfnisse von Grundbedürfnissen ab, nach welchen Kriterien differenziert man zwischen materiellen und immateriellen (Grund-) Bedürfnissen, wie zwischen Grund- und Nebenbedürfnissen?"[92] Sinha selbst bezeichnet die Wertepräferenzen, die als Grundlage der Katalogisierung der Grundbedürfnisse dienten, als axiologische Entscheidungen, die jede Kultur für sich treffe. Sie seien deshalb keiner Begründung fähig, sondern bildeten als jeweils spezifische, aber willkürliche Präferenzstruktur das Inkommensurable jeder Kultur. Lediglich der Überlappungsbereich der jeweiligen Präferenzstrukturen würde dann dasjenige bezeichnen, was als universell betrachtet werden kann. Doch wiederum tauchen unvermeidlich Wertungsfragen auf, wenn gefragt wird, nach welchen Kriterien und in welchem Verhältnis zueinander materielle und immaterielle Bedürfnisse befriedigt oder legitimerweise frustriert werden dürfen. Oder wer für eine jeweilige Kultur als Entscheidungsinstanz auftritt im Falle eines Konfliktes innerhalb einer Kultur.

Mit dieser unzulänglichen theoretischen Fundierung der Menschenrechte ist jedoch nichts gesagt über den großen praktischen Nutzen des Grundbedürfnisseansatzes in der Entwicklungspolitik.[93] Verstanden als politische Strategie zur Bewältigung der Armutsprobleme dieser Welt, könnten die Menschenrechte als Realisierungsbedingungen menschlicher Grundbedürfnisse aufgefaßt werden. Auf der anderen Seite ist ein Konsens der internationalen Staatengemeinschaft in bezug auf materielle Grundbedürfnisse wie Nahrung, Wohnung, Kleidung, Gesundheitsvorsorge oder auch ein Minimum an natürlicher Umwelt sowie immaterielle Grundbedürfnisse wie Erziehung, Religions- und Gewissensfreiheit durchaus geeignet, den abstrakt formulierten Menschenrechten als Maßstab der Konkretisierung zu assistieren. Denn jeglicher Wachstumsprozeß bislang unterentwickelter politischer Gemeinschaften, der Nahrung, Wohnung, Kleidung, Gesundheitsvorsorge und Erziehung aller Menschen nicht einbezieht, persifliert die Idee der langfristigen und nachhaltigen Entwicklung. Insofern können die

---

[92] Eibe H. Riedel: Theorie der Menschenrechtsstandards. Berlin 1986, S. 203.
[93] Vgl. dazu Jens Hinkmann: Human rights and European development aid. Luxemburg 1998.

3 Relativistische Kritik

Grundbedürfnisse aller Menschen eindimensionalen Entwicklungsstrategien ein wirkungsvolles Pendant gegenüberstellen.

Ferner ist der Fokus des kulturellen Relativismus auf den konkreten soziokulturellen Kontext bei der Umsetzung der Menschenrechte von zentraler Bedeutung. Mitunter genügt die Transformation ethischer in juristische Menschenrechte nicht, um einen tatsächlichen Schutz zu gewährleisten, etwa wenn es sich um eine nicht-legalistische Kultur handelt. Im Extremfall werden mit der Etablierung juristischer Normen sogar kontraproduktive Ergebnisse erzielt, wie das folgende Fallbeispiel der weiblichen Beschneidung zeigt.

In über zwanzig afrikanischen Staaten wird in der Pubertät eine rituelle Beschneidung der weiblichen Geschlechtsorgane vorgenommen.[94] Erst nach der Beschneidung gelten die Mädchen als heiratsfähige Frauen, erst nach dem Durchlaufen des Initiationsritus erreichen sie diesen Status. Durch die Tatsache, daß die Eheschließung nicht in Frage gestellt werden kann,[95] bleiben den Mädchen oder Frauen keine Handlungsoptionen offen. Sie müssen den Ritus über sich ergehen lassen, wollen sie weiterhin ein Mitglied ihrer Gemeinschaft bleiben. Überdies hat ein beträchtlicher Prozentsatz der durchgeführten Beschneidungen aufgrund der völlig unzureichenden hygienischen Bedingungen den Tod der betreffenden Frau zur Folge.

Der Versuch, diesem traditionellen Brauch durch Gesetze entgegenzuwirken, führte zum Beispiel in Ägypten zu teilweise dysfunktionalen Resultaten. Durch das gesetzliche Verbot der Beschneidung war es unmöglich geworden, diese in Krankenhäusern oder unter medizinischer Betreuung vornehmen zu lassen. Auch wenn Komplikationen während oder nach einer Beschneidung auftraten, war es nicht mehr möglich, das Mädchen oder die Frau in ärztliche Behandlung zu bringen, da von den Beschneiderinnen befürchtet werden mußte, daß die Beschneidung bestraft werden würde. Da jedoch das Ritual nach wie vor vorgenommen wurde, bewirkte das gesetzliche Verbot ein zumindest temporär erhöhtes Risiko für die betroffenen Mädchen und Frauen, während oder nach

---

[94] Nach Hanny Lightfood-Klein: Das grausame Ritual. Sexuelle Verstümmelung afrikanischer Frauen. Frankfurt am Main 1992, S. 46-49. Vgl. Die Zeit vom 1. September 1995, Dossier S. 13-16.

[95] Vgl. zur Praxis der Zwangsheirat Ann Elizabeth Mayer: Islam and human rights. Tradition and politics. Boulder 1991, S. 120-123.

der Beschneidung zu sterben oder schwer verstümmelt zu werden. Dies gilt unabhängig von der langfristigen Folgenabschätzung der Einführung gesetzlicher Regelungen, die vermutlich positiv zu bewerten ist.

Eine Betrachtung des soziokulturellen Kontextes auch unter wissenschaftlichen Gesichtspunkten hätte diesen unerwünschten Effekt vermeiden können. Zum Beispiel hätte man zunächst analysieren können, welche Begründungen das Ritual innerhalb seines Kontextes hat und welche Verhaltensgewohnheiten warum internalisiert worden sind. Das Spektrum der Rechtfertigungen erstreckt sich von Ästhetik, Hygiene, Magie und Mythos, Gynäkologie, Religion und Sexualität bis hin zur Soziologie.[96] Darauf aufbauend und somit die Kontextabhängigkeit von Werten und Normen berücksichtigend, hätte eine flankierende Aufklärungskampagne mit dem Ziel einer allmählichen Verhaltensänderung vermutlich bessere Ergebnisse erzielt als der bloße Erlaß einer juristischen Norm. Beispielsweise wird die Beschneidung ausschließlich von Frauen vorgenommen. Diese Beschneiderinnen sind allein schon deshalb auf das Ritual angewiesen, da sie damit ihren Lebensunterhalt bestreiten. Sie verfügen außerdem über eine gewisse medizinische Erfahrung, um den Eingriff vornehmen zu können. Eine Umschulung zu medizinischem Hilfspersonal würde einerseits die Verbreitung des Rituals eindämmen, auf der anderen Seite zugleich in Maßen die medizinische Versorgung auf dem Land verbessern.

Beide Vorgehensweisen, die legalistische Bekämpfung des Rituals durch den Erlaß von Gesetzen und die Eindämmung durch die Beeinflussung von soziokulturellen Faktoren, schließen sich nicht gegenseitig aus, sondern ergänzen sich. Beide setzen jedoch voraus, daß bestimmte universelle Rechte gerechtfertigt werden können. Im Falle der weiblichen Beschneidung könnte dies zum Beispiel das Recht auf körperliche Unversehrtheit sein. Und genau diese Begründung wird durch das Gleichwertigkeitspostulat des ethischen Relativismus eingefordert, der die prinzipielle Ebenbürtigkeit von Werten und Normen insbesondere in verschiedenen Kulturen behauptet.

---

[96] Vgl. ausführlich Hinkmann 1996, S. 87-89.

3.2 Ethischer Relativismus

Ein ethischer Relativist vertritt den Standpunkt, daß die Handlungs- und Denkweisen verschiedener Kulturen als gleichwertig angesehen werden sollen. Kriterien wie richtig / falsch, gut / schlecht oder rational / irrational hätten stets nur einen lokalen Anwendungsbereich und die Werte und Normen dieser jeweiligen lokalen Geltungsbereiche seien gleichwertig. Insbesondere seien sie nicht von außerhalb kritisierbar, weshalb es unzulässig sei, sich in andere Kulturen einzumischen. Konsequent wird daher auch der Gedanke verworfen, daß die Menschenrechte zu begründen sind, wie das folgende Zitat von Richard Rorty deutlich macht:

„Rabossis These, wonach der Gedanke, die Menschenrechte zu begründen, veraltet sei, scheint mir ebenso wahr wie bedeutsam zu sein; ... . Ich werde Rabossis These noch erweitern und die Behauptung aufstellen, daß die Frage, ob Menschen wirklich die in der Helsinki-Akte aufgeführten Rechte besitzen, überhaupt nicht gestellt zu werden braucht."[97]

Statt der veralteten begründungsorientierten Projekte wird die eigentliche Aufgabe darin gesehen, unserer eigenen Kultur – der Menschenrechtskultur – mehr Selbstbewußtsein zu geben und sie zu stärken, statt ihre Überlegenheit gegenüber anderen Kulturen durch den Verweis auf kulturübergreifende Faktoren zu demonstrieren.[98] Als Pragmatist führt Rorty den Wandel von Werten und Normen eher auf die Kultivierung von Gefühlen als auf die Vermehrung von Wissen zurück. Die Abkehr von der Begründungsorientierung sei effizient, weil sie die Energie auf die Kultivierung oder Erziehung dieser Gefühle konzentriere.[99] Ideen darüber, wie Veränderung herbeigeführt werden könne, seien stabilen Kriterien für die Wünschbarkeit der Veränderung vorzuziehen. Das Konzept der Ironie beispielsweise sei eine solche Idee, wie Verbesserungen in der Praxis angestrebt werden könnten.[100]

Gegen einen so verstandenen ethischen Relativismus lassen sich eine Reihe von schwerwiegenden Einwänden vorbringen. Erstens entzieht sich der ethische

---

[97] Rorty 1996, S. 148.
[98] Vgl. Rorty 1996, S. 149.
[99] Rorty 1996, S. 155.
[100] Siehe Richard Rorty: Contingency, irony, and solidarity. Cambridge 1989.

Relativismus selbst der Grundlage der Kritik an universalistischen Bestrebungen. Denn wenn die These aufgestellt wird, daß es zwischen unterschiedlichen Kulturen fundamentale moralische Differenzen gibt, so zählt zu den Dingen, bei denen es diese fundamentalen moralischen Differenzen geben kann, auch die Einstellung gegenüber anderen moralischen Einstellungen. Ein Relativist müßte einer Tendenz zur Universalisierung als einer Einstellung seiner eigenen Kultur gegenüber anderen Kulturen denselben Wert zuerkennen wie bestimmten Werten anderer Kulturen. Aus der Annahme, daß bestimmte Kriterien nur einen lokalen Geltungsbereich haben, folgt deshalb nicht, daß es unzulässig ist, sich in das Werteverhalten anderer Kulturen einzumischen.

Zweitens ist notorisch unklar, wie der lokale Geltungsbereich bestimmter Kriterien abgegrenzt werden kann. Wie können die Werte einer bestimmten Kultur identifiziert werden? Repräsentiert der Staat oder auch eine Partei diese Werte? Wenn dies nicht der Fall ist, wer dann? Welche Instanz entscheidet bei Konflikten, die innerhalb einer Kultur auftreten? Und wie können Veränderungen gerechtfertigt werden, wenn den bestehenden Werten einer Kultur ein objektiver Wert zugesprochen wird?

Drittens bezieht sich der Einwand, daß Gefühle und nicht Vernunft entscheidend sind für weitere Fortschritte in der Frage der Menschenrechte, wiederum auf die Frage der Umsetzung der Menschenrechte. Es ist sicher richtig, daß die Ausgrenzung von Menschen durch Menschen tief empfunden wird. Rorty formuliert: „Seit den Zeiten, als der Ausdruck Mensch ein Synonym für Mitglied unseres Stammes war, haben wir unter Menschen stets paradigmatische Mitglieder der Art verstanden und uns, die wahren Menschen, gegen die rudimentären oder abartigen oder deformierten Beispiele von Menschen abgegrenzt."[101] Ehe jedoch die pragmatische Frage beantwortet werden kann, durch welche Motivation Menschen zu einem bestimmten Verhalten bewegt werden können, muß festgelegt werden, welche Ziele überhaupt angestrebt werden sollen. Und dies ist nur schwer mit einer bloßen gefühlsmäßigen Übereinstimmung mit bestimmten Zielen zu rechtfertigen, auch wenn dieses Gefühl für das tatsächliche Verhalten der Menschen der ausschlaggebende Faktor ist.

---

[101] Rorty 1996, S. 158.

Viertens wird mit der Annahme, daß die veralteten Begründungsprojekte auf den Schuttabladeplatz der Geschichte gehörten, einem Phänomen der Weg bereitet, daß man als *Glokalisierung* bezeichnen könnte. Rorty hält eine Erziehung der Gefühle für wichtiger als weitere Erkenntnisfortschritte. Die bisherige lokale Anerkennung der Menschenrechte innerhalb der abendländisch-westlichen Kultur soll auf diese Weise zu globaler Wirksamkeit gelangen. Offensichtlich stehen dieser so bezeichneten Menschenrechtskultur andere Kulturen entgegen, wie zum Beispiel die islamische Kultur. Diese könnten in gleicher Weise ihre jeweiligen Gefühle zu kultivieren suchen, indem sie die bisherige lokale Wirksamkeit global durchzusetzen versuchten. Es existiert kein Anrecht der abendländisch-westlichen Kultur auf eine Vorzugsbehandlung, das begründet werden kann, folgt man den relativistischen Prämissen. Ein Verzicht auf die Begründung des Geltungsanspruchs reduziert aber den Konflikt zwischen verschiedenen Kulturen auf das Recht des Stärkeren und propagiert einen Kampf der Kulturen, der keinerlei korrigierenden Maßstab anerkennt.

Fünftens und letztens verkennt die Kritik Rortys zumindest teilweise die Aufgabenteilung zwischen einzelnen wissenschaftlichen Fachdisziplinen. Die Philosophie kann und sollte dabei nicht alles leisten. Die Frage, wie die Menschen am ehesten zu einem bestimmten Verhalten motiviert werden können, scheint eher der Pädagogik, der Psychologie oder auch der Politikwissenschaft zugerechnet werden zu können. Deren Ergebnisse kann und sollte die Philosophie zur Kenntnis nehmen, insbesondere dann, wenn es sich wie bei den Menschenrechten um ein interdisziplinäres Thema handelt. Allerdings sollte sie sich weiterhin auf ihre eigentliche Aufgabe beschränken, die primär in der ethischen Rechtfertigung zu sehen ist.

Zusammenfassend läßt sich das folgende Resümee aus der Erörterung relativistischer Ansätze und Theorien festhalten:

Erstens ist ein ethischer Relativismus innerhalb der Menschenrechtsdebatte nicht als kohärente philosophische Position zu rekonstruieren. Wenn anderen Kulturen und ihren Wertsystemen ein objektiver Wert zuerkannt wird, muß dies auch für die eigene Kultur sowie deren Einstellung gegenüber anderen Kulturen gelten. Mit der Annahme des Gleichwertigkeitspostulats verliert die relativistische Position die Grundlage ihrer Kritik an universalistischen Bestrebungen.

Zweitens sind sowohl der kulturelle als auch der ethische Relativismus auf die Probleme der Implementierung, der tatsächlichen Umsetzung der Menschenrechte fokussiert. Das Augenmerk relativistischer Ansätze und Theorien richtet sich auf die Tatsache, daß Menschenrechte stets nur in einem konkreten soziokulturellen Kontext verwirklicht werden können. Dies wird von universalistischen Theorien gerne vernachlässigt bzw. unterschätzt.[102]

Drittens verweist der ethische Relativismus auf eine bestimmte Beweislastverteilung. Einem ethischen Universalismus kommt die Aufgabe zu, seine Hypothesen und Behauptungen auch zu begründen. Eine universelle normative Geltung der Menschenrechte bedarf der stichhaltigen Rechtfertigung, wenn sie denn einen legitimen rechtsethischen Anspruch erheben kann. In diesem Sinne begleitet der ethische Relativismus als eine ständige Herausforderung alle Begründungen von Menschenrechten als universalen Normen.

---

[102] Bernard Williams: Der Begriff der Moral. Eine Einführung in die Ethik. Stuttgart 1986, S. 25: „Gewiß überschätzen viele moralphilosophische Autoren das Ausmaß, in dem rationale Erwägungen Menschen zur Änderung ihrer moralischen Ansichten bewegen; sie übersehen das (eigentlich gar nicht zu übersehende) Ausmaß, in dem derartige Einstellungsänderungen durch andere Faktoren bedingt sind, ..."

4 Theorien der Begründung von Menschenrechten als universalen Normen

Versucht man sich einen Überblick über die universalistische Theorienlandschaft zu verschaffen, bietet es sich an, innerhalb des universalistischen Theorienspektrums drei Ebenen der Menschenrechtsdebatte zu unterscheiden: Eine erste Schicht der Begründung, eine zweite der „daraus resultierenden" Ergebnisse und eine dritte der Realisierung dieser Ergebnisse. Auf der zweiten Ebene der *Ergebnisse* läßt sich mit relativ geringen Abweichungen eine Konvergenz ausmachen, die bestimmte basale Menschenrechte als universell gültige Normen auszeichnet. In der Regel umfaßt dieser Katalog zumindest die Menschenrechte auf Freiheit, Gleichheit, Leben und körperliche Unversehrtheit, wenn auch mit unterschiedlichen Akzentuierungen und Prioritäten. Richtet man jedoch den Blick auf die erste Ebene der rechtsethischen *Begründung* dieser Normen und fragt nicht mehr nur nach dem „Was?", sondern auch nach dem „Warum?", so öffnet sich ein stark divergierendes Spektrum von Theorien. Naturrecht, Diskursethik, Kommunitarismus, Utilitarismus, Libertarismus, Rationalismus, Pragmatismus, Individualismus, Kontraktualismus oder Liberalismus – um nur einige Theorietypen schlaglichtartig zu benennen – rechtfertigen auf völlig unterschiedliche Art und Weise bestimmte Normen, die als universell gültige Menschenrechte verstanden werden können. Ebenso umstritten ist die dritte Ebene der *Umsetzung* der Ergebnisse. Dies gilt sowohl für die Konkretisierung der abstrakten Normen der basalen Menschenrechte wie zum Beispiel der Freiheit und Gleichheit als auch für den Fall konfligierender Einzelnormen. Beispiele finden sich zuhauf, etwa die Diskussion um die Abtreibung, bei der das Recht auf Leben des ungeborenen Kindes mit dem Freiheitsrecht der schwangeren Frau kollidiert, oder auch die Diskussion um die aktive und passive Sterbehilfe.

Akzeptiert man diese Beschreibung des universalistischen Theorienspektrums, drängt sich der Verdacht auf, daß die Konvergenz auf der zweiten Ebene der Ergebnisse eher auf faktische Gegebenheiten zurückzuführen ist, denn auf stichhaltigen Rechtfertigungen beruht. Die basalen Menschenrechte sind – zumindest innerhalb des abendländisch-westlichen Kulturkreises – juristisch kodifiziert und weitgehend anerkannt.[103] Dieser faktische Konsens ist mitverantwortlich für die durchaus überraschende Übereinstimmung der Ergebnisse der rechtsethischen Debatte. Die Übereinstimmung mag für die Politik und die politische Öffentlichkeit ausreichen[104] und der Menschenrechtsidee zu weiteren Fortschritten verhelfen. Aber Menschenrechte liegen eher quer zu den gegenwärtig diskutierten Typen ethischer Rechtfertigungen, als daß sie sich einem bestimmten Ansatz eindeutig zuordnen lassen.[105] Querliegen bedeutet, daß sich weder das ganze Spektrum menschenrechtlicher Ansprüche schlüssig auf einen bestimmten Typ ethischer Rechtfertigung zurückführen läßt noch, daß sich in systematischer Hinsicht eine bestimmte ethische Theorie besonders auszeichnet mit Blick auf die Menschenrechte. Deshalb bleibt die Frage virulent, wie leistungsfähig bestimmte Rechtfertigungstypen tatsächlich sind. Das Ziel der Evaluation besteht dabei nicht in einer vollständigen Abbildung des Theoriespektrums, sondern in der möglichst konstruktiven Diskussion exemplarischer, interessanter und relevanter Ansätze und Theorien. Relevant meint in diesem Zusammenhang die adäquate Abstraktionsebene. Es geht nicht um einen Quasilängsschnitt von der höchsten Abstraktion zur weitestgehenden Konkretion rechtsethischer bzw. menschenrechtlicher Anwendungsfragen, sondern um einen Quasiquerschnitt verschiedener materialer Positionen auf einer Abstraktionsebene. Die Rechtfertigung der Menschenrechte ist eine konkretere Fragestellung als etwa eine allgemeine rechtsethische oder politische Rechtfertigung und eine abstraktere Problematik als die Frage nach den außenpolitischen Beziehungen eines Staates X zu einem Staat Y.

---

[103] Siehe die rechtstheoretische Analyse der drei Generationen von Menschenrechten in Kapitel 2.2, die Europäische Menschenrechtskonvention, die Europäische Grundrechtecharta, die Institution des Europäischen Gerichtshofes für Menschenrechte in Straßburg und diverse nationale Verfassungen.

[104] Vgl. Matthias Kettner: Human rights, human dignity, and the object range of moral concerns according to ‚discourse ethics', in: Jon Wetlesen: Menneskeverd. Humanistike perspektiver. Oslo 1992, S. 128: „To say that the possessors of human rights are all people simply as people is, of course, nothing but a politically convenient way to bypass the philosophically intriguing questions how we must characterise the alleged possessors of human rights in ways that illuminate those of their features that are relevant, necessary or even sufficient for making them such possessors."

[105] Vgl. Steven Lukes: Fünf Fabeln über Menschenrechte, in: Stephen Shute / Susan Hurley (Hrsg.): Die Idee der Menschenrechte. Frankfurt am Main 1996, S. 30-52. Lukes illustriert das Auseinanderfallen von Theorie und menschenrechtlichen Ansprüchen anhand der Gesellschaften Utilitaria, Kommunitaria, Proletaria, Libertaria und Egalitaria.

Die Auswahl der rechtsethischen Theorien erfolgt nach den Kriterien der Aussagefähigkeit für die Fragestellung (zum Beispiel Naturrecht, zumindest in historischer Perspektive), der Bedeutung innerhalb der gegenwärtigen rechtsethischen Diskussion (zum Beispiel Utilitarismus, Kontraktualismus und Kommunitarismus), aber auch der Plausibilität (zum Beispiel eher deontologische als teleologische Ethiken wie etwa der transzendentale Kontraktualismus oder der normative Individualismus). Die Auswahl unterliegt damit ebenso wie die Reihenfolge einem gewissen Maß an subjektiver Einschätzung, die im folgenden argumentativ eingeholt werden soll. Auf der kritischen Durchsicht des rechtsethischen Theoriebestandes aufbauend, läßt sich unter Umständen eine verfeinerte Ethik der Menschenrechte entwickeln. Diese könnte ferner versuchen, eine stichhaltige Begründung in Abhängigkeit vom jeweils zur Diskussion gestellten Menschenrecht mit der Diskussion der Normenkonflikte bei der Umsetzung der Menschenrechte zu verbinden.

Das 4. Kapitel eröffnet aufgrund der historischen Bedeutung die rechtsethische Diskussion um die Menschenrechte mit naturrechtlichen Theorien, allerdings unter einer strikt systematischen Perspektive (Kapitel 4.1). Neben dem Zusammenhang von Menschenwürde und Menschenrechten werden rationale Naturrechtslehren betrachtet. Es folgen zwei eher formal denn material ausgerichtete Konzeptionen, die Diskursethik (Kapitel 4.2) und eine Variante des Libertarismus (Kapitel 4.3). Beide erweisen sich im Ergebnis als wenig überzeugend, um materiale Behauptungen rechtfertigen zu können, obwohl sie für die Umsetzung gut geeignet scheinen. Eine Kritik des Libertarismus wie auch weiterer liberaler Theorien liefert der Kommunitarismus (Kapitel 4.4). Insofern er bestimmte Standardeinwände gegen ein individualistisches Menschenbild formuliert, gibt er die Meßlatte für alle weiteren liberalen Ansätze vor. Als weitere wichtige philosophische Strömung der gegenwärtigen politischen Philosophie wird der Utilitarismus in zwei Varianten vorgestellt (Kapitel 4.5 und 4.6). Doch auch die Vorrangstellung des Guten vor dem Gerechten kann die Menschenrechte nicht plausibel rechtfertigen, obwohl innerhalb des rationalistischen negativen Utilitarismus erste Ansätze zu finden sind. Die weiteren liberal-kontraktualistischen Theorien (Kapitel 4.7 und 4.8) und liberal-individualistischen Konzeptionen (Kapitel 4.9) beinhalten demgegenüber zumindest einzelne plausible Elemente für die gesuchte Ethik der Menschenrechte. Diese werden dann im 5. Kapitel aufgegriffen und konkretisiert im Rahmen des Konzeptes des pragmatischen Individualismus.

4.1 Naturrecht und Menschenrechte

Wie die Charakterisierung der relativistischen Positionen im vorangehenden Kapitel deutlich gemacht hat, trägt jede rechtsethische Theorie die Beweislast für ihre Behauptungen. Ansprüche dürfen eben gerade nicht bloß behauptet, sondern müssen argumentativ gerechtfertigt oder zumindest mit guten Gründen hinreichend plausibel gemacht werden, um zu legitimen Ansprüchen zu werden. Ein möglicher Kandidat, der sowohl in der Geschichte der (Rechts-)Philosophie als auch bei der Etablierung der Menschenrechtsidee in der positivrechtlichen Sphäre eine prominente Rolle gespielt hat, ist das *Naturrecht*. Aufgrund der zugrunde liegenden systematischen Perspektive sollen jedoch im folgenden weder eine philosophiehistorische Aufarbeitung naturrechtlicher Theorien mit Blick auf die Menschenrechtsidee[106] noch eine Untersuchung der faktischen Relevanz des Naturrechts mit Blick auf juristische Kodifikationen der Menschenrechte[107] zum Gegenstand der Diskussion werden. Vielmehr sollen erstens der Zusammenhang zwischen Menschenwürde und Menschenrechten untersucht und zweitens die Theorie von John Finnis erörtert werden, der als exponiertester Vertreter eines rationalen Naturrechts gelten kann.

4.1.1 Menschenwürde und Menschenrechte

Das gegenwärtige Naturrecht vertritt die Auffassung, daß das Recht – und damit auch die Menschenrechte – in der Natur (von lat. nasci = geboren werden) des Menschen gegründet sind. Dem Menschen werden als solchem, aufgrund der Tatsache, daß er als Mensch in eine nicht vom Menschen gemachte Weltordnung hineingeboren wurde und ein Bestandteil dieser Ordnung ist, bestimmte unveräußerliche Rechte zugesprochen. Diese Rechte sind unabhängig von politischen Gemeinschaften, da sie „für alle Menschen zu allen Zeiten und in allen Situationen"[108] gelten. Ihre Begründung soll unabhängig von positivem Recht

---

[106] Vgl. z.B. Hans Welzel: Naturrecht und materiale Gerechtigkeit. Göttingen 1951. Leo Strauss: Natural right and history. Chicago 1953 (Naturrecht und Geschichte. Frankfurt am Main 1989).

[107] Vgl. z.B. Oestreich 1978. Kühnhardt 1991, S. 17-130.

[108] Vgl. Cranston 1973, S. 21: „... in being the rights of all people at all times and in all situations." sowie Maurice Cranston: Kann es soziale und wirtschaftliche Menschenrechte geben?, in: Ernst-Wolfgang Böckenförde / Robert Spaemann (Hrsg.): Menschenrechte

und jeglicher bereits existierenden politischen Gemeinschaft erfolgen. Das Naturrecht plädiert somit für ein überpositives Recht, das unabhängig von menschlicher Verfügung gilt und als höherrangige Normenordnung die Bewertung jeglichen positiven Rechts definiert. Zugleich ist damit das Naturrecht als der Kontrapunkt des Rechtspositivismus charakterisiert, der jegliche – wie auch immer geartete – notwendige Verbindung von positivem Recht, wie es ist, und ethischer Rechtfertigung des positiven Rechts, wie es sein sollte, bestreitet.[109] Die Geltung des positiven Rechts sei grundsätzlich unabhängig von ethisch-moralischen Urteilen und könne nur mit Hilfe einer fingierten und rein formalen Grundnorm, aus der alles weitere abgeleitet werden würde, mit diesem in Verbindung gebracht werden.[110]

Im Gegensatz zum Rechtspositivismus behauptet das moderne Naturrecht eine absolute Geltung der menschlichen Würde, die in letzter Konsequenz auf der Schöpfung Gottes und der Gottesebenbildlichkeit des Menschen fuße.[111] „Der Begriff der Menschenwürde ist in einem Bereich angesiedelt, der dem Dualismus von Sein und Sollen vorausliegt."[112] „Der Begriff Würde meint etwas Sakrales: er ist ein im Grunde religiös-metaphysischer."[113] Die menschliche Würde sei sowohl für die ethischen als auch für die juristischen Menschenrechte der Bezugspunkt. Hinsichtlich der Begründung der ethischen Menschenrechte lassen sich in leichter Modifikation die bereits erwähnten drei Schichten

---

und Menschenwürde. Historische Voraussetzungen – säkulare Gestalt – christliches Verständnis. Stuttgart 1987, S. 224-237, besonders S. 227-229.

[109] „Der" Rechtspositivismus existiert nicht, sondern läßt sich in verschieden starke Varianten aufspalten, die jedoch hier vernachlässigt werden sollen, da es um naturrechtliche und nicht um rechtspositivistische Theorien geht.

[110] Vgl. für diese Variante des Rechtspositivismus Hans Kelsen: Reine Rechtslehre. 2. Auflage. Wien 1960, S. 46f., S. 358f.

[111] Diese Traditionslinie reicht, allerdings mit Unterbrechungen, weit in die Philosophiegeschichte zurück, z.B. heißt es bei Thomas von Aquin: Summa theologica II, qu. 64, a.2: „Dignitas humana, prout scilicet homo est naturaliter liber et propter seipsum existens." Zentrale Bedeutung erlangte der Begriff der Menschenwürde allerdings erst im 20. Jahrhundert. Zur Begriffsgeschichte siehe Franz Josef Wetz: Die Würde des Menschen ist antastbar. Eine Provokation. Stuttgart 1998.

[112] Robert Spaemann: Über den Begriff der Menschenwürde, in: Ernst-Wolfgang Böckenförde / Robert Spaemann (Hrsg.): Menschenrechte und Menschenwürde. Historische Voraussetzungen – säkulare Gestalt – christliches Verständnis. Stuttgart 1987, S. 295-316, hier S. 297.

[113] Spaemann 1987, S. 302.

4.1 Naturrecht

unterscheiden.[114] Die Vielzahl von Einzelrechten, wie sie sich in den drei Generationen von Menschenrechten ausdifferenziert, läßt sich auf einer zweiten Ebene zu einer kleinen Menge von Kernrechten zusammenfassen, deren wichtigste die Ansprüche auf Freiheit, Gleichheit, Leben, Sicherheit und Eigentum sind. Dieser Kern seinerseits stützt sich auf die Norm der Menschenwürde als Grunddatum, die es erst möglich macht, den einzelnen Menschen unveräußerliche Rechte zuzusprechen. Mit dem Konstrukt der Menschenwürde steht und fällt daher meines Erachtens auch die Begründung des modernen Naturrechts. Der Begriff der Menschenwürde findet sich im übrigen auch in juristischen Kodifikationen wieder, etwa in den beiden Menschenrechtspakten[115] oder im deutschen Grundgesetz[116], was die faktische Relevanz naturrechtlichen Gedankenguts zur Zeit der Transformation ethischer in juristische Menschenrechte und darüber hinaus verdeutlicht.[117]

Die zentrale These des modernen Naturrechts lautet, daß die naturrechtliche Begründung der Menschenrechte nicht nur einer geistesgeschichtlichen Faktizität entspricht, sondern auch eine substantielle systematische Bedeutung hat. Der Bezug auf ein normatives Absolutum wie dasjenige der Menschenwürde sei

---

[114] Vgl. Ulrich Weiss: Menschenwürde / Menschenrechte: Normative Grundorientierung für eine globale Politik?, in: Wilhelm Lütterfelds / Thomas Mohrs (Hrsg.): Eine Welt – eine Moral? Eine kontroverse Debatte. Darmstadt 1997, S. 217-243, hier 218f.

[115] In den Präambeln des Internationalen Paktes über bürgerliche und politische Rechte und des Internationalen Paktes über wirtschaftliche, soziale und kulturelle Rechte heißt es jeweils: „Die Vertragsstaaten dieses Paktes, in der Erwägung, daß nach den in der Charta der Vereinten Nationen verkündeten Grundsätzen die Anerkennung der allen Mitgliedern der menschlichen Gesellschaft innewohnenden *Würde* und die Gleichheit und Unveräußerlichkeit ihrer Rechte die Grundlage von Freiheit, Gerechtigkeit und Frieden in der Welt bildet, ..." (Hervorhebung J.H.).

[116] Grundgesetz Artikel 1 (1) Die *Würde* des Menschen ist unantastbar. Sie zu achten und zu schützen ist Verpflichtung aller staatlichen Gewalt. (2) Das deutsche Volk bekennt sich darum zu unverletzlichen und unveräußerlichen Menschenrechten als Grundlage jeder menschlichen Gemeinschaft, des Friedens und der Gerechtigkeit in der Welt. (Hervorhebung J.H.)

[117] Vgl. für die beiden Internationalen Pakte Kühnhardt 1991, S. 86-104 und für das deutsche Grundgesetz Eberhard Ranft: Grundrechte und Naturrecht: Entwicklung und Tendenzen der naturrechtlichen Auslegung der Grundrechte nach 1945. Goldbach 1995. Ernst-Wolfgang Böckenförde / Robert Spaemann (Hrsg.): Menschenrechte und Menschenwürde. Historische Voraussetzungen – säkulare Gestalt – christliches Verständnis. Stuttgart 1987 sowie Tatjana Geddert-Steinacher: Menschenwürde als Verfassungsbegriff. Aspekte der Rechtsprechung des Bundesverfassungsgerichtes zu Art. 1 Abs. 1 Grundgesetz. Berlin 1990.

unverzichtbar.[118] „Jeder Mensch wird nun Träger von Würde; das ist die individuelle Bezogenheit der Menschenwürde. Und allen Menschen kommt gleichermaßen nicht nur als individuellen Menschen, sondern als Gottes Geschöpfen mit Gottesebenbildlichkeit Menschenwürde zu – die Universalisierung der Menschenwürde. Beides wird möglich, indem die Natur des Menschen entspezialisiert wird: Sie wird gelöst von Bedingungen historischer, kultureller und sonstiger Art (auch konfessioneller!), um nur an das eine Faktum der Gottgeschaffenheit und ihre im Motiv der Gottesebenbildlichkeit sich zeigende allgemeinmenschliche Besonderheit geheftet zu werden."[119] Auch die säkulare Reinterpretation der Menschenwürde müsse die Dimension des überindividuellen Absoluten beibehalten.

Menschenwürde kann dabei mit einem Gegebenheits- und einem Leistungsmodell genauer bestimmt werden.[120] Beide Ansätze schließen sich nicht gegenseitig aus, weder im theologischen noch im säkularen Raum. Das Leistungsmodell erwartet eine aktive Leistung des einzelnen Menschen, etwa das Handeln aus Pflicht, um menschliche Würde beanspruchen zu können. Das umfassendere und grundlegendere Gegebenheitsmodell ist dadurch charakterisiert, daß dem Menschen Würde eignet, noch bevor und ohne daß er sie sich zuschreiben oder auf andere Weise verschaffen kann. Die kreatürliche Würde sei einem jeden Menschen immer schon gegeben, sobald er als Mensch zu existieren beginne. Und diese Gegebenheit sei nur durch eine theologische Letztbegründung zu gewährleisten, die sicherstellt, daß die menschliche Würde deshalb absolut gilt, weil sie in ein göttliches Absolutes rückgebunden ist.[121]

Akzeptiert und teilt man die Prämissen dieses Gegebenheitsmodells, kann schlüssig gefolgert werden, daß *alle* Menschen, d.h. auch Kinder, geistig Behinderte, komatöse Patienten und ähnliche Lebewesen, von den Menschenrechten umfaßt werden. Dieser prinzipiell nicht limitierte Bereich der Geltung stellt für viele andere Begründungsversuche ein gravierendes Problem dar, das nur mit Hilfskonstruktionen wie zum Beispiel dem Rekurs auf potentiell vorhandene Fähigkeiten angegangen werden kann. Auch das Leistungsmodell in-

---

[118] Vgl. Weiss 1997, S. 226.
[119] Weiss 1997, S. 227.
[120] Vgl. Weiss 1997, S. 228-234.
[121] Weiss 1997, S. 232.

nerhalb der Debatte um die Menschenwürde muß auf diese Potentialität ausweichen, sofern bestimmte Fähigkeiten vorausgesetzt werden, um sich menschliche Würde erwerben zu können. Innerhalb des christlich geprägten Kontextes der westlich-abendländischen Kultur tritt darüber hinaus der intrinsische Wert menschlichen Lebens deutlich zu Tage, der gerechtfertigt wird durch die kreatürliche Würde jedes Menschen.[122] Insofern kann das Gegebenheitsmodell als das grundlegendere und umfassendere verstanden werden.

Allerdings ist genau diese Restriktion auf den christlich geprägten Kulturkreis der – zugegeben naheliegende – Ansatzpunkt der Kritik. Es mag zutreffen, daß sich über theologische Prämissen nur schwer in einem streng philosophischen Sinne diskutieren läßt. Dennoch ist es überzogen, „die Menschenrechte und ihre Begründung in der Menschenwürde als logisch beeindruckende, weil wohlfundierte normative Konstruktionen"[123] zu bezeichnen. Die absolute Geltung der Menschenwürde kann zwar in ihrer Anwendung nicht auf bestimmte religiöse Überzeugungen eingeschränkt werden. Aber selbstverständlich gibt es andere Religionen und Weltanschauungen, die diese metaphysischen Prinzipien und Grundüberzeugungen nicht oder nur partiell teilen und die deshalb nicht vom Konzept der Menschenwürde überzeugt werden können und sollten. Der Anspruch selbst läßt sich nicht konfessionsgebunden explizieren, auch Andersgläubige oder Ungläubige können nicht von einem Anspruch auf Anerkennung ihrer Menschenwürde ausgeschlossen werden. Rechtstheoretisch reformuliert sind sowohl Individuen als auch Kollektive als Träger menschenrechtlicher Ansprüche vorstellbar, wobei das Naturrecht die Individuen bevorzugt. Jedoch müssen dies nur diejenigen politischen Gemeinschaften als Normadressaten menschenrechtlicher Ansprüche akzeptieren, die die metaphysischen Prämissen teilen. Und dies ist nicht mehr unabhängig von christlich-theologischen Annahmen zu denken. Das moderne Naturrecht trägt daher viel bei zum besseren historischen Verständnis der Menschenrechtsidee, läuft jedoch in einem systematischen Begründungszusammenhang Gefahr, als mythologische „Literatur"[124]

---

[122] Siehe zum Beispiel die hitzigen Debatten um Abtreibung, aktive versus passive Sterbehilfe und die Embryonenforschung.
[123] Weiss 1997, S. 234.
[124] Religiöses Wissen oder religiöse Offenbarung sind ein partikulares und sinnstiftendes Wissen. Aber darauf eine universelle normative Geltung aufsetzen zu wollen, ist nicht argumentativ, sondern nur „literarisch" möglich.

bezeichnet zu werden. Die Würde des Menschen ist antastbar, auch in einem nichttrivialen normativen Sinne.[125]

Abgesehen von diesem meines Erachtens prinzipiellen Einwand können weitere Bedenken gegen das moderne Naturrecht vorgebracht werden.[126] Komprimiert lassen sie sich in drei Ansatzpunkten zusammenfassen. Erstens liegt bei naturrechtlichen Theorien immer der Verdacht eines naturalistischen Fehlschlusses nahe. Der illegitime Schluß von deskriptiven Sachverhalten auf normative Folgerungen wird zum Beispiel durch die Frage thematisiert, welche Kernmenschenrechte sich in welcher Weise aus dem Grunddatum der Menschenwürde ableiten lassen. Es ist keineswegs offensichtlich, warum etwa das Recht auf (Privat-)Eigentum zum Kanon der Kernmenschenrechte zählen soll. Zweitens scheint vielen naturrechtlich begründeten Ansprüchen eine zirkuläre Begründungsstruktur bzw. eine petitio principii zu eigen zu sein. Anthropologische Beschreibungen des Menschen oder der Menschen werden auf den Begriff der Natur übertragen, um anschließend als normative Forderungen aus dieser Natur deduziert zu werden. Historisch illustriert zum Beispiel die dogmatische Position der katholischen Kirche zu Ehe und Familie, Verhütung und Sexualität diese Zirkularität. Auch andere Formen des menschlichen Zusammenlebens etwa in polygamen Strukturen sind vorstellbar und sollten nicht als unnatürlich disqualifiziert, sondern dem Entscheidungsspielraum der Individuen anheim gestellt werden. Drittens ist die Annahme einer unveränderlichen Natur des Menschen, eines Wesens des Menschens, problematisch, da sie auf einem ahistorischen Naturverständnis beruht[127] und wie bereits dargestellt metaphysisch aufgeladen ist.

Die rechtsethische Diskussion innerhalb des modernen Naturrechts reagierte auf diese Einwände mit einer Abschwächung des Anspruchs. In der rationalen Na-

---

[125] Siehe insbesondere Wetz 1998, Kapitel 4. Vgl. ferner Ernst Bloch: Naturrecht und menschliche Würde. Frankfurt am Main 1977. Ulrike Marie Meinhof: Die Würde des Menschen ist antastbar: Aufsätze und Polemiken. Berlin 1980, aber auch schon den kritischen Befund in Franz Böckle / Ernst-Wolfgang Böckenförde (Hrsg.): Naturrecht in der Kritik. Mainz 1973.

[126] Vgl. Eberhard Schockenhoff: Naturrecht und Menschenwürde. Universale Ethik in einer geschichtlichen Welt. Mainz 1996, S. 181-197 sowie Johannes Michael Schnarrer: Norm und Naturrecht verstehen. Eine Studie zu Herausforderungen der Fundamentalethik. Frankfurt am Main u.a. 1999, S. 267-291, allerdings mit entgegengesetzten Ergebnissen.

[127] Vgl. die in dieser Hinsicht schlüssige Kritik des Naturrechts durch Sinha in Kapitel 3.1.

turrechtstheorie von John Finnis wird der Versuch unternommen, die Menschenrechte rational und ohne Rückgriff auf Theologie und Metaphysik zu rechtfertigen.

4.1.2 Rationales Naturrecht

John Finnis kann als exponierter und zugleich rechtsethisch interessanter Vertreter eines säkularen Naturrechts gelten.[128] Explizit verzichtet er auf theologische Prämissen und erhebt Anspruch auf rationale Begründung. Zwar benutzt er Thomas von Aquin und die Schriften der römisch-katholischen Kirche als Bezugspunkte, allerdings gerade *nicht* als Begründung durch Berufung auf Autoritäten.[129] Im Rahmen seiner Naturrechtstheorie verwendet er die Begriffe Menschenrechte und natürliche Rechte konsequenterweise synonym[130] und bezeichnet sie als absolute, ausnahmslos gültige moralische Rechte.[131]

Wenn Menschenrechte in diesem Sinne als ausnahmslos gültige Ansprüche interpretiert werden, betreffen sie sowohl den Bereich der Individualethik, die Beziehungen zwischen zwei Individuen A und B, als auch den Bereich der Menschenrechte im Sinne der rechtstheoretischen Analyse, die Beziehungen zwischen Individuen und Kollektiven auf der einen und politischen Gemeinschaften auf der anderen Seite. Da sich jedoch die Ethik der Menschenrechte sinnvoll von der Individualethik abgrenzen läßt, wird im folgenden lediglich der zweite Geltungsbereich thematisiert. Dies kann unabhängig von der Struktur der Begründung erfolgen, da zwar politische Gemeinschaften als Normadressaten

---

[128] Vgl. John Finnis: Natural law and natural rights. Oxford 1980. John Finnis: Moral absolutes. Tradition, revision, and truth. Washington 1991. John Finnis: Aquinas. Moral, political, and legal theory. Oxford 1998 und ergänzend die Essays in Robert P. George: In defense of natural law. Oxford 1999. Vgl. zu den folgenden Ausführungen auch Hinkmann 1996, S. 40-49.

[129] Finnis 1980, Preface S.VI: „So it may as well to point out that in this book nothing is asserted or defended by appeal to the authority of any person or body. I do quite frequently refer to Thomas Aquinas, because on any view he occupies a uniquely strategic place in the history of natural law theorising. Likewise, I refer occasionally to the Roman Catholic Church's pronouncements on natural law, because that body is perhaps unique in the modern world in claiming to be an authoritative exponent of natural law. But, while there is place for appeal to, and deference to, authority, that place is not in philosophical argument about the merits of theories or the right response to practical problems, and so is not in this book." Vgl. John Finnis: Aquinas. Oxford 1998.

[130] Finnis 1980, S. 198. Die englischen Termini lauten „human rights" und „natural rights".

[131] Vgl. Finnis 1991, S. 3-6. Finnis 1980, S. 198-199.

der Menschenrechte fungieren, aber nicht notwendig in der Begründung auf politische Gemeinschaften Bezug genommen werden muß. Und im Falle des Naturrechts, das die Geltung von Menschenrechten ja gerade unabhängig von jeglicher bereits existierender politischer Gemeinschaft behauptet, auch nicht auf politische Gemeinschaften Bezug genommen werden kann, ohne das Naturrecht von vornherein auszuschließen. Davon unberührt verbleiben naturrechtliche Ansprüche im Bereich der Individualethik als Gegenstand einer anderen Debatte.

Finnis unterscheidet zwei Ebenen seiner Theorie, eine primäre der basalen Werte und eine sekundäre der moralischen Werte. Die basalen Werte seien den moralischen Werten übergeordnet und konstitutiv für den Bereich der Moralität, jedoch kein Bestandteil derselben. Der Zusammenhang der beiden Ebenen werde durch den basalen Wert der praktischen Vernünftigkeit gewährleistet. Diese sichere die Realisierung der anderen basalen Werte, indem sie in Konfliktfällen entscheide und zu begründeten moralischen Urteilen führe.

Auf der primären Ebene seines Ansatzes führt Finnis sieben *basale Werte* ein: Leben, Wissen bzw. Erkenntnis, Spiel, ästhetische Erfahrung bzw. Schönheit, Freundschaft bzw. Solidarität, praktische Vernünftigkeit und zuletzt Religion.[132] Diese Werte seien nicht reduzierbar auf einen oder mehrere Werte der Liste, obwohl eine Vielzahl von Kombinationen denkbar sei, die die basalen Werte miteinander eingehen könnten. Sie ließen sich auch nicht unter Glückseligkeit subsumieren, was mit einem einfachen, aber überzeugenden „Gehirn-im-Tank-Argument" begründet wird: Angenommen, es gäbe eine „Erfahrungsmaschine", die im Gehirn einer Person mittels elektronischer Reizübertragung alle Erfahrungen und Gefühle stimulieren könnte, die man sich wünschen könne oder die die betreffende Person sich wünscht. Diese wären aber bloße Simulationen, weil das Gehirn der Person einschließlich der Person selbst die ganze Zeit über in einer Nährlösung im Tank liegen würden. Dies ist der Person in der Situation der Entscheidung bekannt, sie erfährt die Reize jedoch als real, nachdem sie an die Erfahrungsmaschine angeschlossen worden ist. Nun muß sich die Person

---

[132] Finnis 1980, S. 86-89. Um Übersetzungsdefizite zu vermeiden, seien die Termini mit kurzen Erläuterungen aufgeführt: Life (every aspect of vitality); knowledge; play (without any serious context); aesthetic experience (of beautiful forms); sociability (friendship); practical reasonableness (to structure one's actions); religion (in a wide sense, including atheism).

entscheiden, ob sie an eine derartige Maschine für den Rest ihres Lebens oder aber überhaupt nicht angeschlossen werden will. „The fact is, is it not, that if one were sensible one would not choose to plug in the experience machine *at all*. For one wants to *do* certain things (not just have the experience of doing them); one wants to *be* a certain sort of person, ..."[133] Sich dafür zu entscheiden, an die Erfahrungsmaschine für den Rest des Lebens angeschlossen zu werden, wäre kein Zustand der Glückseligkeit, sondern gleichbedeutend mit einer Art Selbstmord, da Maschinen nicht stellvertretend für uns leben könnten.

Die basalen Werte seien darüber hinaus intuitiv einsichtig, selbstevident[134] und bedürften weder einer weiteren Begründung noch seien sie dieser überhaupt zugänglich. Sie fungierten als Axiome der Theorie, insofern sich alle übrigen Arten von Werten aus ihnen zusammensetzen ließen. Allerdings seien die übrigen Werte in der Regel ebenso vielfältig und facettenreich wie die basalen Werte[135], was sich schon im hohen Abstraktionsgrad niederschlägt. Insoweit sie der detaillierten Ausarbeitung und Konkretisierung bedürftig seien, sei auch die Liste mit ihrer Terminologie nur ein Etikett und nicht notwendig abgeschlossen. Aber indem ihnen ein intrinsischer Wert beigemessen wird, der keiner Instrumentalisierung unterliegt, besäßen einzig die basalen Werte diesen genuinen Eigenwert und seien insofern auch gegenüber den moralischen Werten bzw. gegenüber moralischen Urteilen ausgezeichnet.

Als die neun Prinzipien der praktischen Vernünftigkeit, an denen sich Entscheidungen und Handlungen orientieren sollten, indem sie den Zusammenhang herstellen zwischen den basalen Werten und dem Bereich der Moralität, führt Finnis auf:[136] (i) Entwicklung eines rationalen, kohärenten Lebensplans; (ii) keine willkürliche Abwertung einzelner Werte, da die basalen Werte in abstracto alle gleichwertig seien; (iii) keine arbiträre Bevorzugung einzelner Personen, die als Träger der basalen Werte in Frage kommen; (iv) Offenheit, genauer die Fähigkeit, sich vom eigenen Standpunkt ablösen zu können; (v) Übernahme von Verantwortung, die längerfristiges Vertrauen der anderen Personen in die eigenen Dispositionen ermöglicht; (vi) limitierte Folgenberücksichtigung als Effizienzkriterium; (vii) keine Entscheidungen oder Handlungen

---

[133] Finnis 1980, S. 95-96. Hervorhebungen im Original.
[134] Vgl. Finnis 1980, S. 64ff. für den basalen Wert des Wissens.
[135] Finnis 1980, S. 92.
[136] Finnis 1980, S. 100-133, besonders S. 103-126.

sind moralisch erlaubt, die sich direkt gegen einen der basalen Werte richten;[137] (viii) Verwirklichung des Gemeinwohls einer Gemeinschaft; (ix) bewußtes, gewissenhaftes Handeln. Als Ergebnis dieser neun Formationsregeln praktischer Vernünftigkeit ergebe sich dann der Bereich der Moralität.[138] Nicht alle der genannten Anforderungen spielten immer eine Rolle, aber einige von ihnen seien stets relevant.

Erster und wichtigster Kritikpunkt der Konzeption ist die intuitionistische Wertbasis. Die Behauptung, daß die basalen Werte selbstevident seien und nicht weiter begründet werden könnten, setzt sich dem Vorwurf der Hypostasierung der eigenen Weltanschauung aus. Die basalen Werte werden besser als subjektive Bewertungen des menschlichen Lebens denn als objektive Werte bezeichnet.[139] Obwohl sie im westlich-abendländischen Kulturkreis eine hohe empirische Plausibilität besitzen, bleibt offen, warum gerade diese Werte als normativer Ausgangspunkt der Theorie fungieren sollten. Sie könnten auch als das begrifflich geronnene Extrakt westlicher Geistestradition bezeichnet werden, das sich in naturrechtlichen Theorien wiederfindet – und gerade deshalb nicht ohne weitere Begründung universelle normative Geltung beanspruchen kann.

Zweitens ist unklar, ob alle genannten basalen Werte den Formationsregeln der praktischen Vernünftigkeit zugänglich sind, wenn sie als nicht-instrumentelle Werte bestimmt werden. So scheint zum Beispiel für den basalen Wert des Spiels konstitutiv zu sein, daß er keinen Abwägungsprozessen unterworfen ist, während das Spiel läuft. Wenn demgegenüber einem Flirt oder auch einer Affäre der Wert einer festen Beziehung gegenübergestellt wird, so verliert sich das konstitutive Moment des spielerischen Flirts schon mit Beginn des Abwägungsprozesses und die Entscheidung ist gefallen zugunsten der festen Beziehung. Ein Flirt, verstanden als Spiel ohne ernsthafte Ambitionen, ist gerade dadurch charakterisiert, daß er sich *nicht* den Prinzipien der praktischen Vernünftigkeit unterwirft. Die feste Beziehung ist nur im instrumentellen Sinn

---

[137] Dies kann als eine abgewandelte Form des Kantischen Kategorischen Imperativs gedeutet werden, die besagt, daß die Freiheit jedes Einzelnen durch die Freiheit der anderen Personen begrenzt wird, da jede Maxime dem Kriterium der Universalisierbarkeit genügen muß.

[138] Finnis 1980, S. 126ff.

[139] Vgl. Dietmar von der Pfordten: Rechtsethik, in: Julian Nida-Rümelin (Hrsg.): Angewandte Ethik. Die Bereichsethiken und ihre theoretische Fundierung. Stuttgart 1996, S. 200-289, hier S. 244.

wertvoller. Bereits mit der Suche nach Gründen wird die Entscheidung vorweggenommen. Ein Flirt, aufgefaßt als Spiel ohne ernsthaften Kontext, kann nur in einem reduziert rationalen Zusammenhang funktionieren bzw. kann nicht den Prinzipien der praktischen Vernünftigkeit unterworfen werden.

Darüber hinaus ist drittens der basale Wert der praktischen Vernünftigkeit im Gegensatz zu den anderen basalen Werten für den einzelnen Menschen nicht negierbar, da er stets benötigt wird, um Konfliktfälle zu regeln. Jeder Mensch könne aber denjenigen basalen Wert bevorzugen und ihm nacheifern, den er alleine für wichtig hält. Die grundsätzlich offene Fokussierung kann daher nicht auf alle basalen Werte bezogen werden, wird aber von Finnis reklamiert, um die prinzipielle Gleichwertigkeit der basalen Werte zu stützen. Die behauptete Gleichwertigkeit der basalen Werte erscheint darüber hinaus noch in einer weiteren Hinsicht fragwürdig. Basale Werte sind zwar nicht konkret formuliert, beziehen sich jedoch auf die menschliche Wirklichkeit. In diesem Sinne bildet Leben eine notwendige Voraussetzung aller weiteren basalen Werte. Dem Leben sollte daher auch auf der übergeordneten Ebene ein größeres Gewicht beigemessen werden, da unabhängig von dem, was man inhaltlich anstrebt oder meidet, das Leben die unhintergehbare Voraussetzung für ein handlungsorientiertes Begehren bildet. Wenn diese Ungleichwertigkeit der basalen Werte zutrifft, gerät aber das ganze Konzept ins Wanken, da die Gleichwertigkeit der basalen Werte die Voraussetzung für die Unterscheidung zwischen den beiden Ebenen der basalen Werte und der Moralität darstellt. Nur gleichwertige basale Werte könnten mit Hilfe der praktischen Vernünftigkeit zu begründeten moralischen Urteilen führen. Eine Vorrangstellung des Lebens als empirischer Voraussetzung und der praktischen Vernünftigkeit als Konfliktregelungsmechanismus läßt die Grenze zwischen den Ebenen unscharf werden. Wenn jedoch die primäre Ebene nicht mehr den Kriterien genügt, mit deren Hilfe sie bestimmt wird, kollabiert die Theorie.

Was bleibt als systematischer Ertrag dieses kurzen Durchgangs durch das Naturrecht? Erstens trägt das moderne Naturrecht viel zu einem besseren Verständnis der historischen Genese der Menschenrechtsidee bei. Die Menschenrechte konnten sich mit Hilfe naturrechtlichen Gedankenguts aus der rechtsethischen in der positivrechtlichen Sphäre etablieren. Dokumentiert wird dies durch den Begriff der menschlichen Würde, der in vielen juristischen bzw. positivrechtlichen Kodifikationen verwendet wird. Zweitens geht das Naturrecht von der Grundannahme aus, daß es einen dem positiven Recht übergeordneten Bereich legitimer Normen gibt, der mit dem positiven Recht notwendig in Verbindung gebracht werden sollte. Diese Annahme teilt das Naturrecht mit vielen weiteren rechtsethischen Theorien und Ansätzen. Wenn die These als weite Fassung des Naturrechtsbegriffs verstanden wird, können viele weitere rechtsethische Theorien als naturrechtlich inspiriert gelesen werden. Drittens fehlt der zuletzt diskutierten engen Fassung des Naturrechts eine argumentative Begründung für die behauptete universelle normative Geltung der Menschenrechte. Die Evidenzbehauptung basaler Werte überzeugt nicht und macht eine nähere Betrachtung weiterer rechtsethischer Theorien notwendig.

4.2 Diskursethik und Menschenrechte

Unter dem Stichwort *Diskursethik* soll im folgenden derjenige Teil der Diskurstheorie gefaßt werden, der sich mit praktischen – und somit moralischen, ethischen und juristischen im Gegensatz zu theoretischen – Fragen auseinandersetzt. Die zunächst von Karl-Otto Apel[140] und Jürgen Habermas[141] entwickelte Diskursethik ist im Hinblick auf die Begründung von Menschenrechten unter anderem von Adele Cortina[142], Robert Alexy[143], Matthias Kettner[144] und Rainer Forst[145] aufgegriffen worden. Als eine kognitivistische Ethik beansprucht die Diskursethik, die Menschenrechte als Normen mit universeller normativer Gel-

---

[140] Siehe zur Transzendentalpragmatik z.B. Karl-Otto Apel: Transformation der Philosophie. 2 Bände. Frankfurt am Main 1973. Karl-Otto Apel: Diskurs und Verantwortung. Das Problem des Übergangs zur postkonventionellen Moral. Frankfurt am Main 1988. Karl-Otto Apel / Matthias Kettner (Hrsg.): Zur Anwendung der Diskursethik in Politik, Recht und Wissenschaft. Frankfurt am Main 1992.

[141] Siehe zur Universalpragmatik z.B. Jürgen Habermas: Theorie des kommunikativen Handelns. 2 Bände. Frankfurt am Main 1981. Jürgen Habermas: Moralbewußtsein und kommunikatives Handeln. Frankfurt am Main 1983. Jürgen Habermas: Wie ist Legitimität durch Legalität möglich?, in: Kritische Justiz 20 (1987) S. 1-16. Jürgen Habermas: Erläuterungen zur Diskursethik. Frankfurt am Main 1991. Jürgen Habermas: Faktizität und Geltung. Beiträge zur Diskurstheorie des Rechts und des demokratischen Rechtsstaates. Frankfurt am Main 1992. Jürgen Habermas: Der interkulturelle Diskurs über Menschenrechte, in: Hauke Brunkhorst / Wolfgang R. Köhler / Matthias Lutz-Bachmann (Hrsg.): Recht auf Menschenrechte. Menschenrechte, Demokratie und internationale Politik. Frankfurt am Main 1999, S. 216-227.

[142] Adele Cortina: Diskursethik und Menschenrechte, in: Archiv für Rechts- und Sozialphilosophie 76 (1990) S. 37-49.

[143] Robert Alexy: Theorie der Grundrechte. Frankfurt am Main 1986. Robert Alexy: Theorie der juristischen Argumentation. Zweite Auflage. Frankfurt am Main 1991. Robert Alexy: Diskurstheorie und Menschenrechte, in: Ders.: Recht, Vernunft, Diskurs. Studien zur Rechtsphilosophie. Frankfurt am Main 1995, S. 127-164.

[144] Kettner 1992. Matthias Kettner: Menschenwürde als Metapher und Begriff. Diskussionspapiere des Hamburger Instituts für Sozialforschung. Hamburg 1994, S. 1-50. Matthias Kettner: Human rights and discourse ethics. Unveröffentlichtes Vortragsmanuskript. Prag 1995. Matthias Kettner: Neue Perspektiven der Diskursethik: Der öffentliche Vernunftgebrauch. Habilitationsschrift. Frankfurt am Main 2000. Matthias Kettner (Hrsg.): Angewandte Ethik als Politikum. Frankfurt am Main 2000.

[145] Rainer Forst: Kontexte der Gerechtigkeit. Frankfurt am Main 1994. Rainer Forst: Das grundlegende Recht auf Rechtfertigung. Zu einer konstruktivistischen Konzeption von Menschenrechten, in: Hauke Brunkhorst / Wolfgang R. Köhler / Matthias Lutz-Bachmann (Hrsg.): Recht auf Menschenrechte. Menschenrechte, Demokratie und internationale Politik. Frankfurt am Main 1999, S. 66-105.

tung durch den Rückbezug auf ein bestimmtes Verfahren objektiv bzw. intersubjektiv begründen zu können. Damit kann sie als *prozedurale* Gerechtigkeitstheorie qualifiziert werden.[146] Als eine Theorie des Verfahrens der rationalen Rechtfertigung bzw. Begründung von Gerechtigkeitsurteilen ist sie „... darauf gerichtet, Bedingungen und Regeln eines rationalen Diskurses zu erarbeiten, in welchem eine vernünftige Übereinstimmung (*Konsens*) darüber, was gerecht und was ungerecht ist, erzielt werden kann."[147] Durch die Explikation der Voraussetzungen einer klaren, informierten und vorurteilsfreien Diskussion sollen die Bedingungen der Möglichkeit rationaler Verständigung ausgelotet werden.[148]

Die Diskurstheorie beansprucht damit ebenso wie die Diskursethik in einer Art „linguistic turn" die Bewußtseinsphilosophie der Aufklärung in eine sprachanalytisch fundierte Philosophie der intersubjektiven Verständigung zu transformieren.[149] Man könnte sie auch als eine Art „linguistisches Naturrecht"[150] bezeichnen. Sie behauptet, moralische Normen (naturrechtliche Normen im weiten Sinn eines normativen Raumes, der positivrechtliche und juristische Normen präjudiziert) mit Hilfe der Sprachphilosophie (das linguistische Moment) rational zu begründen. Dabei werden als Instanz der Vernunft weniger die mit kommunikativer Kompetenz ausgestatteten Individuen als vielmehr die ideale Kommunikationsgemeinschaft aller Einzelnen identifiziert. In der Begründungsstruktur der Diskursethik verschränken sich somit individuelle und kollektive Interessen bzw. Entitäten.

Ehe einzelne Vertreter der Diskursethik kritisch gewürdigt werden, sollen kurz die Kernthesen der Diskursethik in Anlehnung an die Theorie von Jürgen Ha-

---

[146] Vgl. die Charakterisierung der Diskursethik in Ralf Dreier: Recht und Gerechtigkeit, in: Ders.: Recht – Staat – Vernunft. Studien zur Rechtstheorie 2. Frankfurt am Main 1991, S. 8-38, besonders S. 23-29. Um Mißverständnisse zu vermeiden, sei explizit erwähnt, daß Dreier selbst sich nicht als Diskursethiker versteht.

[147] Dreier 1991, S. 28. Hervorhebung im Original.

[148] Zurecht weist Eric Hilgendorf darauf hin, daß sich ein ähnliches Ziel bereits 1934 bei Karl Popper in „Die offene Gesellschaft und ihre Feinde" finden läßt, allerdings mit einem vorsichtigeren Geltungsanspruch. Vgl. Eric Hilgendorf: Zur transzendentalpragmatischen Begründung von Diskursregeln, in: Rechtstheorie 27 (1995) S. 187.

[149] Vgl. ausführlich Walter Reese-Schäfer: Karl-Otto Apel. Hamburg 1990, S. 19ff. Walter Reese-Schäfer: Jürgen Habermas. 2. Auflage. Frankfurt am Main, New York 1994, S. 51f.

[150] Vgl. Hilgendorf 1995, S. 185, S. 199.

bermas skizziert werden. Hierbei werden die durchaus vorhandenen Unterschiede zwischen den einzelnen diskursethischen Positionen vernachlässigt. Darüber hinaus soll kein vollständiges Tableau der Diskurstheorie entworfen werden, sondern insbesondere diejenigen Teile der Diskursethik dargestellt werden, die für den Menschenrechtstopos relevant sind. Im Anschluß daran wird der Ansatz von Robert Alexy mit Rekurs auf die Transzendentalpragmatik genauer analysiert, der sich explizit der Thematik der Begründung von Menschenrechten widmet.

4.2.1 Grundlagen der Diskursethik

Die Diskursethik versteht sich als eine prozedurale Begründungstheorie in Gestalt einer Argumentationstheorie.[151] Sie zielt wie bereits erwähnt darauf ab, Bedingungen und Regeln eines rationalen Diskurses zu erarbeiten, in welchem eine vernünftige Übereinstimmung über die Lösung praktischer Fragen erreicht werden kann.[152] An die Stelle der praktischen Vernunft des einzelnen tritt dabei die kommunikative Vernunft. Mit anderen Worten, die Vernunft wird nicht dem einzelnen Diskursteilnehmer zugeschrieben, sondern es ist die Sprache als Medium intersubjektiver Verständigung, die eine bestimmte Rationalität beinhaltet. Ihr kann sich niemand entziehen, der sich mit sprachlichen Mitteln verständigt, weil er sich damit unausweichlich auf die der Sprache als Verständigungsmedium immanente Rationalität einläßt. Dies zu bestreiten, würde den Betreffenden in einen performativen Selbstwiderspruch verwickeln. Explizieren läßt sich die dem Diskurs innewohnende Rationalität in Anlehnung an Habermas mit Hilfe des Diskursprinzips D. Dieses Prinzip D, das sich gegenüber Recht und Moral neutral verhält, lautet wie folgt:[153]

Diskursprinzip D:

Gültig sind genau die Handlungsnormen, denen alle möglicherweise Betroffenen als Teilnehmer an rationalen Diskursen zustimmen könnten.

---

[151] Argumentationstheorie im Sinne eines Diskurses grenzt sich von prozeduralen entscheidungstheoretischen Modellen ab, etwa der Theorie der Gerechtigkeit von John Rawls. Vgl. zu dieser Unterscheidung Dreier 1991, S. 28-29 sowie Alexy 1995, S. 110f.

[152] Vgl. Dreier 1991, S. 23-29.

[153] Habermas 1992, S. 138. Das Diskursprinzip D hat insofern keine eindeutige sprachliche Fassung, als sich in anderen Schriften leicht abweichende Formulierungen finden lassen.

Hinsichtlich der beiden Bereiche Moral und Recht ergäben sich dann allerdings unterschiedliche Spezifikationen des Diskursprinzips D.[154] Das Moralprinzip folge aus einer Spezifikation des Diskursprinzips für solche Handlungsnormen, die allein unter dem Gesichtspunkt gleichmäßiger Interessenberücksichtigung gerechtfertigt werden könnten. Das Demokratieprinzip ergebe sich aus einer entsprechenden Spezifikation solcher Handlungsnormen, die in Rechtsform auftreten und mit Hilfe pragmatischer, ethisch-politischer und moralischer Gründe gerechtfertigt werden können.[155] Aufgrund des allem anderen vorgeordneten Diskursprinzips D kann die Diskursethik als eine prozedurale bzw. formalistische Ethik bezeichnet werden. Darüber hinaus hat sie ein deontologisches, kognitivistisches und universalistisches Selbstverständnis.[156] Die Menschenrechte werden bei Habermas als juristische Rechte bestimmt und fallen insofern unter das Demokratieprinzip, das sich aus der Verbindung des Diskursprinzips D mit der Rechtsform der Demokratie ergibt. Diese Charakterisierung der Menschenrechte als primär juristische Rechte ist innerhalb der Habermasschen Theoriearchitektonik konsequent[157], trifft jedoch nicht für die Diskursethik insgesamt zu.[158] Menschenrechte können auch in diskursethischer Perspektive als moralische Rechte aufgefaßt werden. Als eine Operationalisierung des Diskursprinzips D in diesen moralischen Begründungsdiskursen bestimmt Habermas an anderer Stelle den Universalisierungsgrundsatz U[159]:

Universalisierungsgrundsatz U:
Jede gültige Norm muß der Bedingung genügen, daß die Folgen und Nebenwirkungen, die sich jeweils aus ihrer *allgemeinen* Befolgung für die Befriedigung der Interessen eines jeden einzelnen (voraussichtlich) ergeben, von *allen* Betroffenen akzeptiert (und den

---

Vgl. die Auflistung in Christoph Lumer: Habermas` Diskursethik, in: Zeitschrift für philosophische Forschung 51 (1997) 1, S. 58.

[154] Vgl. Habermas 1992, S. 139.
[155] Vgl. Habermas 1992, S. 139f.
[156] Vgl. Habermas 1991, S. 11-13.
[157] Diese Konsequenz aufzuzeigen, würde hier zu weit führen, da die Position von Habermas lediglich zur Charakterisierung der Diskursethik und nicht in extenso zur Menschenrechtsdiskussion herangezogen wird.
[158] Alexy und Kettner etwa bestimmen die Menschenrechte als moralische Rechte, die der Transformation in positives Recht notwendig bedürftig sind.
[159] Habermas 1992, S. 140: „In moralischen Begründungsdiskursen nimmt dann das Diskursprinzip die Form eines Universalisierungsgrundsatzes an. Insofern erfüllt das Moralprinzip die Rolle einer Argumentationsregel."

4.2 Diskursethik

Auswirkungen der bekannten alternativen Regelungsmöglichkeiten vorgezogen) werden können.[160]

Da das Diskursprinzip D dem Universalisierungsgrundsatz U vorgeordnet ist[161], läßt sich folgern, daß die Teilnahme am Diskurs von allen Teilnehmern verlangt wird, um die mögliche Zustimmung aller Betroffenen gewährleisten zu können. Damit gewinnt das formale Kriterium des Diskurses im Rahmen der Diskursethik eine eigenständige Bedeutung, das nicht mehr instrumentell als Verfahren der Implementierung von Werten und Normen interpretiert werden kann. Der Diskurs erhält eine material unabhängige Bedeutung im Rahmen der normativen Rechtfertigung und ist nicht mehr eine material abhängige Prozedur der zweckmäßigen Durchsetzung von anderweitig legitimierten Normen.[162] Mit diesem prozeduralen Rechtfertigungsansatz korrespondiert der weitestmögliche Verzicht auf metaphysisches Denken, der zumindest für die beiden genannten Kernthesen meines Erachtens zu Recht in Anspruch genommen werden kann.[163]

4.2.2 Diskursregeln und Menschenrechte

Der meines Wissens erste Versuch einer diskursethischen Begründung von Menschenrechten findet sich bei Adele Cortina.[164] Den Befund aufgreifend, daß man die ethische Basis für die Menschenrechte in einer mit dem Pluralismus der Glaubensmächte zu vereinbarenden Verfahrensethik und nicht in einer Substantialethik suchen sollte,[165] benutzt sie Versatzstücke von Habermas, Alexy

---

[160] Jürgen Habermas: Diskursethik – Notizen zu einem Begründungsprogramm, in: Ders., Moralbewußtsein und kommunikatives Handeln. Frankfurt am Main 1983, S. 75f. (Hervorhebungen im Original).

[161] Das Ableitungsverhältnis von D zu U ist problematisch, wäre aber der Gegenstand einer eigenen Diskussion. Vgl. dazu sehr kritisch Lumer 1997, S. 42-64. Für die Charakterisierung des Diskurses als prozedurale Rechtfertigungstheorie genügt jedoch die behauptete Überordnung des Diskursprinzips D über den Universalisierungsgrundsatz U, die D gegenüber U zumindest als „das sparsamere Prinzip der Diskursethik selbst" bezeichnet. Vgl. u.a. Habermas 1983, S. 103 und Habermas 1992, S. 138-140.

[162] Vgl. dazu Dietmar von der Pfordten: Rechtsethische Rechtfertigung – material oder prozedural?, in: Archiv für Rechts- und Sozialphilosophie Beiheft 75 (2000) S. 17-44, besonders S. 25ff.

[163] Ob der weitestmögliche Verzicht auf metaphysisches Denken dabei präziser als metaphysikfrei, weitestmöglich metaphysikarm oder lediglich als metaphysikarm bezeichnet wird, wäre der Gegenstand einer anderen Diskussion.

[164] Cortina 1990, S. 37-49.

[165] Cortina 1990, S. 42.

und Apel, um Menschenrechte als unhintergehbare Voraussetzungen jedes Diskurses zu identifizieren. Denn das Faktum der Vernunft bestehe darin, daß sich die im Sprechen manifestierte Rationalität in der Ausrichtung auf Verständigung äußere.[166] Daraus ergebe sich, daß alle der sprachlichen Kommunikation fähigen Wesen als Personen anerkannt werden müssen, da sie in allen ihren Handlungen und Äußerungen virtuelle Diskussionspartner seien. Die unbegrenzte Rechtfertigung des Denkens könne auf keinen einzigen Diskussionspartner und deshalb auch auf keinen seiner virtuellen Diskussionspartner verzichten.[167] Daraus (sic!) ergäben sich allgemeine, absolute, nicht verhandelbare und unveräußerliche Rechte.[168]

Betrachtet man den sich anschließenden Katalog von Rechten[169] näher, fällt auf, daß die Rechte allesamt diskurszentriert sind. Zum Beispiel wird das Recht auf Leben funktional interpretiert als Voraussetzung der Teilnahme am Diskurs. Doch was gilt für diejenigen Menschen, die zwar leben, aber niemals an einem ernsthaften Diskurs werden teilnehmen können, wie etwa Schizophrene oder geistig Behinderte? Sie scheinen von der Norm nicht erfaßt zu werden, was vorsichtig ausgedrückt kontraintuitiv zu sein scheint. Ferner ist die Verbindung von „nicht verhandelbaren Rechten" und einem ergebnisoffenen Diskurs schwer nachvollziehbar. Der Verdacht liegt nahe, daß an dieser Stelle materiale Normen als einzig mögliche Ergebnisse eines nur unter dieser Einschränkung ergebnisoffenen Diskurses präjudiziert werden. Viele weitere Einwände ließen sich anschließen, auf die jedoch an dieser Stelle nicht weiter eingegangen werden soll. Adele Cortinas erster Versuch einer diskurstheoretischen Begründung von Menschenrechten hinterläßt mehr Fragen als begründete Antworten.

Ohne auf weitere Einzelheiten einzugehen, läßt sich darüber hinaus grundsätzlich einwenden, daß Diskursregeln und Menschenrechte nicht parallelisiert werden können und dürfen. Diskursregeln sind Regeln für den Bereich der Rede, Menschenrechte sind Regeln oder Normen für den Bereich des Handelns.[170]

---

[166] Cortina 1990, S. 41.
[167] Cortina 1990, S. 44 in Anlehnung an Apel 1973, S. 400.
[168] So die Folgerung in Cortina 1990, S. 45-46.
[169] Cortina 1990, S. 46-47.
[170] Vgl. Alexy 1995, S. 144. Die Unterscheidung zwischen Regeln für den Bereich der Rede und Regeln für den Bereich des Handelns beinhaltet dabei *nicht*, daß in einem Diskurs bzw. genauer durch Sprechakte auch Handlungen vorgenommen werden können, etwa durch ein Versprechen. Jedoch ist der Diskurs nur ein möglicher und spezifischer Bereich

4.2 Diskursethik

„Ein direkter Schluß von den Diskursregeln auf die Menschenrechte ist nicht möglich. Die Diskursregeln sind nur Rederegeln. Sie einzuhalten, bedeutet lediglich, den anderen im Diskurs als gleichberechtigten Partner zu behandeln. Daraus folgt noch nicht, daß der andere schlechthin, also auch im Bereich des Handelns, als Person anerkannt werden muß. Aus einer sprachpragmatischen Anerkennung folgt noch keine moralische oder rechtliche Anerkennung."[171] Deshalb unterscheidet Robert Alexy in seinem eigenen Ansatz konsequent zwischen einer Begründung der Diskursregeln und einer diskursethischen Begründung der Menschenrechte. Ferner ist die Differenz zwischen einem idealen und einem realen Diskurs für das adäquate Verständnis der Argumentation unerläßlich.[172] Es wäre unzulässig, diejenigen Einwände, mit denen sich jeder reale Diskurs konfrontiert sieht, auch auf den idealen Diskurs zu übertragen, ohne ihn als idealisiertes Gedankenexperiment zur Kenntnis zu nehmen.

Die Unterscheidung zwischen idealem und realem Diskurs reagiert auf die Frage nach der *Brauchbarkeit* der Diskursethik, noch nicht auf die Frage der Begründbarkeit. Ein realer Diskurs ist stets zahlreichen Einschränkungen ausgesetzt, wie zum Beispiel begrenzter zur Verfügung stehender Zeit, begrenzter Teilnehmerzahl, unvollkommener Zwanglosigkeit aufgrund bestimmter Machtverhältnisse, unvollkommener sprachlich-begrifflicher Klarheit aufgrund der Unschärfe sprachlicher Ausdrücke, unvollständiger Information, fehlender Bereitschaft und/oder Fähigkeit zum Rollentausch, begrenzter Rationalität, der Gefahr opportunistischen oder strategischen Verhaltens einiger oder aller Diskursteilnehmer oder auch der fehlenden Explikation von Prämissen und Hintergrundvoraussetzungen. Diese Liste von Einschränkungen, die sich spielend erweitern und spezifizieren ließe, wird im übrigen in der Institutionenökonomie unter dem Stichwort der Transaktionskosten verhandelt.[173] Sie beeinflußt die Ergebnisse des realen Diskurses vermutlich in hohem Maße. Und, so könnte man hinzufügen, die Einschränkungen stellen die Effektivität des realen Diskurses in Frage, wenn man die Forderung nach einer Approximation an den idealen

---

    des Handelns und deshalb beziehen sich die Regeln für den Bereich des Handelns in jedem Fall auf einen weiteren Gegenstandsbereich als die Regeln für den Bereich der Rede.

[171] Alexy 1995, S. 147.

[172] Vgl. zum idealen und realen Diskurs Alexy 1995, S. 113-126.

[173] Vgl. Jens Hinkmann: Der Stellenwert der Informationstechnologie und der Liberalisierung von Märkten im Transaktionskostenkalkül internationaler Unternehmen. Diplomarbeit Göttingen 1997, S. 8-25.

Diskurs wirklich ernst nehmen würde. Damit ergeben sich jedoch noch keine stichhaltigen Einwände gegen den legitimatorischen Anspruch eines idealen Diskurses.

Denn die Diskursethik behauptet, daß eine inhaltliche Antwort auf eine praktische Frage nicht bereits aufgrund eines faktischen Konsenses als richtig bezeichnet werden kann, sondern nur dann, wenn sie das Ergebnis eines Konsenses ist oder sein kann, der den Regeln eines *idealen* Diskurses entspricht. Zu diesen Regeln des idealen Diskurses zählen neben der Negation der eben erwähnten Einschränkungen jedes realen Diskurses, von denen abstrahiert wird bzw. die idealisiert werden, insbesondere die Vernunftregeln[174], die für die Begründung der Menschenrechte eine besondere Rolle spielen. Sie lauten im einzelnen:

(1) Jeder, der sprechen kann, darf an Diskursen teilnehmen.

(2a) Jeder darf jede Behauptung in Frage stellen.

(2b) Jeder darf jede Behauptung in den Diskurs einführen.

(2c) Jeder darf seine Einstellungen, Wünsche oder Bedürfnisse äußern.

(3) Kein Sprecher darf durch innerhalb oder außerhalb des Diskurses herrschenden Zwang daran gehindert werden, seine in (1) und (2) festgelegten Rechte wahrzunehmen.

Begründet werden diese Vernunftregeln des Diskurses durch ein Argument mit drei Bausteinen, das einen transzendentalen, einen utilitaristischen und einen anthropologischen Teil enthält. Der transzendentale oder transzendentalpragmatische Bestandteil bezieht sich auf einzelne Sprechakte und die Praxis der Argumentation als Ausgangspunkt des Arguments und enthält die folgenden, aufeinander aufbauenden Thesen:

(1) Wer etwas behauptet, erhebt einen Anspruch auf Wahrheit oder Richtigkeit.[175]

(2) Der Anspruch auf Wahrheit oder Richtigkeit impliziert einen Anspruch auf Begründbarkeit.[176]

---

[174] Vgl. Alexy 1991, S. 238-242 und S. 361f. sowie Alexy 1995, S. 130.
[175] Alexy 1995, S. 135.
[176] Alexy 1995, S. 136.

4.2 Diskursethik

(3) Der Anspruch auf Begründbarkeit impliziert eine prima-facie-Pflicht, das Behauptete auf Verlangen zu begründen.[177]

(4) Mit Begründungen werden, jedenfalls was das Begründen als solches anbelangt, die Ansprüche auf Gleichberechtigung, Zwanglosigkeit und Universalität erhoben.[178]

(5) Wer sein ganzes Leben lang keine Behauptung (im durch (1)–(3) definierten Sinne) aufstellt und keine Begründung (im durch (4) definierten Sinne) gibt, nimmt nicht an der allgemeinsten Lebensform des Menschen teil.[179]

Ergänzt werden diese Thesen durch die utilitaristische oder auch perfektionistische Annahme der individuellen Nutzenmaximierung sowie der anthropologischen Ausstattung der Menschen mit einem Interesse an Richtigkeit.[180] Die Begründung der Menschenrechte schließlich bzw. die Übertragung der (Diskurs-)Regeln für den Bereich der Rede als (Menschen-)Rechte für den Bereich des Handelns erfolgt durch drei sich wechselseitig ergänzende Argumente, ein Autonomieargument[181], ein Konsensargument[182] und ein Demokratieargument.[183] Das Autonomieargument besagt, daß derjenige, der ernsthaft an Diskursen teilnimmt, die Autonomie seiner Gesprächspartner voraussetze, was das Bestreiten bestimmter Menschenrechte ausschließe, insbesondere der Freiheitsrechte. Das Konsensargument bindet die Legitimität des Rechts an die hypothetische universelle Zustimmung im idealen Diskurs und begründe Unparteilichkeit sowie Gleichheit der Diskursteilnehmer. Das Demokratieargument behauptet als empirische Tatsache, daß nur durch demokratische Verfahren das Diskursprinzip D, die Diskursregeln und damit auch die Menschenrechte näherungsweise in die Praxis umgesetzt werden könnten. Die Idee des Diskurses könne nur in einem demokratischen Verfassungsstaat realisiert werden.

---

[177] Alexy 1995, S. 137.
[178] Alexy 1995, S. 138.
[179] Alexy 1995, S. 139.
[180] Alexy 1995, S. 142-144.
[181] Alexy 1995, S. 148ff.
[182] Alexy 1995, S. 155ff.
[183] Alexy 1995, S. 163f.

4.2 Diskursethik

Nach diesem Überblick über die gesamte Argumentation sollen nun drei Punkte genauer analysiert werden: Erstens die transzendentale Basis der Begründung der Diskursregeln, genauer die erste der genannten Thesen, die besagt, daß jeder, der etwas behauptet, einen Anspruch auf Wahrheit oder Richtigkeit erhebe. Jeder, der das bestreite, verwickele sich in einen performativen Selbstwiderspruch. Zweitens der Übergang von der ersten zur zweiten bzw. dritten These, durch den behauptet wird, daß jeder Anspruch auf Wahrheit oder Richtigkeit eine prima-facie-Verpflichtung zur Begründung impliziere. Und drittens die angeblich diskursimmanente Rechtfertigung von Autonomie und Konsens, die die Ableitung der Menschenrechte aus den Diskursregeln gewährleisten soll.

Erstens setzen die Vernunftregeln des Diskurses ein mit der These, daß jeder, der etwas behauptet, einen Anspruch auf Wahrheit oder Richtigkeit erhebe.[184] Die weiteren vier Thesen oder Vernunftregeln des Diskurses orchestrieren diese erste Behauptung bzw. fußen auf ihr, weshalb mit ihr die diskursethische Begründung steht und fällt. Jeder, der diese erste These bestreite, würde sich in einen performativen Selbstwiderspruch verwickeln, da er mit dem Vollzug eines Sprechaktes etwas voraussetze, was dem Inhalt eben dieses Sprechaktes widerspreche. Diese Aussage greift auf die Sprechakttheorie[185] zurück. Sprechen sei eine Form regelgeleiteten Handelns. Eine Sprache zu sprechen bedeute, verschiedenartige Sprechakte zu vollziehen, deren Möglichkeit auf bestimmten Regeln beruhe. Sprechakte der Behauptung, um die es hier geht, seien unter anderem zusammengesetzt aus der Äußerung von Worten (Äußerungsakt), dem Bezugnehmen auf ein Objekt, dem ein bestimmtes Prädikat zugesprochen werde (propositionaler Akt) und dem Behaupten (illokutionärer Akt).[186] Der Gehalt konstitutiver Regeln für bestimmte Sprechakte gehöre dabei wiederum zur Definition der durch sie gekennzeichneten Sprechakte.[187] Der performative Selbstwiderspruch ergibt sich gemäß dieser Charakterisierung zwischen dem illokutionären und dem propositionalen Teil des Sprechaktes des Behauptens.

---

[184] Vgl. Alexy 1995, S. 135ff.
[185] Vgl. u.a. John Austin: How to do things with words. Oxford 1962. John R. Searle: Sprechakte. Ein sprachphilosophischer Essay. 3. Auflage. Frankfurt am Main 1994.
[186] Vgl. Searle 1994, S. 40.
[187] Vgl. Searle 1994, S. 55.

Betrachten wir in diesem Zusammenhang ein in der Literatur häufig zitiertes Beispiel[188]:

Jemand behauptet, eine Behauptung sei nicht mit dem Anspruch auf Richtigkeit verbunden.

Wenn die erste These der Vernunftregeln des Diskurses zuträfe, würde der Vollzug dieses Sprechaktes für denjenigen, der ihn vollzieht, den Vorwurf des performativen Selbstwiderspruchs nach sich ziehen. Denn mit der Äußerung dieser Behauptung, die zugleich notwendig mit dem Anspruch auf Richtigkeit gekoppelt ist, wenn die erste These zutrifft, setzt sich der Proponent durch den illokutionären Akt des Behauptens mit dem propositionalen Gehalt des Sprechaktes in Widerspruch. Allerdings kann man die Situation auch ganz anders interpretieren: Der Proponent verfängt sich nicht in einen Selbstwiderspruch, sondern er widerspricht schlicht der eingeführten Definition des Begriffs „Behauptung", die einen Anspruch auf Richtigkeit impliziere.[189] Diesem würde entsprechen, daß zwar der Gehalt konstitutiver Regeln für bestimmte Sprechakte zur Definition der durch sie gekennzeichneten Sprechakte gehöre, diese Definitionen aber durchaus diskursiv gelesen und verändert werden können. Die Behauptung, daß jede Behauptung einen Anspruch auf Richtigkeit impliziert, wäre in diesem Sinne eine mögliche, aber nicht zwingende Definition. Sie kann damit aber nicht mehr der Rechtfertigung der Diskursregeln dienen.

Zweitens könnte man allgemeiner formulieren, der diskursethische Versuch der Normenbegründung beruht insofern auf einem definitorischen Verfahren, als in den Begriff der rationalen Argumentation bestimmte Regeln und Normen hineingelegt werden, die sich erst als ein mögliches Ergebnis des Diskurses ergeben sollten. Dies betrifft insbesondere den zweiten Kritikpunkt der Entfaltung der genannten Thesen. Angenommen, derjenige, der etwas behauptet, erhebe damit zugleich einen Anspruch auf Wahrheit oder Richtigkeit (These 1). Dieser Anspruch auf Wahrheit oder Richtigkeit impliziere einen Anspruch auf Begründbarkeit (These 2) und darüber hinaus eine prima-facie-Pflicht, das Be-

---

[188] Vgl. zur folgenden Kritik z.B. Hilgendorf 1995, S. 183-200. Karl-E. Hain: Diskurstheorie und Menschenrechte. Unveröffentlichtes Vortragsmanuskript Göttingen 1997. Dietmar von der Pfordten: Rechtsethik. München 2001, S. 193-203, aber auch schon Hans Albert: Münchhausen oder der Zauber der Reflexion – die Ansprüche der Transzendentalpragmatik im Lichte des konsequenten Fallibilismus, in: Ders.: Die Wissenschaft und die Fehlbarkeit der Vernunft. Tübingen 1982, S. 58-94.

[189] Vgl. Hilgendorf 1995, S. 192 mit einer ähnlichen Argumentation gegen den Anspruch auf Letztbegründung.

hauptete auf Verlangen zu begründen (These 3). Wer sich diesem verweigere, nehme nicht an der allgemeinsten Lebensform des Menschen teil (These 5). Dies klingt erst einmal plausibel, doch welchen Status hat die Ableitung der zweiten und dritten These? Warum genau folgen These 2 und 3 aus These 1? Und wie hängt These 5 damit zusammen?

Es kann sich jedenfalls nicht um eine logische und in diesem Sinne allgemeingültige Ableitung handeln. Denn gehaltvolle Aussagen können nicht aus weniger gehaltvollen Aussagen logisch abgeleitet werden. Die Entfaltung der Thesen könnte demgegenüber plausibel verstanden werden als Explikation des (Vor-)Verständnisses eines rationalen Diskurses. Die starke Forderung nach einem rationalen Diskurs ist jedoch ein Spezifikum westlicher Philosophie.[190] Ein rationaler Diskurs setzt meines Erachtens eine säkulare Weltanschauung als Akzeptanzbedingung voraus, *ohne* diese begründen zu können. Auch innerhalb einer partikularen Glaubensgemeinschaft und im Rahmen einer nichtsäkularen Weltanschauung ist eine diskursive Verständigung möglich, die jedoch nicht den Ansprüchen eines rationalen Diskurses genügt und diesen auch gar nicht genügen will oder soll. Daraus abzuleiten, daß die Betroffenen nicht mehr an der allgemeinsten Lebensform der Menschen teilhaben (These 5), ist mehr als zweifelhaft. Es überhöht einen bestimmten Konfliktlösungsmechanismus, den Diskurs, gegenüber anderen Möglichkeiten, ohne dafür überzeugende Argumente vorzubringen.

Drittens können die bislang vorgebrachten Kritikpunkte noch als diskursimmanent begriffen werden. Demgegenüber scheint die Übertragung der Anderegeln auf den Bereich des Handelns durch das Autonomieargument eindeutig nicht mehr als diskursimmanent bezeichnet werden zu können. Das Autonomieargument besagt, daß derjenige, der ernsthaft an Diskursen teilnimmt, die Autonomie seiner Gesprächspartner voraussetze.[191] Und nur derjenige nehme ernsthaft an moralischen Diskursen teil, der soziale Konflikte durch diskursiv erzeugte und kontrollierte Konsense lösen wolle.[192] Wer dies wolle, akzeptiere das Recht seiner Gesprächspartner, ihr Verhalten nur an Prinzipien zu orientieren, die sie nach hinreichender Erwägung als richtig und deshalb gültig beurteilen wür-

---

[190] Hilgendorf 1995, S. 199f.
[191] Alexy 1995, S. 148.
[192] Alexy 1995, S. 149.

den.[193] Auch wer kein Interesse an einer genuinen Teilnahme am Diskurs in diesem Sinne habe, muß in Diskursen wenigstens so tun, als ob er dieses Prinzip akzeptiere, wenn er seinen Nutzen langfristig maximieren wolle.[194] Daraus ergäben sich sowohl das Autonomieprinzip als allgemeines Freiheitsrecht[195] wie auch der gesamte Katalog konkreter Freiheitsrechte[196].

Hiergegen lassen sich schwerwiegende Einwände erheben. Erstens ist die Anerkennung der Autonomie einerseits eine Voraussetzung (!) des Diskurses, andererseits ein anscheinend notwendiges Ergebnis des idealen Diskurses. Wenn sie auf der einen Seite eine Voraussetzung des Diskurses ist, bedarf sie meines Erachtens einer materialen, allerdings dann nicht mehr diskursimmanenten Rechtfertigung.[197] Es erscheint unzureichend, Autonomie oder schwächer formuliert, ein „grundsätzlich bestehendes hinreichendes Urteilsvermögen"[198] ohne nähere Erläuterung vorauszusetzen. Wenn Autonomie auf der anderen Seite zugleich als notwendiges Ergebnis eines idealen Diskurses ausgezeichnet wird, widerspricht dies dem für eine prozedurale Theorie grundlegenden Element der Ergebnisoffenheit des Diskurses. Ferner wird mit dem von Alexy behaupteten Ausschluß eines Rassisten aus dem idealen Diskurs[199] eine Stoßrichtung deutlich, die den Kreis der Diskursteilnehmer auf diejenigen beschränkt, die eine bereits *vorausgesetzte* Auffassung von Rationalität teilen. Plausibler scheint, auch einen Rassisten als Diskursteilnehmer zuzulassen, ihn aber mit seinen Überzeugungen nicht ergebniswirksam werden zu lassen, da sie nicht rechtsethisch begründet werden können.

Zweitens sind wie bereits erwähnt andere Regelungsmechanismen für soziale Konflikte denkbar und praktizierbar als diskursiv erzeugte und kontrollierte Konsense, etwa das Mehrheitsprinzip oder ein Kompromiß.[200] Auch die ernst-

---

[193] Alexy 1995, S. 149-150.
[194] Alexy 1995, S. 153.
[195] Alexy 1995, S. 153.
[196] Alexy 1995, S. 154.
[197] Vgl. ausführlich von der Pfordten 2000b, S. 17-44.
[198] Alexy 1995, S. 120.
[199] Alexy 1995, S. 159, bezogen auf das Konsensargument.
[200] Vgl. ähnlich Peter Koller: Jürgen Habermas über Moral, Staat und Politik. Anmerkungen zu „Die Einbeziehung des Anderen. Studien zur politischen Theorie", in: Zeitschrift für philosophische Forschung 52 (1998) S. 257-267, hier S. 261. Auch Gewalt könnte man als einen Konfliktlösungsmechanismus in dem Sinne verstehen, als ein bestimmter Kon-

hafte Teilnahme an moralischen Diskursen beinhaltet meines Erachtens nicht notwendig den Vorrang des Konsenses vor allen anderen möglichen Verfahren sozialer Konfliktregelung. Ein Kompromiß setzt ebenfalls eine ernsthafte Teilnahme an den Verhandlungen voraus, wenn er von allen Betroffenen anerkannt werden soll. Drittens unterstützt das Argument der langfristigen Nutzenmaximierung sowohl die Diskursregeln als auch andere materiale Rechtfertigungstheorien. Das „so tun, als ob man die Diskursregeln akzeptiere" gilt auch für ein „so tun, als ob man die XY-Theorie materialer Rechtfertigung akzeptiere". Viertens ist die behauptete Überwindung der Differenz zwischen Rede und Handeln durch die vorausgesetzte Autonomie eines jeden wenig plausibel, da man die Anerkennung der Autonomie im Bereich des Handelns auf die Angehörigen einer bestimmten Gruppe beschränken könnte. Wobei nicht nur der Rassist, sondern viele weitere reale Diskursteilnehmer ausgeschlossen werden könnten – nicht notwendig aus dem Diskurs, aber aus dem Bereich der Betroffenen im Bereich des Handelns. Eine materiale Rechtfertigung der Autonomie, wenn sie denn geleistet werden kann, wäre sowohl für Diskursteilnehmer als auch für Handelnde relevant. Eine diskursimmanent legitimierte Autonomie muß nicht notwendig beide Bereiche vollständig erfassen. Und fünftens scheint eine Kritik der konsequenten ernsthaften Diskursverweigerung nur durch Rückgriff auf nicht-diskursethische Elemente wie etwa dasjenige der langfristigen individuellen Nutzenmaximierung oder auch den Selbstausschluß aus der allgemeinsten Lebensform des Menschen möglich zu sein.

Es läßt sich zusammenfassen, daß durch die Überführung der Diskursregeln in den Bereich des Handelns tendenziell materiale Normen eingeführt werden, die nicht mehr diskursimmanent legitimiert sind, sondern einer eigenständigen materialen Rechtfertigung bedürfen. Diese kann die Diskursethik jedoch nicht erbringen. Menschenrechte sind materiale Vorbedingungen auch des idealen Diskurses, können aber nicht durch diesen gerechtfertigt werden.[201]

---

flikt durch den Einsatz von Gewalt etwa in einem Krieg gelöst werden kann. Potentiell entstehende Folgekonflikte sind wahrscheinlich, ändern aber nichts an der Richtigkeit der Aussage. Vgl. zu diesem Komplex ausführlich Lewis Coser: The social functions of conflict. New York 1956.

[201] Vgl. ähnlich Alexy 1995, S. 120: „Das Verhältnis zwischen der Prozedur des Diskurses und dem hinreichenden Urteilsvermögen seiner Teilnehmer entspricht eher dem zwischen der Verfassung eines demokratischen Verfassungsstaates und der Fähigkeit seiner Bürger zu politischen, wirtschaftlichen und sozialen Aktivitäten. Letztere werden nicht durch

4.2 Diskursethik

Welches Fazit bleibt als Ergebnis dieser tour d'horizon diskursethischer Positionen? Erstens scheint die Diskursethik als prozedurale Theorie der Gerechtigkeit hohe Plausibilität zu gewinnen, sobald es um die *Umsetzung* von Normen geht. Auch bei Normkonflikten, im Dialog zwischen verschiedenen Religionen und Zivilisationen sowie im interkulturellen Diskurs ist sie zweifellos nützlich und wertvoll. Ohne eine freiwillige, zwanglose Zustimmung aller möglicherweise Betroffenen kann wohl keine abstrakte Norm dauerhaft faktisch implementiert werden. Zweitens ist das empirisch verstandene Demokratieprinzip plausibel als ein adäquates Verfahren, unter den Bedingungen des modernen Pluralismus zu zustimmungsfähigen Ergebnissen in der Praxis (!) zu gelangen. Drittens scheint der Impetus der permanenten Reversibilität bzw. der Anspruch, bestmögliche, aber nicht notwendig letztgültige Ergebnisse zu generieren, auch für weitere rechtsethische Rechtfertigungs-versuche angemessen zu sein. Viertens gelingt es jedoch der Diskursethik meiner Ansicht nach nicht, aus den formalen Prämissen, die metaphysikarm und ohne materiale Prinzipien auskommen, zu begründeten materialen Aussagen zu kommen. Mit anderen Worten, es gibt keine unmöglichen Diskursergebnisse, weder im realen noch im idealen Diskurs. Diese werden im Rahmen der Konkretisierung der Diskursregeln oder auch im Rahmen der Überführung von Diskursregeln in Menschenrechte in den Diskurs hineingelegt, können aber nicht plausibel legitimiert werden.

Diese Kritik der Diskursethik mahnt die unzulänglichen materialen Rechtfertigungen an, die als angeblich notwendige Ergebnisse eines adäquaten Verfahrens im Rahmen der Diskursethik eher postuliert denn rechtsethisch begründet werden. Eine konstruktive Kritik der Diskursethik im Sinne einer materialen Rechtfertigung konkreter Gerechtigkeitsnormen oder bestimmter Menschenrechte steht demgegenüber noch aus und macht die Fortsetzung der rechtsethischen Debatte notwendig. Ein solcher Begründungsansatz für den Bereich des Diskurses und des Handelns ist der Libertarismus des Argentiniers Carlos Santiago Nino. Aufgrund des ähnlichen Theoriedesigns von Diskursethikern einerseits und dem Libertären Nino andererseits – die materialen libertären Prinzipien werden bei Nino auf die formale Struktur des moralischen Diskurses zurückgeführt – soll der Libertarismus im folgenden Kapitel erörtert werden.

Verfassungsnormen gefordert, sondern von der Verfassung vorausgesetzt." sowie zum demokratischen Verfassungsstaat als prozeduralen und materialen Begriff Dreier 1991, S. 25-26.

4.3 Libertarismus und Menschenrechte

Ein radikaler Liberalismus, der im folgenden auch als *Libertarismus* bezeichnet werden soll,[202] kann, muß aber nicht notwendig formale Theorieelemente enthalten. Sowohl materiale als auch prozedurale Konzeptionen können als libertär verstanden werden. Im Rahmen einer Theorie des *Minimalstaates* werden von dieser politikphilosophischen Strömung sozialstaatliche Elemente ebenso wie eine umverteilende Gerechtigkeitspolitik für illegitim erklärt. Das Augenmerk liegt vielmehr auf der ersten Generation der Menschenrechte, die die Freiheit des Individuums als *negative Freiheit*, als die Abwesenheit von Zwang interpretieren und damit die negativen Abwehrrechte des einzelnen gegenüber politischen Gemeinschaften und anderen Individuen betonen.[203] Diesem Fokus auf bestimmtem individuellen Rechten korrespondieren in der Regel Verpflichtungen auf Seiten der politischen Gemeinschaften und anderer Individuen, die diesen eine große Zurückhaltung in Bezug auf die basalen Rechte der Freiheit und Gleichheit aller anderen Individuen auferlegen. Mit Blick auf die in der rechtstheoretischen Analyse eingeführte Unterscheidung der Gegenstandsbereiche der Menschenrechte und der Individualethik[204] konzentriert sich die folgende Diskussion auf politische Gemeinschaften als mögliche Normadressaten menschenrechtlicher Ansprüche.

Autoren wie zum Beispiel Robert Nozick[205] erneuern hierbei das aus der Frühzeit des Bürgertums bekannte Ideal des Nachtwächterstaates mit seiner Laissez-faire-Doktrin sowohl gegenüber den Handlungen und Unterlassungen einzelner Bürger als auch gegenüber der Macht des Marktes. Die weitgespannte Aufga-

---

[202] Zur Binnendifferenzierung des Begriffs „Liberalismus" vgl. die Einleitung zur kommunitaristischen Kritik an liberalen Theorien in Kapitel 4.4. Um die in dieser Arbeit verwendete Terminologie zu vereinheitlichen, wird in diesem Abschnitt von einem radikalen Liberalismus oder Libertarismus gesprochen, während das Etikett des egalitären bzw. faireßorientierten Liberalismus dem klassischen Vertreter dieser Strömung, John Rawls, vorbehalten bleibt. Vgl. Kapitel 4.8 zum faireßorientierten Kontraktualismus.

[203] Vgl. zur ersten Generation von Menschenrechten die rechtstheoretische Analyse in Kapitel 2.2.1.

[204] Vgl. die rechtstheoretische Analyse von Normadressaten in Kapitel 2.1.2.

[205] Robert Nozick: Anarchy, state and utopia. New York 1974 (Anarchie, Staat, Utopia. München 1978).

benpalette des modernen Staates der westlichen Industrienationen[206] soll auf die Gewährleistung basaler individueller Rechte reduziert werden. Diesen wiederum wird eine uneingeschränkte universelle normative Geltung zugesprochen.

Man könnte in diesem Zusammenhang versuchen, den Begriff des Minimalstaates auch quantitativ zu bestimmen. Ein gebräuchlicher volkswirtschaftlicher Indikator, um den Anteil des Staates am gesamten Wirtschaftsgeschehen zu beziffern, ist die sogenannte allgemeine Staatsquote. Sie ist definiert als Summe aus konsumtiven plus investiven Staatsausgaben plus Einnahmen der Parafisci, also der Sozial-, Kranken- und Rentenversicherung, dividiert durch das Bruttosozialprodukt einer Volkswirtschaft.[207] Im langjährigen Mittel ergeben sich, wenn man von statistischen Unschärfen und den Schwierigkeiten der partiellen Inkompatibilität verschiedener nationaler Finanzstatistiken abstrahiert, für kontinentaleuropäische Volkswirtschaften Quoten zwischen 35% und 50%, während die Werte für die Volkswirtschaften der Vereinigten Staaten von Amerika oder auch von Großbritannien zwischen 25% und 40% liegen.[208] Schwellen- und Entwicklungsländer in diese Aussagen einzubeziehen, ist aufgrund der unzureichenden empirischen Datenlage und der konzeptionellen Unterschiede der jeweils angewandten volkswirtschaftlichen Gesamtrechnung nur schwer möglich.

Den Daten folgend, müßte ein klassischer liberaler Nachtwächterstaat bzw. ein libertärer Staat demnach zumindest weniger als 25% staatlichen Anteil am Bruttosozialprodukt aufweisen, ein noch immer nicht unerheblicher Anteil wirtschaftlicher Aktivität. Die Zahlen dienen zwar erstens lediglich der Illustration der Größenordnung staatlicher Aktivität, nicht hingegen als objektive oder objektivierbare Schwellenwerte. Und zweitens sind eher zeitraumbezogene Tendenzen und Entwicklungen angesprochen, nicht unbedingt zeitpunktbezogene Kategorisierungen. Aber auch im Extremfall dürfte das Anspruchsniveau eines konsequent libertären und minimalistischen Staatsverständnisses die Staats-

---

[206] Der Bezug auf die hochentwickelten westlichen Industrienationen dient ebenso wie die folgenden Zahlen nur der Veranschaulichung, beinhaltet aber keine geographische Einschränkung des Geltungsbereichs der Rechte.
[207] Vgl. Gabler Wirtschaftslexikon. 12. Auflage. Wiesbaden 1988, Spalte 1629-1630.
[208] Vgl. Organisation of Economic Cooperation and Development (OECD): Jahresbericht 2000. Paris 2000. United Nations Development Program (UNDP): Human development report 2000. Human rights and human development. New York 2000.

quote vermutlich nicht unter 15% sinken lassen, um den Verpflichtungen als politische Gemeinschaft überhaupt nachkommen zu können. Man denke etwa an die Verhinderung eines Bürgerkrieges, an die Befriedung eines gewaltsamen ethnischen Konfliktes, aber auch an Rechtsprechung und Justiz, Polizei und ähnliches. Das Gewaltmonopol eines Staates ist nicht umsonst zu haben. Unterstrichen wird durch diese deskriptive Feststellung, daß das Anspruchsniveau bestimmter Generationen von Menschenrechten *nicht* korreliert ist mit der Zahl der Generation bzw. der Unterscheidung zwischen negativen Freiheitsrechten und positiven Anspruchsrechten.[209] Auch für die Gewährleistung basaler individueller Freiheitsrechte – und nicht nur im Falle von positiven sozialen Anspruchsrechten – ist ein relativ großes Ausmaß staatlicher Aktivität notwendig.

Doch zurück zur libertären Philosophie: In *deutlich* gemäßigterer Form kann auch Ronald Dworkin[210] dem libertären Lager zugerechnet werden. Seinen Ausgangspunkt bildet die These, daß positives Recht nicht unabhängig von seiner Begründung und damit seiner Legitimation bestimmt werden könne. Zum einen führt dies zu einer ausführlichen Erörterung der legitimen Möglichkeiten des zivilen Ungehorsams, zum anderen zu bestimmten liberalen *Rechtsprinzipien*, die als nichtbeliebiger Maßstab für die jeweils konkreten Regeln des positiven Rechts fungierten.[211] Dworkins Augenmerk gilt dabei nicht der Freiheit, sondern der Gleichheit der Individuen, verstanden als Anspruch auf gleiche Rücksicht und Achtung der individuellen Lebenspläne durch die öffentliche Gewalt.[212] Damit grenzt sich der egalitäre Libertarismus Dworkins sowohl vom Rechtspositivismus[213] als auch vom Utilitarismus[214] ab.

---

[209] Vgl. die rechtstheoretische Präzisierung der drei Generationen von Menschenrechten in Kapitel 2.2.2.

[210] Vgl. Ronald Dworkin: Taking rights seriously. Cambridge, Massachusetts 1977 (Bürgerrechte ernstgenommen. Frankfurt am Main 1984).

[211] Vgl. z.B. Winfried Brugger: Ronald Dworkin: Taking rights seriously, in: Archiv für Rechts- und Sozialphilosophie 67 (1981) S. 558-561 und Archiv für Rechts- und Sozialphilosophie 71 (1985) S. 123-128.

[212] Vgl. Dworkin 1984, S. 297ff.

[213] Vgl. zum gemäßigten Rechtspositivismus z.B. allgemein Herbert Lionel Adolphus Hart: The concept of law. Oxford 1961 (Der Begriff des Rechts. Frankfurt am Main 1973) und themenspezifisch Herbert Lionel Adolphus Hart: Are there any natural rights?, in: The philosophical review Volume LXIV (1955) 2, S. 175-191.

[214] Siehe zum Utilitarismus Kapitel 4.5 und Kapitel 4.6 dieser Arbeit.

4.3 Libertarismus

Ein ebenfalls gemäßigt libertärer Ansatz, der direkt auf eine Theorie der Menschenrechte Bezug nimmt, findet sich bei dem Argentinier Carlos Santiago Nino.[215] Er vertritt insofern eine lediglich moderate libertäre Position, als auch er einige egalitäre Momente in seine Theorie integriert. Nino verteidigt, in seiner eigenen Terminologie formuliert, einen egalitären radikalen Liberalismus gegenüber einem konservativen radikalen Liberalismus.[216] Ferner integriert er formale und materiale Elemente in seine Konzeption. Da sein theoretisches Interesse jedoch nicht primär einer allgemeinen politischen Theorie, sondern speziell einer Begründung der Menschenrechte gilt und er darüber hinaus zumindest in der deutschsprachigen Literatur im Gegensatz zu Nozick und Dworkin kaum rezipiert worden ist,[217] soll seine Konzeption im folgenden etwas ausführlicher dargestellt und analysiert werden.

Ninos Ethik der Menschenrechte sucht einen Mittelweg zwischen einem ethischen Dogmatismus und einem ethischen Skeptizismus aufzuzeigen. „On the one hand there is *ethical dogmatism*, according to which there are self-evident moral truths, or truths apprehended by an act of faith or by an intuition which cannot be intersubjectively corroborated. This makes the attempt to offer reasons in support of such beliefs superfluous. On the other hand there is *ethical scepticism* which excludes the possibility of offering reasons in support of a moral conception such as that which legitimizes human rights since the adoption of such a conception would be determined by decisions or emotions which are not subject to criteria of rationality. ... That is my reason for asserting that this book has an objective which is essentially practical: it aims to contribute to the respect for human rights through the theoretical discussion of ideas which are averse to them."[218] Dieser Zielsetzung, die zugleich den gegenwärtigen Diskussionsstand der Rechts- und Sozialphilosophie reflektiert und berücksich-

---

[215] Vgl. Carlos Santiago Nino: The ethics of human rights. Oxford 1991. Carlos Santiago Nino: The constitution of deliberative democracy. New Haven, London 1996.

[216] Vgl. Nino 1991, Kapitel 6.

[217] Diese fehlende Rezeption ist meiner Meinung nach nicht gerechtfertigt, da es sich bei Ninos Theorie um eine elaborierte und diskussionswürdige Darstellung einer libertären Theorie der Menschenrechte handelt. Lediglich in Alexy 1995, S. 127-164 finden sich einige wenige Verweise. Dies allerdings ist wiederum kein Zufall angesichts der formalen Rechtfertigung der liberalen Prinzipien in Ninos Theorie.

[218] Nino 1991, S. 4. Hervorhebungen im Original.

tigt,[219] ist ohne Einschränkung zuzustimmen. Als mögliche Kandidaten eines ethischen Dogmatismus sind in dieser Arbeit Teile des Naturrechts[220] angeführt und kritisiert worden, während der ethische Skeptizismus unter dem Etikett des ethischen Relativismus[221] diskutiert und zurückgewiesen wurde. Doch wie genau begründet Ninos Theorie ihrerseits eine universelle normative Geltung basaler individueller Menschenrechte? Die Konzeption bestimmt etwas überraschend das formale – oder auch prozedurale – Kriterium des moralischen Diskurses als „archimedischen Punkt". Aus diesem ließen sich die drei materialen liberalen Prinzipien der persönlichen Autonomie, der Unverletzlichkeit der Person und der Würde der Person ableiten und rechtfertigen. Das Zusammenspiel dieser drei Prinzipien schließlich ergäbe die Reichweite und Rangfolge der individuellen Menschenrechte. Sie könnten am ehesten im Rahmen einer deliberativen Demokratie in die Praxis umgesetzt werden.

Überblick über Ninos libertäre Ethik der Menschenrechte	
Metaethischer moralischer Konstruktivismus	• Formale Struktur des moralischen Diskurses
Liberale Prinzipien	• Persönliche Autonomie • Unverletzlichkeit der Person • Würde der Person
Basale individuelle Menschenrechte	• Menschenrechte auf Leben, körperliche Unversehrtheit, persönliche Sicherheit usw. • Deliberative Demokratie als Verfahren der Umsetzung

Doch was ist unter diesen Schlagworten im einzelnen zu verstehen? Die Zahl der Versuche, moralische bzw. liberale Prinzipien und daraus resultierende Rechte zu begründen, sei Legion. „The only way to overcome these dead-ends

---

[219] Vgl. Günter Abel: Probleme und Perspektiven der Gegenwartsphilosophie, in: Allgemeine Zeitschrift für Philosophie 25 (2000) S. 19-44, besonders S. 41ff. Weder Letztbegründung noch Partikularismus, sondern die Überwindung dieser unfruchtbaren Dichotomie sei die Zielsetzung gegenwärtiger Moralphilosophie.
[220] Vgl. zum Naturrecht Kapitel 4.1.
[221] Vgl. zum ethischen Relativismus Kapitel 3.2.

4.3 Libertarismus

and give a solid foundation to rights is to rely on the presuppositions of the practice of moral discussion in which we engage when we evaluate actions, decisions, institutions, and practices that may affect the basic rights of people. Those presuppositions of moral discussion define the validity of the principles used in the evaluative framework. To participate in the practice and to deny those presuppositions necessarily assumed when participating in it or their implications is to incur a *practical inconsistency*."[222] Der Ausgangspunkt des von Nino so bezeichneten „metaethischen moralischen Konstruktivismus"[223] nimmt Bezug auf die Prozedur des *moralischen Diskurses*. Damit erinnert diese libertäre Theorie an die formale Gerechtigkeitstheorie der Diskursethik.[224] Darüber hinaus ähnelt das Kriterium der praktischen Inkonsistenz an den im Rahmen der Diskursethik bereits erörterten performativen Selbstwiderspruch.[225] Im übrigen muß der Ausgangspunkt des moralischen Diskurses meines Erachtens nicht unbedingt metaethisch bzw. als eine ethische Theorie zweiter Ordnung verstanden werden, sondern kann ebenso wie die Diskursethik als eine ethische Theorie erster Ordnung bzw. als eine normative Theorie aufgefaßt werden.[226]

Aus der formalen Struktur des moralischen Diskurses ergebe sich die implizite Anerkennung des ersten liberalen Prinzips, des *Prinzips der persönlichen Autonomie*. Dieses etabliert den objektiven Wert der freien individuellen Adaption von jeweils individuellen Idealen menschlicher Exzellenz und auf ihnen beruhenden Plänen des eigenen Lebens.[227] Daraus ergebe sich ferner, daß die politische Gemeinschaft ebenso wie andere Individuen größtmögliche Zurückhaltung üben sollten im Hinblick auf die Auswahl und Realisierung eben dieser Ideale und Lebenspläne. Mit anderen Worten, die politischen Gemeinschaften sind aufgrund des Prinzips der persönlichen Autonomie zur Neutralität verpflichtet. Zugleich wird damit ein perfektionistischer Anspruch der politischen Gemeinschaft oder auch des Staates zurückgewiesen, denn es sei *nicht* die Mission ei-

---

[222] Nino 1996, S. 46f. (Hervorhebung im Original).
[223] Vgl. Nino 1991, Kapitel 3.
[224] Vgl. zur Diskursethik Kapitel 4.2.
[225] Vgl. Alexy 1995, S. 148 sowie Kapitel 4.2.2.
[226] Für diese Lesart spricht, daß Nino diesen Teil seiner Theorie auch als Kantianismus, Formalismus oder Konzeptualismus bezeichnen könnte. Vgl. Nino 1991, S. 63.
[227] Nino 1991, S. 132: „The liberal principle which is here at stake is ,the principle of autonomy of the person', and it establishes the value of the free individual adoption of ideals of human excellence and of plans of life based on them."

4.3 Libertarismus

ner politischen Gemeinschaft bzw. des Staates, ihre bzw. seine Bürger zur Tugendhaftigkeit zu erziehen.[228]

Notwendig für die tatsächliche Umsetzung der persönlichen Autonomie sei ein zweites Prinzip, das *Prinzip der Unverletzlichkeit der Person*. Dieses wird in einer ersten Formulierung definiert als „... a prohibition to impose on individuals without their consent sacrifices which do not redound in their benefit."[229] Angesprochen wird damit das Gut der persönlichen Sicherheit, verstanden als das Recht auf individuelle Teilhabe an Gütern wie dem menschlichen Leben, körperlicher Unversehrtheit, Freizügigkeit und ähnlichem.[230] Das Prinzip der Unverletzlichkeit der Person wendet sich ebenso gegen holistische wie gegen kollektivistische Vorgaben und Theorien, die als illegitimer normativer Determinismus disqualifiziert werden und zu denen unter anderem auch der Utilitarismus gezählt wird.[231] Die Unverletzlichkeit der Person berücksichtige, daß moralische Personen separiert und voneinander unabhängig gedacht werden können. Das sich aus den beiden genannten Prinzipien ergebende Geflecht von Rechten und Pflichten sei schließlich kein zeitpunktbezogenes statisches Gebilde, sondern ein zeitraumbezogenes und deshalb in den vorgegebenen Grenzen wandelbares Konstrukt. Dies werde möglich durch das dritte liberale Prinzip, das *Prinzip der Würde der Person*.[232] Es ermögliche Restriktionen der persönlichen Autonomie von Individuen, wenn diese auf die Zustimmung eben dieser

---

[228] Nino 1991, S. 132: „Whereas the liberal position on this issue is that the law may not impose models of personal virtue or excellence or plans of life based on them, the opposite stand is that the mission of the state is to make men virtuous." Als abschreckendes historisches Beispiel ließe sich der Tugendterror bestimmter Phasen der Französischen Revolution von 1789 anführen. Vgl. zu Deutschland Die Zeit vom 28. September 2000, S. 1: „Jetzt verinnerlicht Deutschland, was ältere Demokratien längst erfahren haben: Es kann Genialität liegen im Verzicht auf Perfektion. Dies gilt besonders in der Politik (und noch mehr im täglichen Zusammenleben)."

[229] Nino 1991, S. 149. Eine zweite und deutlich schwächere (Aus-)Formulierung erfolgt in Rekurs auf egalitäre Ideen. Vgl. Nino 1991, S. 212-221, Zitat S. 215, Hervorhebung im Original: „... a construction of the idea of inviolability which corresponds to the stance of egalitarian liberalism and which defines the notion of sacrifice in *relative terms*: someone sacrifices another for his own benefit when he restrains the autonomy of the other so that the latter ends up with less autonomy than the former enjoys." Dies ist problematisch, unter anderem wegen der notwendigen Beurteilung interpersonaler Kompensation. Den folgenden Überlegungen wird die erste und konsequentere Definition zugrunde gelegt.

[230] Vgl. Nino 1991, S. 148.

[231] Vgl. Nino 1991, S. 152ff.

[232] Vgl. Nino 1991, S. 164ff.

selben Individuen zurückgeführt werden können. Damit werde zum einen wiederum ein normativer Determinismus vermieden und zum anderen der deliberativen Demokratie der Weg bereitet. Diese sei zugleich die empirisch und normativ bestmögliche Art und Weise der Umsetzung der Menschenrechte in der Lebenswelt.[233]

4.3.1 Die formale Struktur des moralischen Diskurses

Ninos Ausgangsthese lautet, daß sich liberale Prinzipien aus der Struktur des moralischen Diskurses heraus rechtfertigen lassen. Begründet wird dies mit der *sozialen Funktion* der Moral. So unterschiedliche Philosophen wie Hobbes, Hart und Rawls hätten versucht bzw. versuchten, die Allgegenwärtigkeit von Moral (und positivem Recht) in völlig divergierenden sozialen und politischen Gemeinschaften zurückzuführen auf einige elementare Bedingungen menschlichen Zusammenlebens in einer Gemeinschaft.[234] Wiederaufgenommen wird damit der aristotelische Begriff des Menschen als zoon politikon. Allerdings wird er als deskriptive Situationsbeschreibung ohne normative Konsequenzen eingeführt. „I believe, however, that the differences above are more of formulation than of substance, since the arguments of these authors seem to converge on the common hypothesis that both morality and law perform the social function (independently of the intention of people acting within those systems) of overcoming certain basic difficulties of human life in society."[235] Diese Schwierigkeiten bestünden in der unüberwindbaren Knappheit der Ressourcen, der prinzipiellen Verletzlichkeit menschlicher Personen, der ungefähren Gleichheit menschlicher Personen hinsichtlich Stärke oder Intelligenz, aber auch in der breit streuenden Verschiedenheit menschlicher Interessen, den Grenzen von Wissen und Rationalität sowie dem begrenzt vorhandenen Altruismus.[236] In anthropologischer Perspektive seien darüber hinaus menschliche Personen prinzipiell zum Konflikt und zur Kooperation fähig.[237] Sowohl das positive Recht als auch die Moral würden dabei mit unterschiedlichem Erfolg die beiden so-

---

[233] Vgl. zur prekären praktischen Balance zwischen individuellen Rechten und einer majorativen deliberativen Demokratie besonders Nino 1996, Kapitel 1 und Kapitel 6.
[234] Vgl. Nino 1991, S. 66.
[235] Nino 1991, S. 66.
[236] Vgl. Nino 1991, S. 67.
[237] Vgl. Nino 1991, S. 67. Zur Konfliktanthropologie siehe auch Kapitel 4.7.1.

4.3 Libertarismus

zialen Funktionen erfüllen, Konflikte zwischen Individuen zu minimieren und Kooperationen zu ermöglichen. Der Vorschlag auf die Frage „Wozu Recht und Moral?" lautet demnach, daß durch positives Recht und Moral bestimmte, von den allermeisten politischen Gemeinschaften gewünschte Aufgaben funktional erfüllt werden können.

Diese deskriptive Erklärung der Existenz von Recht und Moral hat nach Nino darüber hinaus auch einen rechtfertigenden Charakter, wenn man zwischen einer sogenannten sozialen Moral und einer kritischen Moral[238] unterscheide. Soziale und kritische Moral seien interdependent. Erst ihre Gesamtheit ergäbe die Erklärung *und* Rechtfertigung von Recht und Moral. Kritische Moral im Sinne einer idealen Theorie sei beispielsweise nicht gleichzusetzen mit einer Utopie im negativen Sinne des Begriffs. Nur die kritische Moral, nicht hingegen die Utopie liefere einen begründeten Maßstab zur Beurteilung realer Phänomene.[239] Die kritische Moral beschäftige sich nicht mit möglichen Welten jenseits der realen, sondern suche nach Maßstäben zur legitimen Orientierung in der Realität. Menschenrechte beispielsweise sind dann, so läßt sich interpretieren, von Menschen für Menschen „gemachte" Normen, die aufgegeben und nicht vorgegeben sind. Sie könnten als Mittel zum Zweck des Ausgangs des Menschen aus seiner selbstverschuldeten Unmündigkeit verstanden werden, um eine bekannte Formulierung von Immanuel Kant[240] zu gebrauchen. Und da sie dazu in die soziale und in die kritische Moral integriert werden sollten, seien diese beiden Bereiche interdependent. Die Differenz zwischen sozialer und kritischer Moral erinnert im übrigen sehr an die diskursethische Unterscheidung zwischen einem realen und einem idealen Diskurs.[241]

Als formale Minimalbedingungen der freiwilligen Zustimmung der betroffenen Individuen zu bestimmten (hier: libertären) Prinzipien im Rahmen einer kritischen Moral werden die folgenden Kriterien aufgeführt:[242] Erstens müssen die Prinzipien öffentlich sein, d.h. jedes Individuum muß Zugang zu ihnen haben. Zweitens müssen die Prinzipien allgemein und nicht bloß fallspezifisch gelten.

---

[238] Vgl. Nino 1991, S. 63ff.
[239] Vgl. Nino 1996, S. 10ff.
[240] Vgl. Immanuel Kant: Beantwortung der Frage: Was ist Aufklärung? Akademieausgabe A 481.
[241] Vgl. zum realen und idealen Diskurs Alexy 1995, S. 113-126 und Kapitel 4.2.2.
[242] Vgl. Nino 1991, S. 72f.

Drittens müssen sie gegenüber empirischen Tatsachen supervenient sein. Viertens müssen sie universell sein im Sinne von unbeschränkter Verallgemeinerungsfähigkeit, unabhängig vom Standpunkt des Beobachters aus.[243] Und fünftens schließlich müssen sie faktisch handlungsleitend sein, indem sie weitere Handlungsgründe ausstechen. Andernfalls könnten die genannten sozialen Funktionen nicht erfüllt werden.

Mit Blick auf den *erklärenden* Charakter dieser Anforderungen lassen sich nur wenige Einwendungen vorbringen, was sie darüber hinaus für die *Umsetzung* der Menschenrechte gut qualifiziert. Hingegen sind die vorgebrachten Argumente für eine *Rechtfertigung* der liberalen Prinzipien – und damit auch der Menschenrechte – meines Erachtens nicht ausreichend fundiert.

Denn erstens können gemäß der vorliegenden Konzeption Diskursverweigerer nicht mit diskursimmanenten formalen Argumenten zur Teilnahme am moralischen Diskurs bewegt werden. Für diese Fälle scheint der Rückgriff auf materiale Prinzipien notwendig – ein fundamentaler Einwand, der allerdings von Nino selbst schon an anderer Stelle als Fazit seiner Kritik des Kommunitarismus[244] vorweggenommen und als stichhaltig akzeptiert wird: „My main argument against communitarianism is that the universalist and abstract features of Kantianism that it objects to are in fact embodied in the underlying structure of the dominant practice of moral discourse that almost all of us – including communitarians – seem to share when we discuss substantive issues, ... If this were so, ... that those assumptions lead to liberal principles, the moral discourse would be a liberal practice; ... . But although this may explain why it is unlikely that the communitarian endavour will succeed, it does not provide a noncircular justification for the present practice. The only thing that liberals may do is to hope that non-liberals will continue to share with them the same basic assumptions when they discuss moral issues."[245] Dies bezieht sich zwar nur auf die kommunitaristische Kritik, kann aber auch gegen andere ethische Theorien gewendet werden. Wir könnten nur auf eine Teilnahme am moralischen Diskurs hoffen, nicht hingegen eine nichtzirkuläre Rechtfertigung der gegenwärtigen

---

[243] Die vierte Bedingung ähnelt dem Kategorischen Imperativ Kants, ohne daß die Bezüge hier aufgearbeitet werden sollen. Dies wäre historisch, aber nicht unbedingt systematisch interessant.
[244] Vgl. Nino 1991, Kapitel 4. Zum Kommunitarismus vgl. Kapitel 4.4 dieser Arbeit.
[245] Nino 1991, S. 126.

4.3 Libertarismus

Praxis des moralischen Diskurses leisten. Wenn dies zutrifft bzw. zugegeben wird, fällt es schwer, von einer begründeten universellen normativen Geltung bestimmter libertärer Prinzipien zu sprechen.

Zweitens enthält das fünfte der genannten formalen Kriterien, daß moralische Prinzipien faktisch handlungsleitend sein müssen in dem Sinne, daß sie andere Gründe und Motive im Konfliktfall ausstechen, sehr starke motivationale Prämissen. Die motivationale Kraft ethischer Überlegungen wird meines Erachtens drastisch überschätzt. Anders formuliert, die faktisch vorhandene Kluft zwischen Erkenntnis dessen, was geboten ist, und der Umsetzung dieses Wissens in praktisches Handeln wird unterschätzt. Drittens wäre die Behauptung zu problematisieren, daß moralische Prinzipien gegenüber empirischen Tatsachen supervenient sein müssen. Allerdings wird mit der Frage nach der Supervenienz moralischer Aussagen ein eigenes Diskussionsfeld eröffnet, das weder bei Nino noch an dieser Stelle aufgegriffen wird, weil es sich auf jegliche ethisch-normative Theorie und nicht nur auf die Rechtfertigung der Menschenrechte bezieht. Viertens läßt sich das Kriterium der praktischen Inkonsistenz in analoger Weise wie der diskursethische Vorwurf des performativen Selbstwiderspruchs zurückweisen,[246] sofern man die praktische Inkonsistenz auf die Sphäre des moralischen Diskurses limitiert. Fünftens verwischt der Versuch, das Kriterium der praktischen Inkonsistenz nicht nur auf den Bereich des Diskurses, sondern auch auf den Bereich des praktischen Handelns anzuwenden, wiederum die Grenzen zwischen Diskurs und praktischem Handeln. Poieregeln für den Bereich des Diskurses sind nicht notwendig deckungsgleich mit liberalen Prinzipien bzw. menschenrechtlichen Ansprüchen im Bereich des praktischen Handelns.[247] Sechstens stellt die Unterscheidung zwischen sozialer und kritischer Moral – ebenso wie diejenige zwischen realem und idealem Diskurs – eher auf die Brauchbarkeit denn auf die Rechtfertigung einer ethischen Theorie ab. Ein liberales Prinzip kann rational gerechtfertigt sein, aber unbrauchbar im Sinne von nicht umsetzbar. Zum Beispiel dürfte das Menschenrecht auf Religionsfreiheit in einem nicht-säkularen Kontext an enge Grenzen stoßen. Ebenso kann ein bestimmter Habitus brauchbar im Sinne von umgesetzt und in einer politischen Gemeinschaft akzeptiert sein. Dies beinhaltet keineswegs, daß er auch legitim ist.

---

[246] Vgl. die Kritik der Diskursethik in Kapitel 4.2.2.
[247] Vgl. Alexy 1995, S. 146f. und Kapitel 4.2.2.

Siebtens und letztens wird das Problem der Ernsthaftigkeit der Diskursteilnahme nicht thematisiert. Es erscheint jedoch naheliegend und unter keineswegs kuriosen Umständen auch eigennutzmaximierend, eine ernsthafte Teilnahme am Diskurs lediglich vorzutäuschen. Die Vereinbarungen dieses Diskurses werden scheinbar akzeptiert, um sie dann als Trittbrettfahrer im konkreten Fall mißachten zu können. Die geheuchelte Akzeptanz erhöht auf der anderen Seite die Wahrscheinlichkeit, daß weitere Diskursteilnehmer sich nicht in gleicher Weise verhalten. Sie ist in diesem Sinne rational erlaubt, wenn nicht sogar rational geboten.[248] Damit sind Gefangenendilemmastrukturen angedeutet, die sicher nicht für alle der zur Diskussion stehenden Menschenrechte relevant sind. Beispielsweise wird eine Übertretung des Tötungsverbotes auch andere Individuen dazu veranlassen, sich nicht länger auf die im Diskurs vereinbarten Regeln zu verlassen. Bei geringeren Verstößen scheint mir jedoch die Trittbrettfahrerproblematik einschlägig zu sein.[249]

Als Zwischenergebnis läßt sich festhalten, daß die formale Rechtfertigung des libertären Konzeptes den gestellten Ansprüchen nicht gerecht werden kann. Damit könnte die Analyse an dieser Stelle abgebrochen werden. Im folgenden sollen jedoch noch die genannten drei liberalen Prinzipien näher betrachtet werden, da sie viele wichtige Strukturen und Querverbindungen erhellen – trotz der Tatsache, daß sie begründungstechnisch „in der Luft hängen".

4.3.2 Die materialen liberalen Prinzipien

Die drei liberalen Prinzipien der persönlichen Autonomie, der Unverletzlichkeit der Person und der Würde der Person lassen sich *nicht* durch den Hinweis auf die Praxis des moralischen Diskurses *begründen*, was soeben plausibel gemacht werden sollte. Sie hängen jedoch begründungstechnisch nicht notwendig an der formalen Legitimation dieser libertären Ethik, sondern könnten auch unabhängig von dieser gerechtfertigt sein. Das Prinzip der Autonomie der Person zum

---

[248] Vgl. zur Unterscheidung von rational gebotenen, rational erlaubten und rational verbotenen Handlungen Bernard Gert: Die moralischen Regeln. Eine neue rationale Begründung der Moral. Frankfurt am Main 1983, S. 51-53 sowie ausführlich Kapitel 4.6 dieser Arbeit.

[249] Die genannten Argumente gegen eine formale Rechtfertigung von menschenrechtlichen Ansprüchen lassen sich weitgehend auch gegen die Diskursethik wenden. Das ändert nichts an der Bewertung der Diskursethik, sondern unterstreicht nur die ablehnende Haltung gegenüber der Begründungsleistung der Diskursethik. Vgl. Kapitel 4.2.

4.3 Libertarismus

Beispiel läßt sich möglicherweise sowohl auf Kant selbst wie auch auf deontologische Ethiken in Anlehnung an Kant stützen.[250] Die Selbstetikettierung Ninos als metaethischer moralischer Konstruktivismus weist ebenfalls in diese Richtung. Denn zwischen einer metaethischen Theorie und einer Ethik erster Ordnung besteht nicht notwendig ein zwingendes Ableitungsverhältnis. Verschiedene metaethische Positionen sind mit verschiedenen ethischen Theorien kompatibel. Allenfalls können plausible und weniger plausible Kombinationen behauptet werden. Im folgenden sollen allerdings keine alternativen Begründungen für die liberalen Prinzipien diskutiert werden, sondern lediglich deren – in weiten Strecken plausible – Entfaltung innerhalb einer libertären Ethik.

Der Wert der *moralischen Autonomie* – um systematisch mit dem Oberbegriff zu beginnen – kann sowohl intersubjektive als auch selbstbezügliche Implikationen haben. Er kann sowohl als intersubjektives moralisches Prinzip wie auch als selbstbezügliches Ideal personengebundener Exzellenz verstanden werden. Als intersubjektives moralisches Prinzip bewertet die moralische Autonomie Handlungen und Unterlassungen von Individuen bezüglich ihrer Auswirkungen auf die Interessen oder das Wohlergehen anderer Individuen.[251] Dieses intersubjektive Verständnis wird im folgenden als *persönliche Autonomie* bezeichnet. Beispiele sind die Verbote von Folter und Sklaverei, aber auch der Anspruch auf freie geistige Entfaltung. Das Prinzip der persönlichen Autonomie hat darüber hinaus einen inhärenten Zug zur Selbstlimitierung. Denn um die persönliche Autonomie einiger oder aller Individuen zu gewährleisten, ist es immer notwendig, die persönliche Autonomie von einigen anderen Individuen einzuschränken.[252] Damit sind zugleich Fragen der interpersonalen Gerechtigkeit aufgeworfen sowie die Begründung der Menschenrechte thematisiert. Ferner widerspricht das Prinzip der persönlichen Autonomie nach Nino einem Streben nach Perfektionismus, der von der politischen Gemeinschaft oder auch vom Staat ausgeht. Es werden Freiheitsräume für Individuen durch negative Abwehrrechte eröffnet, nicht aber diese Räume positiv determiniert bzw. kontaminiert.

---

[250] Vgl. dazu Winfried Brugger: Menschenrechtsethos und Verantwortungspolitik. Freiburg 1980. Winfried Brugger: Liberalismus, Pluralismus, Kommunitarismus. Studien zur Legitimation des Grundgesetzes. Baden-Baden 1999. Zum Begriff der Autonomie siehe Peter Baumann: Die Autonomie der Person. Paderborn 2000.
[251] Vgl. Nino 1991, S. 130ff. sowie Nino 1996, S. 48.
[252] In Anlehnung an den Kantschen Kategorischen Imperativ.

Auf der anderen Seite kann moralische Autonomie auch selbstbezügliche moralische Ideale beinhalten. Diese Interpretation wird im folgenden als *persönliches Ideal* bezeichnet. Ein Ideal personengebundener Exzellenz bewertet die Handlungen und Unterlassungen eines Individuums bezüglich ihrer Auswirkungen auf die Lebensqualität oder den moralischen Charakter eben dieses Individuums.[253] Beispiele sind die Ideale des guten Vaters, der guten Mutter, der guten Patriotin, des guten Gläubigen, eines guten Sexuallebens und ähnliches. Die persönlichen Ideale haben im Gegensatz zur persönlichen Autonomie keinen selbstlimitierenden Charakter. Dies ergibt sich bereits aus der Definition, die explizit selbstbezüglich ist und die Interessen anderer Individuen nicht einschließt. Persönliche Ideale können auf der anderen Seite in genau diesem restriktiven selbstbezüglichen Sinne grenzenlose Geltung beanspruchen, solange sie auf der freien und freiwilligen Adaption des betreffenden Individuums beruhen. Ferner werden nicht notwendig Fragen interpersonaler Gerechtigkeit angesprochen, sondern intrapersonale Tugendhaftigkeit wird zum Thema gemacht.[254]

Dies ist etwa im Rahmen teleologischer Ethiken auch für die Begründung der Menschenrechte relevant, wird allerdings von Nino zurecht als selbstwidersprüchlich zurückgewiesen. Denn – so läßt sich in Anlehnung an die rechtstheoretische Analyse hinzufügen – die Frage der Tugendhaftigkeit ist, wenn überhaupt, dann allenfalls für die Individualethik, nicht hingegen für die Begründung der Menschenrechte ein Thema. Denn wenn sich ein Mensch gegenüber allen anderen Menschen tugendhaft verhält (in individualethischer Perspektive), dann beachtet er wohl in der Regel auch die basalen Menschenrechte. Dieses Ergebnis ist aber erstens nur ein Nebenprodukt und zweitens – ein gravierender Einwand – nicht in jedem Fall zu erwarten. Das Beispiel eines „guten" Gläubigen, der einer fundamentalistischen Religion oder Weltanschau-

---

[253] Vgl. Nino 1991, S. 132ff. sowie Nino 1996, S. 48ff.
[254] Die folgenden Ausführungen verzichten auf eine Erörterung des Gegensatzes zwischen teleologischen und deontologischen Ethiken, da dies den Rahmen bei weitem sprengen würde. Siehe dazu William K. Frankena: Analytische Ethik. München 1972, S. 32ff. Lediglich kursorisch sollte plausibel werden, warum deontologische Theorien für die Begründung der Menschenrechte besser geeignet erscheinen. Ferner geht es in erster Linie um die Verbindungen zwischen den drei liberalen Prinzipien, nicht hingegen um ihre Begründung durch den Rekurs auf die Praxis des moralischen Diskurses. Diese wurde bereits als unzureichend kritisiert. Schließlich dürfte inzwischen deutlich geworden sein, daß die Theorie Ninos als eine Ethik deontologischen Typs einzuordnen ist.

ung anhängt, demonstriert die eingeschränkte Geltung zumindest bezüglich des Zusatzes „gegenüber allen anderen Menschen". Der genannte Gläubige muß sein „gutes" Verhalten möglicherweise auf die Mitglieder seiner Glaubensgemeinschaft beschränken, wenn er ein „guter" Gläubiger sein will. Darüber hinaus verletzt ein Staat bzw. eine politische Gemeinschaft das Gebot der Neutralität und der Unparteilichkeit, wenn er bzw. sie versuchen, seine bzw. ihre Bürger zu einem tugendhaften Leben etwa im Sinne einer bestimmten Religion zu bewegen oder gar zu zwingen.[255]

Dieser ablehnenden Haltung gegenüber Idealen in der Menschenrechtsdiskussion ist zuzustimmen, ohne bereits an dieser Stelle näher darauf eingehen zu können. Es sei lediglich auf die noch zu führende Diskussion um den Vorrang des Guten oder des Gerechten im Rahmen der kommunitaristischen Kritik an liberalen Positionen verwiesen.[256] Während die Kommunitaristen den Vorrang des Guten vor dem Gerechten behaupten, plädieren liberale Theorien und damit auch der Libertarismus für den Vorrang des Gerechten vor dem Guten. Im Anschluß an die folgende Übersicht[257] wird nicht mehr auf diese zugeben grundsätzliche Weichenstellung der ethischen Theoriebildung eingegangen, sondern der Zusammenhang von persönlicher Autonomie und Menschenrechten erörtert.

---

[255] Im positivrechtlichen Bereich korrespondiert dem Gebot der Neutralität ein säkulares Staatsverständnis.
[256] Vgl. dazu ausführlich Kapitel 4.4.2.
[257] Der stichwortartige Überblick versucht, Ninos Konzept der persönlichen Autonomie auf den Punkt zu bringen und ergänzt es um einige Punkte der rechtstheoretischen Analyse des zweiten Kapitels dieser Studie.

4.3 Libertarismus

Moralische Autonomie	
Persönliche Autonomie	**Persönliches Ideal**
• bezieht sich auf Handlungen und Unterlassungen	• bezieht sich auf Handlungen und Unterlassungen
• bewertet deren Auswirkungen auf andere Individuen	• bewertet deren Auswirkungen auf das jeweilige Individuum
• Bezugspunkt: Interessen oder Wohlergehen anderer Individuen	• Bezugspunkt: Lebensqualität oder moralischer Charakter des Individuums
• intersubjektiv	• selbstbezüglich
• selbstlimitierend, da mehrere Individuen autonom	• nicht selbstlimitierend, da selbstbezüglich
• interpersonale Gerechtigkeit	• intrapersonale Tugendhaftigkeit
• nicht perfektionistisch	• perfektionistisch
• tendenziell deontologisch	• tendenziell teleologisch
• politische Gemeinschaft soll sich weitestmöglich neutral verhalten	• politische Gemeinschaft nicht notwendig neutral
• säkulares Staatsverständnis	• nicht notwendig säkulares Staatsverständnis
• primärer Gegenstandsbereich: Menschenrechte	• primärer Anwendungsbereich: Individualethik
• Beispiel Menschenrecht auf Leben und körperliche Unversehrtheit als unhintergehbare Voraussetzung persönlicher Autonomie	• Beispiel Ideal des guten Gläubigen
• Gegenstand der weiteren Erörterung	• wird im folgenden nicht näher betrachtet

4.3 Libertarismus

Das erste liberale *Prinzip der persönlichen Autonomie* etabliert, wie bereits erwähnt, den Wert der freien und jeweils individuellen Adaption von Idealen und den auf ihnen beruhenden Plänen des menschlichen Lebens.[258] Persönliche Autonomie wird damit als objektiver und eigenständiger Wert postuliert, der unabhängig von Präferenzen, Idealen oder Glaubensannahmen Geltung beansprucht. Er bezieht sich auf die Kapazität eines jeden menschlichen Individuums, alle Arten von Präferenzen zu verwirklichen, vollkommen unabhängig von der moralischen oder nichtmoralischen Gültigkeit dieser Präferenzen.[259]

Damit werden nach Nino zwei Sachverhalte angesprochen. Neben der freien Wahl des Individuums müssen sich sowohl die politische Gemeinschaft als auch andere Individuen zur Nichtintervention hinsichtlich dieser freien Wahlentscheidung verpflichten.[260] Diese beiden Sachverhalte stimmen überein mit der rechtstheoretischen Analyse von Menschenrechten[261], denen als Ansprüchen (hier: die freie individuelle Wahl) bestimmte Verpflichtungen auf Seiten der Normadressaten korrespondieren (hier: die Verpflichtung zur Nichtintervention, wenn das Freiheitsrecht der persönlichen Autonomie als aggregiertes Recht gelesen wird, bestehend aus Privilegien und Ansprüchen gegenüber der politischen Gemeinschaft und anderen Individuen). Doch wie ergeben sich aus dem Prinzip der persönlichen Autonomie bestimmte Menschenrechte?

Persönliche Autonomie ist das *abstrakte* Prinzip. Es wird durch bestimmte menschenrechtliche Ansprüche *konkretisiert*.[262] Persönliche Autonomie kann reformuliert werden als die Freiheit jedes Individuums, jeden Akt vollziehen zu dürfen, der die persönliche Autonomie anderer Individuen nicht beeinträchtigt.[263] Eine unabdingbare Voraussetzung dieser Freiheit ist ein bewußtes biolo-

---

[258] Vgl. Nino 1991, S. 132.
[259] Vgl. Nino 1991, S. 137ff., Zitat S. 138: „It is desirable that people determine their behaviour only by the free adaptation of principles that, after sufficient reflection and deliberation, they judge valid."
[260] Nino 1991, S. 137: „The principle of personal autonomy stated and defended in the previous sections has two aspects. The first consists in a positive evaluation of individual autonomy in the choice and realisation of conceptions of the good and of plans of life based on them. The second consists in prohibiting the state and also particular agents from interfering with the exercise of that autonomy."
[261] Vgl. Kapitel 2.1.1.
[262] Vgl. zu Abstraktion und Konkretion in der ethischen Theoriebildung Nino 1991, S. 61f.
[263] Vgl. Nino 1991, S. 145. Zu den folgenden Ausführungen siehe Nino 1991, S. 143-148.

gisches Leben. Wer nicht in biologischem Sinne lebt, besitzt auch nicht die notwendige Kapazität, die Freiheit der persönlichen Autonomie ausüben zu können. Es ergibt sich das Menschenrecht auf Leben. Und wer nicht im alltagssprachlichen Sinne des Wortes bewußt lebt, kann keine Wahlfreiheit ausüben. An dieser Stelle wird nicht auf Bewußtseinsphilosophie(n), die Phänomenologie oder gar die Willensfreiheitsdebatte abgehoben, sondern auf eine schlicht denknotwendige Voraussetzung von Wahlfreiheit. Wem nicht zumindest im Rahmen seiner subjektiven Wahrnehmung mehr als eine Wahloption zur Verfügung steht, der kann auch nicht bewußt wählen zwischen verschiedenen Optionen. Daraus ergeben sich die Menschenrechte auf freie Meinungsäußerung, Gewissens- und Religionsfreiheit.

Eine weitere Voraussetzung der Ausübung der persönlichen Autonomie ist der Besitz von körperlicher und geistiger Gesundheit. Andernfalls sind die Wahlmöglichkeiten limitiert (im Falle der fehlenden körperlichen Gesundheit) oder subjektiv gar nicht vorhanden für das betreffende Individuum (im Falle der fehlenden geistigen Gesundheit). Die körperliche Gesundheit kann bezogen werden auf das Verbot von Sklaverei, Folter und ähnlichen „menschenunwürdigen Behandlungen".[264] Ebenso fällt die Gewährleistung minimaler Grundbedürfnisse, also die Versorgung mit Nahrung, Kleidung und Wohnung in diese Kategorie. Die geistige Gesundheit kann gedeutet werden als ein Recht auf freie geistige Entfaltung. Dieses umfaßt unter anderem einen Anspruch auf minimale Bildung, um überhaupt eine informierte Wahl treffen zu können. Ebenso fallen die freie Meinungsäußerung zu religiösen, wissenschaftlichen, künstlerischen und politischen Ideen und Einstellungen unter diese Rubrik,[265] da nur ein Meinungspluralismus geistige Entfaltung fördert und nicht hemmt.

Diese Auffächerung des Prinzips der persönlichen Autonomie[266] – wohlgemerkt nicht die Begründung des Prinzips (!) – erscheint ebenso wie die Unterscheidung zwischen persönlicher Autonomie und persönlichen Idealen plausibel. Anhand des Meinungspluralismus läßt sich zugleich die Einführung des zweiten liberalen *Prinzips der Unverletzlichkeit der Person* erläutern. Denn das Prinzip

---

[264] „Menschenunwürdige Behandlung" bezieht sich hier nicht auf das Prinzip der Würde der Person, sondern dient als Sammelbegriff für der Folter, der Sklaverei oder auch der Vergewaltigung ähnlichen Be- bzw. Mißhandlungen.
[265] Vgl. Nino 1991, S. 145ff.
[266] Vgl. zusammenfassend auch Nino 1996, S. 219.

der persönlichen Autonomie kann nach Nino auch als Aggregationsprinzip verstanden werden.[267] Es vernachlässigt, daß moralische Personen getrennt und voneinander unabhängig sind. Mit anderen Worten, es ist neutral gegenüber der „Verteilung" der Autonomie, genauer gegenüber dem jeweils individuell erreichbaren und erreichten Grad an Autonomie.[268]

In Bezug auf den Meinungspluralismus könnte dies zum Beispiel bedeuten, daß es nicht so sehr darauf ankommt, daß *alle* Individuen über die jeweils relevanten Meinungen und Informationen verfügen, weil dies unter Umständen zu mühselig ist. Technischer formuliert, sind die Transaktionskosten zu hoch, um alle Individuen mit den jeweils relevanten Meinungen und Informationen versorgen zu können und gleichzeitig ein Optimum an Meinungspluralismus zu erreichen. Eine Informationselite könnte dies gegebenenfalls effektiver bewerkstelligen zu Lasten anderer und nicht mehr informierter Individuen.

Um diesen Effekt zu vermeiden, der im Beispiel noch harmlos klingt, aber etwa im Falle der Ressourcenverteilung in Bezug auf die körperliche Gesundheit schon fatale Folgen haben kann, wird das Prinzip der Unverletzlichkeit der Person eingeführt. Demnach ist es verboten, Individuen Opfer oder Einbußen aufzuerlegen, die nicht direkt einen Nutzen für dieselben Individuen erwarten lassen.[269] Gemeint ist damit das Gut der persönlichen Sicherheit, verstanden als das Recht darauf, nicht der genannten Ansprüche beraubt zu werden, die als Voraussetzungen der persönlichen Autonomie angesehen werden können. Menschen können getrennt und voneinander unabhängig gedacht werden. Faktisch existieren sie ebenso. Daher ist es nicht gleichgültig, ob jemand bewußt lebt, sich körperlicher oder geistiger Gesundheit erfreut oder das Recht auf geistige Entfaltung genießt. Ebensowenig hilft es den Betroffenen, wenn sie erfahren, daß andere Individuen durch ihre Schädigung gleich welcher Art im Rahmen einer interpersonalen Kompensation bessergestellt werden. Und dadurch womöglich der Grad an Autonomie insgesamt erhöht wird.

Das zweite liberale Prinzip der Unverletzlichkeit der Person schränkt deshalb das erste Prinzip der persönlichen Autonomie ein. Während durch die persönliche Autonomie der *Inhalt* vorgegeben wird und bestimmte Menschenrechte ab-

---

[267] Vgl. für die folgenden Ausführungen Nino 1991, S. 148ff.
[268] Vgl. Nino 1991, S. 148.
[269] Vgl. Nino 1991, S. 148f.

geleitet werden können, gewährleistet die Unverletzlichkeit der Person diese Ansprüche für *alle* Individuen. Interpersonale Kompensation ist in diesem Bereich ausgeschlossen bzw. illegitim. Die Theorie Ninos richtet sich auf eine gleiche Verteilung von persönlicher Autonomie, nicht auf eine Aggregation derselben. „The main *function* of rights is to put limits on the pursuit of aggregate benefit for groups of individuals which compose a society."[270] Die Aggregation ist auch im Fall der persönlichen Autonomie möglich, aber begrenzt durch den Anspruch auf persönliche Sicherheit. Gleiches gelte für andere Maximierungen, utilitaristische Optimierungsgebote oder auch das Verfolgen kollektiver Ziele, etwa zur Bereitstellung öffentlicher Güter. Solange das Gut der persönlichen Sicherheit und die damit zusammenhängenden Ansprüche für jedes Individuum gewährleistet sind, können diese Ansätze *subsidiär legitim* sein.[271] Und darüber hinaus sind sie vermutlich ebenso nützlich wie effektiv.

Als dritter Baustein des Ansatzes begrenzt das *Prinzip der Würde der Person* die Unverletzlichkeit der Person. Denn handhabe oder interpretiere man diese Unverletzlichkeit strikt, ergäbe sich ein starres und unwandelbares Geflecht von Rechten und Pflichten. Um dies zu vermeiden, werden begründete Ausnahmen der Unverletzlichkeit der Person zugelassen. Das dritte Prinzip limitiert somit das zweite – und kann unter Umständen dadurch das erste wieder in Kraft setzen. Dieser Übergang vom statischen zum *dynamischen Konzept* wird dadurch definiert, daß es *mit Zustimmung der betroffenen Individuen* legitim ist, deren Gut der persönlichen Sicherheit und die damit einhergehenden menschenrechtlichen Ansprüche zu ignorieren.[272] Die denkbaren Beispiele reichen von einer freiwilligen Organspende, die zwar voraussichtlich die körperliche Gesundheit des Spenders beeinträchtigt, aber unter Umständen einem anderen Menschen das Weiterleben ermöglicht, bis hin zum Freitod. All dies wäre gemäß dem Prinzip der Unverletzlichkeit der Person verboten. Erst durch die Anerkennung der Würde der Person werden daraus legitime Handlungen und Unterlassungen. Insbesondere durch die Erlaubnis des Selbstmords wird dabei überaus deutlich, daß diese Lesart des Begriffs der Menschenwürde nichts gemein hat mit theolo-

---

[270] Nino 1991, S. 162. (Hervorhebung J.H.).

[271] Vgl. zur Subsidiarität auch Dietmar von der Pfordten: Vorüberlegungen zu einer Dreizonentheorie politischer Gerechtigkeit, in: Peter Koller / Klaus Puhl (Hrsg.): Current issues in political philosophy: Justice in society and world order. Wien 1997, S. 84-98 und Kapitel 4.9 dieser Arbeit.

[272] Vgl. Nino 1991, S. 164ff.

gischen oder metaphysischen Annahmen, sondern daß das Prinzip der Würde der Person in diesem Zusammenhang eine präzise, fast technische Bedeutung hat und ebenso wie die beiden ersten Prinzipien strikt individualistisch verstanden wird.[273]

Diese Entfaltung der Theorie ist überzeugend, wenn auch die Begründung des Ausgangspunktes der persönlichen Autonomie unzureichend ist. Sie gewinnt noch an Plausibilität als eine libertäre Theorie mit egalitären Elementen durch die Präzisierung des *Umfangs* der den menschenrechtlichen Ansprüchen korrespondierenden Verpflichtungen. Ein egalitärer Libertarismus impliziert, daß fast alle Rechte *negative und positive Aspekte* haben.[274] Fast alle menschenrechtlichen Ansprüche können sowohl positive Handlungen als auch Unterlassungen nach sich ziehen, wenn eine politische Gemeinschaft verpflichtet ist, bestimmte Ansprüche zu gewährleisten. Diese These bedarf einiger Erläuterungen.

Im Regelfall werden insbesondere die Menschenrechte der ersten Generation als negative Abwehrrechte interpretiert. Ihnen korrespondieren nach dieser prima facie plausiblen Interpretation auf Seiten der Normadressaten, also der politischen Gemeinschaften, ausschließlich negative Pflichten der Nichtintervention. Mit anderen Worten, es werden lediglich Pflichten auferlegt, bestimmte Handlungen zu unterlassen, nicht hingegen positive Handlungen gefordert, um einen bestimmten Zustand Z zu gewährleisten, der durch die menschenrechtlichen Ansprüche beschrieben wird. Diese positiven Handlungen politischer Gemeinschaften oder auch einzelner Individuen werden in der Regel mit den Menschenrechten der zweiten Generation, also den positiven Anspruchsrechten in Verbindung gebracht.

Doch hier handelt es sich um eine Verkürzung bzw. um eine unzulässige Parallelisierung. Erstens können auch die Menschenrechte der ersten Generation ein tendenziell hohes Anforderungsniveau für die politischen Gemeinschaften nach sich ziehen, etwa in bezug auf das Gewaltmonopol einer politischen Gemeinschaft.[275] Dieses Anforderungsniveau läßt sich vermutlich in dieser Form nicht

---

[273] Vgl. zur Rechtfertigung des Individualismus und der Kritik des Kollektivismus Nino 1991, S. 152ff.
[274] Nino 1991, S. 217: „This [egalitarian libertarism] implies that almost all rights have a positive and negative aspect." Vgl. zu den folgenden Ausführungen Nino 1991, S. 212-221.
[275] Vgl. die Argumentation in Kapitel 2.2.2.

auf die Beziehungen zwischen einzelnen Individuen übertragen. Die soeben erwähnte und prima facie plausible Parallelisierung von negativen Abwehrrechten mit der Verpflichtung zur Nichtintervention bzw. von positiven Anspruchsrechten mit der Verpflichtung zu positiven Handlungen rührt aber vermutlich von genau diesem ungeeigneten Vergleichsmaßstab her. Individuen können eher zu begründeten Unterlassungen als zu aktiven Handlungen verpflichtet bzw. motiviert werden. Für politische Gemeinschaften erscheint jedoch aufgrund ihrer privilegierten Stellung gegenüber einzelnen Individuen ein höheres Anforderungsniveau unter Einschluß aktiver Handlungen auch schon bei der ersten Generation von Menschenrechten ohne weiteres zumutbar und zulässig.

Zweitens korrespondieren gemäß der rechtstheoretischen Analyse bestimmten Ansprüchen bestimmte Verpflichtungen auf Seiten der politischen Gemeinschaften, die Ansprüche zu gewährleisten. Diese Gewährleistung *kann* durchaus subsidiär erfolgen.[276] Wenn sich aufgrund anderer Faktoren oder Zusammenhänge der gewünschte Zustand einstellt (Beispiel: Geistige Entfaltung im Rahmen einer Religionsgemeinschaft oder einer Familie), dann besteht lediglich eine Verpflichtung zur Nichtintervention. Wenn sich jedoch der gewünschte Zustand nicht von alleine ergibt (Beispiel: Geistige Entfaltung eines Waisenkindes), dann besteht eine positive Verpflichtung für den Normadressaten menschenrechtlicher Ansprüche. Er muß aktiv tätig werden, um seiner Pflicht zur Gewährleistung nachzukommen.

Drittens können mit dem Gebot der Neutralität für die politische Gemeinschaft einige gängige kontraintuitive Meinungen ausgeräumt werden, die Menschenrechte auf die negativen Aspekte der Rechte und damit auf Unterlassungen einschränken. Eine politische Gemeinschaft sollte weitestmöglich neutral sein, ist aber gerade deswegen stärker gebunden bzw. verpflichtet als der Einzelne. Neutralität privilegiert und verpflichtet. Wenn zum Beispiel „irgendwo in Afrika" eine Hungersnot ausbricht, ist nicht notwendig der einzelne dazu verpflichtet, Geld zu spenden, um die Not zu lindern. Dies ist tugendhaft, ein Gebot der christlichen Nächstenliebe und ähnliches, kann jedoch nicht mit menschenrechtlichen Ansprüchen der Hungerleidenden erfaßt werden. Warum? Schlicht deswegen, weil der einzelne nicht der direkte Normadressat menschenrechtlicher Ansprüche ist. Und dies auch nicht sein sollte.

---

[276] Vgl. die Argumentation in Kapitel 2.1.

4.3 Libertarismus

Dies gilt keineswegs für politische Gemeinschaften, die aufgrund des Gebots der Neutralität privilegiert sind und sich insofern nicht tugendhaft zu verhalten brauchen, sehr wohl hingegen begründete gerechte Ansprüche gewährleisten sollen. Diese Gewährleistung umfaßt negative und positive Aspekte, abhängig von der konkreten Situation. Dies gilt sowohl – und in erster Linie – für die vor Ort im Gebiet der unter der Hungersnot leidenden Menschen vorhandene politische Gemeinschaft als auch für die Vereinten Nationen und andere politische Gemeinschaften.[277] Zwischen negativen und positiven Pflichten besteht unabhängig von der Zahl der Generation der Menschenrechte allenfalls ein gradueller, jedoch in keinem Fall ein kategorialer Unterschied. Handeln und Unterlassen lassen sich in diesem Zusammenhang nicht trennscharf unterscheiden. Im genannten Beispiel besteht eine Verpflichtung zu aktiven Handlungen zur Bekämpfung der Hungersnot primär für die jeweilige, wiederum subsidiär aber auch für alle weiteren politischen Gemeinschaften.[278] Nur solange die primäre politische Gemeinschaft ihren Verpflichtungen auch tatsächlich nachkommt, berechtigt das Prinzip der Subsidiarität alle anderen politischen Gemeinschaften zur Unterlassung von Hilfeleistungen aller Art. Davon unabhängig können diese natürlich freiwillig erbracht werden, sowohl von Individuen als auch von politischen Gemeinschaften, aus welchen Motiven auch immer.

Wie läßt sich rückblickend die Konzeption Ninos auf den Punkt bringen? Nino sucht eine gleiche Verteilung von Autonomie zu begründen und entfaltet seine Theorie durch drei liberale Prinzipien. Das erste Prinzip der persönlichen Autonomie definiert den *Inhalt* der menschenrechtlichen Ansprüche und wendet sich gegen holistische Ansätze. Konkretisiert man das abstrakte Prinzip, lassen sich eine Reihe von basalen Menschenrechten als Voraussetzung der persönlichen Autonomie jedes einzelnen Menschen rechtfertigen. Das zweite Prinzip der Unverletzlichkeit der Person ergibt die Funktion dieser individuellen Rechte, indem es eben diese individuellen Rechte *allen* Individuen zuspricht. Damit

---

[277] Das Stichwort der humanitären Intervention, das an dieser Stelle bei konfligierenden Interessen zwischen der lokalen politischen Gemeinschaft und anderen politischen Gemeinschaften relevant ist, soll nicht aufgegriffen werden. Dies wäre der Gegenstand einer eigenen Arbeit. Siehe Lynne Hunter: Humanitäre Intervention. Unveröffentlichtes Manuskript. Erfurt 2000.

[278] Ein weiteres plastisches Beispiel ist die Gewährleistung der körperlichen Gesundheit für alle Individuen, die nicht nur zu Unterlassungen, sondern auch zu aktiven medizinischen Hilfsmaßnahmen verpflichtet.

wendet es sich gegen kollektivistische Theorien, die nur nachgeordnet Anwendung finden. Das dritte Prinzip der Würde der Person schließlich ermöglicht den Übergang von der statischen zur *dynamischen* Betrachtung sowie die Implementierung der menschenrechtlichen Ansprüche in der Lebenswelt. Diese Entfaltung erscheint in weiten Strecken plausibel. Sie ist jedoch nur unter der gravierenden Einschränkung gutzuheißen, daß ihr Ausgangspunkt, die formale Struktur des moralischen Diskurses, *keine* legitime Begründung des Prinzips der persönlichen Autonomie liefert.

Dies macht die Fortsetzung der rechtsethischen Analyse notwendig. Im nächsten Kapitel wird dazu erstens der bisherige formale Ausgangspunkt aufgegeben, den die Diskursethik mit der Theorie Ninos teilt. Und zweitens wird der Libertarismus als eine universalistische Ethik mit einem Gegenpol kontrastiert, der eher partikularistischen Strömung des Kommunitarismus. Die kommunitaristische Kritik an libertären Ansätzen liefert zugleich eine Art Meßlatte für alle weiteren liberalen Ansätze, da sie deren Voraussetzungen und das zugrunde liegende individualistische Menschenbild in Frage stellt.

4.4 Kommunitarismus und Menschenrechte

Die Gruppe von Theoretikern, die unter dem Etikett des *Kommunitarismus* firmieren, mit dem Thema der Begründung von Menschenrechten in Verbindung zu bringen, ist in mindestens dreifacher Hinsicht problematisch. Erstens verbirgt sich hinter der Sammelbezeichnung des Kommunitarismus[279] ein sehr heterogenes Spektrum von Ansätzen und Theoretikern[280], zu denen unter anderem Michael Sandel[281], Charles Taylor[282], Alasdair MacIntyre[283], Michael Walzer[284], Benjamin Barber[285] und Robert Bellah[286] zählen. Sie sind sich zwar in der Stoßrichtung *gegen den Liberalismus* einig, entwerfen aber kein eigenes einheitliches Theoriegebilde, sondern formulieren jeweils spezifische Fragen an eine liberale Position.[287] Auch der vage Rekurs auf „Gemeinschaft" im Gegensatz zu einem individualistischen Ansatz scheint eher irreführend, wenngleich er als kleinster gemeinsamer Nenner der Kommunitaristen verstanden werden kann. Der Bezug auf eine Gemeinschaft differenziert jedoch nicht ausreichend – zum

---

[279] Die Bezeichnung „Kommunitarismus" ist ein nachträglich eingeführter Begriff, der den Rekurs auf Gemeinschaft als gemeinsames Charakteristikum einiger Theoretiker verdeutlicht, jedoch keine Selbstbezeichnung derselben.

[280] Vgl. für einen ersten Überblick Wolfgang Kersting: Liberalismus und Kommunitarismus. Zu einer aktuellen Debatte, in: Information Philosophie 3 (1993) S. 4-19 sowie Axel Honneth: Einleitung, in: Ders. (Hrsg.): Kommunitarismus. Eine Debatte über die moralischen Grundlagen moderner Gesellschaften. Frankfurt am Main, New York 1993, S. 7-17.

[281] Siehe z.B. Michael Sandel: Liberalism and the limits of justice. Cambridge 1982 (Second edition 1998). Michael Sandel: Liberalismus oder Republikanismus? Von der Notwendigkeit der Bürgertugend. Wien 1995.

[282] Siehe z.B. Charles Taylor: Sources of the self: The making of modern identity. Cambridge 1989 (Quellen des Selbst. Frankfurt am Main 1994).

[283] Siehe z.B. Alasdair MacIntyre: After virtue. A study in moral theory. Notre Dame 1981 (Der Verlust der Tugend. Zur moralischen Krise der Gegenwart. Frankfurt am Main 1995). Alasdair MacIntyre: Whose justice? Which rationality? Notre Dame 1988.

[284] Siehe z.B. Michael Walzer: Spheres of justice. A defense of pluralism and equality. New York 1983 (Sphären der Gerechtigkeit. Ein Plädoyer für Pluralität und Gleichheit. Frankfurt am Main, New York 1992). Michael Walzer: Lokale Kritik – globale Standards. Zwei Formen moralischer Auseinandersetzung. Hamburg 1996.

[285] Siehe z.B. Benjamin Barber: Strong democracy. San Francisco 1984.

[286] Siehe z.B. Robert Bellah u.a: Habits of the heart. Individualism and commitment in American life. San Francisco 1985. Robert Bellah: The good society. New York 1991.

[287] Vgl. Kersting 1993a, S. 6.

Beispiel zwischen deskriptiver und normativer, oder auch zwischen ontologischer und rechtsethischer Ebene, zwischen partikularen oder globalen Gemeinschaften und er gradualisiert überhaupt nicht zwischen Individualismus und Kollektivismus.[288] Daher ist eine notwendig selektive Auswahl sinnvoll. Im folgenden soll hierzu die Kritik von Michael Sandel aufgegriffen werden, die mit den Stichworten „Das Scheitern des ungebundenen Selbst" und „Der Vorrang des Guten vor dem Gerechten" charakterisiert werden kann.[289] Damit werden, folgt man den Stationen der Debatte zwischen Kommunitaristen und Liberalen, zeitlich eher zurückliegende Themen angesprochen[290], die jedoch mit der Problematik der rechtsethischen Begründung der Menschenrechte in Verbindung gebracht werden können.

Zweitens ist weder eindeutig definiert, was unter Liberalismus zu verstehen ist – sofern man dies nicht mit der Theorie der Gerechtigkeit und weiteren Schriften von John Rawls[291] gleichsetzen möchte, an dessen Konzept sich die meisten kommunitaristischen Einwände entzündet haben – noch scheint die Debatte zwischen Liberalen und Kommunitaristen besonders gut geeignet zu sein, die Ansätze und Theorien der Menschenrechtsdebatte zu strukturieren und zu gruppieren. Die beiden Theorien des Naturrechts und der Diskursethik beispielsweise könnten in der Debatte zwischen Kommunitaristen und Liberalen nicht eindeutig verortet werden. Ferner kann innerhalb eines sogenannten liberalen Lagers binnendifferenziert werden, unter anderem zwischen rationalistischen, kontraktualistischen, transzendental-kontraktualistischen und normativ-individuellen Begründungen.[292] Auch die gängige Unterscheidung zwischen einem egalitären Liberalismus – etwa bei John Rawls – und einem radikalen bzw. li-

---

[288] Vgl. zur Gradualisierung die rechtstheoretische Analyse der drei Generationen von Menschenrechten in Kapitel 2 dieser Arbeit.

[289] Vgl. Rainer Forst: Kommunitarismus und Liberalismus – Stationen einer Debatte, in: Axel Honneth (Hrsg.): Kommunitarismus. Eine Debatte über die moralischen Grundlagen moderner Gesellschaften. Frankfurt am Main, New York 1993, S. 181-212, besonders 183ff. und 189ff.

[290] Vgl. zur Entwicklung und zeitlichen Reihenfolge der Themen in der Debatte zwischen Kommunitaristen und Liberalen Forst 1993, S. 181-212.

[291] Vgl. John Rawls: A theory of justice. Cambridge, Massachusetts 1971 (Eine Theorie der Gerechtigkeit. Frankfurt am Main 1975). John Rawls: Political liberalism. New York 1993 (Politischer Liberalismus. Frankfurt am Main 1998). John Rawls: The law of peoples. With „The idea of public reason revisited". Cambridge 1999 sowie das Kapitel 4.8 dieser Arbeit zum fairneßorientierten Kontraktualismus.

[292] Vgl. die entsprechenden Abschnitte in Kapitel 4 dieser Arbeit.

4.4 Kommunitarismus

bertären Liberalismus oder auch Libertarismus – etwa bei Robert Nozick[293], James M. Buchanan[294] und Carlos Santiago Nino[295] – bleibt zu sehr der amerikanischen Diskussionslage verhaftet. „Der Liberalismus" dient meines Erachtens eher „zielorientiert" als die Bezeichnung eines bestimmten Ergebnisspektrums rechtsethischer Theorien und Positionen denn dazu, eine bestimmte Art und Weise der rechtsethischen Begründung auszuzeichnen. Was genau unter dieses Ergebnisspektrum zu subsumieren ist, soll der Darstellung und Bewertung der einzelnen „Liberalen" vorbehalten bleiben.[296] Auf der anderen Seite rechtfertigt sich dadurch jedoch die Diskussion des Ansatzes von Michael Sandel. Seine Einwände gegen das individualistische Menschenbild einer wie auch immer näher bestimmten liberalen Position kritisieren auf einer fundamentalen Ebene eine Vielzahl von liberalen Positionen.

Drittens interessieren sich kommunitaristische Autoren nur am Rande für den Inhalt der liberalen Verfassungsgrundsätze und Verteilungsprinzipien und somit für die rechtsethische Begründung von Menschenrechten. Sie konzentrieren sich vielmehr auf jene theoretischen Voraussetzungen und Implikationen des Liberalismus, die bisher kaum kritisches Interesse gefunden haben.[297] Über diese kritische Funktion hinaus scheint der Ansatz von Michael Sandel am geeignetsten zu sein, fruchtbar für die Menschenrechtsdiskussion – präziser die Diskussion der Voraussetzungen einer liberalen Theoriekonzeption, wie zum Beispiel derjenigen von John Rawls – gemacht zu werden. Dies soll im folgenden versucht werden.

---

[293] Nozick 1974.

[294] James M. Buchanan: The limits of liberty. Between anarchy and leviathan. Chicago, London 1975 (Die Grenzen der Freiheit. Zwischen Anarchie und Leviathan. Tübingen 1984).

[295] Nino 1991. Nino 1996 und Kapitel 4.3 dieser Arbeit.

[296] Darüber hinaus wird der Begriff des Liberalismus mit unterschiedlichen Bedeutungsinhalten im Deutschen und im Englischen assoziiert. Vgl. dazu z.B. Lutz Meyer: John Rawls und die Kommunitaristen. Würzburg 1996, S. 2. Für die folgende kommunitaristische Diskussion soll „liberal" bezogen werden auf die Theorie von John Rawls, da die Kommunitaristen ebenso wie Michael Sandel darauf explizit Bezug nehmen.

[297] Vgl. Meyer 1996, S. 40.

4.4.1 Das Scheitern des ungebundenen Selbst

Um das breite Spektrum des Kommunitarismus aufzufächern und den Ansatz von Michael Sandel[298] einordnen zu können, seien die kommunitaristischen Standardeinwände und Gegenthesen gegen einen puren Liberalismus schlagwortartig gelistet. Dabei vertreten oder diskutieren durchaus nicht alle kommunitaristischen Autoren alle der genannten Thesen und Gegenthesen. Statt dessen konzentrieren sie sich in der Regel auf einen oder einige wenige Aspekte, weshalb der Kommunitarismus – wie bereits erwähnt – nicht als ein einheitliches Theoriekonzept bezeichnet werden kann, sondern als eine Gruppe von Ansätzen mit einer antiliberalen Ausrichtung.

Die kritischen Einwände gegen einen reinen Liberalismus lauten:[299]

Kommunitaristische Einwände gegen einen puren Liberalismus
• Abwertung und / oder Untergrabung der Gemeinschaft (lat. communis = gemeinsam führte zum Begriff des Kommunitarismus)
• Abwertung des politischen Lebens, das als bloßes Mittel zum Zweck degradiert wird
• Vernachlässigung organischer Verpflichtungen und Engagements, die nicht auf legitime Entscheidungen oder Zustimmung eines Individuums zurückgeführt werden können
• Unterstellung eines atomistischen Selbst
• Übergebührliche Fixierung auf Gerechtigkeit und Rechtsansprüche
• Tendenziell ungerechtfertigte universale Geltungsansprüche

Die konstruktiven kommunitaristischen Gegenthesen lauten demgegenüber:

---

[298] Sandel 1982. Michael Sandel: Die verfahrensrechtliche Republik und das ungebundene Selbst, in: Axel Honneth (Hrsg.): Kommunitarismus. Eine Debatte über die moralischen Grundlagen moderner Gesellschaften. Frankfurt am Main, New York 1993, S. 18-35. Sandel 1995.

[299] Vgl. u.a. Jean-Claude Wolf: Wie kommunitaristisch darf der Liberalismus sein?, in: Kurt Seelmann (Hrsg.): Kommunitarismus versus Liberalismus. Stuttgart 2000, S. 44f. und Allen I. Buchanan: Assessing the communitarian critique of liberalism, in: Ethics 99 (1989) S. 852-882.

4.4 Kommunitarismus

Kommunitaristische Befunde und Hypothesen
• Die partikulare Gemeinschaft ist konstitutiv für jede Konzeption des guten Lebens
• Teilnahme an der Politik hat einen intrinsischen Wert (die Idee des Republikanismus)
• Einige zentrale Verantwortlichkeiten sind den Menschen auferlegt, ohne daß sie zuvor freiwillig akzeptiert werden könnten
• Das Selbst ist sozial konstituiert; das kommunitaristische Selbst ist ein Gewebe von Verpflichtungen, kein inflexibler und statischer Personenkern
• Verantwortung gegenüber Bedürfnissen und Verwundbarkeiten anderer ist eine mindestens ebenso wichtige Verpflichtung wie Gerechtigkeit
• Anstelle universaler sind partikulare Geltungsansprüche legitim

Michael Sandel greift insbesondere die Unterstellung eines atomistischen Selbst auf, die er den liberalen Theoretikern zum Vorwurf macht. Das Selbst oder die Identität jedes Einzelnen seien vielmehr in der Lebenswelt untrennbar mit der Gemeinschaft verbunden und daher als sozial konstituiert zu denken. Das kommunitaristische Selbst sei ein Netz von Verpflichtungen, kein der Realität nicht gerecht werdender inflexibler und statischer Personenkern. Darüber hinaus behauptet Sandel den Vorrang des Guten vor dem Gerechten, wobei die Gemeinschaft konstitutiv sei für jede Konzeption eines guten Lebens.[300] Doch was genau ist zunächst mit dem Vorwurf des Scheiterns eines ungebundenen Selbst gemeint?

Liberale Theorien ruhen nach Sandel auf einem brüchigen Fundament. Sie setzten in der Regel eine bestimmte Konzeption der menschlichen Identität voraus, deren Kern die Welt sowohl bereichern als auch zerstören könne. Was eine liberale Ethik so attraktiv mache, sei das Versprechen des ungebundenen Selbst.[301] Dieses sei jedoch nicht einlösbar. Damit rücken die personentheoretischen Grundannahmen oder auch spezifische Menschenbilder der liberalen Theoriekonzeptionen in den Blickpunkt. Die liberalen Ansätze verhielten sich parasitär zu einem Begriff der Gemeinschaft, den sie im Ergebnis ablehnen

---

[300] Vgl. für partiell ähnliche Überblicksdarstellungen der Sandelschen Position auch Meyer 1996, S. 43-55. Forst 1993, S. 181ff. und Amy Gutmann: Die kommunitaristischen Kritiker des Liberalismus, in: Axel Honneth (Hrsg.): Kommunitarismus. Eine Debatte über die moralischen Grundlagen moderner Gesellschaften. Frankfurt am Main, New York 1993, S. 68-83, besonders 70ff.
[301] Sandel 1993, S. 20.

würden. Deshalb untergrabe die dem Liberalismus zugrundeliegende Konzeption der Person ihre eigene Grundlage, so die Hauptthese von Sandel: „... , liberalism undermines its own insight."[302]

Präziser formuliert, stütze sich der Liberalismus auf eine in der Regel nicht explizit gemachte atomistische Konzeption der menschlichen Person. Sandels Kritik bezieht sich demnach nicht auf die Objekte menschlicher Bedürfnisse oder die Inhalte liberaler Grundsätze, sondern auf die diesen zugrundeliegende Konzeption des menschlichen Subjektes. „But there is another sense in which liberalism does imply a certain theory of a person. It concerns not the object of human desires but the subject of desire, and how this subject is constituted."[303]

Konkret wird diese These auf die Rawlssche Konstruktion des Urzustandes unter dem Schleier des Nichtwissens angewandt.[304] Die dort im rationalen Selbstinteresse handelnden Parteien beruhen nach Sandel auf einer nicht ausgewiesenen philosophischen Anthropologie. „... the original position must produce not only a moral theory but also a philosophical anthropology."[305] Begründet wird diese Behauptung durch den Vergleich der im Urzustand handelnden Parteien mit Menschen, die in der tatsächlichen Lebenswelt handeln. „We must be prepared to live with the vision contained in the original position, mutual disinterested and all, prepared to live with it in the sense of accepting its description as an accurate reflection of human moral circumstance, consistent with our understanding of ourselves."[306] Und bereits an dieser Stelle sei das Scheitern des ungebundenen Selbst abzusehen, da das von Rawls konstruierte Subjekt von der Gemeinschaft isoliert, nicht durch gemeinschaftliche Bindungen konstituiert, nicht von einer auf die Gemeinschaft rückführbaren Identität geprägt sei. Dies sei notwendig für die Konstruktion des Urzustandes, aber ungeeignet für die Lebenswelt. Sandel stellt damit weniger die Begründetheit der Rawlsschen Position insgesamt in Frage als vielmehr die *Lebensfähigkeit*[307] des gesamten

---

[302] Sandel 1982, S. 183.
[303] Sandel 1982, S. 10.
[304] Für eine ausführliche Diskussion des Rawlsianischen Kontraktualismus siehe Kapitel 4.8 dieser Arbeit.
[305] Sandel 1982, S. 48.
[306] Sandel 1982, S. 48f.
[307] Im Sinne der drei Ebenen Begründung, Ergebnisse und Umsetzung bezieht sich die Lebensfähigkeit eines Konzeptes sowohl auf die Ebene der Begründung als auch auf die Ebene der Realisierung begründeter Ergebnisse. Ein rechtsethisches Konzept kann be-

Konzeptes. „But we cannot regard ourselves as independent in this way without great cost to those loyalties and convictions whose moral force consists partly in the fact that living by them is unseperable from understanding ourselves as the particular persons we are – as members of this family or community or nation or people, ..."[308] Nach Sandel kann es kein ungebundenes Selbst geben, das unabhängig von seinen Zielen gesehen werden könnte. Vielmehr sei jede Person stets eingebettet in Lebenszusammenhänge, die konstitutiv seien für die Herausbildung ihrer Identität. „We cannot be wholly unencumbered subjects of possession, individuated in advance and given prior to our ends, but must be subjects constituted in part by our central aspirations and attachments, always open, indeed vulnerable, to growth and transformation in the light of revised self-understandings. And in so far as our constitutive self-understandings comprehend a wider subject than the individual alone, whether a family or tribe or city or class or nation or people, to this extent they define a community in the constitutive sense."[309] – soweit der prima facie erst einmal plausible Sandelsche Befund.

Es lassen sich jedoch schwerwiegende Einwände erheben. Erstens ist der von Sandel betonte Gegensatz zwischen Individuum und Gemeinschaft – oder reformuliert zwischen Individualismus und Kollektivismus – keine entweder-oder-Entscheidungsalternative. Die Polarität ist nicht notwendig konträr, sondern sinnvollerweise graduell zu denken, als Kontinuum mit den beiden Extrempolen des Individualismus und des Kollektivismus.[310] Sandel fordert dazu auf, entweder personale Identität unabhängig von unseren Zwecken zu denken, denn nur dann stünde es uns völlig frei, unsere Lebenspläne zu wählen, oder unsere Identität als durch eine Gemeinschaft konstituiert zu betrachten, die aber eine freie Wahl der Lebenspläne durch gemeinschaftlich vorgegebene Zwecke behindern würde. Diese „Tyrannei des Dualismus"[311] überhöht die Polarität zwischen Individuum und Gemeinschaft, um sie anschließend kritisieren zu können. Dem individualistischen Menschenbild werden zu starke Prämissen

---

gründet, aber nicht lebensfähig in einer partikularen politischen Gemeinschaft sein. Ebenso kann ein rechtsethisches Konzept zwar lebensfähig sein, aber nicht plausibel begründbar.

[308] Sandel 1982, S. 179.
[309] Sandel 1982, S. 172.
[310] Vgl. wiederum die rechtstheoretische Analyse in Kapitel 2 dieser Arbeit.
[311] Vgl. Gutmann 1993, S. 77f.

unterschoben, um diese anschließend als unhaltbar ausweisen zu können. Eine individualistisch skizzierte ideale Person oder auch Partei des Rawlsschen Urzustandes muß nicht notwendig inkompatibel sein mit einer realen Person, sondern kann auch auf einer deskriptiven Ebene als Partialanthropologie interpretiert werden.[312]

Zweitens fehlt in der Sandelschen Kritik eine eindeutige Trennung zwischen der normativen und der deskriptiven Ebene einer liberalen Position bzw. zwischen der rechtsethischen Begründung von bestimmten Menschenrechten und der Problematik der Umsetzung von rechtsethisch legitimierbaren Ansprüchen. Die erwähnte Gleichsetzung bzw. schwächer formuliert der Vergleich der im Urzustand unter dem Schleier des Nichtwissens entscheidenden Parteien mit real handelnden Personen der Lebenswelt unterläuft gerade diese Trennung. Allein deshalb, weil in einer rechtsethischen Argumentation auf einer normativen Ebene bestimmte individualistische Momente durch eine von Rawls so genannte schwache Theorie des Guten eingeführt werden, folgt in einem normativen Sinne nicht, daß dadurch die Herausbildung einer Identität des Selbst unmöglich geworden ist. Dieser Hinweis *erklärt* die beachtlichen Schwierigkeiten bei der *Umsetzung* insbesondere der Freiheitsrechte der ersten Generation von Menschenrechten, wenn diese mit sozialen Verpflichtungen und Ansprüchen der Gemeinschaft kollidieren. Er thematisiert damit, welche motivationalen Voraussetzungen erfüllt sein müssen, um bestimmte rechtliche Ansprüche nicht nur de jure, sondern auch de facto etablieren zu können. Er hat jedoch meines Erachtens nicht notwendig normative Konsequenzen.

Drittens müßte auch auf einer deskriptiven Ebene die von Sandel behauptete Inkommensurabilität einer schwach individualistischen Konzeption der realen Person mit der Identität eben dieser Person nachgewiesen werden. Die oft thematisierte zunehmende Individualisierung[313] in den westlichen Gesellschaften – im Hinblick auf die genannten traditionellen Strukturen wie Familie, Klasse, Stadt, ethnische Gemeinschaft oder auch Nationalstaat – kann begrüßt oder ab-

---

[312] Vgl. zur Partialanthropologie, interpretiert als potentielle Konfliktanthropologie, u.a. Ot fried Höffe: Ein transzendentaler Tausch: Zur Anthropologie der Menschenrechte, in: Philosophisches Jahrbuch 99 (1992) S. 1-28 sowie das Kapitel 4.7 dieser Arbeit zum transzendentalen Kontraktualismus mit weiteren Literaturangaben.

[313] Siehe zum Beispiel Ulrich Beck: Risikogesellschaft. Auf dem Weg in eine andere Moderne. Frankfurt am Main 1986. Richard Sennett: The corrision of character. New York 1998 (Der flexible Mensch. Die Kultur des neuen Kapitalismus. Berlin 1998).

gelehnt werden. Sie spricht jedoch prima facie erst einmal *gegen* Sandels These der notwendig in der Gemeinschaft verankerten personalen Identität realer Personen. Darüber hinaus muß eine durch die Gemeinschaft hervorgebrachte Identität eines einzelnen eine individualistische Auffassung des Menschen nicht verdrängen, sondern kann diese wirkungsvoll ergänzen. Dieser deskriptiven These könnte wohl auch keine liberale Theorie widersprechen.

Viertens läuft die Kritik Sandels am atomistischen Selbst noch durch eine weitere Differenzierung leer, die von Charles Taylor im Rahmen der Diskussion zwischen Kommunitaristen und Liberalen eingeführt wurde.[314] Nach Taylor ist die Auseinandersetzung zwischen den beiden Lagern von Unschärfe gekennzeichnet, weil beide Seiten auf unterschiedlichen Ebenen argumentieren. Taylor schlägt eine Neuordnung der Auseinandersetzung vor, die zwischen ontologischen und normativen Fragestellungen unterscheidet. Unter ontologischen Fragen faßt er die Bestimmung derjenigen Faktoren zusammen, die das soziale Leben erklären, normative Fragen hingegen bezieht er auf die Parteinahme, auf den moralischen Standpunkt oder die politische Position.[315] Er knüpft an die Diskussion der Thesen von Sandel und die soeben vorgebrachte Kritik an, daß aus ontologischen Positionen keine normativen Konsequenzen begründet werden können – was nicht deckungsgleich ist, aber ähnliches behauptet wie die monierte fehlende eindeutige Unterscheidung zwischen der deskriptiven und der normativen Ebene. Faktoren, die das soziale Leben erklären, sind in erster Linie deskriptive Faktoren, während Parteinahme, ein moralischer Standpunkt oder eine politische Position zumindest auch normativ gelesen werden können.

Mit einer weiteren Binnendifferenzierung unterscheidet Taylor auf der ontologischen Ebene zwischen Atomisten, die soziale Handlungen anhand der Eigenschaften der Individuen und soziale Güter als Verkettung individueller Güter darstellen, und Holisten, die von einem ganzheitlichen Ansatz ausgehen. Auf der normativen Ebene schlägt Taylor ein Spektrum vor, das dem bereits erwähnten Kontinuum zwischen Individualismus und Kollektivismus ähnelt, nun allerdings normativ gewendet ist. Auf der einen Seite finden sich Positionen,

---

[314] Vgl. Charles Taylor: Aneinander vorbei: Die Debatte zwischen Liberalismus und Kommunitarismus, in: Axel Honneth (Hrsg.): Kommunitarismus. Eine Debatte über die moralischen Grundlagen moderner Gesellschaften. Frankfurt am Main, New York 1993, S. 103-130.
[315] Taylor 1993, S. 104.

die von der Priorität individueller Rechte und Freiheiten ausgehen, und am anderen Ende des Spektrums wird dem Gemeinschaftsleben und der kollektiven Idee des Guten der Vorrang zugewiesen.[316] Taylor unterstreicht, daß die Beziehungen zwischen diesen Ebenen komplex sind und daher die Entscheidung für eine Position auf der ontologischen Ebene keine notwendige Vorentscheidung für eine Position auf der normativen Ebene nach sich zieht. Lediglich bestimmte Plausibilitätsüberlegungen legen eine Verbindung von Atomismus und Individualismus bzw. von Holismus und Kollektivismus nahe, ohne zwingend zu sein. Aber ein jeder Standpunkt in der Atomismus-Holismus-Debatte kann grundsätzlich mit einem jeden in der Individualismus-Kollektivismus-Frage kombiniert werden.[317]

Sandels Kritik an liberalen Positionen und deren impliziten atomistischen Prämissen kann dann als eine ontologische Fragestellung aufgefaßt werden, die zwar die Lebensfähigkeit eines liberalen Konzeptes in Frage stellt und die Umsetzung insbesondere der freiheitlichen Ansprüche der Menschenrechte der ersten Generation für schwierig hält, nicht jedoch deren normative Begründetheit vollständig desavouiert. Dieser Interpretation widerspricht auch Sandel in der Neuauflage seines Hauptwerkes[318] nicht, wenn er schreibt: „For Rawls, as for Kant, the priority of the right over the good stands for two claims, and it is important to distinguish them. The first is the claim that certain individual rights are so important that even the general welfare cannot override them. The second is the claim that the principles of justice that specify our rights do not depend for their justification on any particular conception of the good life, ... It is the second claim for the priority of rights, not the first, that I seek to challenge." Dieser Streit um den Vorrang des Guten vor dem Gerechten soll im folgenden Abschnitt thematisiert werden.

Als Zwischenergebnis der Kritik des „ungebundenen Selbst" läßt sich festhalten, daß diese nicht überzeugt, da verschiedene Ebenen vermischt werden. Die Unterscheidung zwischen ontologischer und normativer Ebene ist sinnvoll und notwendig. Im vorliegenden kritischen Zusammenhang weisen darüber hinaus die ontologische und die in der Relativismuskritik eingeführte deskriptive Ebe-

---

[316] Vgl. Taylor 1993, S. 104-109.
[317] Taylor 1993, S. 109.
[318] Vgl. Michael Sandel: Liberalism and the limits of liberty. Cambridge 1982. Preface of the second edition 1998, S. X.

ne[319] interessante Beziehungen auf. Zunächst besteht natürlich zwischen der ontologischen Ebene der Welt, wie sie ist, als Gegenstand der Betrachtung und der deskriptiven Ebene der Beschreibung eben dieser Welt mit Hilfe der Sprache ein sprachliches Beschreibungs- oder Abbildungsverhältnis. Dies trifft modifiziert auch für das Verhältnis von ontologischer und normativer Ebene zu.

Darüber hinaus können auf der ontologischen und der deskriptiven Ebene die Extrema als Atomismus und Holismus bezeichnet werden. Auf der ontologischen Ebene der Welt argumentiert Taylor für eine entweder-oder-Entscheidungsalternative zwischen Atomismus und Holismus.[320] Auf der deskriptiven Ebene der sprachlichen Beschreibung der Welt kann zunächst offenbleiben, ob die Erklärung sozialer Phänomene ausschließlich holistisch oder atomistisch erfolgen kann oder ob hier auch Zwischenpositionen möglich sind. Ein deskriptiver Holismus hat vermutlich ein großes explanatorisches Potential, wenn es um die Schwierigkeiten geht, die meines Erachtens zwangsläufig auftauchen, sobald freiheitliche Ansprüche des Individuums bislang in einer politischen Gemeinschaft nicht respektiert worden sind, nun aber implementiert werden sollen.[321] Darüber hinaus dürfte die Frage, ob es sich um ein Kontinuum oder um eine entweder-oder-Entscheidungsalternative handelt, auch davon abhängen, welchen empirischen Bezugspunkt die Diskussion hat. Die Debatte zwischen Kommunitaristen und Liberalen bezieht sich auf die liberaldemokratischen politischen Gemeinschaften des Westens, um sie auf das notwendige Maß einer zusätzlichen Wertintegration hin zu befragen.[322] Die Thematik der rechtsethischen Rechtfertigung der Menschenrechte verläßt diesen Rahmen, da die Menschenrechte nicht notwendig ein spezifisch westliches Phänomen sind, wie die rechtstheoretische Analyse deutlich zu machen versuchte. Genese und

---

[319] Vgl. Kapitel 3 dieser Arbeit.
[320] Ein ontologischer Atomismus wird zum Beispiel von Jean-Paul Sartre vertreten, während Martin Heidegger wohl als ontologischer Holist zu charakterisieren ist. Vgl. dazu Heiner Hastedt: Der Wert des Einzelnen. Eine Verteidigung des Individualismus. Frankfurt am Main 1998, S. 180-185 und S. 223-229.
[321] Die soziologischen Stichworte in diesem Zusammenhang lauten Auflösung traditioneller Strukturen, Herausbildung von Netzwerken anstelle von eineindeutigen Hierarchien, Unbehagen an der unbehausten Moderne, Heimatlosigkeit des modernen Individuums, etc. Auch die Entwicklung Ostdeutschlands nach der Wende von 1989 läßt sich unter diesem Aspekt analysieren, vgl. z.B. Alexander Thumfart: Die politische Integration Ostdeutschlands. Frankfurt am Main 2001.
[322] Vgl. Honneth 1993, S. 15.

Geltungsanspruch von Menschenrechten sind zu trennen. Im übrigen besteht weitestgehende Übereinstimmung zwischen der rechtstheoretischen Analyse von Individuen und Kollektiven als möglichen Trägern von Ansprüchen und der deskriptiven Reihung von Kollektiven, die Sandel entwickelt. Insofern ist ein gradualisierbares Kontinuum plausibel. Die dritte Ebene der Normativität, die in sprachlicher Form die Frage der rechtsethischen Begründetheit aufwirft, kann dann ebenfalls als ein Kontinuum zwischen normativem Individualismus und normativem Kollektivismus verstanden werden.[323]

Ebenen der kommunitaristischen Liberalismuskritik		
Ontologische Ebene: Welt als Gegenstand der Beschreibung		
Atomismus	Entweder-oder-Alternativen	Holismus
Deskriptive Ebene: Sprachliche Beschreibung der Welt		
Deskriptiver Atomismus	Gradualisierbares Kontinuum	Deskriptiver Holismus
Normative Ebene: Sprachliche Bewertung der Welt		
Normativer Individualismus	Gradualisierbares Kontinuum	Normativer Kollektivismus

Diese Klärung der Grundlagen und Voraussetzungen einer sogenannten liberalen Position anhand der kommunitaristischen Kritik ermöglicht nun eine genauere Bestimmung des Status der Debatte des Vorrangs des Guten vor dem Gerechten, die bereits angeklungen ist. Sie bewegt sich im Sinne einer sprachlichen Bewertung der Welt auf der normativen Ebene und dreht sich präziser formuliert darum, ob Gerechtigkeit das Gute verdrängt, ersetzt oder ergänzt und welche der Alternativen gerechtfertigt werden kann.

4.4.2 Der Vorrang des Guten vor dem Gerechten

Der von Sandel behauptete Vorrang des Guten vor dem Gerechten kleidet einen (ur-)alten philosophischen Streit in ein neues begriffliches Gewand und bezieht ihn, schwächer formuliert, auf die gegenwärtige Situation westlicher liberalde-

---

[323] Vgl. dazu Hastedt 1998. von der Pfordten 2000b. Dietmar von der Pfordten: Normativer Individualismus versus normativer Kollektivismus in der Politischen Philosophie der Neuzeit, in: Zeitschrift für philosophische Forschung 54 (2000) S. 491-513. von der Pfordten 2001 sowie das Kapitel 4.9 dieser Arbeit zum normativen Individualismus.

4.4 Kommunitarismus

mokratischer politischer Gemeinschaften. Die Diskussion um den Vorrang der Gemeinschaft vor dem einzelnen reflektiert jeweils partiell auf bestimmte Teile des Vorrangs des Guten vor dem Gerechten.[324] Im folgenden sollen weder diese Diskussion historisch aufgerollt werden – was einen ideengeschichtlich großen, aber nur geringen systematischen Ertrag verspricht – noch die gesamte gegenwärtige Diskussionslage wiedergegeben werden – dies wäre der Gegenstand einer eigenen Arbeit[325] und würde den vorliegenden Rahmen bei weitem sprengen. Vielmehr soll wiederum selektiv die Sandelsche Position betrachtet und bewertet werden. Drittens beschränkt sich die Analyse darüber hinaus auf die für die rechtsethische Begründung der Menschenrechte relevanten Teile, wodurch insbesondere individualethische Aspekte nicht näher analysiert werden können. Tendenziell dürfte – um eine Prognose zu wagen, auf die nicht näher eingegangen werden kann – in der Individualethik die Forderung nach der adäquaten Berücksichtigung des guten Lebens an Plausibilität gewinnen. Und viertens wird der Streit auf der normativen Ebene angesiedelt, d.h. weder deskriptiv noch ontologisch oder gar metaphysisch aufgeladen, soweit dies möglich ist.

Für den Vorrang des Guten vor dem Gerechten und daraus abgeleitet für die Hypothese, daß liberale Rechte und Ansprüche unhaltbar seien, argumentiert Sandel wie folgt[326]: Eine auf Rechten gegründete Politik zu billigen impliziere, der Meinung zu sein, Gerechtigkeit solle gegenüber allen anderen partikularen Interessen und damit gegenüber unserer Konzeption des Guten unbedingten Vorrang genießen. Den Vorrang der Gerechtigkeit gegenüber unserer Konzeption vom Guten zu billigen, impliziere die Ansicht, wir könnten unsere Identität einer Konzeption des Guten vorausliegend begründen, ansonsten würde sie in unsere Konzeption der Gerechtigkeit eingehen. Da aber unsere Identitäten durch unsere Konzeption des Guten gebildet werden würden, könne Gerechtigkeit nicht vorrangig sein. Deshalb könnten wir nicht widerspruchsfrei von einer auf Rechte gegründeten Politik überzeugt sein. Die behauptete Abstinenz bzw. Neutralität bezüglich der Fragen des guten Lebens, die der Liberalismus immer wieder für sich reklamiere, sei unzulässig bzw. selbstwidersprüchlich.

---

[324] Vgl. Gutmann 1993, S. 68 zu einer historischen Einordnung der Kritik.

[325] Siehe z.B. Elif Özmen: Der Stellenwert des guten Lebens in der Theorie des richtigen Handelns. Unveröffentlichtes Manuskript. Göttingen 1999.

[326] Die Rekonstruktion der Sandelschen Position folgt Gutmann 1993, S. 70-71, Fußnote 3.

Denn das von den Liberalen betonte „Faktum des vernünftigen Pluralismus"[327] für den Bereich des Guten gelte nicht nur für weltanschauliche oder religiöse Meinungsverschiedenheiten, sondern auch für den Bereich der politischen Gerechtigkeit. Damit werde jedoch die Vorrangstellung der Gerechtigkeit untergraben. „Die Asymmetrie zwischen dem Rechten und dem Guten hängt von einer weiteren Voraussetzung ab, nämlich von der Voraussetzung, daß wir trotz unserer Divergenzen bezüglich Moral und Religion jetzt oder nach gehörigem Nachdenken keine derartigen Meinungsverschiedenheiten kennen, sobald es um die Gerechtigkeit geht."[328] Diese Voraussetzung einer konvergierenden Auffassung von Gerechtigkeit sei nicht plausibel, wie ein Blick auf den Streit um Einkommensverteilung und Steuergerechtigkeit, Gesundheitsversorgung, Einwanderung oder auch die Rechte von Homosexuellen zeige.[329]

Jedoch könnte an dieser Stelle der Hinweis auf zwei verschiedene Arten von Meinungsverschiedenheiten die Asymmetrie aufrecht halten. „Zum einen gibt es Meinungsverschiedenheiten darüber, welche Gerechtigkeitsprinzipien Geltung haben sollten, und zum anderen Meinungsverschiedenheiten darüber, wie diese Prinzipien angewendet werden sollen."[330] Viele hitzige Debatten stellen, wie plausibel dargestellt werden kann, nicht die Geltung von bestimmten Gerechtigkeitsprinzipien prinzipiell in Frage, sondern betreffen lediglich deren Umsetzung beispielsweise im Falle der Kollision mit anderen Rechten und Freiheiten. Die Meinungsverschiedenheiten über Weltanschauungen und Religionen repräsentieren demgegenüber unvereinbare Auffassungen vom guten Leben und sind als grundlegender anzusehen.

Dem hält Sandel entgegen, daß unter anderem die Auseinandersetzungen über die Verteilungsgerechtigkeit – wie sie etwa in Amerika zwischen egalitären und libertären Liberalen oder in Deutschland zwischen Sozialdemokraten und Liberalen geführt werden – nicht auf der Ebene der Umsetzung, sondern auf der Ebene der Prinzipien selbst ausgetragen werden.[331] Die Befürwortung oder Ablehnung des Rawlsschen Differenzprinzips sei ein derartiges Beispiel für einen Dissens auf der Ebene der politischen Gerechtigkeit. Damit sei auch für den Be-

---

[327] Vgl. zu den folgenden Ausführungen Sandel 1995, S. 33-45.
[328] Sandel 1995, S. 34f.
[329] Vgl. Sandel 1995, S. 35.
[330] Sandel 1995, S. 36.
[331] Vgl. Sandel 1995, S. 37f.

reich der politischen Gerechtigkeit das „Faktum des vernünftigen Pluralismus" festzustellen und der Ausgangspunkt der Rechte des einzelnen fragwürdig geworden, so die Sandelsche Schlußfolgerung.

Die Streitigkeiten um die Verteilungsgerechtigkeit beziehen sich nun aber gerade nicht auf die liberalen Abwehrrechte des Individuums, wie sie sich in der ersten Generation von Menschenrechten finden lassen. Im Rahmen der Verteilungsgerechtigkeit, zumal in hochentwickelten politischen Gemeinschaften des Westens, werden soziale Anspruchsrechte diskutiert, wie zum Beispiel das Menschenrecht auf Arbeit, auf gleichen Lohn für gleiche Arbeit oder das Menschenrecht auf soziale Sicherheit. Mit einem Wort, es geht um die wirtschaftlichen, sozialen und kulturellen Menschenrechte der zweiten Generation. Für diese Gruppe von Ansprüchen läßt sich der faktische vernünftige Pluralismus zu Recht diagnostizieren, nicht hingegen für die liberalen Menschenrechte der ersten Generation oder auch die Rawlsschen Grundgüter. Noch immer läßt sich die Asymmetrie zwischen dem Gerechten und dem Guten aufrecht erhalten, wenn auch für einen kleineren Bereich als im Regelfall unter den Begriff der politischen Gerechtigkeit subsumiert wird. Allerdings kann aus der Schlußfolgerung, daß die Sandelsche Kritik in dieser Hinsicht nicht greift, keineswegs gefolgert werden, daß die Menschenrechte der ersten Generation universellen normativen Geltungsanspruch erheben können, da im Rahmen des bisherigen Theorienspektrums noch keine schlüssige rechtsethische Legitimation gefunden werden konnte.

Weiterhin läßt sich argumentieren,[332] daß eine auf Rechte gegründete Politik nicht deshalb akzeptiert werden muß, weil Gerechtigkeit gegenüber dem Guten vorrangig ist, sondern weil unsere Suche nach dem Guten es erforderlich macht, daß die politische Gemeinschaft unsere Ansprüche auf bestimmte grundlegende Freiheiten und basale materielle Güter schützt. Gerechtigkeit muß nicht deshalb gegenüber dem Guten vorgezogen werden, weil wir uns dem Guten vorausliegend als Individuen bestimmen, sondern weil möglicherweise genau dann das Zusammenleben mit anderen Menschen, die unsere Konzeption des Guten nicht teilen, am friedlichsten gestaltet werden kann, wenn der Gerechtigkeit der Vorrang zugebilligt wird. Unsere Identität wird darüber hinaus wahrscheinlich nicht oder zumindest nicht ausschließlich durch unsere Konzeption des Guten gebil-

---

[332] Vgl. für die folgenden Kritikpunkte Gutmann 1993, S. 71, Fußnote 3.

det, oder zumindest müßte dies schlüssig nachgewiesen, nicht lediglich per definitionem gesetzt werden. Schließlich folgt aus der Kritik der Gerechtigkeit selbst für den Fall, daß sie akzeptiert werden würde, noch nicht, daß bestimmte kommunitaristische Tugenden wie der Patriotismus den Vorrang des Guten verkörpern.[333] Denn noch immer ist das gute Leben mit dem Faktum des vernünftigen Pluralismus konfrontiert. Positive Argumente für eine Einschränkung dieses Pluralismus im Sinne der Kommunitaristen würden derselben Kritik wie die normativen Aussagen der liberalen Position anheimfallen.

Als Zwischenergebnis bleibt festzuhalten, daß Gerechtigkeit im Sinne der Gewährleistung von bestimmten grundlegenden Freiheiten eine notwendige, aber keineswegs hinreichende Bedingung für ein gutes Leben ist. In diesem Sinne kann und sollte der Vorrang des Gerechten vor dem Guten behauptet werden. Dieses Fazit der Diskussion der Sandelschen Position, die dessen Ergebnis vom Kopf auf die Füße stellt, bedarf allerdings noch einiger Erläuterungen.

Denn wenn man nur einen schwachen Vorrang des Gerechten vor dem Guten im Sinne einer Zweck-Mittel-Relation behauptet, mit anderen Worten die Gerechtigkeit als eine notwendige, aber nicht hinreichende Bedingung für ein gutes Leben bezeichnet, kann eingewandt werden, daß die Gerechtigkeit überflüssig werden könnte. Die zwar utopisch anmutende, aber ohne weiteres denkmögliche und unter Umständen sogar erstrebenswerte Idee einer Gemeinschaft von friedliebenden sanften Menschen würde die Gerechtigkeit obsolet werden lassen. Im Zeitalter der genetischen Reproduzierbarkeit gewinnt diese Utopie darüber hinaus an Plausibilität.

Doch auch dieses Gedankenexperiment überzeugt nicht. Denn erstens widerspricht die Utopie des friedlichen Zusammenlebens von sanft gewordenen Menschen einem pluralistischen Verständnis des guten Lebens. Die friedliebende Sanftheit ist eine Determination des guten Lebens, die nicht universal gefordert werden kann, so wünschenswert sie auch sein mag. Manche könnten die Utopie zum Beispiel als unerträglich langweilig empfinden und deshalb ablehnen. Zweitens kann niemals mit absoluter Sicherheit angenommen werden, daß die Gerechtigkeit auch in zukünftigen Szenarien – bezogen auf den oben skizzierten utopischen Zustand – überflüssig sein wird, da dies vollkommene Information

---

[333] Gutmann 1993, S. 77 spricht von einem Bärendienst der Kommunitaristen, den diese sich selbst erweisen, wenn man die Methode der Kritik gegen diese selbst wendet.

voraussetzen würde. Die potentielle Konfliktanthropologie des Menschen kann meines Erachtens nicht als eliminiert, sondern nur als eliminierbar respektive minimierbar gedacht werden. Und drittens verändert die oben erwähnte friedliche Utopie bestimmte ceteris-paribus-Klauseln. Normativ gültige Aussagen, sofern sie denn begründet werden können, sind auf den derzeitigen Erkenntnisstand bestmöglich bezogen – und der derzeitige Erkenntnisstand umfaßt die Konfliktanthropologie. Wenn ein utopischer Zustand als Bezugspunkt der Diskussion angenommen wird, könnte die Aussage, daß die Gerechtigkeit überflüssig ist, zutreffen. Dies ändert nichts an ihrem normativen Anspruch, bezogen auf die gegenwärtige Situation, da keine Letztbegründung und noch nicht einmal ein zeitraumbezogener dynamischer Anspruch erhoben werden muß, sondern begründete statische zeitpunktbezogene rechtsethische Forderungen formuliert werden sollen.

Diese stehen allerdings noch immer aus, weshalb die Diskussion mit einer weiteren wichtigen Richtung der gegenwärtigen rechtsethischen Diskussion, dem Utilitarismus, weitergeführt werden soll. Dies schließt sich insofern an den Kommunitarismus an, als die Gemeinschaftsorientierung der Kommunitaristen und die Gemeinwohlmaximierung der Utilitaristen strukturelle Ähnlichkeiten aufweisen. Darüber hinaus ist der Utilitarismus jedoch nicht nur kritisch zu verstehen, sondern kann durchaus als eigenständiges Theoriegebilde gelten. Ob er sich als geeignet für die Rechtfertigung der Menschenrechte erweist, wird in den beiden folgenden Kapiteln diskutiert.

4.5 Utilitarismus und Menschenrechte

„Rights is the child of law; from real law come real rights; but from imaginary laws, from ‚law of nature', come imaginary rights. ... Natural rights is simple nonsense; natural and imprescriptible rights (an American phrase), rhetorical nonsense, nonsense upon stilts."[334] Dieses polemische Zitat von Jeremy Bentham[335], neben John Stuart Mill[336] und Henry Sidgewick[337] einer der geistigen Väter des klassischen Utilitarismus[338], bedarf einiger Erläuterungen. Es illustriert aber zugleich die meines Erachtens bis heute andauernden Schwierigkeiten, die eine utilitaristische Theorie mit der Idee der Menschenrechte hat. Denn insbesondere individuelle universelle normative Rechte bzw. Ansprüche sind eher Limitationen des oder auch Trumpfkarten gegen das utilitaristische Maximierungsgebot[339] denn unmittelbar durch dieses selbst begründet und durch dieses begründbar.

Doch zunächst einige Bemerkungen zu Jeremy Bentham: Der englische Rechtswissenschaftler und Philosoph war zugleich ein politischer und sozialer Reformer. In seinen Auffassungen über die Behandlung von Strafgefangenen und über Fragen der Armengesetzgebung war er seiner Zeit weit voraus. Dennoch opponierte er gegen natürliche Rechte und gegen das zur damaligen Zeit diskutierte Naturrecht ebenso wie gegen unveräußerliche (Menschen-)Rechte, weil er der Meinung war, daß diese imaginierten Rechte an die Stelle der tat-

---

[334] Jeremy Bentham: The works of Jeremy Bentham. Hrsg. von John Bowring. Edinburgh 1843ff. Nachdruck New York 1976. Volume II, S. 500f.

[335] Vgl. John Bowring (Hrsg.): The works of Jeremy Bentham. 11 Bände. Edinburgh 1843ff. Nachdruck New York 1976.

[336] Vgl. z.B. John Stuart Mill: Utilitarianism. London 1863 (Der Utilitarismus. Stuttgart 1976). John Stuart Mill: Gesammelte Werke. Hrsg. von Thomas Gomperz. 12 Bände. Leipzig 1869-1880. Nachdruck Aalen 1968.

[337] Vgl. z.B. Henry Sidgewick: The methods of ethics. London 1874. Nachdruck Indianapolis 1981 (Die Methoden der Ethik. 2 Bände. Leipzig 1909).

[338] Vgl. zum klassischen Utilitarismus u.a. Otfried Höffe (Hrsg.): Einführung in die utilitaristische Ethik. 2. Auflage. Tübingen 1992, S. 12-28 und S. 55-119.

[339] Robert Nozick spricht von „side constraints to the prosecution of collective goals" in Nozick 1974, S. 29f. Der häufig zitierte Ausdruck „Trumpfkarten" stammt aus Dworkin 1977, S. 90ff. Vgl. auch Nino 1991, S. 158-164 und Otfried Höffe: Demokratie im Zeitalter der Globalisierung. München 1999, S. 42-45, Zitat S. 43: „Infolgedessen kennt der Utilitarismus keine genuinen Menschenrechte."

sächlichen Gesetzgebung träten. Staaten und politische Gemeinschaften, die Menschenrechtsdeklarationen proklamierten, verbreiteten eine großartige Rhetorik, die sich in Sonntagsreden äußere und zudem nichts koste, anstatt sich den tatsächlich notwendigen Reformen zu widmen.[340] Doch obwohl dieses Verdikt auch heute noch seine Glaubwürdigkeit reklamieren kann, wenn zum Beispiel die Menschenrechte als das noch immer uneingelöste Versprechen apostrophiert werden, könnte man die Kritik auch auf die fehlende *Umsetzung* bestimmter Rechte beziehen. Damit ist noch nichts ausgesagt über eine mögliche *Begründungsleistung* des Utilitarismus.

Doch auch diese steht schon bei Bentham zur Diskussion, wie Hart durch eine Gegenüberstellung von Naturrecht und Utilitarismus erläutert: „... Jeremy Bentham had announced to the world in his first book *A Fragment on Government* his famous formulation of the principles of Utilitarianism, ... by reference to the ‚greatest happiness of the greatest number'. ... The crucial difference between these two doctrines thus opposed in 1776 is that Utilitarianism is a *maximising* and collective principle requiring governments to maximise the total net sum or balance of the happiness of all its subjects, whereas Natural Right is a *distributive* and individualising principle according priority to specific basic interests of each individual subject."[341]

Es ist gemäß dieser Einschätzung von Hart kein Zufall, daß einer der Gründerväter des klassischen Utilitarismus, wenn auch vielleicht aus anderen Motiven, gegenüber der Idee der Menschenrechte skeptisch eingestellt gewesen ist. Aber auch für den zeitgenössischen Utilitarismus trifft in besonders hohem Maße der eingangs formulierte Verdacht zu, daß sich bestimmte ethische Rechtfertigungen an bereits vorgegebenen Ergebnissen orientieren[342] wie zum Beispiel dem positivrechtlichen Faktum der Menschenrechte. Anstelle einer von der empirisch-moralischen oder positivrechtlichen Ausgangssituation möglichst unabhängigen ethischen Theorie wird tendenziell den faktischen Gegebenheiten ein

---

[340] Vgl. für diese Einschätzung Benthams zusammenfassend Maurice Cranston: Are there any human rights?, in: Daedalus. Journal of the American academy of arts and sciences 112 (1983) 4, S. 4f.

[341] Vgl. Herbert Lionel Adolphus Hart: Utilitarianism and natural rights, in: Tulane law review 53 (1979) 3, S. 663-680, hier S. 663-664 (Hervorhebungen im Original), sehr gut auch zur weiteren historischen Entwicklung utilitaristischer Ideen und ihrer praktischen Wirksamkeit.

[342] Vgl. die Einleitung zu den Theorien der Begründung von Menschenrechten in Kapitel 4.

breiterer Raum eingeräumt. Dies äußert sich auch in den vielfältigen Modifikationen und Varianten, die mittlerweile innerhalb des zeitgenössischen utilitaristischen Theoriespektrums[343] vertreten werden. Man kann einen negativen von einem positiven, den subjektiven und den objektiven, den hedonistischen und den idealen sowie den Handlungs- von einem Regelutilitarismus unterscheiden.[344] Auf verschiedensten Wegen wird in diesem Zusammenhang versucht, individuelle universelle moralische Rechte in eine utilitaristische Konzeption zu integrieren.[345]

Ausgehend von diesem Befund, ergeben sich zwei Aufgaben. Erstens muß kurz skizziert werden, welche Theorieelemente für einen klassischen Utilitarismus – und damit auch in gegebenenfalls modifizierter Form für einen zeitgenössischen Utilitarismus – überhaupt charakteristisch sind.[346] Zweitens sollen in sehr knapper Form die verschiedenen Spielarten des Utilitarismus wenigstens ansatzweise beschrieben werden, sofern sie die eingangs behauptete Schwierigkeit des Utilitarismus mit den Menschenrechten erläutern können. Das Augenmerk liegt dabei auf genau dieser Schwierigkeit, und nicht etwa auf einer mehr oder weniger vollständigen Darstellung des gegenwärtigen utilitaristischen Theoriespektrums. Nicht notwendig zur Debatte steht ferner die grundsätzliche Inkompatibilität des Utilitarismus mit der Idee der Menschenrechte. Fraglich ist jedoch die spezifische Begründungsleistung des Utilitarismus.[347] Gerade die bereits erwähnten Modifikationen der anfänglichen utilitaristischen Idee, genauer die

---

[343] Vgl. z.B. Amartya Sen / Bernard Williams (Hrsg.): Utilitarianism and beyond. Cambridge 1982. Derek Parfit: Reasons and persons. Oxford 1984. Raymond Gillespie Frey (Hrsg.): Utility and rights. Oxford 1985. Loren E. Lomasky: Persons, rights and the moral community. Oxford 1987. Rainer W. Trapp: Nicht-klassischer Utilitarismus: Eine Theorie der Gerechtigkeit. Frankfurt am Main 1988. Richard B. Brandt: Morality, utilitarianism, and rights. New York 1992. Richard B. Brandt: Facts, values, and morality. New York 1996. Bernard Gert: Morality. A new justification of the moral rules. Oxford 1998. Bernward Gesang (Hrsg.): Gerechtigkeitsutilitarismus. Paderborn 1998. William H. Shaw: Contemporary Ethics. Taking account of utilitarianism. Oxford 1999.

[344] Vgl. Höffe 1992b, S. 9.

[345] Siehe explizit z.B. Richard B. Brandt: Utilitarianism and moral rights, in: Canadian journal of philosophy XIV (1984) 1, S. 1-19. Alan P. Hamlin: Rights, indirect utilitarianism, and contractualism, in: Economics and philosophy 5 (1989) S. 167-187. Richard Barrett / Anne Petron-Brunel / Maurice Salles: A new approach to rights in social choice theory which incorporates utilitarianism. Discussion paper 01/2000 of the university of Birmingham. Birmingham 2000.

[346] Vgl. Kapitel 4.5.1.

[347] Vgl. Kapitel 4.5.2.

4.5 Utilitarismus

Anreicherung der utilitaristischen Konzeption mit Fairneß-, Gerechtigkeits- und Distributionsüberlegungen, deuten auf dieses Manko der Ursprungsidee der „Maximierung des größtmöglichen Glücks der größtmöglichen Zahl von Menschen"[348] hin. Schließlich wird im nächsten Kapitel[349] der rationalistische negative Utilitarismus von Bernard Gert als Beispiel einer solchen Modifikation und Anreicherung des utilitaristischen Gedankenguts eingehend betrachtet.

4.5.1 Charakteristika des Utilitarismus

Als Elemente eines klassischen Utilitarismus, die sich in teilweise modifizierter Form auch in zeitgenössischen utilitaristischen Theorien finden lassen, können die folgenden sechs Stichworte genannt werden:[350]

Charakteristika des klassischen Utilitarismus	
• Zwischen Individualismus und Kollektivismus	• Aggregationsprinzip
• Hedonismus	• Maximierungsprinzip
• Konsequentialismus	• Universalismus

- Der klassische Utilitarismus changiert *zwischen Individualismus und Kollektivismus*. Auf der einen Seite sind die einzelnen von einer Entscheidung oder auch Handlung betroffenen Individuen alleiniger Bezugspunkt für die Beurteilung der Entscheidung oder Handlung – das individualistische Element. Auf der anderen Seite orientiert sich die Beurteilung der Entscheidung oder Handlung am Gemeinwohl, da nicht etwa einer individuellen Nutzenmaximierung das Wort geredet wird, sondern das Gesamtglück der Betroffenen maximiert bzw. deren Gesamtleid minimiert werden soll – das kollektivistische Element. Dieses Charakteristikum erinnert an die keineswegs eindeutige Zuordnung von menschenrechtlichen Ansprüchen zu den beiden

---

[348] Die ursprüngliche Formulierung Benthams wurde bereits von ihm selbst in späteren Schriften modifiziert, da er erkannt hatte, daß sich zwei Variablen nicht gleichzeitig maximieren lassen.
[349] Vgl. Kapitel 4.6.
[350] Vgl. u.a. Höffe 1992b, S. 7ff. und von der Pfordten 2001, S. 333ff.

4.5 Utilitarismus

Polen des Individualismus und des Kollektivismus, wie in der rechtstheoretischen Analyse ausgeführt.[351]

- Der *Hedonismus* kann darin gesehen werden, daß nur das Glück und das Leid der betroffenen Individuen für die Beurteilung relevant sind. Darüber hinaus sind Glück und Leid in der Regel in kardinale oder ordinale Nutzenfunktionen transformierbar bzw. dieses wird angenommen. Vernunft oder Rationalität erscheinen im utilitaristischen Nutzenkalkül erst auf einer nachgeordneten Ebene, wenn beispielsweise faktische in wohlinformierte Präferenzen überführt werden.

- Der *Konsequentialismus* äußert sich darin, daß Entscheidungen oder Handlungen einzig und allein nach den Folgen für die betroffenen Individuen beurteilt werden.[352] Nicht die Einstellung, innere Haltung, Tugendhaftigkeit oder die Handlungsabsicht zählen, sondern die Konsequenzen der Entscheidung oder Handlung.

- Das *Aggregationsprinzip* ergibt sich daraus, daß die Folgen für bestimmte betroffene Individuen verglichen und zusammengefaßt werden. Aggregation bezeichnet im Rahmen der utilitaristischen Konzeption kardinale oder ordinale Nutzenvergleiche, unter Umständen intrapersonell, auf jeden Fall aber auch interpersonell interpretiert. Es ist darüber hinaus als Problem der interpersonellen Vergleichbarkeit für alle Theorien politischer Gerechtigkeit bzw. alle ethischen Rechtfertigungen von individuellen menschenrechtlichen Ansprüchen einschlägig, die im Rahmen politischer Gemeinschaften gewährleistet werden sollen, wenn auch in sehr verschiedenen Varianten.

- Das *Maximierungsprinzip* als das eigentliche Spezifikum des Utilitarismus besagt, daß diejenige Entscheidung oder Handlung vorzuziehen ist, deren Ausführung die Summe des Nettonutzens aller betroffenen Individuen maximiert, mit anderen Worten das „größtmögliche Glück der größtmöglichen Zahl von Menschen" herzustellen in der Lage ist. Die Ursprungsidee ist sowohl bei Bentham als auch in neueren Ansätzen vielfach abgewandelt und

---

[351] Vgl. die Zusammenfassung in Kapitel 2.2.2.
[352] Der Konsequentialismus beschränkt sich im übrigen nicht auf Ethiken teleologischen Typs, sondern kann auch mit deontologischen Ansätzen verbunden werden. Allerdings ist jede teleologische Ethik konsequentialistisch in dem Sinne, daß das Rechte das Gute maximiert. Vgl. dazu Julian Nida-Rümelin: Kritik des Konsequentialismus. München 1993, S. 86f.

abgeschwächt worden, zum Beispiel durch die Maximierung des Glücks bei einer gegebenen Zahl von Menschen, durch die Maximierung des Durchschnittsnutzens anstelle der Nutzensumme, durch das Paretoprinzip der wohlfahrtsökonomischen Theorie, durch das Kaldor-Hicks-Kriterium der legitimen interpersonellen Nutzenkompensation oder auch durch die Integration der utilitaristischen Maximierung in Gerechtigkeitsüberlegungen.

- Der *Universalismus* utilitaristischer Theorien äußert sich im Selbstverständnis des Utilitarismus als einer ethisch-normativen Theorie erster Ordnung mit universalem Geltungsanspruch. Weder läßt sich der Utilitarismus auf metaethische Überlegungen, auf eine ethische Theorie zweiter Ordnung noch auf eine Art Sozialpragmatik oder Sozialtechnologie reduzieren. Ob dieser universalistische Anspruch auch eingelöst werden kann, ist dabei zunächst unerheblich für das Charakteristikum, sondern bleibt der rechtsethischen Diskussion überlassen.

4.5.2 Kompatibilität und eigenständige Begründungsleistung

Im folgenden soll die These vertreten und begründet werden, daß eine utilitaristische Theorie gleich welcher Spielart zwar nicht prinzipiell unvereinbar mit der Idee der Menschenrechte ist, aber keine eigenständige spezifische Begründungsleistung für eine Ethik der Menschenrechte erbringen kann. Der Utilitarismus kann insbesondere individuelle universelle moralische Ansprüche lediglich als Nebenbedingung des Maximierungskalküls akzeptieren und partiell integrieren. Er kann diese aber nicht unmittelbar begründen. Darüber hinaus können utilitaristische Abwägungen jedoch wertvolle subsidiäre Richtlinien für die praktische Problemlösung sein. Man denke an den Fall der Kollision von Rechten, aber auch an nachgelagerte Distributionsentscheidungen unter Einhaltung bestimmter universell geltender Menschenrechte. Doch worauf genau beruhen die behaupteten Schwierigkeiten eines utilitaristischen Ansatzes mit der Begründung der Menschenrechte?[353]

---

[353] Vgl. für die folgenden Kritikpunkte z.B. zusammenfassend Hart 1979, S. 675-679 und Nino 1991, S. 148ff. Für eine Verteidigung des Utilitarismus, auf die nicht explizit eingegangen wird, siehe allgemein Shaw 1999, S. 68ff. und S. 102 ff (Kapitel 3 und 4) und themenspezifisch Shaw 1999, S. 171ff. (Kapitel 6).

4.5 Utilitarismus

Erstens vernachlässigt das Prinzip der Maximierung des Gesamtnutzens die triviale, aber in diesem Fall einschlägige Tatsache, daß sich eben dieser Gesamtnutzen auf *verschiedene* menschliche Personen oder Entitäten verteilt. Das Maximierungsprinzip ignoriert dies, weil die einzelnen Individuen im utilitaristischen Kalkül lediglich von instrumentellem Wert sind als die Orte, an denen sich der Nutzen befindet. Sie haben keinerlei intrinsischen Wert, da die Verschiedenheit und Getrenntheit menschlicher Personen aus systematischen Gründen nicht berücksichtigt wird. Der Utilitarismus maximiert das Gemeinwohl und ist insofern eine kollektivistische Theorie. Individuen sind in diesem Sinne sekundär. Entscheidend für den utilitaristischen Ansatz ist die Maximierung der Interessensummation, nicht hingegen die Erfüllung aller Einzelinteressen. Dies erlaubt im Extremfall eine vollständige Nutzenumverteilung zuungunsten einzelner Individuen, solange nur der Gesamtnutzen maximiert wird. Auch der im Regelfall fallende Grenznutzen, die Durchschnittsnutzenmaximierung anstelle der Gesamtnutzenmaximierung und andere Modifikationen können diesen Fall nicht prinzipiell ausschließen.

Zweitens kann der Utilitarismus als eine individualistische und egalitäre Theorie in dem Sinn verstanden werden, als er *jedem* einzelnen Individuum, sei es ein Christ oder eine Jüdin, eine Weiße oder ein Schwarzer, eine Brahmanin oder ein Unberührbarer, den gleichen Wert zugesteht hinsichtlich des Ausgangszustandes der Glücksbefriedigung. Wo auch immer sich der Nutzen befindet, er ist relevant für das Gesamtkalkül. Allerdings ist mit dieser Konzeption auf der anderen Seite auch eine extrem *ungleiche* Verteilung des Nutzens auf die einzelnen Individuen kompatibel, solange der Gesamtnutzen maximiert wird. Das von Robert Nozick stammende Gedankenexperiment eines Lustmonsters[354] ist in der Lebenswelt wenig plausibel, illustriert aber genau diesen Sachverhalt. Je mehr Lust das Lustmonster erfährt, desto mehr steigert sich diese annahmegemäß. Infolge des Nutzenmaximierungsgebots müßten im Extremfall alle Mittel der Lustbefriedigung diesem Lustmonster zur Verfügung stehen, was einer egalitären Verteilung diametral entgegensteht. Der Utilitarismus kann zwar distributive Überlegungen als Beschränkungen des Maximierungskalküls akzeptieren und sie in die Konzeption integrieren, diese allerdings nicht aus sich selbst her-

---

[354] Vgl. Nozick 1974, S. 79f.

aus rechtfertigen. Dazu bedürfte es des Verbots einer Minimierung, nicht hingegen des Gebots einer Maximierung.

Drittens ist es nicht selbstverständlich oder gar selbstevident, daß der Gesamtnutzen maximiert werden soll. Zwar ist die Annahme der maximalen Nutzenbefriedigung eine empirisch verifizierbare und jeweils individuell plausible deskriptive Hypothese. Daraus ergibt sich aber nicht zwingend, daß es normativ richtig ist, den Gesamtnutzen zu maximieren. Darüber hinaus erfordert die Gesamtnutzenmaximierung eine interpersonelle Nutzenvergleichbarkeit, die bislang nicht unbedingt theoretisch fundiert werden konnte, sondern in der Regel axiomatisch gesetzt wird. Dieses Problem teilt der Utilitarismus im übrigen mit der neoklassischen ökonomischen Theorie jeglicher Couleur. Zwar haben auch andere Theorien politischer Gerechtigkeit, wie bereits erwähnt, das Aggregationsprinzip als Problemstellung der interpersonellen Vergleichbarkeit. Sie müssen diese jedoch nicht notwendig wie der Utilitarismus in eine ordinale oder sogar kardinale Vergleichbarkeit übersetzen können, sondern können sich auf schwächere Formen etwa der prinzipiellen Gleichwertigkeit oder auch der Gleichheit im Sinne von Nichtausbeutung beschränken.

Zusammenfassend läßt sich deshalb meines Erachtens behaupten, daß der Utilitarismus nicht für sich in Anspruch nehmen kann, eine eigenständige Begründung von individuellen menschenrechtlichen Ansprüchen zu erbringen. Er kann lediglich versuchen, diese als vorgegeben und anderweitig legitimiert zu akzeptieren und in das Kalkül einzubeziehen. In diesem Zusammenhang liefert er vermutlich auch nützliche Resultate insbesondere bei der zweiten Generation von Menschenrechten, die als soziale Anspruchsrechte die Verteilung von positiven ökonomischen Gütern betreffen. Allerdings erfordert diese Maximierung bzw. möglichst effiziente Güterallokation und -distribution im normativen Sinn bestimmte Rahmenbedingungen wie zum Beispiel die Sicherstellung und Gewährleistung bestimmter menschlicher Grundbedürfnisse. Erst wenn sichergestellt ist, daß niemand verhungert, kann und sollte über eine weitere effiziente Distribution von Nahrung nachgedacht werden. Dies läßt vermutlich gleichzeitig die Fragestellung der Begründung der Menschenrechte hinter sich, da ökonomische Theorien, politische Faktoren und für die Idee der Menschenrechte nachrangige distributive Kontroversen ins Blickfeld geraten. Im folgenden wird daher die kantianisch angereicherte Modifikation eines rationalistischen negativen Utilitarismus von Bernard Gert betrachtet, die nur noch sehr begrenzt die Elemente des klassischen Utilitarismus beibehält.

4.6 Rationalistischer negativer Utilitarismus und Menschenrechte

Der in diesem Kapitel diskutierte *rationalistische negative Utilitarismus* von Bernard Gert[355] versucht, einen Teil der genannten Schwierigkeiten des klassischen Utilitarismus auszuräumen, indem er einige der aufgeführten Charakteristika modifiziert bzw. ganz fallen läßt. Erstens wird zwar weiter am hedonistischen Prinzip festgehalten, dieses allerdings nur auf die Vermeidung von Übeln und nicht mehr auf die Maximierung von Glück angewendet. Insofern kann der Ansatz als negativer Utilitarismus bezeichnet werden[356], der deutlich bescheidener ansetzt als noch der klassische Utilitarismus. Zweitens wird versucht, dem Vorwurf der fehlenden Berücksichtigung der Verschiedenheit und Getrenntheit der einzelnen Individuen durch eine abgewandelte Form des Regelutilitarismus Rechnung zu tragen, der moralische Regeln als empirischen Maximentest interpretiert. Insofern kann der Ansatz als rationalistischer Utilitarismus beschrieben werden, der kantianische Theorieelemente aufnimmt und den Individuen in einem zu erläuternden Sinn ein Vetorecht einräumt. Schließlich wird das konsequentialistische Element ebenso wie das Maximierungsprinzip durch weitere Modifikationen eingeschränkt. Und obwohl Gert selbst sich nicht mit dem Etikett des negativen Utilitarismus anfreunden kann[357], scheint mir mit der Zusatzbezeichnung des Rationalismus die Theorie gut beschreibbar als der Versuch der rationalen Rechtfertigung von moralischen Regeln. Im übri-

---

[355] Bernard Gert: Morality. Its nature and justification. Fifth and revised edition. Oxford 1998. Bernard Gert: The moral rules. A new foundation of morality. New York 1966 (Die moralischen Regeln. Eine neue rationale Begründung der Moral. Frankfurt am Main 1983). Gert hat in bislang fünf Anläufen den 1966 vorgelegten Ansatz immer weiter ausgearbeitet und zu präzisieren versucht. Vgl. dazu Gert 1998, Preface. Im folgenden wird nach der deutschen Übersetzung zitiert, weil sich in den nachfolgenden englischen Versionen keine relevanten Veränderungen der jeweiligen Passagen ergeben haben. Vgl. zu den folgenden Ausführungen auch Hinkmann 1996, S. 40-65, besonders S. 48ff. sowie Jens Hinkmann: Argumente für und wider die Universalität der Menschenrechte, in: Jean-Claude Wolf (Hrsg.): Menschenrechte interkulturell. Fribourg 2000, S. 185-206, besonders S. 191ff.

[356] Siehe für diesen Übergang zur Vermeidung von Übeln auch das sehr illustrative Beispiel in Nino 1991, S. 160f.: Ein Paar steht vor der Entscheidung, den Abend im Theater oder mit Freunden zu verbringen. In Abhängigkeit von den Präferenzen und der zugrunde gelegten Variante des Utilitarismus können sowohl die Ergebnisse als auch deren Rechtfertigungen stark divergieren.

[357] Vgl. Gert 1998, S. 5.

gen ist keine besondere Originalität im Hinblick auf die moralischen Regeln zu erwarten, wie Gert selbst bemerkt[358], sondern es soll „lediglich" eine präzise Rechtfertigung derselben konstruiert werden.

Den Ausgangspunkt der Theorie bildet der Begriff des *Übels*. Dieser ermögliche es, einerseits eine rationale Begründung zu reklamieren, vermeide jedoch andererseits die beträchtlichen Schwierigkeiten, die eine objektive Bestimmung positiver Werte mit sich bringt. Beispielsweise sehen sich die im Rahmen des rationalen Naturrechtsansatzes von John Finnis erörterten und angeblich selbstevidenten basalen Werte[359] unter anderem folgendem Problem gegenüber[360]: (1) Wenn Wohlfahrt verstanden wird als die Befriedigung von aktualen oder rationalen Präferenzen, dann ist es unmöglich, interpersonale Nutzenvergleiche in einer befriedigenden Weise zu bestimmen. (2) Wenn es unmöglich ist, interpersonale Nutzenvergleiche in einer befriedigenden Weise zu bestimmen, dann sind utilitaristische und viele weitere moralische Konzeptionen unhaltbar. (3) Entweder der Utilitarismus und viele weitere moralische Konzeptionen sind unhaltbar oder Wohlfahrt ist nicht gleichzusetzen mit der Befriedigung von aktualen oder rationalen Präferenzen. Zur Verdeutlichung soll der Bezug zu dem oben genannten „weiteren moralischen Konzept" hergestellt werden. Wenn Wohlfahrt verstanden würde als die Befriedigung aktualer oder rationaler subjektiver Präferenzen, die sich an den objektiven basalen Werten orientieren, ist der interpersonelle Konfliktfall sehr wahrscheinlich. Ob die von Finnis vorgeschlagene praktische Vernünftigkeit die Kompetenz hat, diese interpersonellen Konflikte zu lösen, erscheint mehr als zweifelhaft, unter anderem deshalb, weil sie selbst nicht negiert werden kann.

Allerdings könnten diese Schwierigkeiten durch einen negativen Utilitarismus umschifft werden, indem positive Werte ex negativo bestimmt werden. „Böse ist, was alle rationalen Menschen vermeiden werden, es sei denn, sie hätten einen Grund, es nicht zu vermeiden. Gut ist, was kein rationaler Mensch vermei-

---

[358] Gert 1998, Preface S. XI: „My lack of originality is most evident in the moral system that I describe. ... The clarity and precision with which I have described both the moral theory and the moral system has enabled me to avoid the errors of those who were less clear and precise."

[359] Vgl. zum rationalen Naturrecht und seiner kritischen Beurteilung Kapitel 4.1.2.

[360] Vgl. Daniel M. Hausman: The impossibility of interpersonal utility comparisons, in: Mind 104 (1995) S. 473-490, hier S. 474.

den wird, es sei denn, er hätte einen Grund dazu."[361] Gutes zu vermeiden sei irrational, könne aber rational geboten oder rational erlaubt sein, weshalb keine allgemeingültige Bestimmung positiver Werte möglich sei. Dies wäre gleichbedeutend mit dem Ineinssetzen von „gut" und „rational geboten". Zugleich wird deutlich, daß die Theorie „gut" oder „böse" nicht nur im Sinne des Ausdrucks von Vorlieben oder Abneigungen verwendet, sondern daß Rationalität den Dreh- und Angelpunkt der Definitionen bildet – neben dem noch zu erläuternden empirischen Maximentest die bereits erwähnte kantianische Anreicherung des negativen Utilitarismus.

Zur Vermeidung des Übels dienen die moralischen Regeln. Insofern könnte man das Konzept als eine Variante des negativen Regelutilitarismus im Gegensatz zum Handlungsutilitarismus klassifizieren.[362] Die moralischen Regeln dürften dabei jedoch weder mit Verhaltenskodizes noch mit moralischen Urteilen verwechselt werden. Konkrete Verhaltensanweisungen resultierten aus persönlichen, je individuellen Präferenzstrukturen, die nicht verallgemeinert werden dürften. Jedes Individuum sei frei in seinen Präferenzen, auch wenn diese irrational sein mögen, solange es nicht um Handlungen gehe, die andere Menschen tangierten. Lediglich die Regeln einer Gemeinschaft, also eines Kollektivs von mindestens zwei Individuen, seien demgegenüber notwendig an Rationalität orientiert. Die moralischen Regeln werden daher als rational rechtfertigbare *interpersonelle* Regeln eingeführt, die sich auf einen eng begrenzten Anwendungsbereich beschränken müßten. „I have distinguished morality from other rational guides to conduct and have only attempted to show that impartial rational persons agree on the moral guide."[363]

Diese Bescheidenheit verdient Zustimmung. Denn eine fehlende Limitation des zulässigen Bereichs der Moral erklärt meines Erachtens teilweise, weshalb manche Philosophen eine universell gültige Moral für nutzlos oder unmöglich halten. Von der Moral zu erwarten, daß sie in allen Lebenssituationen Verhaltensanweisungen anbieten solle, hieße sie überzustrapazieren. Das in-die-Welt-Geworfensein und der daraus resultierende Zwang, sich entscheiden zu müssen, wird aber weder durch eine rationale Moral aufgehoben noch folgt aus diesem

---

[361] Gert 1983, S. 82.
[362] Vgl. zum Regel- und Handlungsutilitarismus Höffe 1992b, S. 28ff. und Frankena 1972, S. 57ff.
[363] Gert 1998, Preface S. XI.

Zwang zur Entscheidung, daß es nie eine eindeutige Antwort auf moralisch relevante Fragen gibt. Doch wie kann der auf diese Weise angedeutete zulässige Bereich der Moral genauer gefaßt werden?

Gert führt hierzu drei Klassen von Überzeugungen ein:[364] Erstens rational *gebotene* Überzeugungen, denen jede Person zustimmen muß, wenn sie rational ist; zweitens rational *erlaubte* Überzeugungen, denen eine rationale Person zustimmen kann, aber nicht zustimmen muß; und drittens rational *verbotene* oder irrationale Überzeugungen. Die Klasse der rational erlaubten Überzeugungen enthalte dabei die weitaus größte Anzahl von Überzeugungen. In bezug auf eine rational erlaubte Überzeugung können zwei Personen A und B, die beide rational sind und vollständig übereinstimmen bezüglich der relevanten Tatsachen, dennoch verschiedene Überzeugungen haben aufgrund verschiedener Präferenzstrukturen, die zu unterschiedlichen Bewertungen ein und derselben Tatsachen führen. Trotzdem haben beide Personen A und B rationale Überzeugungen[365] und können diese als gute Gründe für ihre jeweiligen Handlungen in Anschlag bringen.

Moralische Regeln seien dadurch ausgezeichnet, daß gerade diese unterschiedlichen Überzeugungen nicht auftreten könnten. „... , wenn die Moral auf ihren eigenen Bereich beschränkt bleibt, ist zu erwarten, daß über alle moralischen Fragen eine fast vollständige Übereinstimmung zwischen rationalen Wesen erzielt werden kann."[366] Übereinstimmung wird gefaßt als die Möglichkeit, daß moralische Regeln öffentlich befürwortet werden können. Mit dieser Art von *empirischem Maximentest* wird der Bereich der Moralität von dem der Rationalität unterschieden. Denn moralische Regeln müßten öffentlich befürwortet werden können, um Unparteilichkeit in Anspruch nehmen zu können, rationale Urteile hingegen nicht.[367] Jede moralische Regel sei rational, ein rationales Urteil hingegen könne rational geboten oder rational erlaubt sein. Der Bereich der Rationalität sei weitaus größer als derjenige der Moralität. „Die Vernunft erlaubt nur, fordert aber nicht das moralische Handeln."[368]

---

[364] Vgl. Gert 1983, S. 51-53.
[365] Gert 1983, S. 85.
[366] Gert 1983, S. 14.
[367] Vgl. zur Unparteilichkeit Gert 1983, S. 80ff. und Gert 1998, S. 77-95.
[368] Gert 1983, S. 137.

Öffentliche Befürwortung beinhalte ferner, daß eine bestimmte rationale Einstellung gegenüber einer moralischen Regel gefordert sei. Daraus folge jedoch nicht, daß jedes Individuum diese moralische Einstellung auch übernehmen müsse. „Öffentliche Rationalität bestimmt, was Moralität ist, aber mitmenschliches Interesse an anderen, nicht Rationalität, entscheidet, ob jemand moralisch handelt."[369] Rationalität, verstanden als aufgeklärtes Eigeninteresse, ließe sich nicht vollständig überführen in Moralität. Der perfekte Mord, wenn es denn einer ist, sei rational, aber keineswegs moralisch. Hingegen sei es auch für diejenigen, die diesen perfekten Mord begehen wollen oder begangen haben, rational, eine moralische Regel öffentlich zu befürworten, die das Töten verbietet, um nicht selbst dieser Gefahr ausgesetzt zu sein. Die Einstellung „Jedermann soll der Regel im Hinblick auf jedermann gehorchen, es sei denn, er könnte ihre Verletzung öffentlich befürworten. Jedermann, der die Regel verletzt, ohne daß er diese Verletzung öffentlich befürworten könnte, darf bestraft werden."[370] sei zwar rational geboten, ergebe jedoch keine zwingenden Verhaltensregeln für den einzelnen. Diese Limitation des Gegenstandsbereichs der Moral ermögliche es, objektive, d.h. rationale moralische Regeln zu begründen.

4.6.1 Die moralischen Regeln

Moralische Regeln unterliegen gemäß dieser Theorie zwei Eingrenzungen. Zum einen sind sie auf eine bestimmte Art von Personen, nämlich rationale Personen beschränkt. Zum anderen sind sie auf eine ganz bestimmte Klasse von Überzeugungen, Absichten und Handlungen dieser Personen beschränkt.[371]

Rationale Personen müßten über ein gewisses Minimum an Intelligenz und Wissen verfügen, um überhaupt moralisch beurteilt werden zu können. Ein neugeborenes Kind beispielsweise, dem dieses minimale Wissen fehlt, stehe außerhalb des Anwendungsbereichs der moralischen Regeln. Gleiches gelte für komatöse Patienten. Weiterhin muß eine rationale Person bis zu einem gewissen Grad die Wirkungen kennen und einschätzen können, die ihr eigenes Verhalten auf andere Individuen hat. Andernfalls entleere sich der Begriff der Verant-

---

[369] Gert 1983, S. 17f.
[370] Gert 1983, S. 140.
[371] Vgl. zu den folgenden Ausführungen Gert 1983, S. 40ff. Vgl. zum Begriff der Kapazität als einer notwendigen Bedingung der tatsächlichen Inanspruchnahme von Rechten auch Nino 1991, S. 221ff.

wortung für das eigene Handeln, der zum Beispiel bei schizophrenen Patienten fragwürdig scheint. Eine weitere Voraussetzung ist die Fähigkeit, etwas zu wollen, genauer die Fähigkeit zu intentionalen Überzeugungen. Ein Wesen, das nichts anderes wollen kann als das, was es macht, hat keine Handlungsoptionen zur Verfügung. Ihm kann deshalb keine Intentionalität zugeschrieben werden und es unterliegt nicht den moralischen Regeln. All die genannten Prämissen seien nicht normativ aufgeladen, sondern notwendige deskriptive Bedingungen der Zuschreibung von Rationalität zu einer Person, die in einem schwachen bzw. alltagssprachlichen Sinn zu verstehen sind. Zum Beispiel ist die Bedingung, daß eine rationale Person dazu in der Lage sein muß, die Wirkung ihres eigenen Verhaltens einzuschätzen, nicht konsequentialistisch zu verstehen, sondern besagt lediglich, daß das eigene Verhalten überhaupt beurteilt werden können muß.

Der Gegenstandsbereich der Moral ist zweitens limitiert auf diejenigen Überzeugungen, Absichten und Handlungen, die unter eine *moralische Regel* oder unter ein *moralisches Ideal* fallen.[372] Als Abgrenzungskriterium zwischen moralischen Regeln und moralischen Idealen wird die *Strafbarkeit* der zur Diskussion stehenden Überzeugungen, Absichten und Handlungen vorgeschlagen. Es sei rational, bei moralischen Regeln nicht nur deren Einhaltung öffentlich zu befürworten, sondern darüber hinaus auch deren Ausstattung mit adäquaten Sanktionsmechanismen. Denn einen je individuellen Grund, einer moralischen Regel zu folgen, gebe es erst dann, wenn die betreffende Regelüberschreitung so sanktioniert ist, daß ihre Befolgung im jeweils individuellen Interesse ist. Die Strafbarkeit der Nichtbefolgung moralischer Ideale hingegen, die nicht ausschließlich durch Rationalität gerechtfertigt werden könnten, sondern darüber hinaus der Tugendhaftigkeit und weiterer Prämissen bedürften, könne eine rationale Person nicht alleine aus Vernunftgründen öffentlich befürworten.

Da für die vorliegende Thematik der Begründung der Menschenrechte nur diejenigen moralischen Regeln einschlägig sind, die eine bestimmte Einstellung *fordern*, und nicht diejenigen moralischen Ideale, die zu einer bestimmten Einstellung *anregen*, werden im folgenden nur die ersten fünf der insgesamt zehn moralischen Regeln diskutiert, die Gert formuliert.[373] Dies korrespondiert mit

---

[372] Vgl. Gert 1983, S. 45.
[373] Vgl. Gert 1983, S. 116-147.

der Unterscheidung zwischen persönlicher Autonomie, die interpersonelle Verpflichtungen nach sich zieht, und persönlichen Idealen, die diese interpersonellen Verpflichtungen lediglich nahelegen oder dazu anregen.[374]

Denn beispielsweise subsumiert Gert unter diejenigen moralischen Regeln, die durch Vernunft und Tugendhaftigkeit begründet werden könnten, unter anderem das Verbot der Verführung.[375] Verführung sei per definitionem ein Fall von Täuschung. Zu einer Verführung gehören jedoch zwei Personen, die „mitspielen" bzw. den Vorgang zumindest billigend in Kauf nehmen, andernfalls wäre der Sachverhalt der Vergewaltigung der angemessenere. Meines Erachtens wird hier der Bereich der Moral überdehnt. Gert verfällt in bezug auf die moralischen Ideale dem Verdikt des Moralisierens, das er gerade zu vermeiden sucht. Dies gilt jedoch nicht für die ersten fünf der genannten moralischen Regeln, die sich ausschließlich durch den Rekurs auf Vernunft rechtfertigen ließen.

Die erste und wichtigste moralische Regel ist diejenige, die das Töten verbietet.[376] Man könnte nun einwenden, daß man durchaus rational und zugleich völlig gleichgültig gegenüber der Tötung von Menschen einschließlich der eigenen Person sein kann, weil kein Interesse an diesen Menschen besteht. Daher ist eine Modifikation des Tötungsverbotes notwendig: „Alle anderen sollten der Regel „Du sollst nicht töten" im Hinblick auf jeden gehorchen, an dem ich (als rationale Person) interessiert bin, einschließlich meiner selbst."[377] Damit wird weder behauptet, daß jede rationale Person in jeder möglichen Situation diese moralische Regel befolgen muß, noch, daß jede rationale Person diese Einstellung zum Tötungsverbot faktisch übernehmen muß. Behauptet wird lediglich, daß jede rationale Person bei Strafe der Irrationalität diese Einstellung gegenüber dem Tötungsverbot als einer moralischen Regel einer Gemeinschaft *öffentlich befürworten können muß*. Nur in diesem abgeschwächten Sinn kann das Tötungsverbot – und im Umkehrschluß das Menschenrecht auf Leben als der der Verpflichtung aller, niemanden zu töten, korrespondierende Anspruch – als universelle Norm bezeichnet werden.

---

[374] Vgl. Kapitel 4.3.2.
[375] Vgl. Gert 1983, S. 160f.
[376] Vgl. Gert 1983, S. 118ff.
[377] Gert 1983, S. 119.

In Anlehnung an diese Argumentation rechtfertigt die Theorie die zweite moralische Regel, die da lautet „Du sollst niemandem Schmerzen zufügen."[378] Damit werden, falls die Begründung akzeptabel ist, die Menschenrechte auf Sicherheit der Person (Artikel 3 der Allgemeinen Erklärung der Menschenrechte von 1948) sowie das Verbot der Sklaverei (Artikel 4), der Folter und anderer unmenschlicher Behandlung (Artikel 5) angesprochen. Anstelle einer Darlegung der ziemlich offensichtlichen Zusammenhänge zwischen der zweiten moralischen Regel und den genannten Menschenrechten soll ein Gegenbeispiel näher betrachtet werden.

Wie verhält es sich mit einem Masochisten? Jemand, der ein ureigenes Interesse daran hat, daß ihm selbst Schmerzen zugefügt werden, aus welchen Gründen auch immer, könnte auf den ersten Blick der Regel „Du sollst niemandem Schmerzen zufügen." nicht zustimmen. Er kann allerdings die *Ausnahmeklausel* für sich in Anspruch nehmen, mit der Begründung, daß universelle normative Geltung bzw. Universalität nicht mit absolutem Geltungsanspruch bzw. Absolutheit in eins gesetzt werden darf. Ein Masochist oder auch eine Masochistin haben ein rationales Bedürfnis, daß die Regel im Hinblick auf ihn oder sie selbst nicht befolgt wird, wenn auch unter Umständen erst nach vorheriger Einwilligung. Dennoch können auch sie die positive Einstellung gegenüber der moralischen Regel „Du sollst niemandem Schmerzen zufügen." öffentlich befürworten. Wiederum wird die Möglichkeit der Einstellung gegenüber der öffentlichen Befürwortung der moralischen Regel als rational bezeichnet und nicht die persönliche Einstellung der betreffenden Person.

Die folgenden drei moralischen Regeln „Du sollst niemanden untauglich machen.", d.h. niemanden seiner willkürlichen Fähigkeiten berauben oder diese vermindern, „Du sollst niemanden seiner Freiheit oder Chancen berauben." sowie „Du sollst niemanden der Lust berauben." fordern ebenfalls mit Blick auf ihre öffentliche Befürwortung: „Ich (als rationale Person) will, daß alle anderen Menschen der Regel im Hinblick auf jeden gehorchen, der mir wichtig ist, einschließlich meiner selbst, es sei denn, sie hätten einen guten Grund zu der Annahme, daß entweder dieser andere oder ich selbst ein rationales Bedürfnis hat – oder haben würde, wenn er in Kenntnis der Tatsachen wäre, – daß dieser Regel

---

[378] Vgl. Gert 1983, S. 121ff.

im Hinblick auf ihn nicht gehorcht wird."[379] Unter die genannten drei Regeln lassen sich die drei Kategorien der Menschenrechte der ersten Generation – die Menschenrechte der körperlichen, der geistigen und der politisch-sozialen Person[380] – zwar nicht eindeutig subsumieren, aber doch zumindest diesen zuordnen. Beispielhaft seien das Verbot des willkürlichen Eingriffs in das Privatleben eines Menschen (Artikel 12 der Allgemeinen Erklärung der Menschenrechte von 1948) oder der Anspruch auf Freizügigkeit genannt, die die willkürlichen Fähigkeiten einer Person schützen. Aus der moralischen Regel „Du sollst niemanden seiner Freiheit oder Chancen berauben." läßt sich auf die Menschenrechte auf freie Wahl der Religion (Artikel 18) und auf freie Meinungsäußerung (Artikel 19) schließen. Und daß niemand der Lust beraubt werden darf, umschließt zum Beispiel das Recht auf freie Wahl des Ehepartners (Artikel 16) oder auch in einem gewissen sehr eingeschränkten Sinn das Recht auf Eigentum (Artikel 17), womit Beispiele des Menschen als einer körperlichen, geistigen und politisch-sozialen Person genannt sind.

Im Hinblick auf den Ausgangspunkt der Theorie ist zu unterstreichen, daß die genannten moralischen Regeln keine positiven Werte unterstützen, sondern daß bestimmte Übel vermieden werden sollen. Eine positive Einstellung gegenüber der öffentlichen Befürwortung dieser Regeln ist deshalb rational geboten, weil es sich um eine Einstellung handelt, die von denjenigen gefordert wird, die jene Konsequenzen vermeiden möchten, die alle rationalen Menschen vermeiden möchten. Die behauptete universelle normative Geltung bestimmter Menschenrechte, die sich aus diesen moralischen Regeln ableiten lassen, bezieht sich ausschließlich auf die Möglichkeit der öffentlichen Befürwortung als einer Art von empirischem Maximentest. Dieser fällt weder mit der tatsächlichen öffentlichen Befürwortung des einzelnen noch mit der tatsächlichen Einstellung eines bestimmten Individuums notwendig zusammen. Rational geboten ist die Zustimmung zu diesen moralischen Regeln als den Regeln einer Gemeinschaft, rational erlaubt ein weitaus größeres Spektrum an Überzeugungen, aus denen sich die tatsächliche Zustimmung und das Verhalten einer rationalen Person bestimmen. Doch obwohl sich demnach Rationalität nicht auf Moralität reduzieren läßt, lassen sich moralische Regeln mit Hilfe des empirischen Maximentests

---

[379] Gert 1983, S. 128.
[380] Vgl. Maritain 1949, S. 58ff., S. 111-114 sowie die rechtstheoretische Präzisierung in Kapitel 2.3.2 dieser Arbeit.

der potentiellen öffentlichen Befürwortung rational rechtfertigen – so die Hypothese von Bernard Gert.

4.6.2 Potentielle öffentliche Befürwortung und tatsächliches moralisches Handeln

Wie plausibel ist diese Rechtfertigung der genannten moralischen Regeln mit Hilfe des Kriteriums der potentiellen öffentlichen Befürwortung? Durch die Unterscheidung von rational gebotenen und rational erlaubten Überzeugungen, Absichten und Handlungen reduziert die Theorie die Moral auf einen eng gefaßten Anwendungsbereich. Präzise kann damit die These rekonstruiert werden, daß ein ethischer Universalismus und ein kultureller Pluralismus sich nicht gegenseitig ausschließen, sondern sich wechselseitig ergänzen können.[381] Denn rational geboten sind nur einige wenige ausgezeichnete moralische Regeln, die rational begründet werden können. Die weitaus größere Zahl von Überzeugungen, Absichten und Handlungen ist jedoch nicht rational geboten, sondern rational erlaubt. Dieser kulturelle Pluralismus, der sich im Rahmen der ethischen Theorie in rational erlaubten Nichtübereinstimmungen ausdrückt, spiegelt sich deskriptiv in der Vielzahl der Regeln, Lebensformen und Lebensgewohnheiten in den vielen verschiedenen Kulturen und Zivilisationen wieder. Aus dieser Tatsache folgt jedoch keine vollständige Beliebigkeit der Regeln, mit anderen Worten: ein kultureller Relativismus darf nicht mit einem ethischen Relativismus gleichgesetzt oder verwechselt werden.[382]

Doch es gibt eine Grenze rationaler Dispute, einen Punkt, jenseits dessen es keinen rationalen Disput mehr darüber geben kann, was rational geboten und moralisch richtig ist. Wenn diese Grenze überschritten worden ist, wird keine Anwendung der dargelegten Rechtfertigung einen rationalen Disput auflösen können. Dieser Bereich des rational erlaubten Dissenses enthält darüber hinaus die Mehrzahl der Fälle. Ein ethischer Universalismus offeriert keine vollständigen Verhaltensanweisungen, sondern kann als eine Art Rahmenbedingung der Entfaltung kultureller Pluralität interpretiert werden. In die gleiche Richtung zielt die begriffliche Unterscheidung zwischen Universalität und Absolutheit. Eine universelle normative Geltung bestimmter moralischer Regeln läßt be-

---

[381] Vgl. Kapitel 3.
[382] Vgl. Kapitel 3.2.

gründete Ausnahmefälle zu, zum Beispiel in bezug auf die eigene Person. Die moralischen Regeln stricto sensu auszulegen, hieße sie zu hypostasieren.

Ferner erscheint es plausibel, die universelle normative Geltung der genannten moralischen Regeln sowie sich daraus ergebender menschenrechtlicher Ansprüche durch den empirischen Maximentest der potentiellen öffentlichen Befürwortung zu rechtfertigen. Für die Geltung dieser Regeln sind einzelne Personen oder Gruppen sowie Zeit und Ort nicht relevant. Denn es ist für eine rationale Person nicht geboten, ihr eigenes Verhalten tatsächlich den moralischen Regeln in jeder einzelnen Situation zu jeder Zeit an jedem Ort zu unterwerfen – dies würde Rationalität und Moralität gleichsetzen. Eine rationale Person muß die Einstellung gegenüber den moralischen Regeln auch nicht tatsächlich öffentlich befürworten, wenn sie für die faktische Ablehnung gute Gründe vorzuweisen hat. Unter rationaler Rechtfertigung bestimmter moralischer Regeln wird vielmehr die Möglichkeit der öffentlichen Befürwortung als einer Einstellung gegenüber diesen Regeln verstanden, die rational geboten ist. Rationale Personen haben ein je individuelles Interesse an der allgemeinen Befolgung bestimmter moralischer Regeln, das sie potentiell öffentlich befürworten können müssen. Nur in diesem Sinn kann den moralischen Regeln und den sich daraus ergebenden Menschenrechten eine universelle normative Geltung zugesprochen werden.

Allerdings ist dies zugleich nur eine *sehr schwache Behauptung*. „Es ist unmöglich, moralisches Handeln in einem ebenso strengen Sinn zu rechtfertigen wie das öffentliche Einnehmen der moralischen Einstellung gegenüber den moralischen Regeln."[383], das als Potentialität rational geboten ist, so ließe sich hinzufügen. Wenn sich lediglich diese Aussage für eine rationale Rechtfertigung ins Feld führen ließe, dann wären tatsächliches moralisches Handeln und die potentielle öffentliche Befürwortung der Einstellung gegenüber moralischen Regeln voneinander unabhängig. Eine Konsequenz daraus wäre, daß Heuchelei rational erlaubt, wenn nicht sogar im Sinne der Eigennutzenmaximierung rational geboten ist.[384] Tatsächliches moralisches Handeln wäre gemäß dieser Theo-

---

[383] Gert 1983, S. 147.
[384] Vgl. ein ähnliches Argument bei Brandt 1984, S. 12f. Die rational erlaubte Doppelstrategie, einerseits öffentlich das Gute zu „predigen", andererseits das eigene Verhalten konsequent nutzenmaximierend zu gestalten, ist allerdings langfristig problematisch. Denn die Strategie gelingt nur dann, wenn man andere täuscht, die eigenen Einstellungen ver-

rie im Extremfall einzig von möglicherweise gar nicht vorhandenem Interesse an anderen Menschen oder Entitäten abhängig. Rational erlaubte Handlungen umfassen dann einen sehr weiten Bereich, sogar sinnloses Töten fällt unter der Voraussetzung der vollkommenen Interessenlosigkeit an Menschen und Entitäten exklusive der handelnden Person selbst in die Klasse der rational erlaubten Handlungen.

Darüber hinaus stigmatisiert die Theorie eine zu große Klasse von Überzeugungen, Absichten und Handlungen als irrational. Denn es ließen sich Überzeugungen, die Handlungen rechtfertigen könnten (sog. Gründe), von Überzeugungen, die Handlungen erklären könnten (sog. Motive), unterscheiden.[385] Ein Grund sei dabei etwas, was das Handeln nach einem prima facie irrationalen Bedürfnis rational machen könne. Die bloße Tatsache, daß ein bestimmtes Individuum etwas wolle, sei jedoch ein Motiv und noch kein Grund. Deshalb könnten bestimmte Bedürfnisse wie zum Beispiel dasjenige, getötet zu werden, Leid zugefügt zu bekommen, verstümmelt zu werden, in seiner Freiheit oder seinen Chancen beschnitten zu werden oder auch der Lust beraubt zu werden, als irrational bezeichnet werden, solange kein Grund für diese Bedürfnisse vorliege.[386] Ein Grund, der das Bedürfnis, getötet zu werden, rechtfertigen könne, sei zum Beispiel eine schwere Krankheit, die mit großen Schmerzen und einer minimalen Lebenserwartung verbunden ist.

Damit wird jedoch dem menschlichen Leben in bester christlicher Tradition ein intrinsischer Wert zugesprochen. Diesem mag man zustimmen, es widerspricht aber dem Ausgangspunkt der Theorie, dem Primat der Vermeidung von Übeln. Es ist vorstellbar, daß eine rationale Person, ohne daß sie an einer schweren Krankheit leidet und ohne daß die Kenntnis relevanter Tatsachen vernachlässigt wird, ihrem eigenen Weiterleben einen so geringen Wert zuspricht, daß sie das Bedürfnis entwickelt, sich selbst zu töten. Eine rationale Person kann – so die These – das Interesse am eigenen Überleben verlieren, auch unabhängig von gerade aktuellen und psychologisch erklärbaren Katastrophen wie zum Beispiel – je nach individuellen Präferenzen – einer enttäuschten Liebe oder einer völlig

---

heimlicht und sich in einer Art und Weise verhält, die vollständig inkompatibel ist mit gegenseitigem Vertrauen.

[385] Vgl. Gert 1983, S. 66.
[386] Vgl. Gert 1983, S. 59-63.

mißratenen Finanztransaktion. Mit der Selbsttötung würde sie darüber hinaus die moralische Regel des Tötungsverbotes nicht verletzen, da sich diese explizit auf die Gemeinschaft und damit die Tötung anderer rationaler Personen bezieht. Pointiert formuliert wird mit dem Bedürfnis danach, getötet zu werden, einzig und alleine die Prämisse der Vermeidung von Bösem konsequent zu Ende gedacht. Ein Toter erstellt keine Lust- bzw. Leidbilanzen mehr, innerhalb derer die Übel minimiert oder vermieden werden sollen. Wenn dieser Zustand angestrebt wird, wird lediglich Ernst gemacht mit der Vorgabe der Konzeption, daß Übel zu vermeiden sind, worin alle rationalen Personen übereinstimmen. Dies als irrational zu brandmarken, bleibt zu sehr der christlichen Theologie verbunden und kann nur als dezisionistische Setzung qualifiziert werden.

Eine weitere offene Frage ist diejenige nach der für die Argumentation *relevanten* Gemeinschaft. Moralische Regeln werden per definitionem als interpersonelle Regeln eingeführt, die sich nicht isoliert auf ein einziges Individuum, sondern stets auf mehr als ein Individuum beziehen.[387] Damit entsprechen sie dem Kriterium der politischen Gemeinschaft als möglichem Normadressaten menschenrechtlicher Ansprüche, wie in der rechtstheoretischen Analyse erörtert.[388] Doch was besagt der Ausdruck der politischen Gemeinschaft in diesem Zusammenhang? Sind die Weltgemeinschaft aller menschlichen Individuen als größtmögliches Kollektiv, die Vereinten Nationen als eine politische Gemeinschaft sui generis mit einzelnen Staaten als Mitgliedern, regionale Strukturen wie zum Beispiel die Aufteilung Huntingtons in einzelne Kulturen bzw. Zivilisationen[389], die jeweiligen politischen Gemeinschaften der einzelnen Nationalstaaten, föderale Strukturen innerhalb dieser Nationalstaaten oder noch kleinere Kollektive als Bezugspunkt des empirischen Maximentests zu denken? Mit Blick auf die allmählich entstehende Weltöffentlichkeit, in der Vorkommnisse auch in den entlegensten Gebieten der Welt zum Thema gemacht werden können und gemacht werden, scheint die Weltgemeinschaft, verstanden als die Ge-

---

[387] Vgl. Kapitel 4.6.1.
[388] Vgl. Kapitel 2.2.2 und Kapitel 2.3.
[389] Vgl. Samuel P. Huntington: The clash of civilizations?, in: Foreign affairs 72 (1993) S. 22-49. Samuel P. Huntington: If not civilizations, what?, in: Foreign affairs 72 (1993) S. 186-194 und Samuel P. Huntington: Kampf der Kulturen: Die Neugestaltung der Weltpolitik im 21. Jahrhundert. München, Wien 1997.

meinschaft aller menschlichen Individuen, die relevante politische Gemeinschaft für den empirischen Maximentest zu sein.

Dieser Idee stehen keine prinzipiellen Einwendungen gegenüber. Allerdings dürfte das Konstrukt auf erhebliche Umsetzungsschwierigkeiten stoßen, die schon bei der erforderlichen Kenntnis der relevanten Tatsachen und der verfügbaren Information über eben diese Tatsachen beginnen – ein Hindernis für einen universalen empirischen Maximentest. Dem könnte man entgegenhalten, daß durch das Internet und weitere globale Kommunikationsmöglichkeiten sich allmählich eine Weltöffentlichkeit etabliert, die im jetzigen Stadium zwar nur begrenzt als Forum des Maximentests interpretiert werden kann, jedoch zukünftiges Potential für eine zufriedenstellende Überprüfung hat. Darüber hinaus kann der Maximentest innerhalb einer kleineren politischen Gemeinschaft – gleich welcher Art – subsidiär der späteren tatsächlichen empirischen Überprüfung innerhalb der Weltgemeinschaft dienen und diese vorbereiten. Dennoch scheint eine genauere Analyse der Frage nach der relevanten politischen Gemeinschaft nicht nur triviale Probleme aufzuwerfen, weil der Maximentest kein bloßes Gedankenexperiment darstellt, sondern eine Art empirische Universalisierung vorgeschlagen wird.

Summa summarum läßt sich festhalten, daß die Theorie von Bernard Gert universelle normative Menschenrechte der ersten Generation von Menschenrechten unter Rekurs auf die rational gebotene Einstellung gegenüber der Möglichkeit der öffentlichen Befürwortung einiger ausgezeichneter moralischer Regeln zu begründen versucht. Diese quasi-empirische Universalisierung der Vermeidung von Übeln erscheint trotz einiger Unwägbarkeiten plausibel, wenn man einige Einschränkungen wie zum Beispiel den erlaubten Selbstmord hinzufügt. Allerdings kann die Kluft zwischen tatsächlichem moralischen Handeln und der rational gebotenen Einstellung gegenüber moralischen Regeln einer politischen Gemeinschaft im Rahmen dieser Theorie nicht geschlossen werden. Mangelndes Interesse an Mitmenschen und anderen Entitäten kann nur angeregt, aber gemäß dieses Ansatzes nicht eingefordert werden. Diese Aussage trifft auch für die Menschenrechte der zweiten und dritten Generation zu, die als positive Anspruchsrechte und als solidarische Rechte abhängig vom Interesse an ihnen sind. Ein Versuch, diese doch gravierende Lücke der Konzeption zu schließen, ist der transzendentale Kontraktualismus, der im folgenden Kapitel analysiert werden soll.

4.7 Transzendentaler Kontraktualismus und Menschenrechte

Was genau ist unter einem *transzendentalen Kontraktualismus* zu verstehen, wie Otfried Höffe selbst seinen Ansatz bezeichnet und in zahlreichen Publikationen[390] wiederaufgreift und ausformuliert? Zunächst werden im Normalfall unter einem transzendentalen Argument zwei Sachverhalte gefaßt.[391] Erstens wird ein Ausgangspunkt des Argumentes identifiziert, der in irgendeinem Sinn als notwendig bezeichnet wird, in diesem Fall der Begriff des Interesses. Zweitens werden bestimmte Bedingungen der Möglichkeit des als notwendig charakterisierten Ausgangspunktes näher bestimmt, die sich im vorliegenden Fall mit dem Begriff des Tausches verbinden. Und der Kontraktualismus bezeichnet

---

[390] Vgl. u.a. Otfried Höffe: Politische Gerechtigkeit. Grundlegung einer kritischen Philosophie von Recht und Staat. Frankfurt am Main 1987. Otfried Höffe: Den Staat braucht selbst ein Volk von Teufeln. Philosophische Versuche zur Rechts- und Staatsethik. Stuttgart 1988. Otfried Höffe: Kategorische Rechtsprinzipien. Ein Kontrapunkt der Moderne. Frankfurt am Main 1990. Otfried Höffe: Transzendentale Interessen: Zur Anthropologie der Menschenrechte, in: Paul-Henri Steinauer (Hrsg.): Das Menschenbild im Recht. Fribourg 1990, S. 251-264. Otfried Höffe: Transzendentale Interessen: Zur Anthropologie der Menschenrechte, in: Walter Kerber (Hrsg.): Menschenrechte und kulturelle Identität. Ein Symposium. München 1991, S. 15-60. Otfried Höffe: Gerechtigkeit als Tausch? Zum politischen Projekt der Moderne. Baden-Baden 1991. Otfried Höffe: Ein transzendentaler Tausch: Zur Anthropologie der Menschenrechte, in: Philosophisches Jahrbuch 99 (1992) S. 1-28. Otfried Höffe: Sieben Thesen zur Anthropologie der Menschenrechte, in: Ders. (Hrsg.): Der Mensch – ein politisches Tier? Essays zur politischen Anthropologie. Stuttgart 1993, S. 188-211. Otfried Höffe: Grundzüge einer Rechtsanthropologie, in: Dialektik 1 (1994) S. 19-30. Otfried Höffe: Vernunft und Recht. Bausteine zu einem interkulturellen Rechtsdiskurs. Frankfurt am Main 1996. Otfried Höffe: Erwiderung, in: Wolfgang Kersting (Hrsg.): Gerechtigkeit als Tausch? Auseinandersetzungen mit der politischen Philosophie Otfried Höffes. Frankfurt am Main 1997, S. 331-356. Otfried Höffe: Transzendentaler Tausch. Eine Legitimationsfigur für Menschenrechte?, in: Stefan Gosepath / Georg Lohmann (Hrsg.): Philosophie der Menschenrechte. Frankfurt am Main 1998, S. 29-47. Otfried Höffe: Gibt es ein interkulturelles Strafrecht? Ein philosophischer Versuch. Frankfurt am Main 1999 sowie Otfried Höffe: Demokratie im Zeitalter der Globalisierung. München 1999. Vgl. zu den folgenden Ausführungen auch Hinkmann 1996, S. 40-65, besonders S. 58ff. Jens Hinkmann: Der Tausch von Interessen – ein universalistischer Begründungsversuch, in: Thomas Göller (Hrsg.): Philosophie der Menschenrechte: Methodologie – Geschichte – Kultureller Kontext. Göttingen 1999, S. 88-100. Hinkmann 2000, S. 185-206, besonders S. 199ff. sowie Jens Hinkmann: Menschenrechte zwischen Universalismus und Relativismus, in: Der Blaue Reiter – Journal für Philosophie 11 (2001) S. 97-100.

[391] Vgl. hierzu Roderick Chisholm: What is a transcendental argument?, in: Zur Zukunft der Transzendentalphilosophie. Göttingen 1978, S. 20f.

eine traditionsreiche Strömung der politischen Philosophie, die in irgendeiner Form auf die Zustimmung der Betroffenen zu einem in der Regel hypothetischen Vertrag zurückgeführt werden kann.[392] Sie verbindet sich in der vorliegenden Theorie mit der Idee des negativen Tausches. Insofern kann die auf Höffe zurückgehende Formel des *Tausches von Interessen*[393] als transzendentaler Kontraktualismus bezeichnet werden. Durch die Darstellung der Bedingungen und Kriterien gerechter Herrschaft versucht sie, zwischen zwei Extrempositionen der neuzeitlichen politischen Theorie zu vermitteln, dem Rechtspositivismus und dem Anarchismus.[394] Beide stellen je auf ihre Weise die bloße Möglichkeit der Gerechtigkeit grundsätzlich in Frage. Höffes Konzeption versucht demgegenüber, eine qualifizierte Anerkennung mit einer ebenso relativen Ablehnung der Rechts- und Staatsmacht zu verbinden. Recht und Staat sind universale, aber an Gerechtigkeitsprinzipien gebundene Phänomene. Die interessenbasierte Ethik erhebt in diesem Rahmen den Anspruch, das moralische Handeln rationaler Personen erklären und rechtfertigen zu können.

Angesichts der Fülle des vorliegenden Materials und der darin enthaltenen Variationen ist es schwierig, eine einzige Schrift Höffes als Grundlage des transzendentalen Kontraktualismus zu bestimmen und zugleich dem Konzept gerecht zu werden. Die folgenden Überlegungen beruhen dennoch aus fünf Gründen in erster Linie auf dem Text „Demokratie im Zeitalter der Globalisierung".[395] Erstens ist eine Auswahl notwendig und sinnvoll, solange gravierende Abweichungen in früheren Schriften berücksichtigt werden. Zweitens ist der genannte Text der aktuellste des transzendentalen Kontraktualismus hinsichtlich der Begründung der Menschenrechte. Drittens nimmt er explizit kritische Kommentare auf.[396] Viertens ordnet er das Thema der Menschenrechte in den größeren Zusammenhang der Staats- und Demokratietheorie Höffes ein und bietet insofern

---

[392] Vgl. für einen historisch-systematischen Überblick Wolfgang Kersting: Die politische Philosophie des Gesellschaftsvertrags. Darmstadt 1994. Siehe auch Kapitel 4.8.
[393] Vgl. Höffe 1987. Höffe 1990a und Höffe 1999b.
[394] Vgl. Höffe 1987 und Wolfgang Kersting: Herrschaftslegitimation, politische Gerechtigkeit und transzendentaler Tausch. Eine kritische Einführung in das politische Denken Otfried Höffes, in: Ders. (Hrsg.): Gerechtigkeit als Tausch? Auseinandersetzungen mit der politischen Philosophie Otfried Höffes. Frankfurt am Main 1997, S. 11-60.
[395] Höffe 1999b.
[396] Er berücksichtigt insbesondere die Kritik des Sammelbandes von Kersting, vgl. Kersting 1997a.

einen guten Gesamtüberblick. Und fünftens integriert er ebenfalls explizit frühere Schriften, um diese zusammenzufassen und fortzuentwickeln.[397]

Globalisierung wird definiert als die Zunahme und Verdichtung der weltweiten sozialen Beziehungen.[398] Dies gelte nicht ausschließlich, aber auch für die politische Philosophie. Um die abstrakte Formulierung zu konkretisieren und das modische Schlagwort der Globalisierung mit (nicht nur ökonomischem!) Inhalt zu füllen, wird die allmählich entstehende globale Gesellschaft oder auch „gemeinsame Weltgesellschaft" durch drei Dimensionen näher qualifiziert.[399] Erstens bestehe die Weltgesellschaft in einer facettenreichen *Gewaltgemeinschaft*[400], zweitens in einer noch vielfältigeren *Kooperationsgemeinschaft*[401] und drittens in einer *Gemeinschaft von Not und Leid*[402].

In dieser Beschreibung der globalen menschlichen Gemeinschaft findet sich bereits in nuce die Anthropologie des transzendentalen Kontraktualismus wieder. Denn der Mensch sei prinzipiell sowohl zum *Konflikt* (die Gewaltgemeinschaft), zur *Kooperation* (die Kooperationsgemeinschaft) als auch zur *Solidarität* (die Gemeinschaft von Not und Leid) fähig.[403] In einer ersten Interpretation lassen sich dieser Unterscheidung in etwa auch die drei Generationen von Menschenrechten zuordnen, wenn man von der individualistischen Interpretation des transzendentalen Kontraktualismus und dem Kontinuum zwischen Individualismus und Kollektivismus der rechtstheoretischen Analyse dieser Arbeit für einen Moment abstrahiert. Aufgrund der Konfliktgefahr werden negative Abwehrrechte eingeführt, die Kooperationsmöglichkeit erschließt positive Anspruchsrechte und gemeinsames Leid führt zur solidarischen Einstellung gegenüber den Mitmenschen.

---

[397] Vgl. Höffe 1999b, S. 9-11, Zitat S. 10: „Dabei versuche ich, meine Theorie politischer Gerechtigkeit (Höffe 1987) zu einer umfassenden Staatstheorie fortzubilden: ...".

[398] Vgl. Höffe 1999b, S. 13.

[399] Vgl. Höffe 1999b, S. 14ff. und S. 27. Der Begriff der Weltgesellschaft kann im vorliegenden Zusammenhang gleichgesetzt werden mit dem in der rechtstheoretischen Analyse eingeführten Begriff der politischen Gemeinschaft. Weltgesellschaft bezeichnet dann die größtmögliche politische Gemeinschaft aller Individuen.

[400] Vgl. Höffe 1999b, S. 15.

[401] Vgl. Höffe 1999b, S. 16-19.

[402] Vgl. Höffe 1999b, S. 20.

[403] Vgl. Höffe 1999b, S. 39. Zur Konflikt- und Kooperationsanthropologie als Erklärung der sozialen Funktion von Moral und Recht siehe auch Nino 1991, S. 105ff. Solidarität wird hierbei unter Kooperation subsumiert.

4.7 Transzendentaler Kontraktualismus

Schließlich werden drei Kategorien von sogenannten transzendentalen Interessen identifiziert, die allen Menschen gemeinsam seien. Der Mensch sei erstens ein *Lebewesen* (animal), zweitens ein *sprach- und vernunftbegabtes Wesen* (animal rationale) und drittens ein *kooperierendes Wesen* (ens sociale et politicum).[404] Diese transzendentalen Interessen würden die in Anspruch genommene Kulturneutralität der vorliegenden Konzeption rechtfertigen, ohne daß die behauptete Universalität der Interessen zu einer Uniformität der Lebensverhältnisse führe.[405] Im übrigen lassen sich die drei Kategorien von transzendentalen Interessen den bereits genannten drei Kategorien von Menschenrechten der ersten Generation – die Rechte des Menschen als körperliche, geistige und politisch-soziale Person[406] – zumindest lose zuordnen. In diesem Sinn fokussiert der transzendentale Kontraktualismus auf die erste Generation der Menschenrechte, soweit universelle normative Ansprüche und deren korrespondierende Verpflichtungen zur Diskussion stehen.

Grundlegendes Moment der Rechtfertigung der genannten (Menschen-)Rechte in allen drei Dimensionen ist der *Tausch* respektive die Tauschgerechtigkeit. Das zentrale Rechtfertigungsargument lautet, daß Menschenrechte und andere Rechte nur in wechselseitiger Anerkennung oder aber überhaupt nicht realisierbar seien. Es handele sich um kooperative Freiheitsgüter. In diesem Sinn könne ein Tausch formuliert werden.[407] Der Anspruch eines Individuums auf die Einschränkung der Freiheit aller anderen Individuen ermögliche überhaupt erst die Sicherung bzw. Durchsetzung der eigenen Freiheit. Der Anspruch auf Anerkennung der eigenen Freiheit impliziere daher bereits die Einschränkung derselben aufgrund der inhärenten Wechselseitigkeit. Erst der Verzicht auf einen Teil der eigenen Freiheit sichere dieselbe durch einen negativen nichtökonomischen Tausch. Das Prinzip der Tauschgerechtigkeit besage dabei, daß auf die Anerkennung einer Leistung dann und nur dann ein moralischer Anspruch bestehe, wenn die Leistung lediglich unter der Voraussetzung erbracht werde, daß eine korrespondierende Gegenleistung erfolge.[408]

---

[404] Vgl. Höffe 1999b, S. 64ff.
[405] Vgl. zur Kulturneutralität ohne Uniformität Höffe 1999b, S. 33-36.
[406] Vgl. Kapitel 2.2.2 und Maritain 1949, S. 58ff. und S. 111-114.
[407] Vgl. z.B. Höffe 1999b, S. 56, 62, 68f.
[408] Vgl. Höffe 1999b, S. 69f.

Das Menschenrecht auf Leben und körperliche Unversehrtheit beispielsweise sei nur dann ein legitimer Anspruch, wenn diesem Anspruch eine Gegenleistung korrespondiere: die Einschränkung der eigenen Handlungsfreiheit durch den Verzicht auf die Möglichkeit bzw. das Recht, andere Menschen zu töten. Dieses Verbot der willkürlichen Tötung von Menschen mag selbstverständlich erscheinen, insbesondere dann, wenn dem menschlichen Leben aufgrund von religiösen Überzeugungen ein intrinsischer Wert zugesprochen wird. Der behauptete intrinsische Wert menschlichen Lebens ist jedoch bereits im Kapitel zu Bernard Gert als willkürliche bzw. theologische Setzung kritisiert worden.[409] Die rationale Rekonstruktion Höffes beansprucht demgegenüber, eine begründete Rechtfertigung des Menschenrechts auf Leben und körperliche Unversehrtheit zu leisten.

Analog ließe sich das skizzierte Legitimationsmuster auf weitere Menschenrechte anwenden. Die Inanspruchnahme des Rechts auf freie Meinungsäußerung etwa impliziere bereits die Anerkennung desselben Rechts für alle anderen Individuen – eine wichtige Voraussetzung für einen rationalen Diskurs, der Konflikte lösen soll. Auch die Gedanken-, Gewissens- und Religionsfreiheit können nach Höffe durch diesen negativen Tausch begründet werden. Allerdings sei die Argumentation begrenzt auf die Menschenrechte der ersten Generation, die die Freiheitsrechte des Individuums als Abwehrrechte des einzelnen gegenüber Staat und Gesellschaft umfaßt.[410] Die Menschenrechte der zweiten Generation, etwa das Recht auf Arbeit oder regelmäßigen und bezahlten Urlaub,[411] unterlägen nicht in gleichem Ausmaß der wechselseitigen Verschränkung und würden deshalb nur bedingt durch die Argumentation gestützt. Für ihre Legitimität reiche die Tauschgerechtigkeit alleine nicht aus. Das bedeute nicht, daß es keine Argumente zum Beispiel für die Verteilungsgerechtigkeit gebe, sondern lediglich, daß es sich bei diesen Menschenrechten nicht um in strengem Sinn universale Menschenrechte handele.[412]

---

[409] Vgl. Kapitel 4.6.2.
[410] Der Grenzfall elementarer Sozialrechte auf Nahrung und Kleidung kann als notwendige Bedingung der Realisierung der Menschenrechte der ersten Generation gelesen werden. Vgl. das dritte Gerechtigkeitsprinzip der komparativen positiven Freiheit in Höffe 1999b, S. 79 und die beiden folgenden Abschnitte 4.7.1 und 4.7.2.
[411] Vgl. Allgemeine Erklärung der Menschenrechte Artikel 23 Absatz 1 und Artikel 24.
[412] Zum gleichen Ergebnis auch mit Blick auf andere Theorien politischer Gerechtigkeit kommt Stefan Schlothfeld: Erwerbsarbeitslosigkeit als sozialethisches Problem. Freiburg 1999.

Universales Legitimationskriterium des Tausches sei die *allseitige Zustimmung aufgrund wechselseitigen Vorteils*.[413] Diese Idee des hypothetischen Vertrages – eine spezifische, aber durchaus nicht die einzig mögliche kontraktualistische – wird in zwei Stufen entwickelt.[414] Der Ausgang aus dem wilden Naturzustand in den primären Naturzustand gelingt durch den politischen Urvertrag (pactum iuris), der das universale Rechtsgebot sowie einen Teil der universalen Gerechtigkeitsprinzipien mit sich bringt. Der Konstitution des *Rechts* im ersten Schritt folgt die Etablierung des *Staates* im sogenannten sekundären Naturzustand.[415] Neben den weiteren Rechts- und Gerechtigkeitsprinzipien wird hierfür im Rahmen des staatslegitimierenden Vertrages (pactum iuris publici) die Demokratie als universales Gebot ausgezeichnet.[416]

Als für die Menschenrechtsfrage relevante Gerechtigkeitsprinzipien werden die folgenden Prinzipien aufgeführt:[417]

- *Prinzip der Proto-Gerechtigkeit*: Durch eine originäre Selbst- und eine originäre Fremdanerkennung sollen alle Mitglieder der Gattung zurechnungsfähiger Wesen sich selbst und ihresgleichen als Rechtsgenossen anerkennen.[418]

- Erstes, rechtskonstituierendes Prinzip, das *universale Rechtsgebot*: Als Inbegriff von streng allseits gültigen Regeln tritt das Recht der persönlichen Willkür und persönlichen Gewalt entgegen und soll genau deshalb überall unter den Menschen herrschen.[419]

- Zweites, rechtsnormierendes Prinzip, das *Prinzip der größten gleichen negativen Freiheit*: Durch wechselseitige Freiheitsverzichte erhalte jeder Rechts-

---

[413] Vgl. Höffe 1999b, S. 39 und S. 47.
[414] Vgl. Höffe 1999b, S. 51f.
[415] Die Ähnlichkeit des primären Naturzustandes mit Hobbes *Leviathan* und des sekundären Naturzustandes mit Lockes *Second Treatise of Government* ist keineswegs Zufall, sondern korrespondiert zugleich mit der jeweils zugrunde gelegten menschlichen (Partial-) Anthropologie. Vgl. Julian Nida-Rümelin: Gerechtigkeit bei John Rawls und Otfried Höffe. Ein Vergleich, in: Wolfgang Kersting (Hrsg.): Gerechtigkeit als Tausch? Auseinandersetzungen mit der politischen Philosophie Otfried Höffes. Frankfurt am Main 1997, S. 308f.
[416] Vgl. Höffe 1999b, S. 107ff.
[417] Höffe 1999b, S. 88f. Für eine vollständige Liste, die auch den Aufbau des Staates einschließt, siehe Höffe 1999b, S. 140f.
[418] Vgl. ausführlich Höffe 1999b, S. 80-89.
[419] Vgl. Höffe 1999b, S. 40ff. und ausführlich S. 58-62.

4.7 Transzendentaler Kontraktualismus

genosse jenes Höchstmaß an Handlungsfreiheit, das, gemäß dem ersten Gerechtigkeitsprinzip, in allseits gültigen Regeln möglich ist.[420]

- Drittes, erneut rechtsnormierendes Prinzip, das *Prinzip der komparativen positiven Freiheit*: A) Durch wechselseitige positive Leistungen erhalte jeder Rechtsgenosse die Möglichkeit einer elementaren positiven Handlungsfreiheit, darstellbar in gewissen positiven Freiheitsrechten. B) Dabei ist das erste Gerechtigkeitsprinzip, die Rechtsform, anzuerkennen: Nur jene positiven Freiheitsrechte sind gerecht, die in allseits gültigen Regeln möglich sind. C) Das zweite Prinzip hat Vorrang vor dem dritten Prinzip: Nur jene positiven Freiheitsrechte sind gerecht, die mit dem Prinzip der größten gleichen negativen Freiheit vereinbar sind. D) Die Leistungen der positiven Freiheitsrechte sind ressourcen- und kulturabhängig und haben einen komparativen Charakter. E) Es gibt für das dritte Gerechtigkeitsprinzip keine exklusive: nur tausch-, nur korrektiv- oder nur verteilungstheoretische Begründung.[421]

Höffe bezeichnet die Struktur seiner auf den ersten Blick plausibel erscheinenden Argumentation als „Anthropologie plus Ethik".[422] Der Tausch bildet das ethische Element, während die Anthropologie versucht, diejenigen Interessen zu bestimmen, die getauscht werden sollen. Hierbei muß insbesondere der Anspruch der Kulturneutralität der zu tauschenden Interessen eingelöst werden. Die Ausführungen im Anschluß an die folgende Übersicht konzentrieren sich zunächst auf den anthropologischen Teil der Argumentation und somit auf den Begriff des Interesses.[423] Anschließend wird die Tauschgerechtigkeit kritisch gewürdigt,[424] ehe dem interessegeleiteten Kontraktualismus Höffes ein fairneßorientierter Kontraktualismus an die Seite gestellt werden soll.[425]

---

[420] Vgl. Höffe 1999b, S. 62ff. und ausführlich S. 66-74.
[421] Vgl. ausführlich Höffe 1999b, S. 74-80.
[422] Höffe 1987, S. 381.
[423] Vgl. Kapitel 4.7.1.
[424] Vgl. Kapitel 4.7.2.
[425] Vgl. Kapitel 4.8.

Überblick über den transzendentalen Kontraktualismus	
Begriff	*Erläuterung / Interpretation / Anwendung*
• Tausch von Interessen	• Ethik plus Anthropologie

• Drei Dimensionen der Weltgemeinschaft
  • Gewaltgemeinschaft
  • Kooperationsgemeinschaft
  • Gemeinschaft von Not und Leid
	• Drei Generationen von Menschenrechten
	  • Erste Generation
	  • Zweite Generation
	  • Dritte Generation

• Anthropologie
  • Konfliktgefahr
  • Kooperationsfähigkeit
  • Solidarität
	• Korrespondierende Menschenrechte
	  • Negative Abwehrrechte
	  • Positive Anspruchsrechte
	  • Solidarische Rechte

• Universelle Partialanthropologie	• Kulturneutralität ohne Uniformität

• Kategorien von transzendentalen Interessen
  • Mensch als Lebewesen (animal)
  • Mensch als sprach- und vernunftbegabtes Wesen (animal rationale)
  • Mensch als Kooperationswesen (ens sociale et politicum)
	• Kategorien der ersten Generation von Menschenrechten
	  • Mensch als körperliche Person
	  • Mensch als geistige Person
	  • Mensch als politisch-soziale Person

• Gerechtigkeitsprinzipien
  • Prinzip der Proto-Gerechtigkeit
  • Universales Rechtsgebot
  • Prinzip der größten gleichen negativen Freiheit
  • Prinzip der komparativen positiven Freiheit
	• Mögliche Anwendungen / Umsetzungen
	  • Individualethik und Menschenrechte
	  • Menschenrecht auf Anerkennung als Rechtsperson
	  • Negative Abwehrrechte
	  • Positive Anspruchsrechte und solidarische Rechte

• Rechtfertigung durch universellen Tausch
  • Prinzip der Tauschgerechtigkeit
  • Negativer nichtökonomischer Tausch
  • Zweistufiges Legitimationsmodell (Recht und Staat)
	• Freiwillige Zustimmung aufgrund wechselseitigen Vorteils
	• Tausch als universelles Klugheitsgebot
	• Primärer und sekundärer Naturzustand

4.7.1 Zur Anthropologie menschlicher Interessen

Um die universelle Geltung von Menschenrechten nicht nur in partikularen politischen Gemeinschaften, sondern in allen Kulturen begründen zu können, bedarf es einer *kulturinvarianten Partialanthropologie*. Es wäre verfehlt, ein bestimmtes Menschenbild zugrunde zu legen, etwa das individualistische oder das kollektivistische. Menschenbilder variieren und sind abhängig von der jeweiligen Kultur.[426] Der Hinweis auf die real existierende kulturelle Vielfalt und die Verschiedenheit menschlicher Lebensformen genügt für die Bestätigung dieser deskriptiven Hypothese. Der Variation der Menschenbilder auf der empirischen Ebene entspricht im übrigen das Kontinuum zwischen Individualismus und Kollektivismus der rechtstheoretischen Ebene dieser Arbeit.

Die Argumentation Höffes beschränkt sich daher auf einen anthropologischen Minimalismus. Menschen seien prinzipiell zum Konflikt, zur Kooperation und zur Solidarität fähig. Die Konfliktanthropologie sei insofern privilegiert, als nur sie aufgrund des Gefährdungspotentials eine Eindämmung der Freiheit der anderen Individuen unbedingt erforderlich mache. Ferner könne keine Kultur für sich in Anspruch nehmen, daß sie nicht zumindest potentiell zum Konflikt fähig sei. Die Konfliktanthropologie sei deshalb ein geeigneter Kandidat für eine kulturinvariante Partialanthropologie. Denn um zu kooperieren oder um sich solidarisch zu verhalten, sei der Mensch nicht auf universale Menschenrechte als handlungsleitende Normen angewiesen. Kooperationsgemeinschaften und Solidargemeinschaften seien lediglich erklärungsbedürftig, müßten aber nicht unbedingt gerechtfertigt werden, solange sie auf freiwilliger Zustimmung beruhten.[427] Freiheit wird hierbei als negatives Konzept, als Abwesenheit von Zwang interpretiert. Die Bestimmung positiver Güter sei in aller Regel nicht an universale Menschenrechtsnormen gekoppelt. Insofern sei das Konzept kulturinvariant und offen für die real existierende kulturelle Vielfalt.

---

[426] Vgl. Alison D. Renteln: International human rights: Universalism versus relativism. London 1990. Batzli 1994. Die Variation der Menschenbilder fußt meiner Meinung nach auf verschiedenen Vorstellungen des guten Lebens. Selbst wenn für abstraktere, einfache Annahmen – zum Beispiel, daß jeder Mensch atmet und der Schwerkraft unterliegt – eine Konvergenz zutreffen mag, verliert sich diese, sobald konkretere Hypothesen formuliert werden.

[427] Vgl. Höffe 1999b, S. 63.

Zur Konkretisierung der anthropologischen Hypothesen schlägt Höffe drei Kategorien von Interessen vor, die jedem Menschen zugeschrieben werden könnten: Erstens den Menschen als Lebewesen, zweitens den Menschen als vernunft- und sprachbegabtes Wesen und drittens den Menschen als Kooperationswesen.[428] Diese subjektiven menschlichen Interessen seien transzendental, insofern kulturinvariant und deshalb geeignet, die Menschenrechte als universale Normen zu begründen.

Diese Kategorisierung von Interessen ist in verschiedener Hinsicht problematisch. Vier Aspekte sollen im folgenden genauer analysiert werden. Eine erste Anmerkung: Wenn der Begriff des menschlichen Interesses als Ausgangspunkt des Argumentes dient, muß der Mensch zumindest als subjektiv empfindungsfähiges Wesen gedacht werden. Eine Entität, die nicht die Fähigkeit besitzt, Lust oder Schmerz zu empfinden und somit empfindungsunfähig ist, kann auch keine subjektiven Interessen haben. Möglicherweise können einer empfindungsunfähigen Entität bestimmte objektive Interessen begründet zugeschrieben werden. Ein solcher objektiver Interessenbegriff widerspricht jedoch der Idee des Tausches. Im folgenden werden daher subjektive menschliche Interessen zugrundegelegt, die auf Empfindungsfähigkeit beruhen. Empfindungsfähig sind aber nicht nur Menschen, sondern auch Tiere und andere Lebewesen höherer Entwicklungsstufen. Dies weicht den Begriff der Menschenrechte insofern auf, als er sich im Rahmen dieses Ansatzes durchaus nicht mehr nur auf Menschen bezieht. Auf der anderen Seite verengt sich der Anwendungsbereich der Theorie, da Kinder, ältere Menschen, geistig Schwerbehinderte oder auch zukünftige Generationen nicht, noch nicht, nicht mehr, nicht in vollem Umfang oder niemals transzendentale Interessen werden haben können.

Höffe schlägt anstelle der Empfindungsfähigkeit das strengere Kriterium der *Zurechnungsfähigkeit* vor, ergänzt um eine phasenverschobene (bei Kindern und Senioren, aber auch bei zukünftigen Generationen) und kompensatorische (bei geistig Behinderten) Gerechtigkeit.[429] Durch die originäre Selbst- und Fremdanerkennung zurechnungsfähiger Wesen ergebe sich ferner das Prinzip der Protogerechtigkeit.[430] Da es sich bei der Protogerechtigkeit um eine ontolo-

---

[428] Vgl. Höffe 1999b, S. 64ff. und Höffe 1992a, S. 24.
[429] Vgl. Höffe 1999b, S. 81f.
[430] Vgl. Höffe 1999b, S. 87.

4.7 Transzendentaler Kontraktualismus

gische und nicht mehr um eine normative Hypothese handelt und sie darüber hinaus primär individualethisch ausgerichtet ist, wird sie hier nicht weiter erörtert.[431] Lediglich der Zusammenhang zwischen originärer (Selbst- und Fremd-) Anerkennung und Zurechnungsfähigkeit ist hier relevant. Eine originäre Anerkennung schließt insbesondere Advokaten oder Interessenstellvertreter aus, die per definitionem eine Fremdanerkennung nur mittelbar und eine Selbstanerkennung grundsätzlich nicht erbringen können.

Während im Rahmen einer phasenverschobenen Zurechnungsfähigkeit bei Kindern, Senioren und eventuell auch zukünftigen Generationen[432] eine spätere oder frühere originäre (!) Selbst- und Fremdanerkennung normalerweise erwartet werden kann, gilt dies meines Erachtens nicht für die kompensatorische Gerechtigkeit.[433] Geistig schwer behinderte Menschen benötigen Advokaten oder auch Interessenvertreter. Dies ist positivrechtlich ohne weiteres möglich,[434] wird aber nicht mehr von Höffes Rechtfertigung erfaßt. Denn diese Menschen verfügen mangels Interesse meist nicht mehr über die Fähigkeit der originären Selbstanerkennung als Rechtsperson, geschweige denn über die Fähigkeit zu intentionalen Handlungen oder Unterlassungen. Dies gilt nicht nur temporär, sondern permanent. Die Bedingungen der Möglichkeit solcher Handlungen und Unterlassungen sind demnach für sie nicht von besonders großem Interesse. Auf der anderen Seite gefährdet diese Exklusion nicht den Vertragsschluß aller anderen Individuen, da kein oder nur ein sehr geringes Gefährdungspotential vorhanden ist. Geistig behinderte Menschen sind im Normalfall keine Mitglieder

---

[431] Vgl. Höffe 1999b, S. 87-88. Vgl. zur Unterscheidung von ontologischer, normativer und deskriptiver Ebene auch Kapitel 4.4.1. Die Protogerechtigkeit ist im übrigen ein Beispiel für die Fortschreibung des transzendentalen Kontraktualismus. Sie spezifiziert, was in früheren Schriften mit der „behutsamen Rehabilitierung der praktischen Metaphysik" angedeutet wurde. Vgl. Höffe 1987. Höffe 1990a, S. 21 und Höffe 1999b, S. 80ff.

[432] Wenn zukünftige Generationen durch die phasenverschobene Gerechtigkeit eingeschlossen werden, setzt man implizit voraus, daß die zukünftigen Generationen eines Tages real existieren. Dies ist voraussichtlich zu erwarten. Gesetzt hingegen den Fall, die gegenwärtigen Generationen verhalten sich so, daß dies unmöglich wird (atomare Katastrophe, Raubbau statt nachhaltiger Entwicklung und ähnliche Szenarien), verfügen die zukünftigen Generationen nicht mehr über relevante Interessen, weil sie nicht zur Existenz gelangen. In diesem Fall wären sie nicht mehr von der Argumentation in der vorgelegten Form gedeckt.

[433] Vgl. anders Höffe 1999b, S. 82.

[434] Vgl. z.B. für Deutschland die Paragraphen 1629, 1793 und 1902 des BGB.

der menschlichen Gewaltgemeinschaft[435]. Sie sind schlicht keine geeigneten Partner des vorliegenden Rechtsvertrages. Damit werden sie nicht mit universalen menschenrechtlichen Ansprüchen ausgestattet. Davon unbeschadet können sie selbstverständlich solidarische Hilfe erwarten. Diese Gemeinschaft von Not und Leid wäre im übrigen auch der systematisch korrekte Ort in der Höffeschen Argumentation.

Zweitens können sich Interessen in diesem Zusammenhang wohl kaum auf aktuale Handlungskontexte beziehen. Dies wäre gleichzusetzen mit der Behauptung, daß jeder Mensch jederzeit all die genannten Interessen haben müßte. Was in den meisten Fällen zutrifft, muß nicht in allen Fällen gültig sein. Höffe spricht deshalb von transzendentalen Interessen und reflektiert auf das Interesse von Handelnden an den Bedingungen, die ihnen im allgemeinen ermöglichen, so zu handeln, wie sie handeln wollen. Transzendentale Interessen müssen nicht jederzeit an jedem Ort und in jeder Situation empirisch feststellbar sein, sondern sie müssen als subjektive menschliche Interessen begründet zugeschrieben werden können. Diese Zuschreibung bezieht sich nicht auf aktuale Handlungskontexte, sondern auf die Bedingung der Möglichkeit des Handelns, in allen möglichen Kontexten etwas Bestimmtes machen zu können.[436]

Drittens beziehen sich die genannten drei Kategorien von transzendentalen Interessen allesamt auf das Individuum. Kann überhaupt noch von einer kulturinvarianten Anthropologie gesprochen werden oder liegt nicht doch wiederum das westlich geprägte individualistische Menschenbild zugrunde? Es scheint, daß sich in der Debatte um Individualismus versus Kollektivismus ein „logischer Vorrang" des Individuums behaupten läßt, der den methodologischen oder auch legitimatorischen Individualismus[437] Höffes rechtfertigt. Vorrang ist auch hier wieder minimalistisch zu verstehen. Ein Individuum kann als existierend ge-

---

[435] Vgl. Höffe 1999b, S. 15ff., S. 39f. und den vorausgehenden Abschnitt 4.7 zu den Begriffen „Gewaltgemeinschaft", „Kooperationsgemeinschaft" und „Gemeinschaft von Not und Leid".

[436] Höffe 1999b, S. 55: „... nicht auf der Stufe gewöhnlicher Interessen, wohl aber bei jenen notwendigen Bedingungen menschlichen Handelns, die sowohl für das Entwickeln und Haben gewöhnlicher Interessen als auch für deren Verfolgen unverzichtbar sind." Vgl. Matthias Kettner: Otfried Höffes transzendental-kontraktualistische Begründung der Menschenrechte, in: Wolfgang Kersting (Hrsg.): Gerechtigkeit als Tausch? Auseinandersetzungen mit der politischen Philosophie Otfried Höffes. Frankfurt am Main 1997, S. 243-283, hier S. 260.

[437] Vgl. Höffe 1999b, S. 45f.

dacht werden, ohne daß zugleich ein Kollektiv existieren muß. Dies gilt nicht für den umgekehrten Fall, denn Kollektive bestehen stets aus Individuen. Kollektive müssen ebenso wie politische Gemeinschaften ein personales Substrat haben. Ferner lassen sich bei einem Individuum relativ eindeutig bestimmte Interessen identifizieren, während dies für ein Kollektiv wesentlich schwieriger ist. Wenn der Staat, eine Partei oder andere Stellvertreter des Volkes für sich in Anspruch nehmen, die kollektiven Interessen zu vertreten, trägt dieser Anspruch in der Regel paternalistische Züge. Zudem läßt sich empirisch feststellen, daß häufig Partikularinteressen einer Elite und gerade nicht kollektive Interessen aller Individuen verfolgt werden, wenn die Rückbindung staatlicher Herrschaft an die individuellen Interessen zum Beispiel durch Wahlen fehlt. Deshalb ist ein minimalistisch aufzufassender Vorrang des Individuums und eine daraus resultierende legitimatorisch-individualistische Grundthese legitim.[438] Sie darf jedoch nicht mit zu weitgehenden Folgerungen versehen werden, um als kulturinvariante Minimalanthropologie akzeptabel zu sein.

Ein positivrechtliches Beispiel für eine derartige Formulierung findet sich in der Präambel der „Charta der fundamentalen Rechte der Europäischen Union" aus dem Jahre 2000: „It [the European Union] places the individual at the heart of its activities, by establishing the citizenship of the Union and by creating an area of freedom, security and justice. ... The Union contributes to the preservation and to the development of these common values while respecting the diversity of the cultures and traditions of the peoples of Europe as well as the national identities of the Member States and the organisation of their public authorities at national, regional and local levels; ..." Die europäische Grundrechtecharta kann meines Erachtens gerade durch die Offenheit und Unterbestimmtheit der Terminologie zurecht eine kulturneutrale Anthropologie für sich in Anspruch nehmen.[439] Diese kann dann innerhalb des vorgegebenen Rahmens jeweils kulturspezifisch bestimmt werden, wie dies zum Beispiel die europäi-

---

[438] Siehe dazu auch von der Pfordten 1997. von der Pfordten 2001 und Kapitel 4.9 dieser Arbeit.

[439] Diese These wird noch unterstützt durch den bloß appellativen und (noch) nicht rechtsverbindlichen Charakter der europäischen Grundrechtscharta. Ähnlich der Allgemeinen Erklärung der Menschenrechte vom 10. Dezember 1948 handelt es sich somit in erster Linie um einen moralischen Appell, nicht hingegen um einklagbare und justitiable Grund- und Bürgerrechte.

sche Grundrechtecharta in den weiteren Artikeln für den europäischen Kulturkreis tut.

Doch zurück zum transzendentalen Kontraktualismus: Viertens ist das Interesse des Menschen an Kooperation nicht mehr mit einer kulturinvarianten Minimalanthropologie vereinbar. Kooperation an sich kann nicht als wechselseitiger Freiheitsverzicht gelesen werden, sondern durch Kooperation können nur bestimmte Freiheiten realisiert werden. Kooperation im Sinne eines transzendentalen Interesses an wechselseitigem positiven Güteraustausch zu interpretieren, reicht weit über den selbstauferlegten Minimalismus hinaus. Ganz abgesehen von möglichen Gefangenendilemmastrukturen, setzt spätestens hier eine positive Bestimmung von menschlicher Freiheit an, die nicht mehr von der Höffeschen Argumentation gedeckt ist. Hieraus abgeleitete Normen sind weit mehr als eine Rahmenbedingung friedlicher Koexistenz, die die positive Bestimmung individueller Lebensformen zu vermeiden sucht. Allerhöchstens könnte die Aussage, *daß* ein transzendentales Interesse an Kooperation bestehe, noch als kulturneutral bezeichnet werden. Jede weitere Konkretisierung unter Rekurs auf bestimmte Menschenrechte verletzt diese Vorgabe.

Deutlich wird in diesem Zusammenhang auch, daß positive Anspruchsrechte und damit die Menschenrechte der zweiten und dritten Generation nicht mehr von der Argumentation erfaßt werden. Allerdings lassen sich elementare Sozialrechte wie ein Anspruch auf Nahrung, Kleidung und eine minimale (!) Ausbildung als Realisierungsbedingungen der transzendentalen Interessen fassen. Ohne Nahrung und Kleidung ist es nur schwer möglich, ein Interesse am Leben zu haben und zu behalten. Und gänzlich ohne irgendeine Ausbildung in einem sehr weiten Sinn wird auch das Interesse am Gebrauch der Sprache und Vernunft sich nur schwer entfalten können.

Für die ersten beiden Kategorien von transzendentalen Interessen – des Menschen als Lebewesen und des Menschen als sprach- und vernunftbegabtes Wesen – ist die in Anspruch genommene Kulturneutralität jedoch zutreffend.[440] Unabhängig von ihrer konkreten Sozialisation haben alle Menschen ein (transzendentales) Interesse daran, zu leben und ihre Sprache und Vernunft zu ge-

---

[440] Vgl. zur Kulturneutralität, dem Recht auf Differenz, Universalität ohne Uniformität und der Idee der normativen Modernisierung auch die Zwischenbilanz zur Globalisierungsdiskussion in Höffe 1999b, S. 33-34.

brauchen, wozu auch immer. Wie kann nun aber im zweiten Schritt der Tausch von Interessen – der ethische Teil des Argumentes – begründet werden? Präziser gefragt, für welche Kategorien von kulturinvarianten Interessen kann eine Verpflichtung zum Tausch wodurch gerechtfertigt werden?

4.7.2 Gerechtigkeit als Tausch

Höffe argumentiert, daß der Tausch der Interessen deshalb zwingend geboten und nicht nur rational erlaubt sei, weil die entsprechenden Freiheitsverzichte *für jeden einzelnen vorteilhaft* seien. Es ergebe sich ein distributiv-kollektiver Vorteil, da die eingeführten Regeln (die kollektiv gelten) jedem einzelnen zugute kommen (das distributiv-individualistische Moment).[441] Insofern sei der Tausch von Interessen ein universelles Klugheitsgebot.[442]

Hier ist zunächst eine definitorische Präzisierung einzufügen. Wenn der Tausch von Interessen als universelles Klugheitsgebot akzeptiert wird, folgt daraus die Zustimmung aller Individuen zu bestimmten Regeln. Insofern die einzelnen frei und freiwillig zustimmen, gelten sie als freie und gleiche Personen. Aber Zustimmung kann in einem schwachen und in einem starken Sinn gelesen werden.[443] *Zustimmungsfähigkeit* im schwachen Sinn bezeichnet eine potentielle Zustimmungsfähigkeit. Diese potentielle öffentliche Befürwortung von bestimmten Regeln ist bereits im Rahmen des rationalistischen negativen Utilitarismus[444] als begründet ausgezeichnet worden. Ein empirischer Maximentest fällt aber weder mit der tatsächlichen öffentlichen Befürwortung eines Individuums noch mit der tatsächlichen Einstellung bzw. dem tatsächlichen Verhalten eines Individuums zusammen. Diese Phänomene werden von der Zustimmungsfähigkeit im starken Sinn oder auch von der *Zustimmungswürdigkeit* bestimmter Regeln erfaßt. Wenn Regeln nicht nur potentiell zustimmungsfähig, sondern darüber hinaus auch faktisch zustimmungswürdig sind, dann kann ihnen jeder einzelne die Zustimmung überlegterweise nicht versagen.[445] Und wenn diese

---

[441] Vgl. Höffe 1999b, S. 54.
[442] Vgl. Höffe 1987, S. 402. Höffe 1999b, S. 45ff. und S. 62ff.
[443] Vgl. Höffe 1999b, S. 47f.
[444] Vgl. Kapitel 4.6.2.
[445] Höffe 1999b, S. 47: „Die Zwangsbefugnis ist nur unter der anspruchsvolleren Bedingung legitim, daß man ihr die Zustimmung *nicht* überlegterweise *versagen kann.*" (Hervorhebung im Original).

Zustimmung jedes Individuums nicht versagt werden kann, schlägt sie durch auf die Einstellung bzw. das tatsächliche Verhalten jedes Individuums. Abgesehen von strategischem Verhalten und unehrlicher Zustimmung, wäre mit einem Nachweis der Zustimmungswürdigkeit zu den Gerechtigkeitsprinzipien eine Rechtfertigung bestimmter menschenrechtlicher Ansprüche als universell gültiger Normen vollbracht.

Zunächst ist eine begriffliche Klärung zu den Stichworten „strategisches Verhalten und unehrliche Zustimmung" zu leisten. Der Terminus des Tausches stammt aus dem Bereich der Ökonomie. Er legt den Gedanken an ein utilitaristisches Nutzenmaximierungskalkül nahe, in dessen Rahmen einzelne Individuen oder Haushalte gemäß ihren subjektiven Präferenzen positive Güter und Dienstleistungen auf dem Markt tauschen, um ihr Wohlergehen so weit wie möglich zu verbessern. Dies ist aber irreführend. Denn Höffes Formel des Tausches von Interessen bezieht sich auf einen *nichtökonomischen negativen Tausch*.[446]

Nichtökonomisch ist der Tausch, so läßt sich interpretieren, weil nicht das Wohlergehen von Individuen durch den Erwerb von positiven Gütern und Dienstleistungen maximiert werden soll. Vielmehr sollen bestimmte grundlegende Interessen geschützt werden, die als Voraussetzung des Wohlergehens, gleich welcher Art, gefaßt werden können, wie zum Beispiel das Interesse an Leben und körperlicher Unversehrtheit. Der Tausch bezieht sich auf eine Minimalmoral, nicht auf eine Optimalmoral. Ferner kann er nicht gradualisiert werden, sondern stellt eine entweder-oder-Entscheidungsalternative dar. Und negativ ist der Tausch, weil nicht bestimmte positive Güter und Dienstleistungen auf dem Markt getauscht werden. Durch den wechselseitigen Verzicht auf bestimmte Freiheiten – zum Beispiel das Recht, einen anderen Menschen zu töten oder ihm eine Religion aufzuzwingen – entsteht zwar eine positive Leistung – der Schutz der Interessen –, diese kommt jedoch durch einen negativen Tausch, einen Verzicht, nicht durch eine positive Leistung zustande. Dies entkräftet meiner Meinung nach den Einwand, daß ein besser gestelltes Individuum kein Interesse daran hat, zu tauschen. Ein fehlendes Interesse am Tausch zu reklamieren, ist lediglich ein zutreffender Einwand in bezug auf positive Güter und Dienstleistungen, in deren Besitz man ist bzw. über die ein Individuum ver-

---

[446] Höffe 1997, S. 331-356, hier S. 346f.

fügt. Wenn Freiheit als Abwesenheit von Zwang gelesen wird, ist dies kein positives Gut, das auf dem Markt zur beliebigen Disposition steht. Insofern kann der Einwand der bloßen scheinbaren Zustimmung prima facie entkräftet werden.

Doch zurück zur eigentlichen Frage: Warum genau kann der postulierte Tausch als universelles Klugheitsgebot bezeichnet werden? Nach Höffe ist es für jedes einzelne Individuum genau dann klug, zu tauschen, wenn es daraus einen Vorteil erhält, der die Nachteile durch den Tausch überwiegt. Dieser besteht in der Durchsetzung bzw. Absicherung seiner eigenen menschenrechtlichen Ansprüche. Im Sinne der Konfliktgefahr innerhalb der menschlichen Gewaltgemeinschaft ist es darüber hinaus erforderlich, daß sich *alle* Individuen ohne jede Ausnahme dem Tausch unterwerfen. Schon ein einziges Individuum oder auch eine kleine Gruppe von Individuen, die sich dem Tausch entziehen, gefährden den gesamten hypothetischen Vertragsabschluß. Denn von ihnen geht eine latente Gewaltgefahr aus, die den je individuellen Vorteil aller Beteiligten wieder in Frage stellt. Diese individuelle bzw. kollektive Regelübertretung sollen im folgenden eingehender betrachtet werden.

Betrachten wir im Sinne einer *individuellen Regelübertretung* zunächst das Beispiel eines Selbstmordattentäters. Ein Terrorist plant einen Anschlag, bei dem er billigend in Kauf nimmt, getötet zu werden. Darüber hinaus werden durch den Anschlag voraussichtlich weitere Menschenleben vernichtet. Zunächst ist festzuhalten, daß auch der Selbstmordattentäter ein transzendentales Interesse an seinem eigenen Weiterleben hat. Er will sein Leben für einen bestimmten politischen, religiösen oder sonstigen Zweck opfern, der ihm annahmegemäß wichtiger ist als das eigene Leben. Es ist ihm aber keineswegs gleichgültig, ob er sein Leben bei einem Verkehrsunfall, während eines anderen Attentats oder durch einen Mordanschlag auf ihn selbst verliert. In diesem Sinn hat er bis zur Ausführung des eigenen Anschlags ein transzendentales Interesse daran, sein Leben so gestalten zu können, daß er es selbstbestimmt opfern kann. Die Bedingungen der Möglichkeit der Handlungsfähigkeit, zu denen zumindest das Leben und vermutlich auch die Sprach- und Vernunftfähigkeit zählen, sind auch für den Terroristen relevant. In diesem Sinn ist es für ihn ein Gebot der Vernunft, sich dem Tausch zu unterwerfen, der sicherstellt, daß er bis zur Ausführung seines eigenen Anschlags unbehelligt bleibt.[447] Und diese Zustimmung ist auch keine

---

[447] Alle anderen Individuen haben ebenso wie die politische Gemeinschaft selbstverständlich ein Interesse daran, daß der geplante Terroranschlag nicht zur Ausführung gelangt. Dies

scheinbare, sondern eine echte bis zum Zeitpunkt des Anschlags, der als Vertragskündigung gelesen werden kann.

Das je individuelle Interesse an wechselseitigen allgemeinen Freiheitsbeschränkungen garantiert jedoch nicht ein darüber hinausgehendes Interesse, sich an diese im konkreten Einzelfall auch zu halten. Dieser Sachverhalt wird durch das Beispiel eines Terroristen markiert, der sich im konkreten Einzelfall des Anschlags nicht mehr an die vorher vereinbarten Regeln hält. Durch die Vertragskündigung fordert er, sofern dies in bezug auf ihn selbst noch möglich ist, Sanktionen der politischen Gemeinschaft heraus. Darüber hinaus wird die politische Gemeinschaft versuchen, präventiv tätig zu werden, um das Attentat zu verhindern. Im Normalfall wird sie damit zumindest langfristig auch Erfolg haben.

Es ist aber unter bestimmten empirischen Bedingungen darüber hinaus vorstellbar, daß sich ein kleiner Teil einer politischen Gemeinschaft – und nicht nur ein Individuum – auf Kosten aller anderen Teile einer Gemeinschaft etabliert[448] – und nicht nur offensichtlich kurzfristig gegen die vereinbarten Regeln verstößt wie der Terrorist. Die Stabilität totalitärer Systeme bekräftigen diese Hypothese der *kollektiven Regelübertretung*. Eine wie auch immer rekrutierte Elite, die sich selbst auf Kosten aller anderen Teile der Gemeinschaft installiert, hat kein Interesse daran, mit allen anderen Individuen zu tauschen. Der Kreis der relevanten Vertragsteilnehmer läßt sich auf die herrschende Gruppe beschränken. Durch die Mitgliedschaft in der Elite können darüber hinaus die Schwierigkeiten überwunden werden, mit denen sich ein einzelner unvermeidlich konfrontiert sieht, falls er ähnliches versuchen wollte.

Um diese deskriptive Hypothese mit klassischen topoi der Geschichte und der politischen Philosophie plausibler zu machen, seien einige Beispiele genannt. Sie sollen nicht historisch aufgearbeitet werden, sondern dienen lediglich der Illustration und der Verdeutlichung. Ein Tyrann oder auch ein Diktator benötigen die wie auch immer geartete Toleranz ihrer Untergebenen, um langfristig überleben zu können. Diese Toleranz ist im übrigen empirisch häufiger fest-

---

ist aber für die Bedingungen der Möglichkeit der Handlungsfähigkeit des Selbstmordattentäters irrelevant.

[448] Vgl. zur folgenden Argumentation ähnlich Nida-Rümelin 1997b, S. 306ff., allerdings ohne die klärende Unterscheidung zwischen individueller und kollektiver Regelübertretung.

stellbar, als man auf den ersten Blick annehmen möchte. Beispielhaft seien Chile, Indonesien und Zaire, aber auch der aufgeklärte Absolutismus oder das spätrömische Kaiserreich genannt. Diese Toleranz ist jedoch meines Erachtens nicht erforderlich für die Herrschaftsform einer Elite. Wenn es einer kleinen Gruppe gelingt, ihre Herrschaft zu etablieren und zu kontrollieren, kann diese dem Druck der Schlechtergestellten dauerhaft standhalten. Eine Elite ist nur sehr begrenzt auf die Toleranz der Beherrschten angewiesen. Beispiele sind die antiken und neuzeitlichen Sklavenhaltergesellschaften, die frühmittelalterliche Aristokratie, aber auch der Herrschaftsanspruch der kommunistischen Parteien Osteuropas vor der Periode der Perestroika, die Apartheitspolitik Südafrikas und die Stabilität von Militärdiktaturen. Tauschgerechtigkeit kann deshalb prima facie *nicht* als ein Gebot der Klugheit bestimmt werden. Es kann durchaus im aufgeklärten Eigeninteresse einer *Gruppe* von Individuen liegen, sich über die Freiheitsräume vieler anderer Individuen hinwegzusetzen. Eine je individuelle Regelübertretung kann im Normalfall und in langfristiger Perspektive geahndet werden, die permanente Regelübertretung einer herrschenden Elite nicht bzw. allenfalls durch und nach dem Umsturz aller politischen Strukturen.

Damit ist ein weiterer gravierender Einwand gegen die Tauschgerechtigkeit angeklungen, das Moment der *Sanktionierung* von Regeln. Gemäß der Höffeschen Unterscheidung von primärem und sekundärem Naturzustand gibt es im primären Naturzustand keine Sanktionsmechanismen. Denn es existiert kein Staat, der die Regeleinhaltung gewährleisten könnte. Es gibt im primären Naturzustand auch keine machtvolle Elite. Und der persönlichen Rache oder der je individuellen Sanktion dienen ja gerade das Recht und die Gerechtigkeit als Beschränkung. Es liegt deshalb meines Erachtens nahe, für den primären Naturzustand die Rechte des transzendentalen Kontraktualismus *nicht als Ansprüche, sondern als Privilegien* zu interpretieren.[449]

Dafür lassen sich folgende Argumente vorbringen: Erstens fehlt im primären Naturzustand, der zwar soziale Regeln, aber noch nicht den Staat thematisiert, der menschenrechtliche Normadressat. Es gibt keine politische Gemeinschaft, die durch aktives oder passives Handeln die Gewährleistung irgendwelcher Ansprüche übernehmen könnte. Lediglich die anderen Rechtsgenossen fungieren

---

[449] Vgl. zur rechtstheoretischen Analyse von Ansprüchen Kapitel 2.1.1 und von Privilegien Kapitel 2.1.3.

als Normadressaten der genannten Rechte. Dies ist rechtstheoretisch korrekt. Es handelt sich jedoch bei eben diesen Rechten nicht mehr um Ansprüche, sondern nur noch um Privilegien.[450] Und Privilegien alleine begründen keine Menschenrechte, da ihnen keine Verpflichtungen korrespondieren. Zweitens reduziert die Konzeption Höffes die Menschenrechte im primären Naturzustand auf individualethische Rechte zwischen einzelnen Individuen. Dies widerspricht der rechtstheoretischen Analyse, die Menschenrechte zwar als mittelbar relevant für einzelne Individuen einführte, aber nicht die einzelnen unmittelbar verpflichtet, auch für deren Einhaltung verantwortlich zu sein. Dies ist die genuine Aufgabe der politischen Gemeinschaft als primärer und korrekter Normadressat menschenrechtlicher Ansprüche. Drittens gewinnt die Behauptung des universellen Klugheitsgebotes zu tauschen durch die Interpretation an Plausibilität. Wenn die eingeführten Regeln nicht sanktionsbewehrt sind, was für die Regeln des primären Naturzustandes der Fall ist, ist es vermutlich ein Gebot der Klugheit, diesen Regeln zuzustimmen. Dies gilt nicht nur für die potentielle Zustimmungsfähigkeit, sondern auch für die faktische Zustimmungswürdigkeit. Ob diese Zustimmung je individuell ehrlich gemeint ist oder ob sie gar als Einladung zu strategischem Verhalten verstanden werden kann, bleibt davon unberührt. Viertens erklärt die Interpretation der genannten Rechte als Privilegien in schlüssiger Art und Weise, weshalb im primären Naturzustand überhaupt noch von Rechten die Rede ist.[451]

Schließlich widerspricht fünftens die Interpretation von Rechten als Privilegien nicht dem Prinzip der Tauschgerechtigkeit. Gesetzt den Fall, daß auf die Anerkennung einer Leistung dann und nur dann ein moralischer Anspruch besteht, wenn die Leistung lediglich unter der Bedingung erbracht worden ist, daß eine korrespondierende Gegenleistung erbracht wird. Wenn man dieses prinzipiell akzeptiert und auf Privilegien bezieht, so hat man einen moralischen Anspruch auf die Anerkennung seiner eigenen Privilegien genau dann, wenn man die Privilegien der anderen Individuen anerkennt. Dieser Aussage kann man zustimmen, ohne daraus irgendwelche Verpflichtungen ableiten zu können. Denn Privilegien sind nur sehr schwache Rechte, die nicht dadurch verletzt werden, daß man beispielsweise einen anderen Menschen in irgendeiner Form schädigt.

---

[450] Vgl. die Interpretation des Hobbesschen Naturzustands in Kapitel 2.1.3.
[451] Vgl. wiederum die Hobbesinterpretation in Kapitel 2.1.3.

4.7 Transzendentaler Kontraktualismus

Diese Schädigung würde einen Anspruch verletzen, sofern denn einer legitim besteht, nicht hingegen ein bloßes Privileg.[452]

Ein naheliegender Einwand gegen diese Lesart von Rechten als Privilegien ist, das zweistufige Legitimationsmodell des transzendentalen Kontraktualismus als Gedankenexperiment zu bezeichnen. Die Konstitution von Recht und Staat erfolge zwar in zwei Stufen, sei aber nicht getrennt analysierbar. Recht und Staat seien nicht unabhängig voneinander. Der Staat sei hinzuzudenken, sobald sanktionsbewehrte Regeln thematisiert werden. Damit bleibt die Frage unbeantwortet, weshalb es eines zweistufigen Modells bedarf und sich Recht und Staat nicht gleichzeitig konstituieren. Ein kontraktualistisches Modell, das Recht und Staat auf einer Ebene ansiedelt, wäre zum Beispiel dasjenige des fairneßorientierten Kontraktualismus von John Rawls, das im nächsten Kapitel analysiert wird.[453]

Was bleibt? Die eingangs dieses Abschnitts aufgeworfene Frage lautete, auf welche Interessen die Verpflichtung zum Tausch sinnvoll bezogen werden kann. Selbst wenn man sich nur auf das Interesse an Leben und körperlicher Unversehrtheit beschränkt, sind diejenigen Menschen ausgeschlossen, die dauerhaft ihre Zurechnungsfähigkeit verloren haben. Dies widerspricht jedoch grundlegend unseren Intuitionen von Gerechtigkeit. Dies legt unter Umständen den Übergang zu einem objektiven Begriff des Interesses nahe. Dieser müßte versuchen, einen Anspruch auf Berücksichtigung von Interessen unabhängig von den tatsächlichen Bedürfnissen einzelner Individuen zu begründen. Ob dies gelingt, kann dahingestellt bleiben, da in diesem Fall zumindest keine objektiven Interessen zugrunde gelegt werden können, die getauscht werden sollen, denn wenn ein objektives Interesse vorliegt, wird die Legitimation durch einen Tausch überflüssig. Insofern kommt für ein objektives Interesse wohl auch nur das Interesse an Leib und Leben in Frage. Das Interesse an Verständigung, das den Menschen als sprach- und vernunftbegabtes Lebewesen ausmacht, kann aufgrund der inhärenten Wechselseitigkeit in keinem Fall als objektives Interesse ausgezeichnet werden.

---

[452] Ergänzend ließe sich – allerdings nicht als Argument, sondern nur als Hinweis – hinzufügen, daß Höffe in seiner Interpretation der Hohfeldschen Rechtstheorie den Terminus des Privilegs nicht thematisiert, sondern Privilegien und Freiheiten unbesehen gleichsetzt. Vgl. Höffe 1999b, S. 68.
[453] Vgl. Rawls 1971. Rawls 1993a. Rawls 1999 und Kapitel 4.8.

4.7 Transzendentaler Kontraktualismus

Als Fazit läßt sich festhalten, daß der transzendentale Kontraktualismus eine kulturinvariante Anthropologie als Grundlage eines Menschenrechtsdiskurses identifizieren kann. Die transzendentalen Interessen des Menschen als Lebewesen und als sprach- und vernunftbegabtes Wesen sind unabhängig von der jeweils spezifischen Kultur. Deshalb ist das Konzept grundsätzlich offen gegenüber der real existierenden kulturellen Vielfalt. Es erlaubt eine Identität in der Differenz. Der Tausch dieser Interessen bleibt jedoch begründungsbedürftig. Problematisch ist der zu kleine Objektbereich der Argumentation, der bestimmte Menschen aufgrund der fehlenden Zurechnungsfähigkeit explizit ausschließt. Ebenso wenig plausibel ist die Behauptung, daß der Tausch ein universelles Klugheitsgebot sei. Damit ist die Transformation der optativen in die normative Ebene in Frage gestellt. Denn transzendentale Interessen alleine rechtfertigen noch keine universellen Regeln oder Prinzipien. Sie besagen nur, daß jedermann diese Interessen hat, zeigen aber noch nicht, warum andere verpflichtet sind, sich auch dafür einzusetzen. Wie die letzten Bemerkungen andeuten, kann das Konzept andererseits im Hinblick auf die angestrebte kulturinvariante Geltung von Werten und Normen fruchtbar gemacht werden, wenn der zweistufige Legitimationsgang in eins gesetzt wird. Dies soll im nächsten Kapitel anhand eines fairneßorientierten Kontraktualismus ausbuchstabiert werden. Dem interessegeleiteten transzendentalen Kontraktualismus wird damit ein egalitärer und fairneßorientierter Kontraktualismus an die Seite gestellt.

4.8 Fairneßorientierter Kontraktualismus und Menschenrechte

Der wichtigste Vertreter eines fairneßorientierten Kontraktualismus ist John Rawls. Auf sein Werk näher einzugehen, hieße dabei, Eulen nach Athen zu tragen. Es mag der knappe Hinweis genügen, daß John Rawls durch seine beiden Hauptwerke „A theory of justice"[454] und „Political liberalism"[455] die politische Philosophie von ihrer jahrzehntelangen Randexistenz befreit hat. Die dadurch eingeleitete Wiederbelebung des vertragstheoretischen Denkens zu Beginn der siebziger Jahre des 20. Jahrhunderts dauert bis heute an.[456] Denn sowohl die weiteren kontraktualistischen Entwürfe, etwa von Robert Nozick[457], James Buchanan[458], David Gauthier[459], Thomas Pogge[460] oder eben auch Otfried Höffe[461], als auch die Kritiker des Liberalismus bzw. Libertarismus wie zum Beispiel die Kommunitaristen[462] Michael Sandel[463], Michael Walzer[464] und Alasdair MacIntyre[465] benutzen Rawls als Bezugspunkt. Dies wird ergänzt durch eine umfangreiche Sekundärliteratur[466], die auch eine Einführung in das Gedankengebäude von John Rawls obsolet erscheinen läßt.[467]

---

[454] Rawls 1971. Deutsch Rawls 1975.
[455] Rawls 1993a. Deutsch Rawls 1998. Auf durchaus vorhandene (Weiter-)Entwicklungen und Veränderungen zwischen diesen beiden zentralen Texten soll nicht näher eingegangen werden. Vgl. dazu Rawls 1999, S. 179f.
[456] Julian Nida-Rümelin: Die beiden zentralen Intentionen der Theorie der Gerechtigkeit als Fairneß von John Rawls – eine kritische Rekonstruktion, in: Archiv für Rechts- und Sozialphilosophie 76 (1990) S. 458.
[457] Nozick 1974.
[458] Buchanan 1975.
[459] David Gauthier: Morals by agreement. Oxford 1986.
[460] Thomas W. Pogge: Realising Rawls. Ithaca, New York 1990. Thomas W. Pogge: Menschenrechte als moralische Ansprüche an globale Institutionen, in: Peter Koller / Klaus Puhl (Hrsg.): Current issues in political philosophy: Justice in society and world order. Wien 1997, S. 147-164.
[461] Höffe 1987. Höffe 1999b und Kapitel 4.7.
[462] Vgl. Kapitel 4.4 dieser Arbeit zur kommunitaristischen Kritik an liberalen Ansätzen.
[463] Sandel 1982. Sandel 1995.
[464] Walzer 1983. Walzer 1996.
[465] MacIntyre 1981.
[466] Norman Daniels (Hrsg.): Reading Rawls. Critical studies of ‚A theory of justice'. Oxford 1975. Otfried Höffe (Hrsg.): Über John Rawls Theorie der Gerechtigkeit. Frankfurt am Main 1977. Gene Blocker / Elisabeth Smith (Hrsg.): John Rawls theory of social justice.

Lediglich eine terminologische Vorbemerkung sei gestattet. Rawls selbst bezeichnet seine Konzeption programmatisch als politischen Liberalismus.[468] Sie kann aber auch als egalitärer Liberalismus oder als *fairneßorientierter Kontraktualismus* aufgefaßt werden.[469] Der folgenden Analyse wird der letztgenannte Begriff des fairneßorientierten Kontraktualismus zugrunde gelegt. Kontraktualistisch ist sie insofern, als – ähnlich wie bei Höffe – eine wie auch immer genauer zu beschreibende Situation eines Natur- oder Urzustandes als Ausgangspunkt der Argumentation dient. Ein kontrafaktischer Vertragsschluß verhilft dazu, diesen hypothetisch angenommenen Urzustand verlassen zu können und zu dürfen. Und fairneßorientiert ist sie insofern, als für eben dieses hypothetische Gedankenexperiment eine bestimmte Gleichwertigkeit aller betroffenen Entitäten erforderlich ist. Auch als Resultat des Urzustandsmodells können sich in der Rawlsschen Theorie egalitäre Tendenzen ergeben, die mit dem Begriff der Fairneß eingefangen werden können.[470] Darüber hinaus stehen sowohl der transzendentale als auch der fairneßorientierte Kontraktualismus in der Tradition Kantischer Ethiken, sofern ein weiter Begriff des Kontraktualismus zugrunde gelegt wird.[471]

Athens, Ohio 1980. Brian Barry: Theories of justice. Berkeley 1989. Angelo Corlett (Hrsg.): Equality and liberty. Analysing Rawls and Nozick. Houndmills 1991.

[467] Vgl. zur Einführung u.a. Wolfgang Kersting: John Rawls. Hamburg 1993 und Kersting 1994.

[468] Siehe z.B. John Rawls: Justice as fairness: Political not metaphysical, in: Philosophy and public affairs 14/3 (1985) S. 223-251.

[469] Für eine begrifflich-systematische Einführung in den zeitgenössischen Kontraktualismus siehe Thomas Schmidt: Die Idee des Sozialvertrags. Rationale Rechtfertigung in der politischen Philosophie. Paderborn 2000, S. 15-39. Für die enge Verbindung zwischen Liberalismus und Kontraktualismus siehe die Texte in Julian Nida-Rümelin / Wilhelm Vossenkuhl (Hrsg.): Ethische und politische Freiheit. Berlin, New York 1998.

[470] Es können, müssen sich aber nicht zwangsläufig egalitäre Ergebnisse einstellen. Deshalb ist der Begriff des fairneßorientierten Kontraktualismus demjenigen des egalitären Kontraktualismus vorzuziehen.

[471] Ein weiter Begriff des Kontraktualismus charakterisiert auch das Rawlssche Modell des Urzustandes mit dem Begriff des Vertrages. Von einem Vertrag im herkömmlichen Sinne kann allerdings nicht mehr gesprochen werden, da im Urzustand durch den Schleier des Nichtwissens die tatsächlichen individuellen Interessen der Parteien nicht berücksichtigt werden dürfen. Jedoch kann das Verfahren des reflexiven Gleichgewichts als Rekonstruktion und Rechtfertigung allgemeingültiger wohlüberlegter Urteile verstanden werden, die sich sinnvoll auf die hypothetische Situation eines vorausgegangenen Vertragsschlusses beziehen lassen.

4.8 Faironientierter Kontraktualismus

Jedoch wird auf eine Interpretation der „Theorie der Gerechtigkeit" mit Blick auf die Menschenrechte an dieser Stelle verzichtet. Vielmehr wird das Konzept als eine Art Hintergrundwissen zugrunde gelegt, ohne es en détaille darzustellen. Denn die Voraussetzungen der „Theorie der Gerechtigkeit" sprechen *gegen* eine direkte Applikation auf die Frage, ob Menschenrechte als universelle Normen begründet werden können. Explizit werden mäßige Knappheit der Ressourcen, Interessengegensätze und fehlende fundamentale Gegensätze[472] sowie geordnete und liberaldemokratische politische Gemeinschaften[473] vorausgesetzt (!), um das Modell des Urzustandes unter dem Schleier des Nichtwissens anwenden zu können. Aufgrund dieser umfangreichen Prämissen ist die Konzeption in der ursprünglichen Form nach Rawls nur auf die hochentwickelten modernen westlichen politischen Gemeinschaften anwendbar. Gleiches gilt für die Weiterentwicklung der Theorie im „Politischen Liberalismus".[474]

Erst in späteren Schriften wird das in diesem Sinn partikulare Modell ausgebaut und auf die Ebene der Völkergemeinschaft[475] übertragen. Und erst damit steht die universelle normative Geltung der Menschenrechte zur Diskussion. Der folgenden Erörterung wird daher der Text „The law of peoples"[476] zugrunde gelegt. Er fußt darauf, daß innerhalb einiger liberaldemokratischer politischer Gemeinschaften die Menschenrechte zumindest der ersten Generation einschließlich ihrer elementaren Realisierungsbedingungen im positivrechtlichen Sinne gültig sind. Ob dies im Sinne der „Theorie der Gerechtigkeit" normativ

---

[472] Rawls 1975, § 22: „Damit kann man kurz sagen, die Anwendungsverhältnisse der Gerechtigkeit liegen vor, wenn Menschen konkurrierende Ansprüche an die Verteilung gesellschaftlicher Güter bei mäßiger Knappheit stellen. Lägen diese Bedingungen nicht vor, so gäbe es für die Tugend der Gerechtigkeit keinen Anlaß, ..."

[473] Vgl. Rawls 1975, § 22 und § 69. Rawls 1999, S. 30: „... , let us note that the original position with a veil of ignorance is a model of representation for liberal societies. ..., it models what we regard – you and I, here and now – as fair and reasonable conditions for the parties, who are rational representatives of free and equal, reasonable and rational citizens, to specify fair terms of co-operation for regulating the basic structure of this society."

[474] Vgl. Rawls 1993a, § 2.

[475] Rawls spricht von einer „society of peoples", vgl. z.B. Rawls 1999, S. 3: „I shall use the term ‚Society of Peoples' to mean all those peoples who follow the ideals and principles of the Law of Peoples in their mutual relations."

[476] Rawls 1999. Der Text „The law of peoples" von 1999 ist eine überarbeitete und erweiterte Fassung eines erstmals 1993 unter dem gleichen Titel publizierten Textes. Vgl. Rawls 1993b. Deutsch Rawls 1996. Die Seitenzahlen der folgenden Analyse beziehen sich auf die ausgearbeitete Fassung von 1999.

gerechtfertigt ist, wäre der Gegenstand einer anderen Diskussion. Im folgenden wird so verfahren, *als ob* das Faktum der liberaldemokratischen politischen Gemeinschaften legitim sei. Denn es geht nicht um eine binnenorientierte und kulturspezifische Perspektive, sondern um eine umfassende und kulturinvariante (Re-)Konstruktion. Die Frage lautet nicht, ob die hinsichtlich der geographischen Reichweite eingeschränkte Geltung der Menschenrechte der ersten Generation im Sinne der „Theorie der Gerechtigkeit" normativ gerechtfertigt ist. Sondern die Frage lautet, ob die faktisch vorhandene partikulare Geltung auf einen universellen Geltungsanspruch hinsichtlich der geographischen Reichweite erweitert und normativ begründet werden kann.

4.8.1 Politische Gemeinschaften, Völker, Staaten und das Völkerrecht

Rawls will seine Völkerrechtskonzeption als *realistische Utopie*[477] verstanden wissen. Im Sinne einer realistischen Perspektive beginnt er mit einem Blick auf die Vielfalt der real existierenden politischen Gemeinschaften. Es werden fünf Idealtypen unterschieden[478]: Erstens vernünftige *liberale politische Gemeinschaften*, zweitens *hierarchische politische Gemeinschaften*[479], drittens gesetzlose Staaten, viertens mit ungünstigen Bedingungen konfrontierte politische Gemeinschaften und fünftens wohlwollende absolutistische politische Gemeinschaften. Die ersten beiden Idealtypen der vernünftigen liberalen politischen Gemeinschaft und der hierarchischen politischen Gemeinschaft werden auch als *wohlgeordnete politische Gemeinschaften* bezeichnet.[480] Die zentrale These der Theorie besagt, daß eine bestimmte Völkerrechtskonzeption, die auch bestimmte basale Menschenrechte beinhaltet, nicht nur für liberale politische Ge-

---

[477] Vgl. Rawls 1999, S. 4 und S. 11-23.

[478] Vgl. Rawls 1999, S. 4f.

[479] „Hierarchische politische Gemeinschaften" ist die im weiteren verwendete und als terminus technicus zu verstehende Übertragung des Ausdrucks „decent societies". Die wörtliche Übersetzung mit „ordentliche / geordnete Gesellschaften" würde zu einer Verdoppelung im Falle der wohlgeordneten ordentlichen politischen Gemeinschaft führen. Siehe dazu auch die folgende Fußnote.

[480] Vgl. Rawls 1999, S. 4. Um Übersetzungsdefizite zu vermeiden, seien die englischen Termini kurz gelistet: Erstens „reasonable liberal peoples", zweitens „decent peoples", drittens „outlaw states", viertens „societies burdened by unfavourable conditions" und fünftens „benevolent absolutisms". Die ersten beiden Kategorien werden zusammengefaßt zu „well-ordered peoples".

meinschaften, sondern für alle wohlgeordneten politischen Gemeinschaften akzeptabel sei und vernünftigerweise akzeptabel sein sollte.[481]

Akteure des Völkerrechts im Rahmen dieser Konzeption sind dabei nicht mehr Staaten, sondern Völker bzw. politische Gemeinschaften.[482] Dadurch wird der utopische Gehalt der Theorie deutlich. Denn die Akteure herkömmlicher Theorien internationaler Beziehungen sind ausschließlich (National-)Staaten.[483] Sie würden rational ihre ureigenen und machtgeleiteten Interessen verfolgen, verfügten in der Binnenperspektive über eine uneingeschränkte Souveränität und in der Außenperspektive über das Recht auf Krieg als Fortsetzung der Politik mit anderen Mitteln.[484] Diesem Verständnis widerspricht zwar eine universelle Geltung der Menschenrechte nicht notwendig, es gerät jedoch aller Wahrscheinlichkeit nach über kurz oder lang damit in Konflikt.

Demgegenüber genügen (wohlgeordnete) politische Gemeinschaften den folgenden drei Bedingungen:[485] Erstens – die institutionelle Dimension – verfolgen eine Regierung oder die jeweiligen Machthaber die fundamentalen Interessen der jeweiligen politischen Gemeinschaft und nicht nur ihre egoistischen Privatinteressen, zweitens – die kulturelle Dimension – werden die Mitglieder einer wohlgeordneten politischen Gemeinschaften von sogenannten „gemeinsamen Sympathien" zusammengehalten[486] und drittens – die politische Dimension – existiert in politischen Gemeinschaften im Gegensatz zu Staaten notwendig eine moralische Komponente. Diese äußere sich darin, daß politische

---

[481] Rawls 1999, S. 37: „Yet the main point is that free and independent well-ordered peoples are ready to recognise certain basic principles of political justice as governing their conduct. These principles constitute the basic charter of the Law of Peoples."
[482] Vgl. Rawls 1999, S. 23ff. Die englischen Termini lauten „states" und „peoples". „States" wird mit „Staaten" übersetzt, während „peoples" im folgenden mit „politische Gemeinschaften" wiedergegeben wird.
[483] Vgl. z.B. Ursula Lehmkuhl: Theorien internationaler Politik. Einführung und Texte. München 1996.
[484] Vgl. Rawls 1999, S. 25.
[485] Vgl. Rawls 1999, S. 23ff.
[486] Gemeinsame Sympathien äußern sich durch eine gemeinsame Sprache, Geschichte, politische Kultur und ein gemeinsames historisches Bewußtsein. All diese Bedingungen müssen jedoch keinesfalls notwendig erfüllt sein, sondern dienen lediglich als Indikatoren. Gemeinsame Sympathien sind mit verschiedenen ethnischen und nationalen Hintergründen vereinbar. Vgl. Rawls 1999, S. 24f.

Gemeinschaften nicht nur rational ihre eigenen Interessen verfolgten, sondern diese auch einer vernünftigen Beurteilung unterwürfen.

Auf den Punkt gebracht: Staaten seien strikt rational und hätten rationale (Eigen-)Interessen, während politische Gemeinschaften vernünftig seien und vernünftige (Eigen-)Interessen hätten.[487] Dem reinen Pluralismus der Interessen auf der Ebene der Staaten – nichts ist rational verboten, sondern alles ist rational erlaubt[488] – wird ein vernünftiger Pluralismus der politischen Gemeinschaften – mit rational erlaubten und rational verbotenen Interessen bzw. Handlungen – gegenübergestellt. Rational erlaubt sei ein vernünftiger Pluralismus mit einem überlappenden Konsens zwischen verschiedenen vernünftigen ganzheitlichen Weltanschauungen.[489] Rational verboten sei demgegenüber in der Binnenperspektive eine uneingeschränkte Souveränität und in der Außenperspektive ein uneingeschränktes Recht auf Krieg.[490] Krieg sei lediglich ein Mittel der Selbstverteidigung zum Schutz der vernünftigen Eigeninteressen.

Als vernünftige Interessen von politischen Gemeinschaften[491] werden die politische Unabhängigkeit, eine freie Kultur mit Berücksichtigung der bürgerlichen Freiheiten, die Gewährleistung von Sicherheit, Territorialhoheit und Wohlergehen der Mitglieder der politischen Gemeinschaft sowie eine Art Selbstanerkennung bzw. Selbstwahrnehmung als Volk identifiziert. Politische Gemeinschaften seien ferner – im Gegensatz zu Staaten (!) – bereit, diese vernünftigen Interessen auch bei anderen politischen Gemeinschaften anzuerkennen. „What distinguishes peoples from states – and this is crucial – is that just peoples are fully prepared to grant the very same proper respect and recognition to other peoples as equals."[492] Aufgrund dieses Kriteriums der *Reziprozität* kann die Theorie als *fairneßorientiert* bezeichnet werden.[493] Politische Gemeinschaften sollten im Gegensatz zu Staaten dazu bereit sein, andere politische Gemein-

---

[487] Vgl. Rawls 1999, S. 29-32.
[488] Vgl. zur Unterscheidung von rational verbotenen, rational erlaubten und rational gebotenen Handlungen Kapitel 4.6.1 dieser Arbeit.
[489] Rawls 1999, S. 32: „... we must look to the fact of reasonable pluralism and the idea of an overlapping consensus of reasonable comprehensive doctrines."
[490] Vgl. Rawls 1999, S. 27.
[491] Vgl. Rawls 1999, S. 29 und S. 34f.
[492] Rawls 1999, S. 35.
[493] Rawls 1999, S. 32: „Both the parties as representatives and the peoples they represent are situated symmetrically and therefore fairly."

schaften als Gleiche anzuerkennen. Eine faire Kooperation liege im vernünftigen Interesse aller politischer Gemeinschaften.

Ferner wird zwischen mehreren Ebenen der Anwendung des Gedankenexperiments des Urzustandes unterschieden. Die erste Ebene beschreibt die interne Perspektive einer wohlgeordneten liberalen politischen Gemeinschaft auf eben diese wohlgeordnete liberale politische Gemeinschaft. Sie wird in der „Theorie der Gerechtigkeit" entfaltet und hier aus den bereits genannten Gründen nicht weiter betrachtet. Die weiteren Überlegungen akzeptieren das Faktum der vernünftigen liberaldemokratischen politischen Gemeinschaften, „als ob" es legitim ist. Die zweite Ebene erfaßt die externe Perspektive einer wohlgeordneten liberalen politischen Gemeinschaft auf andere wohlgeordnete liberale politische Gemeinschaften.[494] Die dritte Ebene erweitert die externe Perspektive einer wohlgeordneten liberalen politischen Gemeinschaft auf alle wohlgeordneten politischen Gemeinschaften.[495] Sowohl liberale als auch nichtliberale hierarchische wohlgeordnete politische Gemeinschaften werden von der sogenannten idealen Theorie eingeschlossen. Als Ergebnis der Abwägungen ergäben sich bestimmte völkerrechtliche Prinzipien, die für alle wohlgeordneten politischen Gemeinschaften vernünftig seien und deshalb akzeptiert werden sollten. Die vierte und letzte Ebene schließlich beschäftigt sich im Rahmen der sogenannten nichtidealen Theorie[496] mit der Außenperspektive einer wohlgeordneten politischen Gemeinschaft auf gesetzlose Staaten, mit ungünstigen Bedingungen konfrontierte politische Gemeinschaften und wohlwollend absolutistische politische Gemeinschaften. Die sich daraus ergebenden Konsequenzen[497] bleiben im weiteren außen vor, da es sich nicht mehr um ein Urzustandsmodell handelt.

Im übrigen wird durch die Einführung der vier Ebenen deutlich, daß es sich bei der Rawlsschen Konzeption keineswegs um ein globales Urzustandsmodell

---

[494] Vgl. Rawls 1999, S. 30-44.
[495] Vgl. Rawls 1999, S. 59-70.
[496] Vgl. Rawls 1999, S. 89ff.
[497] Zum Beispiel ein sehr restriktives Recht auf Intervention gegen gesetzlose Staaten im Falle von gravierenden Menschenrechtsverletzungen und bestimmte positive Pflichten, den mit ungünstigen Bedingungen ökonomischer, politischer oder kultureller Art konfrontierten politischen Gemeinschaften zu helfen, eben diese zu überwinden. Mit diesen positiven Pflichten wird die Unterscheidung zwischen rational verbotenen und rational erlaubten Interessen durch die Kategorie der rational gebotenen Interessen ergänzt. Vgl. Rawls 1999, S. 89-120.

handelt. Statt dessen werden mehrere aufeinander folgende und voneinander weitgehend unabhängige Anwendungen des Urzustandsmodells mit jeweils modifizierten Rahmenbedingungen vorgeschlagen. Allerdings stellt sich das Problem der getrennten Konstitution von Recht und Staat[498] trotz des gestuften Verfahrens nicht, weil nicht die Legitimität einer einzelnen politischen Gemeinschaft, sondern deren Beziehungen zu anderen politischen Gemeinschaften thematisiert werden. Es wird aus der Perspektive einer politischen Gemeinschaft (und nicht aus der eines einzelnen Individuums oder eines allwissenden Beobachters) heraus das vernünftige Verhalten eben dieser politischen Gemeinschaft (und nicht dasjenige eines Individuums, eines Mitglieds einer politischen Gemeinschaft, eines anderen Kollektivs oder eines allwissenden Beobachters) gegenüber anderen politischen Gemeinschaften (und wiederum nicht gegenüber einzelnen anderen Individuen, Kollektiven oder göttlichen Beobachtern) gerechtfertigt – eine wesentliche Einschränkung und Präzisierung.

Sie ist aber rechtstheoretisch korrekt.[499] Denn als Normadressaten von menschenrechtlichen Ansprüchen fungieren unverändert politische Gemeinschaften. Ebenso sind nach wie vor sowohl Individuen als auch Kollektive die legitimen möglichen Träger menschenrechtlicher Ansprüche. Jedoch werden in der Rawlsschen Analyse ausschließlich politische Gemeinschaften – und keine Individuen oder andere kollektive Entitäten – als beschwerdebefugte Kläger gegen die Verletzung von Menschenrechten berücksichtigt. Dies ist rechtstheoretisch korrekt, insofern politische Gemeinschaften über die notwendige positivrechtliche Macht verfügen, diese Verletzungen juristisch zu ahnden. Es ist insofern unvollständig, als die Klagen und Beschwerden von direkt betroffenen Individuen und anderen Kollektiven wie zum Beispiel Menschenrechtsorganisationen unberücksichtigt bleiben. Es wird nicht behauptet, daß diese unzulässig oder illegitim seien, sondern sie werden schlicht in der Analyse nicht berücksichtigt.

---

[498] Vgl. die Interpretation von Rechten als bloßen Privilegien in den Kapiteln 2.1.3 und 4.7.2.

[499] Vgl. für die folgende Argumentation die rechtstheoretische Analyse in Kapitel 2 dieser Arbeit.

4.8 Fairneßorientierter Kontraktualismus

Als vernünftiger Inhalt des Völkerrechts ergeben sich dann auf der dritten Ebene des Modells für alle wohlgeordneten politischen Gemeinschaften die folgenden acht völkerrechtlich verbindlichen Prinzipien:[500]

1. „Peoples are free and independent, and their freedom and independence are to be respected by other peoples.
2. Peoples are to observe treaties and undertakings.
3. Peoples are equal and are parties to the agreements that bind them.
4. Peoples are to observe a duty of non-intervention.
5. Peoples have the right of self-defense but no right to instigate war for reasons other than self-defense.
6. Peoples are to honor human rights.
7. Peoples are to observe certain specific restrictions in the conduct of war.
8. Peoples have a duty to assist other peoples living under unfavorable conditions that prevent their having a just or decent political and social regime."

Diese für alle wohlgeordneten politischen Gemeinschaften vernünftigerweise akzeptablen Prinzipien werden dabei *nicht* aus einer wie auch immer formulierten Konzeption praktischer Rationalität abgeleitet.[501] Vielmehr entsprächen sie dem gegenwärtig akzeptierten und praktizierten Völkerrecht aller wohlgeordneten politischen Gemeinschaften.[502] Dabei sei auch in der politischen Philosophie ein moralischer Fortschritt[503] auszumachen. Der Gedanke, daß die Welt nicht vorgegeben, sondern aufgegeben sei und gestaltet werden könne, sei ein Ergebnis der Aufklärung. Ebenso sei die Bedeutung der Menschenrechte, wie sie im sechsten völkerrechtlichen Prinzip zum Ausdruck gebracht werde, nicht schon seit jeher vorgegeben. Sondern sie könne (auch) als Reaktion auf die historischen Erfahrungen mit deren Mißachtung insbesondere zu Zeiten des

---

[500] Rawls 1999, S. 37.
[501] Vgl. Rawls 1999, S. 86-88, Zitat S. 86: „... at no point are we deducing the principles of right and justice, or decency, or the principles of rationality, from a conception of practical reason in the background."
[502] Rawls nennt u.a. Terry Nardin: Law, morality, and the relations of states. Princeton 1983. Vgl. zustimmend Bruno Simma: Souveränität und Menschenrechtsschutz nach westlichem Völkerrechtsverständnis, EuGRZ 1977, S. 235ff. und skeptischer Otto Kimminich: Einführung in das Völkerrecht. München u.a. 1984, S. 353ff.
[503] Vgl. Rawls 1999, S. 44f.

Zweiten Weltkriegs interpretiert werden. Diesen Gedanken fortführend, lassen sich die völkerrechtlichen Prinzipien als derzeit bestmögliche Normen der friedlichen Koexistenz wohlgeordneter politischer Gemeinschaften verstehen. Auch sie sind nicht ein für allemal festgeschrieben, sondern beruhen auf dem derzeitigen Wissens- und Erkenntnisstand einschließlich historischer und politischer Erfahrungen.[504]

Allerdings deutet bereits die relativ schwache Formulierung des sechsten völkerrechtlichen Prinzips – politische Gemeinschaften sollen die Menschenrechte achten, ihnen wird jedoch keine streng universale Geltung zugesprochen – darauf hin, daß der Menschenrechtstopos im Rahmen dieser Völkerrechtskonzeption verschieden interpretiert und auch gedehnt werden kann. Für die politische Ebene mag ein solcher Formelkompromiß ausreichen, aus philosophischer Perspektive läßt er viele Fragen offen.

Schließlich, so argumentiert Rawls, erfordere die Einhaltung der Menschenrechte der ersten Generation – der grundlegenden, bürgerlichen und politischen Freiheiten des Menschen als körperlicher, geistiger und politisch-sozialer Person[505] – die Erfüllung bestimmter Realisierungsbedingungen.[506] Wenn den Mitgliedern einer politischen Gemeinschaft nicht auch die notwendigen Grundgüter zur Verfügung gestellt werden, um ihnen einen intelligenten und effektiven Gebrauch ihrer Freiheitsrechte zu ermöglichen[507], seien diese wert- und nutzlos. Mit diesem plausiblen Argument wird die Brücke von der ersten zur zweiten Generation von Menschenrechten geschlagen.[508] Ohne faire Ausbildungsmöglichkeiten, eine einigermaßen faire Einkommensverteilung insbesondere auch hinsichtlich der gering Verdienenden, eine staatliche Arbeitsmarktpolitik, eine basale öffentliche Gesundheitsvorsorge und sogar eine öffentliche Finanzierung

---

[504] Auch das Phänomen bzw. der Begriff des Völkergewohnheitsrechts beschreibt einen ähnlichen Sachverhalt, den der allmählichen Entstehung von Rechtsnormen zwischen verschiedenen politischen Gemeinschaften.
[505] Vgl. Kapitel 2.2.1 zu den drei Generationen von Menschenrechten.
[506] Vgl. Rawls 1999, S. 48ff.
[507] Vgl. Rawls 1999, S. 14: „... assures for all citizens the requisite primary goods to enable them to make intelligent and effective use of their freedoms."
[508] Vgl. ein ähnliches, etwas vorsichtigeres Argument bei Höffe 1999b, S. 75 und S. 79.

von Wahlen[509] seien die Menschenrechte der ersten Generation unwirksam für viele Mitglieder einer politischen Gemeinschaft.

Obwohl dieser Katalog sicher kontrovers interpretiert werden kann und tendenziell zu umfangreich sein dürfte, überzeugt die Grundidee. Ohne die Gewährleistung bestimmter Realisierungsbedingungen können bestimmte Menschenrechte der ersten Generation gar nicht wirksam werden. Es besteht somit kein kategorialer Unterschied zwischen liberalen Abwehrrechten und sozialen Anspruchsrechten. Wer nichts zu essen hat, für den ist ein Anspruch auf Anerkennung als Rechtsperson nicht viel wert. Wer keinerlei Gesundheitsversorgung in Anspruch nehmen kann, wird früher oder später seine Rechte auf freie geistige Entfaltung – etwa das Recht auf freie Meinungsäußerung oder das Recht auf Religionsfreiheit – nicht mehr in Anspruch nehmen können, da er andere Sorgen hat. Und wer keinen Zugang zu relevanten Informationen hat, wird seine politischen Rechte nur schwer effektiv in Anspruch nehmen können, da er keine wohlinformierten Wahlentscheidungen treffen kann. Diese Aussagen betreffen durchaus nicht nur liberale politische Gemeinschaften, sondern lassen sich auf alle wohlgeordneten politischen Gemeinschaften beziehen.

4.8.2 Toleranz und hierarchische wohlgeordnete politische Gemeinschaften

Doch zurück zur eigentlichen Fragestellung: Die zentrale These von Rawls lautet, daß die genannten Prinzipien des Völkerrechts für alle wohlgeordneten politischen Gemeinschaften vernünftig und deshalb akzeptabel sind und akzeptiert werden sollten. Wohlgeordnete politische Gemeinschaften sind dabei sowohl liberale als auch hierarchische politische Gemeinschaften. Worin genau besteht die Differenz zwischen ihnen? Eine vernünftige liberale Gerechtigkeitskonzeption wird durch drei Prinzipien beschrieben:[510] „... the first enumerates basic rights and liberties of the kind familiar from a constitutional regime; the second assigns these rights, liberties, and opportunities a special priority; especially with respect to the claims of the general good and perfectionism values; and the third assures for all citizens the requisite primary goods to enable them to make intelligent and effective use of their freedoms." Demgegenüber müssen hierarchische nichtliberale wohlgeordnete politische Gemeinschaften zwei Kri-

---
[509] Vgl. Rawls 1999, S. 50.
[510] Rawls 1999, S. 14.

terien erfüllen:[511] Erstens dürfen sie keine aggressiven Ziele haben bzw. aggressive Interessen verfolgen. Und zweitens gewährleisten sie für alle ihre Mitglieder die grundlegenden Menschenrechte, darunter das Recht auf Leben, auf Freiheit, auf Eigentum und auf formale Gleichheit vor dem Gesetz. Diese Anerkennung der grundlegenden Menschenrechte sei aber durchaus kompatibel mit einem Vorrang des kollektiven Guten und perfektionistischen Werten. Ferner erfordere die fehlende Anerkennung insbesondere der politischen Menschenrechte eine vernünftige liberale politische Gemeinschaft, sei aber nicht notwendig allen wohlgeordneten politischen Gemeinschaften zuzumuten.

Wohlgeordnete politische Gemeinschaften, die diese beiden Kriterien erfüllten, sollten aus Gründen der Toleranz als gleichberechtigte Mitglieder der Völkergemeinschaft betrachtet werden. Umgekehrt seien auch für diese hierarchischen politischen Gemeinschaften die genannten völkerrechtlichen Prinzipien vernünftig und deshalb akzeptabel. Die symmetrische Ausgangslage, die reziproke Anlage der vernünftigen Interessen, das Prinzip der Toleranz und der wechselseitige Respekt ermöglichten eine *faire Kooperation* verschiedener wohlgeordneter politischer Gemeinschaften.

Wie ist diese These zu bewerten? Zunächst sind einige Verbesserungen zu benennen, die den fairneßorientierten Kontraktualismus aufgrund seines bescheideneren Anspruchs gegenüber dem transzendentalen Kontraktualismus auszeichnen. Erstens löst die Konzeption in der vorgelegten Form das Problem der getrennten Konstitution von Recht und Staat, wenn auch indirekt. Sie fragt wie bereits formuliert nicht nach der Legitimität der politischen Herrschaft innerhalb einer politischen Gemeinschaft, sondern nach den vernünftigen Beziehungen zwischen verschiedenen politischen Gemeinschaften. Deren Existenz – und damit die Existenz von Recht *und* Staat – wird im Sinne einer realistischen Perspektive als Grundlage der Konzeption vorausgesetzt, wenn auch nicht begründet.[512]

Zweitens ist für die Rawlssche Konzeption eines vernünftigen überlappenden Konsenses nicht mehr die Zustimmung jedes einzelnen Individuums notwendig. Es genügt die Übereinstimmung einer – wenn auch schwer zu quantifizieren-

---

[511] Vgl. Rawls 1999, S. 64-67.

[512] In der Höffeschen Terminologie ausgedrückt, handelt es sich nicht um eine politische Fundamentalphilosophie, sondern lediglich um eine politische Philosophie.

den – Mehrheit der Individuen, die zum Beispiel die völkerrechtlichen Prinzipien als vernünftig akzeptiert. Einzelne abweichende Meinungen, die einen strikt auf rationalem Eigeninteresse gegründeten Vertragsschluß gefährden könnten, stellen diese Art von Konsens nicht mehr grundsätzlich in Frage. Illustrieren läßt sich diese Interpretation mit der Analogie von aufgeklärten Eigeninteressen der Individuen im transzendentalen Kontraktualismus[513] und den rationalen Interessen von Staaten im fairneßorientierten Kontraktualismus. Sowohl die Formel des „Tausches von Interessen" als auch die Beziehungen zwischen Staaten, die ausschließlich rational-egoistische Interessen verfolgen, begründen keine universelle normative Geltung der Menschenrechte. Moralität läßt sich nicht vollständig reduzieren auf Rationalität bzw. egoistische Interessen. Der schwächere Anspruch einer vernünftigen Übereinstimmung von wohlgeordneten politischen Gemeinschaften aufgrund von vernünftigen und fairen Interessen erscheint demgegenüber prima facie plausibler.

Drittens zeichnet sich die Theorie im Sinne ihrer Aufgabenstellung durch eine große Realitätsnähe aus. Untersucht wird nicht primär die Frage der universellen normativen Geltung der Menschenrechte, sondern die Problematik der Außenbeziehungen verschiedener politischer Gemeinschaften.[514] Dies betrifft auch, aber nicht ausschließlich die Frage der Menschenrechte. In diesem Sinne eignet sich das Konzept gut für konkrete Politikempfehlungen, die einer realistischen Utopie und der Idee des langsamen, aber kontinuierlichen Fortschritts verpflichtet sind. Beruhend auf vier sogenannten empirischen Tatsachen[515], dem Faktum des vernünftigen Pluralismus[516], dem Faktum der demokratischen Einheit trotz ethnischer und kultureller Diversität[517], dem Faktum der öffentlichen Vernunft[518] und dem Faktum des liberalen demokratischen Friedens[519], werden

---

[513] Vgl. Kapitel 4.7.2 zum Thema Gerechtigkeit als Tausch.
[514] Rawls 1999, S. 10: „... in developing the Law of Peoples within a liberal conception of justice, we work out the ideals and principles of the *foreign policy* of a reasonably just *liberal* people." (Hervorhebungen im Original)
[515] Vgl. Rawls 1999, S. 124-126.
[516] Die These, daß es keine ganzheitlichen Weltanschauungen gibt, die allgemein akzeptabel sind.
[517] Der Bezug zum kulturellen Relativismus ist offensichtlich, vgl. Kapitel 3.1 dieser Arbeit.
[518] Vgl. dazu ausführlich Rawls 1999, S. 129-180: The idea of public reason revisited.
[519] Die These, daß etablierte Demokratien keine Kriege gegeneinander führen. Vgl. Rawls 1999, S. 44ff.

praxisnahe Kategorisierungen und Handlungsempfehlungen entwickelt, die auch für die immer neuen Kompromisse der täglichen Politik akzeptabel erscheinen. Das auf diese Art und Weise entwickelte Völkerrecht ist ein realistisches Ziel.

Viertens kann die Behauptung, daß die aufgeführten Prinzipien nicht aus einer Hintergrundkonzeption praktischer Rationalität abgeleitet werden,[520] für die praktische Politik im Sinne einer Beweislastverteilung fruchtbar gemacht werden. Es ist für die praktische Menschenrechtspolitik nicht unbedingt notwendig, einen positiven Beweis für die universelle normative Geltung der Menschenrechte zur Verfügung zu haben. Vielmehr gilt aufgrund der mittlerweile vorherrschenden vernünftigen Übereinstimmung eine umgekehrte Beweislastverteilung. Nicht der positive Beweis muß erbracht werden – was schwierige philosophische Probleme mit sich bringt, wie mittlerweile deutlich geworden sein sollte –, sondern es müßte Gegenteiliges nachgewiesen oder zumindest plausibel gemacht werden. Das gilt zumindest für den Fall, daß man sich ernsthaft auf Argumente einläßt und den Status bloßer Evidenzbehauptungen hinter sich zu lassen versucht.

Der eher positiven Bewertung im Sinne der praktischen Politik stehen allerdings einige gravierende Einwände philosophischer Natur entgegen. Erstens kann die Konzeption aus der Perspektive einer kosmopolitischen Gerechtigkeit heraus in Frage gestellt werden.[521] Konkreter formuliert, bleibt unklar, warum genau eine *globale Urzustandsposition* unzulässig ist. Warum können nicht alle Individuen als direkt im Urzustand repräsentiert gedacht werden? Die sich daraus ergebenden menschenrechtlichen Ansprüche in Anlehnung an eine liberaldemokratische politische Gemeinschaft müssen nicht notwendig durch einen Weltstaat gewährleistet werden, sondern können vermutlich besser durch und im Rahmen der jeweiligen politischen Gemeinschaften umgesetzt werden. Die Frage der Umsetzung ist jedoch nachrangig gegenüber der Frage der normativen Geltung menschenrechtlicher Ansprüche. Auch etwaige fehlende gemeinsame Sympathien scheinen kein gutes Gegenargument zu sein. Denn auch innerhalb einer politischen Gemeinschaft werden verschiedene kulturelle, ethnische und sogar nationale Hintergründe explizit zugelassen. Im Sinne einer globalen politischen

---

[520] Vgl. Rawls 1999, S. 86ff.
[521] Vgl. Rawls 1999, S. 119f.

Gemeinschaft kann es sich dann allenfalls um graduell größere Divergenzen handeln, aber nicht mehr um einen Quantensprung.

Eine globale Urzustandsposition als Ausgangspunkt der Argumentation ist demnach möglich, wenn auch die Konsequenz der allumfassenden weltweiten politischen Gemeinschaft nicht notwendig gutzuheißen ist.[522] In diesem Sinne können jedoch die Vereinten Nationen als eine politische Gemeinschaft sui generis verstanden werden, die subsidiär tätig werden, aber bestimmte Verpflichtungen wie zum Beispiel den umfassenden Schutz der Menschenrechte auch gegen den Willen einzelner Mitgliedstaaten der Vereinten Nationen durchsetzen – falls dies notwendig ist. Eine Art Aufgabenteilung, die die Menschenrechte relativ hoch auf der Skala nationaler und supranationaler Institutionen ansiedelt, ist durchaus vorstellbar. Im übrigen entspräche diese Subsidiarität der Vereinten Nationen gegenüber den einzelnen Mitgliedsstaaten der Subsidiarität der einzelnen Mitgliedsstaaten gegenüber ihren jeweiligen Mitgliedern. Menschenrechte verpflichten eine politische Gemeinschaft nicht notwendig zu aktiven Handlungen. Solange die Handlungen und Unterlassungen anderer Individuen oder bestimmte Konstellationen die Einhaltung der Menschenrechte gewährleisten, wäre das Unterlassen bestimmter Handlungen von Seiten der politischen Gemeinschaft völlig ausreichend. Nur im Falle der unzureichenden Gewährleistung würde eine aktive Verpflichtung subsidiär relevant sein.[523]

Zweitens fällt Rawls mit seiner Völkerrechtskonzeption hinter den normativen Individualismus der „Theorie der Gerechtigkeit" in doppelter Hinsicht zurück.[524] Zum einen werden in den jeweiligen Urzustandsmodellen nicht nur Individuen, sondern auch Repräsentanten der jeweiligen politischen Gemeinschaften als Parteien zugelassen – eine eindeutig kollektivistische Tendenz. Und zum anderen sind wiederum politische Gemeinschaften und nicht deren Mitglieder die einzigen Akteure der internationalen Politik. Eine weniger restriktive Aus-

---

[522] Siehe zu dieser Thematik z.B. Immanuel Kant (1795): Zum ewigen Frieden. Ein philosophischer Entwurf, in: Akademieausgabe Berlin 1902ff. A3-A104, B3-B112. Rawls 1999, S. 36f. und Höffe 1999b, S. 27f. und S. 229ff.
[523] Vgl. zu diesem Subsidiaritätsargument auch die rechtstheoretische Analyse von Ansprüchen in Kapitel 2.1.1.
[524] So der Tenor der relativ scharfen Kritik von Andreas Follesdal: The standing of illiberal states: Stability and toleration in John Rawls ‚Law of Peoples', in: Peter Koller / Klaus Puhl (Hrsg.): Current issues in political philosophy: Justice in society and world order. Wien 1997, S. 165-174.

4.8 Fairneßorientierter Kontraktualismus

legung im Hinblick auf eine erstrebenswerte behutsame Individualisierung des Völkerrechts wäre möglich und wünschenswert. Während zum Beispiel die Institution der Vereinten Nationen zumindest bislang nur die Staatenbeschwerde zuläßt, sind etwa vor dem Europäischen Gerichtshof für Menschenrechte in Straßburg nach Ausschöpfung des nationalen Instanzenweges auch Individualbeschwerden zugelassen. Im Sinne des normativen Individualismus ist dies eindeutig positiv zu bewerten, da die Durchsetzungskraft deutlich verbessert wird.

Drittens liegt der Konzeption ein Primat der Politik insbesondere gegenüber der Ökonomie zugrunde, der nicht näher erläutert wird. Der Fokus auf politischen Gemeinschaften als den Akteuren internationaler Beziehungen unterschätzt jedoch meines Erachtens andere relevante Kollektive. Multinationale Wirtschaftsunternehmen spielen ebenso wie länderübergreifend tätige Nichtregierungsorganisationen oder auch Terrororganisationen eine zunehmende Rolle in den internationalen Beziehungen. Dies gilt auch und gerade für die Frage der Menschenrechte, die mittlerweile einen relativ hohen Stellenwert in der öffentlichen Aufmerksamkeit genießen. Eine politische Theorie sollte daher diese kollektiven Entitäten nicht von vornherein vernachlässigen, wenn sie sich als Entwurf einer realistischen Utopie versteht.

Viertens können fundamentale weltanschauliche Differenzen durch einen vernünftigen überlappenden Konsens nicht mehr argumentativ eingeholt werden. Poststrukturalisten, konsequente ethische Relativisten, aber auch größere Kollektive oder Staaten können, müssen aber nicht notwendig die genannten vernünftigen Interessen teilen.[525] Damit liegt fünftens der gesamten Konzeption eine eher optimistische Anthropologie zugrunde.[526] Ein vernünftiges Interesse an fairer Kooperation unter Gleichen wird konstatiert, unterstellt oder postuliert, ohne es wirklich zu begründen. Hier scheint die deutlich pessimistischere Minimalanthropologie des transzendentalen Kontraktualismus angemessener, auch im Sinne einer kulturinvarianten Anthropologie. Allerdings zeitigt sie keine befriedigenden Ergebnisse. Aber das Prinzip Hoffnung der Rawlsschen Anthropologie, das implizit in den Anfangsbedingungen des Urzustandes enthalten ist, kann auch nicht zufriedenstellen. Ein Mittelweg zwischen der zu pessimisti-

---

[525] Vgl. das Argument der kollektiven Regelübertretung in Kapitel 4.7.2.
[526] Man könnte auch von einer Lockeschen Anthropologie bei Rawls im Gegensatz zu einer Hobbesianischen im Falle des transzendentalen Kontraktualismus sprechen. Vgl. Nida-Rümelin 1997b, S. 308f.

schen Konfliktanthropologie und der zu optimistischen Kooperationsanthropologie scheint sinnvoll und notwendig zu sein.

Sechstens sucht die Rawlssche Theorie zu sehr nach den in der Realität de facto vorhandenen Möglichkeiten, Menschenrechte zu schützen. Diese Perspektive schlägt durch auf die ethische Theorie, wenn beispielsweise die Frage der legitimen Intervention in andere politische Gemeinschaften diskutiert wird. Ob eine Intervention diplomatischer, wirtschaftlicher oder sogar militärischer Natur gerechtfertigt werden kann oder nicht, ist jedoch bereits ein Problem der *Umsetzung* der Achtung der Menschenrechte. Unabhängig von einer möglicherweise unmöglichen oder nicht opportunen Umsetzung ist jedoch vorausliegend die Frage zu beantworten, ob ein begründeter moralischer Anspruch auf die Anerkennung bestimmter Menschenrechte besteht oder nicht. Wenn ein solcher legitimer Anspruch besteht, wäre in einem zweiten Schritt zu klären, auf welche Art und Weise er realisiert werden kann. In dieser zweiten Hinsicht leistet die Rawlssche Konzeption viel. Jedoch wird die fundamentalere Frage der universellen normativen Geltung der Menschenrechte zu stark verwoben mit den Realisierungsbedingungen angesichts der Realpolitik, wie sie sich derzeit präsentiert. Salopp formuliert, hätte etwas weniger Politik und etwas mehr politische Philosophie der Sache sicherlich nicht geschadet.

Siebtens und letztens kann auf eben dieser Ebene der Umsetzung mit guten Gründen empirisch plausibel gemacht werden, daß die Anerkennung auch der politischen Menschenrechte innerhalb einer wohlgeordneten politischen Gemeinschaft der effektivste Schutzmechanismus für die Menschenrechte ist. Dies wird von Rawls selbst konzediert.[527] Eine demokratische Herrschaft mag zwar durchaus nicht in jedem Einzelfall die Achtung der Menschenrechte gewährleisten, aber die langfristigen Ergebnisse sprechen für und nicht gegen diese Form politischer Herrschaft. Diese empirische und nicht-normative These impliziert, daß hierarchische politische Gemeinschaften nicht kritiklos als vollberechtigte Mitglieder der Völkergemeinschaft angesehen werden sollten. Davon unabhängig kann die Frage formuliert werden, auf welche Weise die Entwicklung von hierarchischen politischen Gemeinschaften hin zu liberalen politischen Gemeinschaften am besten unterstützt werden kann. Sie muß aber nicht notwendig zugleich mit der Frage der universellen normativen Geltung der Menschenrechte

---

[527] Vgl. Rawls 1999, S. 79.

4.8 Faimeßorientierter Kontraktualismus

aufgeworfen und beantwortet werden. Eine Trennung von Begründung und Umsetzung, so notwendig beide Ebenen sind, ist erstrebenswert.

Als Fazit läßt sich zusammenfassen, daß der fairneßorientierte Kontraktualismus in der von Rawls vorgelegten Fassung aufgrund seiner Realitätsnähe im explanatorischen Sinne sehr leistungsfähig ist. Doch trotz dieser Praktikabilität bezieht sich die Explanation nur auf das rekonstruktive Projekt. Es wird erklärt und plausibel gemacht, was bereits entstanden ist, die derzeit geltenden völkerrechtlichen Prinzipien. Dies ist verdienstvoll, aber philosophisch unbefriedigend. Denn im Sinne einer normativen Rechtfertigung zeigt sich der fairneßorientierte Kontraktualismus deutlich schwächer. Insbesondere die Negation eines globalen Urzustandsmodells und das Zurückfallen hinter den bereits in der „Theorie der Gerechtigkeit" entwickelten normativen Individualismus dokumentieren zwar die realistische Perspektive der Konzeption, lassen aber noch immer die Frage der universellen normativen Geltung von Menschenrechten unbeantwortet.

Die philosophische Theorie, die abschließend analysiert werden soll – der normative Individualismus[528]– nimmt die allgemeine praktische Philosophie und nicht die politische Philosophie als Ausgangspunkt. Als rationale Ethik[529] widmet sie sich der Frage der universellen normativen Rechtfertigung der Menschenrechte aus einer dezidiert philosophischen Perspektive heraus. Diese zumindest temporäre Abstraktion von den Möglichkeiten der Umsetzung mag zwar unter Umständen politisch unbefriedigend sein, einer philosophischen Klärung ist sie unter allen Umständen förderlich.

---

[528] Vgl. Kapitel 4.9.
[529] Vgl. zu diesem Stichwort Julian Nida-Rümelin: Rationale Ethik, in: Annemarie Pieper (Hrsg): Geschichte der neueren Ethik. Band 2. Tübingen, Basel 1992, S. 154-172.

4.9 Normativer Individualismus und Menschenrechte

Der in diesem Kapitel analysierte *normative Individualismus* ist bereits in der kritischen Beurteilung des fairneßorientierten Kontraktualismus des letzten Kapitels angeklungen.[530] Er behauptet die normative – und nicht etwa die ontologische, deskriptive oder faktisch-politische – Vorrangstellung des Individuums vor dem Kollektiv als ein universell gültiges normatives Prinzip. Ebenso wie sich die „Theorie der Gerechtigkeit" von John Rawls in dieser Weise interpretieren läßt[531], können viele weitere neuzeitliche politische Theoretiker und Theorien der Vergangenheit und Gegenwart zumindest implizit als Vertreter eines jeweils verschieden limitierten normativen Individualismus gelesen werden.[532] In diesem Sinne ist die Idee des normativen Individualismus nicht neu, sondern kann als ein zentraler Grundgedanke neuzeitlicher politischer Philosophie bezeichnet werden.

Die Konzeptionen von Dietmar von der Pfordten[533] und Heiner Hastedt[534] versuchen demgegenüber, diesen Gedanken explizit aufzunehmen und als Grundbaustein einer ethischen Theorie zu rechtfertigen. Der Grundsatz jeder normativ-individualistischen Rechtfertigung lautet dabei:

> „Politische Entscheidungen sind dann und nur dann ethisch gerechtfertigt, wenn sie sich letztendlich auf die betroffenen Menschen zurückführen lassen."[535]

---

[530] Der Begriff des normativen Individualismus ist meines Wissens erstmals in von der Pfordten 2001 durch die Dreizonentheorie der politischen Gerechtigkeit systematisch entfaltet worden. Er wird allerdings sinngemäß schon früher von anderen Autoren benutzt, vgl. u.a. Steven Lukes: Individualism. Oxford 1973. Taylor 1993 und Follesdal 1997.

[531] Rawls 1971. Deutsch Rawls 1975. Zur Interpretation von Rawls im Sinne eines limitierten normativen Individualismus vgl. von der Pfordten 2001, S. 394-414 und Follesdal 1997. Siehe aber auch Kapitel 4.8 dieser Arbeit.

[532] Siehe von der Pfordten 2001, S. 293-435.

[533] Siehe von der Pfordten 1997. von der Pfordten 2000a. von der Pfordten 2000b. von der Pfordten 2001 und Kapitel 4.9.1.

[534] Siehe Hastedt 1998 und Kapitel 4.9.2. Während sich von der Pfordten auf die genuin philosophische Rechtfertigungsaufgabe konzentriert, erörtert Hastedt in erster Linie Probleme der Umsetzung bzw. Anwendung eines normativen Individualismus im Rahmen einzelner Bereichsethiken. Insofern ergänzen sich die beiden Ansätze gut.

[535] von der Pfordten 2001, S. 437. Vgl. ähnlich Hastedt 1998, S. 22: „Im Gegensatz zum Holismus nenne ich Individualismus eine Position, die dem Individuum bei Vernachlässigung oder Unterordnung von Ganzheiten die zentrale Bedeutung einräumt." und S. 23: „Für den normativen Individualismus ist es also allein wichtig, wie es um die Rechte und

Bereits durch diesen Grundsatz wird der Anspruch des normativen Individualismus formuliert. Er versteht sich als eine Form der praktischen Vernunft für den spezifischen ethischen Bereich der politischen Entscheidungen.[536] Praktische Vernunft besteht dabei aus einer Verbindung von schwachem Subjektivismus und schwachem Objektivismus. Was ist damit gemeint? Schwach subjektiv besagt, daß politische Entscheidungen auf den einzelnen Menschen zurückgeführt werden sollen, auf seine praktisch-ethischen Äußerungen, die für ihn subjektiv akzeptabel sind. In diesem Sinn, so könnte man hinzufügen, wird der einzelne als autonomes Subjekt gedacht. Und schwach objektiv bedeutet, daß eben diese praktisch-ethischen Äußerungen zwar von den Begriffen und Grundsätzen unseres Denkens abhängig sind, sich aber interpersonal als politische Entscheidungen auf die externe bzw. objektive Welt und damit zugleich auf andere Menschen beziehen. Es existieren viele und nicht nur ein einziges autonomes Subjekt, wenn man den Blick auf eine objektive Realität richtet. Aufgrund der schwach subjektiven Komponente sind politische Entscheidungen rechtfertigungsfähig und aufgrund der schwach objektiven Komponente sind sie rechtfertigungsbedürftig.

Mit dieser Einordnung der praktischen Vernunft werden die beiden Extrempositionen des starken Subjektivismus und des starken Objektivismus zurückgewiesen. Außerdem wird die Verbindung von schwachem Subjektivismus und schwachem Objektivismus nur für die politische Ethik bzw. die Rechtsethik behauptet.[537] Sie bezieht sich nicht notwendig auf andere ethische Gebiete wie zum Beispiel die Individualethik oder die allgemeine Ethik, obwohl sie auch dort zumindest teilweise plausibel gemacht werden könnte. Ebensowenig wird sie als erkenntnistheoretische Hypothese etwa im Rahmen des Dualismus eines sich seiner selbst bewußt werdenden Subjektes und eines davon unabhängigen

---

das Wohlergehen des Einzelnen bestellt ist. Nicht die Menschheit, sondern die einzelnen Menschen sind das, was zählt."

[536] Siehe für die folgenden Ausführungen von der Pfordten 2001, S. 75ff. Vgl. Hastedt 1998, S. 192ff., Zitat S. 193: „Meine These lautet, daß es bis zum heutigen Tag wichtig geblieben ist, das Spannungsverhältnis zwischen Realität und individuellem Subjekt nicht einseitig aufzulösen."

[537] Diese Aussage trifft für den Ansatz von von der Pfordten zu. Hastedt erörtert darüber hinaus weitere ethisch relevante Bereiche, stimmt aber dem Anspruchsniveau von „schwach subjektiv und schwach objektiv" zu. Vgl. z.B. Hastedt 1998, S. 195: „,... schlage ich vor, zwar den nicht-hintergehbaren Zugang zur Realität zu betonen, aber doch den Gedanken einer objektiven Realität nicht aufzugeben."

Objektes namens Welt angeführt. Der Anspruch ist spezifisch und bescheidener, in dem relevanten Bereich dann allerdings strikt. In diesem Sinne verdient er Zustimmung und ist zugleich einschlägig für die Rechtfertigung von universalen Menschenrechtsnormen.

4.9.1 Interessen, Individuen und Kollektive

Durch welche Argumente läßt sich der Grundsatz des normativen Individualismus stützen? Zwei Vorgehensweisen kommen in Frage. Zum einen kann eine negative Kritik der Gegenposition des normativen Kollektivismus[538], zum anderen eine positive und konstruktive Rechtfertigung des Grundsatzes versucht werden. Auf eine ausführliche Kritik des normativen Kollektivismus – und damit auf den ersten Weg – soll jedoch an dieser Stelle verzichtet werden. Zum einen sind bereits drei zumindest partiell kollektivistische Theorien diskutiert und abgelehnt worden – die Diskursethik[539], der Kommunitarismus[540] und der Utilitarismus[541] –, zum anderen wird ein konsequenter normativer Kollektivismus gegenwärtig kaum noch ernsthaft vertreten. In diesem Sinne kann von einer Art Beweislastumkehr gesprochen werden. Auch wenn eine überzeugende Rechtfertigung des normativen Individualismus nicht gelingen sollte, ist die Position in einer ethisch-moralischen Diskussion prima facie plausibel. Die Gegenposition kann noch viel weniger gerechtfertigt werden. Demzufolge wird sie auch kaum mehr als ethisch-normative Position vertreten. Sie spielt allerdings nach wie vor in instrumentalisierter Form in der Politik eine nicht zu unterschätzende Rolle.

Ferner muß als politisches Faktum zur Kenntnis genommen werden, daß viele nichtwestliche Kulturen – ebenso wie manche Kritiker liberalen bzw. libertären Gedankenguts – der abendländisch-westlichen Kultur gerade wegen eines angeblich übertriebenen individualistischen Menschenbildes ablehnend gegenüber-

---

[538] Ob die Gegenposition des normativen Individualismus dabei als normativer Kollektivismus (von der Pfordten) oder als normativer Holismus (Hastedt) bezeichnet wird, scheint mir eine terminologische und keine inhaltliche Frage zu sein. Beide Begriffe beziehen sich auf überindividuelle Ganzheiten wie zum Beispiel den Staat, die Nation, das Volk, die Gemeinschaft der Gläubigen und ähnliche kollektive Ganzheiten.

[539] Siehe Kapitel 4.2.

[540] Siehe Kapitel 4.4.

[541] Siehe Kapitel 4.5.

stehen. Darüber hinaus ist jeder Mensch *realiter* in eine Gemeinschaft eingebunden und durch diese geprägt. Diese nicht bestreitbare Tatsache läßt sich als deskriptiver Holismus bezeichnen.[542] Insofern reicht eine prima facie vorhandene ethisch-normative Plausibilität alleine nicht aus, sondern ein normativer Individualismus muß mit guten Gründen verteidigt werden, was in diesem Abschnitt diskutiert wird.[543] Darüber hinaus gilt es, den normativen Individualismus von einigen Mißverständnissen zu befreien, was im folgenden Abschnitt geschehen soll.[544]

Welche konstruktive Rechtfertigung des normativen Individualismus wird von den Vertretern der Theorie vorgebracht? Heiner Hastedt verzichtet weitestgehend auf die Begründungsdiskussion.[545] Er setzt einen normativen Individualismus im Sinne eines egalitären Universalismus voraus[546], um sich Anwendungsfragen in verschiedenen Bereichsethiken zu widmen. Dietmar von der Pfordten bringt zwei zentrale Argumente vor, ein Relationsargument und ein Fragmentierungsargument.

Das Relationsargument[547] unterscheidet zwischen drei Verhältnisformen der Individuen zu einer politischen Gemeinschaft. Individuen werden von politischen Entscheidungen betroffen (deskriptives Verhältnis der *Betroffenheit*). Sie fordern deshalb von der politischen Gemeinschaft eine Rechtfertigung für die jeweilige politische Entscheidung (deskriptiv-faktisches Verhältnis des *Rechtfertigungsverlangens*). Die politische Entscheidung schließlich ist ethisch gerechtfertigt oder nicht (normatives Verhältnis der ethischen *Legitimität*).

Das Argument für den normativen Individualismus lautet nun, daß sich das dritte normative Verhältnis der ethischen Legitimität zwar nicht auf die beiden ersten deskriptiven Verhältnisformen reduzieren läßt, aber diese *notwendige*

---

[542] Das Stichwort des deskriptiven Kollektivismus bzw. Holismus wird im nächsten Abschnitt aufgegriffen.
[543] Vgl. Kapitel 4.9.1.
[544] Vgl. Kapitel 4.9.2.
[545] Vgl. Hastedt 1998, S. 52ff., Zitat S. 54: „Die Diagnose dieses Kapitels lautet, daß die allgemeine – ausschließlich oder überwiegend an Begründung interessierte – philosophische Ethik gegenwärtig nicht wirklich orientiert, weil sie sich hauptsächlich mit der begründungstheoretischen Metaebene eines abstrakten Universalismus begnügt und die normative Orientierung als Aufgabe zu stark aus den Augen verloren hat."
[546] Vgl. Hastedt 1998, S. 78f., insbesondere Fußnote 71.
[547] Vgl. für die folgenden Ausführungen von der Pfordten 2001, S. 231.

4.9 Normativer Individualismus

Voraussetzungen sind für das normative Rechtfertigungsverhältnis. Die normative Frage der ethischen Legitimität einer politischen Entscheidung ist nur dann möglich und sinnvoll, wenn eine Entität von einer politischen Entscheidung betroffen ist und faktisch dafür eine Rechtfertigung verlangt. In diesem Fall allerdings ist sie nicht nur möglich, sondern zugleich notwendig. Und da eine Betroffenheit und ein Rechtfertigungsverlangen in letzter Konsequenz nur bei Individuen und nicht bei Kollektiven vorausgesetzt werden können, kann eine politische Entscheidung in letzter Konsequenz nur durch den Verweis auf Individuen gerechtfertigt werden. Kollektiven fehlen in letzter Konsequenz eigene, nicht auf Individuen rückführbare Interessen. Und nur wenn diese genuin eigenen Interessen vorhanden sind, können Entitäten von einer politischen Entscheidung betroffen werden. In diesem Sinne wird der normative Individualismus von den explikativen Voraussetzungen der ethisch-normativen Rechtfertigungsrelation unterstützt.

Illustrieren läßt sich diese meiner Meinung nach plausible Hypothese durch eine kurze Betrachtung der Auflösung von Staaten bzw. politischen Gemeinschaften.[548] Man denke zum Beispiel an die deutsche Wiedervereinigung des Jahres 1990, die zur vollständigen Auflösung der ehemaligen Deutschen Demokratischen Republik (DDR) geführt hat. Aber auch die Transformationen der Union der Sozialistischen Sowjetrepubliken (UdSSR), der Tschechoslowakei und des ehemaligen jugoslawischen (Bundes-)Staates in mehrere voneinander zumindest partiell und formaliter unabhängige Nationalstaaten bzw. politische Gemeinschaften ließen sich anführen.[549] Allen diesen politischen Prozessen gemeinsam ist die Tatsache, daß Kollektive, politische Gemeinschaften oder auch Staaten zerstört worden sind in dem fundamentalen Sinne, daß sie aufgehört haben zu existieren. Bemerkenswert daran ist ferner, daß dadurch, *durch eben diesen Prozeß selbst*, keine (Menschen-)Rechte *der aufgelösten Entität selbst* verletzt worden sind. Oder zumindest niemand dies ernsthaft behauptet. Dadurch, daß die UdSSR, die DDR oder auch Jugoslawien nicht mehr existieren, sind die (Menschen-)Rechte dieser Staaten oder politischen Gemeinschaften nicht ver-

---

[548] Vgl. von der Pfordten 2001, S. 282f.
[549] Es kommt für das Argument nicht auf Details der Zerfallsprozesse an. Beispielsweise dürfte im Falle des ehemaligen Staates Jugoslawiens der Prozeß noch nicht abgeschlossen sein. Entscheidend ist die Gemeinsamkeit des Zerfalls von Staaten bzw. politischen Gemeinschaften, nicht die Ergebnisse des Zerfalls.

4.9 Normativer Individualismus

letzt worden. Die Menschenrechtsverletzungen, die sich im Rahmen der Transformationsprozesse beobachten ließen – und die durchaus diesen Namen verdienen –, beziehen sich auf die Individuen innerhalb der politischen Gemeinschaften, nicht auf die politischen Gemeinschaften selbst. Diese Beobachtung läßt sich plausibel erklären durch die oben genannte Hypothese, daß politischen Gemeinschaften in letzter Konsequenz genuin eigene Interessen fehlen. Nur in abgeleiteter und damit nachrangiger Form kann der Existenz von politischen Gemeinschaften ein kollektives Interesse zugesprochen werden. Sie beruhen in letzter Konsequenz auf den je individuellen Interessen ihrer Mitglieder. Sie sind in diesem Sinne Mittel zum Zweck, kein Selbstzweck.

Doch die beiden Thesen, daß Individuen bestimmte Interessen haben, die von politischen Entscheidungen betroffen werden können (deskriptives Verhältnis der Betroffenheit) und deren Berücksichtigung sie einfordern (deskriptiv-faktisches Verhältnis des Rechtfertigungsverlangens), sind explizit deskriptive Feststellungen. Für die normative Feststellung, daß diese Interessen berücksichtigungswürdig sind oder berücksichtigt werden sollen oder berücksichtigt werden müssen, reicht die bloße Tatsachenbehauptung alleine noch nicht aus. Für diesen Schritt ist ein zweites Argument notwendig. Es beruht auf der Idee der fiktiven *Fragmentierung* mit sich daran anschließender *Reintegration*.[550]

Durch den Vollzug eines beliebigen Rechtsaktes wird das davon betroffene Individuum quasi vorübergehend aus der jeweiligen politischen Gemeinschaft ausgeschlossen. Ein Rechtsakt kann in diesem Rahmen sowohl eine Ordnungsmaßnahme sein, etwa eine Straßenverkehrsvorschrift, als auch eine strafrechtliche Verurteilung inklusive Inhaftierung. Jede politische Gemeinschaft fragmentiert sich quasi selbst, wenn sie einen Rechtsakt vollzieht oder durch ihre Organe vollziehen läßt. Dies macht eine Reintegration des oder der betroffenen Individuen erforderlich, das oder die durch den Vollzug eines Rechtsaktes aus der politischen Gemeinschaft quasi temporär ausgeschlossen worden sind. Denn eine *politische* Entscheidung *repräsentiert* immer die politische Gemeinschaft *als Ganze.*[551] Wenn nicht die gesamte politische Gemeinschaft repräsentiert wird, handelt es sich nicht mehr um eine politische Entscheidung, sondern um die Durchsetzung von Partikularinteressen. Das Moment der Repräsentation

---

[550] Vgl. für die folgenden Ausführungen von der Pfordten 2001, S. 283ff.
[551] Vgl. von der Pfordten 2001, S. 286f. und ausführlich zum Begriff der Repräsentation von der Pfordten 2001, S. 218-224.

4.9 Normativer Individualismus

geht verloren. „Wenn aber die politische Entscheidung die politische Gemeinschaft als Ganze repräsentiert und gleichzeitig die politische Gemeinschaft gegenüber dem einzelnen faktisch fragmentiert, dann muß die ethische Rechtfertigung die Diskrepanz zwischen Repräsentation und Fragmentierung überbrücken."[552] Die Reintegration des einzelnen im Sinne des normativen Individualismus gelingt durch die Berücksichtigung der Interessen des jeweils betroffenen Individuums. Wenn dies gewährleistet ist, kann von einer legitimen politischen Herrschaft gesprochen werden.

Mit anderen Worten: Politische Herrschaft beinhaltet immer die Verlagerung von Entscheidungen und Handlungen auf die politische Gemeinschaft. Läßt man metaphysische, absolute oder auch „naturgegebene" Erklärungen außen vor, so fordert die Entscheidungskompetenz der politischen Gemeinschaft eine Rechtfertigung gegenüber jedem einzelnen betroffenen Menschen. Akzeptiert man dieses Rechtfertigungsverlangen, so ergeben sich egalitäre und universale Folgerungen. Egalitär sind sie deshalb, weil jeder einzelne betroffene Mensch eine Rechtfertigung verlangen kann. Und universal sind sie, weil eine unzureichende Rechtfertigung die Legitimität der jeweiligen politischen Entscheidung in Frage stellen würde. Denn jeder einzelne wird der Verlagerung nur dann zustimmen, wenn eine Berücksichtigung seiner Interessen garantiert wird. Diese Garantie könnte zum Beispiel durch die Anerkennung von Menschenrechten als universalen Normen gewährleistet werden. Interpretiert man die Menschenrechte im Sinne des normativen Individualismus in dieser Weise, so limitieren Menschenrechte als ethische Menschenrechte den Entscheidungsspielraum politischer Gemeinschaften.[553] Dieser Grundgedanke ist meines Erachtens überzeugend.[554]

---

[552] von der Pfordten 2001, S. 286.
[553] Vgl. von der Pfordten 2000a, S. 2.
[554] Auf die Dreizonentheorie der Gerechtigkeit, die aus diesem Argument heraus entwickelt wird, soll an dieser Stelle nicht näher eingegangen werden. Es mag der Hinweis genügen, daß die Interessen von Individuen durch politische Entscheidungen verschieden stark betroffen werden. Dies läßt sich überführen in drei Zonen der Gerechtigkeit. Für die Frage der universellen normativen Geltung der Menschenrechte kommen dann allerdings nur die Individualzone und Teile der Relativzone in Betracht, die sich ausschließlich oder hauptsächlich auf den einzelnen Menschen beziehen. Vgl. von der Pfordten 1997 und von der Pfordten 2001, S. 436ff.

Es lassen sich allerdings im Rahmen dieses fiktiven Fragmentierungs- und Reintegrationsprozesses einige kritische Fragen anschließen. Eine erste und auf der Hand liegende betrifft die *Nichtmitglieder* politischer Gemeinschaften. Faktisch existiert nicht eine einzige politische Gemeinschaft oder auch eine Art Weltstaat, sondern eine Vielzahl von politischen Gemeinschaften. Ist die Argumentation nur für die Mitglieder der jeweiligen politischen Gemeinschaft oder für alle Menschen schlüssig?

Erstens wird in diesem Zusammenhang vorgebracht, daß eine politische Gemeinschaft Nichtmitgliedern genauso gegenübersteht wie auch eine Einzelperson dies tun würde.[555] Wenn dies der Fall ist, besteht zwischen einer politischen Gemeinschaft Y und einem Individuum X, das nicht Mitglied der politischen Gemeinschaft Y ist, kein hierarchisches Verhältnis mehr. Das Individuum X und die politische Gemeinschaft Y agieren idealiter auf der Basis der Gleichheit, die insbesondere für die Individualethik relevant ist. Es macht in diesem Fall keinen Unterschied, ob das (Rechtfertigungs-)Verhältnis zwischen einem Individuum X1 und einem anderen Individuum X2 oder das (Rechtfertigungs-)Verhältnis zwischen einem Individuum X1 und einer politischen Gemeinschaft Y betrachtet wird. Davon unberührt bleibt die deskriptive Tatsache, daß in der Regel eine politische Gemeinschaft faktisch über eine größere Macht verfügt als ein Individuum. Ferner handelt es sich formaliter bei der Relation zwischen einem Individuum X1 und einer politischen Gemeinschaft Y nach wie vor um eine politische und nicht um eine individualethische Beziehung.

Zweitens wird sowohl in der vorliegenden rechtstheoretischen Analyse als auch im normativen Individualismus zwischen einer Individualethik und einer Ethik der Menschenrechte unterschieden. Menschenrechte sind individuelle oder kollektive Ansprüche gegenüber einer oder mehreren politischen Gemeinschaften – so das Ergebnis der rechtstheoretischen Analyse.[556] „Individualethische Rechte und Pflichten stellen demnach keinen Anwendungsbereich der Menschenrechte dar. Menschenrechte sind ausschließlich Rechte gegenüber einer

---

[555] von der Pfordten 2000c, S. 512: „Nichtmitgliedern steht eine politische Gemeinschaft gegenüber wie es auch eine Einzelperson tun würde. ... Gegenüber Nichtmitgliedern darf eine politische Gemeinschaft demnach nur so tätig werden, wie es auch ihre Mitglieder in einem nichtpolitischen Verhältnis dürften."

[556] Vgl. Kapitel 2.2.2.

4.9 Normativer Individualismus

politischen Gemeinschaft ... ."[557] In diesem Sinne limitieren sie den Entscheidungsspielraum politischer Gemeinschaften. Provokativ läßt sich interpretieren: Menschenrechte beziehen sich im Sinne des normativen Individualismus nur auf die Mitglieder der jeweiligen politischen Gemeinschaft (als Träger menschenrechtlicher Ansprüche) als Rechte gegenüber der jeweiligen politischen Gemeinschaft (als Normadressat menschenrechtlicher Ansprüche).[558]

Dieser Geltungsanspruch gilt jedoch selbstverständlich unabhängig vom aktuellen physischen Aufenthaltsort eines Individuums. Betrachten wir dazu ein Beispiel. Auch wenn sich ein Individuum als Mitglied einer politischen Gemeinschaft außerhalb des Einflußbereichs seiner jeweiligen politischen Gemeinschaft – juristischer formuliert, außerhalb der Territorialhoheit seines eigenen Staates – aufhält, kann es weiterhin legitime menschenrechtliche Ansprüche geltend machen. Allerdings nicht notwendig gegenüber der politischen Gemeinschaft, in deren Einflußbereich es sich gerade aufhält, sondern nur gegenüber seiner jeweiligen eigenen politischen Gemeinschaft. Diese sollte gewährleisten, daß ihren Mitgliedern auch außerhalb ihres eigenen Einflußbereichs menschenrechtliche Ansprüche gewährleistet werden.

Im übrigen dürfte das Interesse eines Individuums an einer Reintegration in eine fremde politische Gemeinschaft im Normalfall ziemlich gering sein.[559] Wenn ich mich als Individuum X1 und als Mitglied einer politischen Gemeinschaft Y1 in einer anderen politischen Gemeinschaft Y2 aufhalte, ist es ohne weiteres vorstellbar, daß die politische Gemeinschaft Y2 einen Rechtsakt an mir vollzieht. Das mögliche Spektrum reicht vom Vollzug eines Verwaltungsaktes, etwa der Meldepflicht während meines Aufenthaltes, bis hin zu einschneidenden Maßnahmen, zum Beispiel einer Verhaftung oder Verurteilung. Der Vollzug des Rechtsaktes schließt mich quasi temporär aus der politischen Gemeinschaft Y2 aus. Oder zumindest werde ich durch den Vollzug des Rechtsaktes temporär anders behandelt als alle weiteren Mitglieder der politischen Gemeinschaft Y2. Allerdings habe ich deshalb nicht notwendig ein Interesse daran, in die politi-

---

[557] von der Pfordten 2000a, S. 1.

[558] Vgl. dieser Interpretation explizit widersprechend von der Pfordten 2001, S. 283, Fußnote 119.

[559] Ein Asylantrag ist insofern eine Ausnahme, als er gerade das offenkundige Interesse eines Individuums an der Mitgliedschaft in einer fremden politischen Gemeinschaft zum Ausdruck bringt. Deswegen trifft die folgende Argumentation nur im Normalfall, nicht hingegen in allen möglichen Fällen zu.

4.9 Normativer Individualismus

sche Gemeinschaft Y2 reintegriert zu werden. Im Gegenteil dürfte ich eher ein Interesse daran haben, den Einflußbereich der politischen Gemeinschaft Y2 zu verlassen und die Fragmentierung permanent werden zu lassen. Dies gilt zumindest für den Fall, daß ich subjektiv den gegen mich verhängten Rechtsakt als ungerecht empfinde.

Drittens macht der soeben verwendete Begriff des Einflußbereichs einer politischen Gemeinschaft eine genauere Betrachtung von politischer Herrschaft notwendig.[560] Politische Herrschaft beinhaltet die Kompetenz bzw. die Macht, politische Entscheidungen treffen zu können. Diese Kompetenz kann einer politischen Gemeinschaft im Normalfall innerhalb ihres Einflußbereichs zugesprochen werden. Politische Entscheidungen sind dabei durch zwei Merkmale gekennzeichnet, erstens die Repräsentation und zweitens die Inanspruchnahme einer letzten konfliktentscheidenden Regelungskompetenz.[561]

Im Falle der friedlichen Koexistenz politischer Gemeinschaften ergeben sich im genannten Beispiel, wenn sich ein Individuum außerhalb des Einflußbereichs seiner jeweiligen politischen Gemeinschaft aufhält, zwei Konsequenzen. Zum einen müßte gewährleistet sein, daß eine politische Gemeinschaft willens und dazu fähig ist, ihren Mitgliedern auch außerhalb ihres eigenen Gebietes Schutz zu gewähren. Dies ist wohl im Falle der friedlichen Koexistenz politischer Gemeinschaften in der Regel der Fall – unter der Voraussetzung, daß die jeweilige politische Gemeinschaft im Sinne einer legitimen politischen Herrschaft ein echtes Interesse an allen ihren Mitgliedern hat und auch dazu bereit ist, dieses zu artikulieren.[562] Zum anderen müßte meines Erachtens ergänzend jedem Individuum eine Art Wahlrecht hinsichtlich seiner politischen Gemeinschaft eingeräumt werden. Denn die Voraussetzung, daß jede politische Gemeinschaft ein

---

[560] Vgl. zu den folgenden Ausführungen von der Pfordten 2001, S. 219ff.

[561] Vgl. von der Pfordten 2001, S. 224ff., Zitat S. 225: „Politische Entscheidungen unterscheiden sich von Entscheidungen durch Einzelpersonen und nichtpolitische Gemeinschaften dadurch, daß sie durch eine politische Gemeinschaft ergehen, welche die repräsentierende und letzte konfliktentscheidende Regelungskompetenz mit gewisser Aussicht auf Erfolg für sich in Anspruch nimmt."

[562] Zugleich ist diese Art von Interesse – etwa im Sinne einer angemessenen diplomatischen Vertretung – ein Beispiel dafür, daß politischen Gemeinschaften Interessen nicht grundsätzlich abgesprochen werden können. Sie müssen nur in letzter Konsequenz auf die Interessen ihrer Mitglieder rückführbar sein. Dies schließt keineswegs auf einer zweiten Stufe aus, daß politische Gemeinschaften abgeleitete Interessen haben und im Sinne dieser Interessen handeln können und sollen.

4.9 Normativer Individualismus

echtes Interesse an allen ihren Mitgliedern hat, ist keineswegs immer erfüllt. Wenn dies nicht der Fall ist, handelt es sich im Sinne des normativen Individualismus um eine illegitime politische Herrschaft. Dies festzustellen und es dabei zu belassen, hilft jedoch den Betroffenen in der Regel wenig. Ein allgemein anerkanntes Recht auf (politisches?) Asyl oder Einwanderung könnte hier jedoch Abhilfe schaffen. Die Realität allerdings ist weit davon entfernt.

Viertens scheint der Anomaliefall des Krieges problematisch für die Argumentation zu sein. Man denke zum Beispiel an eine kriegerische Auseinandersetzung zwischen politischen Gemeinschaften oder auch an einen Bürgerkrieg innerhalb eines bestimmten politischen Gemeinwesens. In diesem Fall ist das Gefährdungspotential für die einzelnen Individuen besonders hoch. Dies gilt insbesondere für die Zivilbevölkerung, aber auch für das militärische Personal. Allerdings ist im Falle eines Bürgerkrieges unklar, wer die letzte konfliktentscheidende Regelungskompetenz mit gewisser Aussicht auf Erfolg für sich in Anspruch nehmen kann. In der Regel dreht sich die Auseinandersetzung ja gerade um eben diese letzte konfliktentscheidende Regelungskompetenz. Dadurch verschwimmt, wer genau als jeweiliger Normadressat menschenrechtlicher Ansprüche bestimmt werden kann. Im Falle des politischen Machtvakuums und einer dadurch entstehenden Auseinandersetzung innerhalb einer politischen Gemeinschaft kann vermutlich innerhalb eben dieser politischen Gemeinschaft kein geeigneter Normadressat menschenrechtlicher Ansprüche gefunden werden. Allenfalls können nach Beendigung des Bürgerkriegs eine oder mehrere neue politische Repräsentanten auf die Einhaltung der Menschenrechte verpflichtet werden. Während der Phase des Bürgerkriegs scheint dies hingegen nicht möglich zu sein. Gleiches gilt für die kriegerische Auseinandersetzung zwischen politischen Gemeinschaften im Zusammenhang mit territorialen Streitigkeiten.[563]

Es bieten sich meines Erachtens zwei Möglichkeiten an, diesen Einwand gegen die Argumentation des normativen Individualismus zu entkräften. Zum einen könnte die gesamte Menschheit als eine politische Gemeinschaft sui generis verstanden werden. Diese Interpretation läuft zwar nicht zwangsläufig auf einen Weltstaat hinaus, weist aber eindeutige Tendenzen in Richtung einer föderalen

---

[563] Man könnte an den Konflikt im Nahen Osten zwischen Israelis und Palästinensern denken.

Weltstaatengemeinschaft auf. Die Souveränität politischer Gemeinschaften wäre gravierend eingeschränkt. Dies würde im Falle einer bürgerkriegsähnlichen Auseinandersetzung innerhalb einer einzelnen politischen Gemeinschaft subsidiär die Vereinten Nationen oder unter Umständen auch andere internationale Organisationen und ebenso subsidiär die Mitgliedsstaaten der Vereinten Nationen dazu verpflichten, aktiv tätig zu werden, um den Bürgerkrieg bzw. die Auseinandersetzung zwischen den politischen Gemeinschaften zu beenden.

Zunächst läßt sich der Gedanke eines Weltstaates oder einer weltweiten politischen Gemeinschaft – verstanden als politische Gemeinschaft im herkömmlichen Sinne – mit guten Gründen zurückweisen.[564] Weder existiert eine solche Gemeinschaft, noch ist sie realpolitisch in absehbarer Zeit zu verwirklichen, noch scheint sie meines Erachtens erstrebenswert zu sein. Aufgrund der Größe und Unübersichtlichkeit ließe sich ein solches politisches Gemeinwesen vermutlich kaum regieren. Ökonomischer formuliert, ist die erforderliche Informationsverarbeitungskapazität auch bei entsprechenden Bemühungen der jeweiligen Machthaber nicht zu bewerkstelligen. Auch der empirische Sachverhalt, daß die Menschenrechte zumindest bislang wenn überhaupt, dann innerhalb eines Einzelstaates und nur in Ausnahmefällen innerhalb einer größeren politischen Gemeinschaft gewährleistet worden sind, spricht prima facie gegen einen Weltstaat.

Doch auch die Vereinten Nationen, verstanden als eine politische Gemeinschaft sui generis[565], eignen sich nicht als angemessener Lösungsvorschlag. Denn als Mitglieder der Vereinten Nationen sind weder Individuen noch Kollektive, sondern ausschließlich Staaten zugelassen. Zwischen den einzelnen Mitgliedern einer politischen Gemeinschaft und den Vereinten Nationen ist stets eine weitere Ebene eingezogen, diejenige der Mitgliedsstaaten der Vereinten Nationen. Auch eine mögliche Aufweichung des Staatenprinzips wird nicht zur Mitgliedschaft von Individuen führen. Damit wird die direkte Betroffenheit von Individuen durch eine politische Entscheidung der Vereinten Nationen zumindest in Frage gestellt. Und – ein gravierender Einwand – darüber hinaus können Individuen, falls sie dennoch betroffen sind und eine Rechtfertigung dafür verlan-

---

[564] Vgl. als locus classicus aus dem Jahre 1795 Immanuel Kant: Zum ewigen Frieden. Akademieausgabe Berlin 1902ff. A3-A104 / B3-B112 und Höffe 1999b, S. 27f. und S. 240f. mit weiteren Argumenten.

[565] Vgl. die rechtstheoretische Analyse in Kapitel 2.2.2.

4.9 Normativer Individualismus

gen, prinzipiell nicht reintegriert werden in die politische Gemeinschaft der Vereinten Nationen. Sie sind weder vor noch nach der politischen Entscheidung als Mitglieder der Vereinten Nationen zugelassen. Allenfalls der Grenzfall kleinerer, aber supranationaler politischer Gemeinschaften wie zum Beispiel derjenige der Europäischen Union[566] scheint akzeptabel. Damit allerdings wird die Idee einer weltweiten politischen Gemeinschaft fallengelassen. Kleinere politische Gemeinschaften geraten ins Blickfeld. Dies legt einen zweiten Lösungsvorschlag nahe, der den normativen Individualismus als eine Art Insellösung interpretiert.

Man könnte den Geltungsanspruch des normativen Individualismus in dem Sinne präzisieren, als er sich auf eine ideale Welt bezieht. Als eine Art „Insellösung" rechtfertigt er menschenrechtliche Ansprüche jeweils partikular für eine bestimmte politische Gemeinschaft. Da er aber *alle* politischen Gemeinschaften einschließt bzw. sich auf alle jeweils existierenden politischen Gemeinschaften anwenden läßt, bleiben die sich daraus ergebenden Ansprüche im normativen Sinn universell gültig.

Er fußt damit jedoch zum Teil auf einer idealen Welt. Diese wäre vollständig und überschneidungsfrei aufgeteilt in verschiedene politische Gemeinschaften. Zwischen diesen dürften keine kriegerischen Auseinandersetzungen stattfinden. Und innerhalb der jeweiligen politischen Gemeinschaften dürfte die politische Auseinandersetzung nicht mit kriegerischen oder anderen gewaltsamen Mitteln geführt werden. Falls dennoch ein Bürgerkrieg entsteht, kann der normative Individualismus diesen begründet als illegitimen Machtkampf bewerten bzw. verurteilen. Eine darüber hinaus reichende Verpflichtung zu aktiven Handlungen zur Beendigung der Auseinandersetzung für die nicht involvierten politischen Gemeinschaften kann jedoch nicht begründet werden. Gegenüber Nichtmitgliedern einer politischen Gemeinschaft bestehen im Sinne eines normativen Individualismus lediglich der Individualethik ähnelnde Ansprüche und Verpflichtungen. Diese betreffen die nicht involvierte politische Gemeinschaft in gleicher Weise wie jedes einzelne ihrer Mitglieder.

Aber eine aktive Pflicht zur Hilfeleistung als universelle individualethische (!) Pflicht rechtfertigen zu wollen, ohne dabei auf Menschenrechte Bezug zu nehmen – die ein hierarchisches und eben gerade nicht ein gleiches Machtverhält-

---
[566] Vgl. die Europäische Grundrechtecharta vom Dezember 2000.

nis voraussetzen –, hieße meines Erachtens den Rahmen möglicher ethischer Rechtfertigungen bei weitem hinter sich zu lassen. Eine Solidarität mit anderen Menschen kann angeregt, auf freiwilliger Basis politisch beschlossen, verbal öffentlich eingefordert, aber nicht zur universellen und zugleich jeweils individualethischen positiven Pflicht gemacht werden.

Mit dieser Präzisierung des Geltungsanspruchs des normativen Individualismus ergibt sich allerdings keine Reduktion des Anspruchs etwa auf wohlgeordnete politische Gemeinschaften im Sinne des fairneßorientierten Kontraktualismus.[567] Der normative Anspruch auf universelle Berücksichtigung der jeweils individuellen Interessen bleibt nicht nur für wohlgeordnete politische Gemeinschaften, sondern für alle politischen Gemeinschaften bestehen. Deshalb kann der normative Individualismus als umfassender bezeichnet werden als der fairneßorientierte Kontraktualismus.

Allerdings ergibt sich eine deskriptiv zu verstehende Einschränkung. Gerade in den nichtwohlgeordneten politischen Gemeinschaften sind die jeweils individuellen Interessen potentiell besonders stark gefährdet. Aufgrund der menschenrechtlichen Ansprüche der Mitglieder einer politischen Gemeinschaft gegenüber ihrer jeweiligen politischen Gemeinschaft und nicht gegenüber allen anderen politischen Gemeinschaften kann sich ein unbefriedigendes Ergebnis einstellen. Menschenrechte gelten zwar universell, aber mehr als der Verweis auf die jeweils zuständige politische Gemeinschaft läßt sich meines Erachtens nicht aus dem normativen Individualismus in der vorgelegten Form folgern. Die Grenzen zwischen den bestehenden politischen Gemeinschaften restringieren den universellen Geltungsanspruch durch eine Beschränkung des jeweils zuständigen Normadressaten.

Dies macht eine Konkretisierung notwendig. Sie erweitert die Kategorie des Interesses durch die Kategorie des Handelns unter Beibehaltung des Grundgedankens des normativen Individualismus und wird im fünften Kapitel unter dem Stichwort des pragmatischen Individualismus aufgegriffen. Die prinzipielle Plausibilität des normativen Individualismus wird damit jedoch nicht in Abrede gestellt. Um ihn darüber hinaus von einigen weit verbreiteten Mißverständnissen zu befreien, die sich mit dem in der Alltagssprache eher negativ aufgeladenen Begriff des Individualismus verbinden, wird zuvor im folgenden Abschnitt

---

[567] Vgl. Rawls 1999, S. 4 und Kapitel 4.8.1 dieser Arbeit.

die Ergänzung eines normativen Individualismus mit einem deskriptiven Holismus erörtert.

4.9.2 Normativer Individualismus und deskriptiver Holismus

Dazu ist zunächst eine terminologische Klarstellung zu leisten. Im vorhergehenden Abschnitt wurde eine deskriptive und eine normative Ebene eingeführt. Beide Ebenen lassen sich als Annäherung an die Welt mit Hilfe der Sprache charakterisieren. Deskriptive Aussagen versuchen, die Welt zu erklären, zu analysieren und unter Umständen auch zu deuten. Normativ gewendet, wird die Sprache dazu verwandt, sich mit der Welt evaluativ oder präferentiell auseinanderzusetzen.[568] Die normative Ebene läßt sich dabei in Anlehnung an die rechtstheoretische Analyse als ein Kontinuum mit den beiden Eckpunkten des normativen Individualismus und des normativen Kollektivismus kennzeichnen. Um die normative auch begrifflich von der deskriptiven Ebene besser unterscheiden zu können, erscheint es sinnvoll, das Kontinuum der deskriptiven Ebene zwischen die beiden Extrema des deskriptiven Atomismus und des deskriptiven Holismus einzuordnen.[569]

Die ontologische Ebene der Welt, wie sie ist, wird durch einen normativen Individualismus, wie er im vorhergehenden Abschnitt rekonstruiert worden ist, nicht notwendig tangiert. Normative Theorien wollen nicht das Wesen des Menschen bestimmen und auch keine Natur des Menschen ermitteln.[570] Sie beanspruchen lediglich, vernünftige Normen zu rechtfertigen, was der eingangs erwähnten Verbindung von schwachem Subjektivismus und schwachem Objektivismus entspricht. Damit verbleiben die folgenden zwei relevanten Ebenen der Diskussion:

---

[568] Vgl. ähnlich Hastedt 1998, S. 21ff. und Kapitel 4.4.1 dieser Arbeit.
[569] Mit dieser sprachlichen Konvention soll keine inhaltliche Unterscheidung zwischen einem Atomismus und einem Individualismus bzw. zwischen einem Holismus und einem Kollektivismus verbunden werden, sondern lediglich die normative und die deskriptive Ebene getrennt werden.
[570] Vgl. Taylor 1993 und Kapitel 4.4.1 dieser Arbeit.

4.9 Normativer Individualismus

Ebenen der Diskussion		
Deskriptive Ebene: Sprachliche Beschreibung der Welt		
Deskriptiver Atomismus	Gradualisierbares Kontinuum	Deskriptiver Holismus
Normative Ebene: Sprachliche Bewertung der Welt		
Normativer Individualismus	Gradualisierbares Kontinuum	Normativer Kollektivismus

Damit wird in Übereinstimmung mit dem linguistic turn einem sprachlichen Zugang zur Welt der Vorzug gegeben.[571] Sprache kann dabei deskriptiv oder normativ eingesetzt werden. In beiden Fällen handelt es sich jedoch nicht mehr um entweder-oder-Alternativen zwischen einem atomistischen oder einem ganzheitlichen sprachlichen Zugang zur Welt. Es lassen sich Abstufungen und Schattierungen benennen. Diese werden durch die beiden genannten Kontinua – zwischen normativem Individualismus und normativem Kollektivismus einerseits und zwischen deskriptivem Atomismus und deskriptivem Holismus andererseits – verdeutlicht.[572]

Diese begrifflichen Klärungen führen zur zentralen These von Hastedt. Er hält die *Verbindung eines normativen Individualismus mit einem deskriptiven Holismus* für überzeugend.[573] Denn auch ein normativer Individualismus hat bestimmte deskriptive Voraussetzungen, unter anderem natürlicher und kultureller Art, welche explizit gemacht werden müssen. Ferner können mit Hilfe des deskriptiven Atomismus einige Fehlentwicklungen des Individualismus charakterisiert werden, ohne auf den Geltungsanspruch des normativen Individualismus in einer rechtsethischen Diskussion verzichten zu müssen. Diese meines Erachtens überzeugende These, die einen normativen Individualismus auf rationale

---

[571] Für die Zwecke dieser Arbeit mag diese erste Annäherung genügen. Für eine detaillierte Analyse des Verhältnisses von Sprache und Welt siehe z.B. Dietmar von der Pfordten: Deskription, Evaluation, Präskription. Trialismus und Trifunktionalismus als sprachliche Grundlagen von Ethik und Recht. Berlin 1993.

[572] Diesen Problemaufriß akzeptiert auch von der Pfordten, vgl. von der Pfordten 2000c und von der Pfordten 2001, S. 229ff.

[573] Hastedt 1998, S. 30: „Ich halte einen normativen Individualismus in Verbindung mit einem deskriptiven Holismus für überzeugend. Faktisch gibt es zahlreiche Begrenzungen und Konstitutionsbedingungen des Individuums (unter anderem natürliche und kulturelle), insofern ist ein deskriptiver Holismus im Recht. Gleichwohl ist ein egalitärer, universalistisch zu verstehender Individualismus richtig, insofern ist ein normativer Individualismus im Recht."

4.9 Normativer Individualismus

Art und Weise pragmatisch ergänzt, bedarf allerdings noch einiger Erläuterungen.

In welchem Sinn hat ein normativer Individualismus bestimmte deskriptive Voraussetzungen? Nun, jedes Individuum ist in einer bestimmten Art und Weise bereits „geworden", in einem eher trivialen alltagssprachlichen Sinn. Erst nach diesem Prozeß der Sozialisierung kann es sich seiner selbst als Individuum bewußt werden. Deshalb ist die deskriptive Annahme plausibel, daß das je Individuelle gesellschaftlich bestimmt ist.[574] Diese These des deskriptiven Holisten besagt, daß jeder Mensch in bestimmten Ganzheiten aufwächst, sei es die Familie oder Teile davon, ein Kreis von Freunden, eine Glaubensgemeinschaft, eine Gesellschaft oder auch eine politische Gemeinschaft. Erst nach dem Durchlaufen dieses Prozesses der Sozialisation wird sich der einzelne Mensch auch als Individuum wahrnehmen können. In der Regel wird sich darüber hinaus jeder Mensch diese Ganzheiten erst in einer späteren Phase seines Lebens selbst aussuchen können. Zunächst sind sie ihm als Tatsachen vorgegeben. Insofern fußt ein normativer Individualismus auf deskriptiv erfaßbaren und kulturell jeweils verschiedenen Voraussetzungen.

Eventuell lassen sich diese Konstitutionsbedingungen eines Individuums mit dem Modell der biologischen und kulturellen Evolution des Menschen erklären. Dies wäre dann aber der Gegenstandsbereich einer anderen und deskriptiv arbeitenden Wissenschaft (der Gehirnforschung, der Neurobiologie, der Kognitionswissenschaft, der Erforschung der künstlichen Intelligenz, der Kulturanthropologie, der historischen Anthropologie, der Soziologie und anderer Wissenschaftsgebiete). Und darüber hinaus wird die normative Ebene durch diese eventuell zukünftig möglichen Erklärungen keineswegs überflüssig. Angesichts des gegenwärtigen Erkenntnisstandes läßt sich ein gehirnorientierter Normendiskurs schlicht als Unfug bezeichnen. Doch auch jegliche Norm verlöre ihren Gegenstandsbereich, wenn eine vollständige Determination menschlichen Verhaltens angenommen würde. Vermutlich eignen sich die zu erwartenden Resultate der genannten Wissenschaften eines Tages mehr oder weniger gut dazu, menschliches Handeln oder Unterlassen rückwirkend erklären zu können. Oder dies zumindest plausibler zu machen, als es derzeit möglich ist. Die vollständige Information, die dazu notwendig wäre, dies auch für zukünftiges Verhalten an-

---
[574] Vgl. Hastedt 1998, S. 29.

wenden zu können, ist unwahrscheinlich. Und zumindest solange diese nicht erreicht worden ist, bleibt die normative Ebene möglich, sinnvoll und notwendig. Menschliches Verhalten ist ergebnisoffen, bezogen auf den derzeitigen Wissensstand. In diesem Sinne sind auch universell gültige Normen wie zum Beispiel die Menschenrechte keine „ewigen Wahrheiten", sondern bestmögliche Lösungsvorschläge für gegenwärtige Situationen.

Die Verbindung eines normativen Individualismus mit einem deskriptiven Holismus impliziert ferner, daß ein *deskriptiver Atomismus* tendenziell negativ zu bewerten ist. Auch die Kritik an einem überzogen individualistischen Menschenbild läßt sich mit dem Begriff des deskriptiven Atomismus einfangen.[575] Die negativen Konnotationen des Begriffs des Individualisten in der Alltagssprache passen ebenfalls in diese Kategorie. Ein extrem individualisiertes Leben ist in einem deskriptiv-faktischen Sinn vermutlich für viele Menschen nicht dazu geeignet, ein gutes Leben führen zu können. Die in den hochentwickelten Nationalstaaten zu beobachtende zunehmende Atomisierung der Gesellschaften im Sinne einer Lockerung der deskriptiv-holistischen Gegebenheiten liefert ein weiteres Indiz. Doch wie weit auch immer ein deskriptiver Atomismus sich ausbreitet oder wie wenig geeignet auch immer er für ein gutes Leben sein mag: All diese Themen sind deskriptive Erörterungen. Davon unbeeinträchtigt bleibt der normative Individualismus einer ethischen Rechtfertigungsrelation als Referenzpunkt legitimer politischer Entscheidungen. Ihn als deskriptiven Atomismus zu deuten und zu kritisieren, verwechselt erstens die Ebenen und ist zweitens auf der deskriptiven Ebene ein ernstzunehmender Einwand in bezug auf die Umsetzung gerechtfertigter universeller Normen.

Insofern ist die Ergänzung eines normativen Individualismus durch einen deskriptiven Holismus überzeugend. Sie wird für das Konzept des pragmatischen Individualismus des folgenden und abschließenden Kapitels beibehalten. Doch auch die positive Bewertung eines kulturellen Relativismus im Sinne eines kulturellen Pluralismus[576] stimmt überein mit der Vielzahl deskriptiver Holismen. Aus der deskriptiven Tatsache, daß es diese Vielfalt gibt, wäre es jedoch voreilig zu folgern, daß es keines Rahmens bedürfe, der dieser Vielheit eine

---

[575] Hastedt unterscheidet fünf Fehlentwicklungen eines deskriptiven Atomismus, die er als deskriptiven Individualismus tituliert, darunter unter anderem einen Rechtsegoismus und eine Leistungsideologie. Vgl. Hastedt 1998, S. 37-49.

[576] Vgl. Kapitel 3.1.

4.9 Normativer Individualismus

Koexistenz ermöglicht. Aus einem deskriptiven Holismus ergibt sich keine ethische Beliebigkeit, sondern der ethische Relativismus wird im Sinne eines normativen Individualismus zurecht abgelehnt. Das je Individuelle als solches ist im normativen Sinn universell zu achten, auch wenn das Individuelle gesellschaftlich bestimmt ist und deshalb pluralistisch zu verstehen bzw. zu erklären ist.

Was bleibt als Ergebnis dieses Durchgangs durch verschiedenste ethische Theorien? Es ließen sich viele weitere philosophische und politiktheoretische Ansätze zur Problematik der Rechtfertigung der universellen normativen Geltung der Menschenrechte diskutieren. Dies ist angesichts der Tatsache, daß die Menschenrechte als der Kernbereich jedweder politischen Philosophie angesehen werden können, nicht weiter verwunderlich. Zu nennen wären unter anderem – in nichtwertender alphabetischer Reihenfolge – die Entwürfe, Fragmente und Beiträge von Charles R. Beitz[577], Jack Donnelly[578], Alan Gewirth[579], Ernst Tugendhat[580], Alison D. Renteln[581], Richard Rorty[582], Wolfgang Schluchter[583] und Walter Schweidler[584].

---

[577] Vgl. für diesen egalitär-kontraktualistischen Ansatz z.B. Charles R. Beitz: Human rights and social justice, in: Peter G. Brown / Douglas MacLean (Hrsg.): Human rights and U.S. foreign policy. Lexington 1979, S. 45-63.

[578] Vgl. für diesen naturrechtlich inspirierten Ansatz z.B. Jack Donnelly: Human rights as natural rights, in: Human rights quarterly (1982) S. 391-405. Jack Donnelly: Human rights and human dignity: An analytic critique of non-western conceptions of human rights, in: The American political science review 76 (1982) Nr. 2, S. 303-316. Jack Donnelly: Cultural relativism and universal human rights, in: Human rights quarterly (1983) S. 400-419. Jack Donnelly: The concept of human rights. London 1984. Zum Naturrecht siehe auch Kapitel 4.1 sowie Elke Schwinger: Angewandte Ethik: Naturrecht, Menschenrechte. München 2001.

[579] Vgl. für diesen handlungsorientierten Ansatz u.a. Alan Gewirth: Reason and morality. Chicago 1981. Alan Gewirth: Human rights. Essays on justification and applications. Chicago 1985. Alan Gewirth: The community of rights. Chicago 1996 sowie die Interpretation in Klaus Steigleder: Grundlegung der normativen Ethik. Der Ansatz von Alan Gewirth. Freiburg, München 1999.

[580] Vgl. für die Idee der gleichen und universellen Achtung aller Menschen z.B. Ernst Tugendhat: Menschenrechte, in: Ders.: Vorlesungen über Ethik. 17. Vorlesung. Frankfurt am Main 1993, S. 336-363. Ernst Tugendhat: Die Kontroverse um die Menschenrechte, in: Stefan Gosepath / Georg Lohmann (Hrsg.): Philosophie der Menschenrechte. Frankfurt am Main 1998, S. 48-61 sowie eine Anwendung der Theorie auf die zweite Generation von Menschenrechten in Maria Clara Dias: Die sozialen Grundrechte. Eine philosophische Untersuchung der Frage nach den Menschenrechten. Konstanz 1993, S. 93-118.

4.9 Normativer Individualismus

Auch verschiedene Sammelbände[585] enthalten viele weitere Hinweise, Ergänzungen und kritische Kommentare. Wenn man sich auf spezifischere Fragestellungen einläßt wie zum Beispiel die Verbindungen zwischen Christentum und Menschenrechten, Weltreligionen und Menschenrechten, Islam und Menschenrechten, Menschenrechten und asiatischen Werten, Menschenrechten in Afrika, Erkenntnistheorie und politischer Philosophie, Menschenrechten und wirt-

---

[581] Vgl. zum empirisch ausgerichteten sogenannten „cross-cultural approach" Alison D. Renteln: International human rights: Universalism versus relativism. London 1990.

[582] Vgl. für das Konzept der Ironie Richard Rorty: Contingency, irony, and solidarity. Cambridge 1989. Richard Rorty: Solidarität oder Objektivität? Drei philosophische Essays. Stuttgart 1995. Richard Rorty: Menschenrechte, Rationalität und Gefühl, in: Stephen Shute / Susan Hurley (Hrsg.): Die Idee der Menschenrechte. Oxford amnesty lectures 1993. Frankfurt am Main 1996, S. 144-170.

[583] Vgl. zur Interpretation der Weberschen Schriften Wolfgang Schluchter: Individualismus, Verantwortungsethik und Vielfalt. Weilerswirst 2000. Siehe auch Winfried Brugger: Menschenrechtsethos und Verantwortungspolitik. Max Webers Beitrag zur Analyse und Begründung von Menschenrechten. Freiburg 1980. Winfried Brugger: Liberalismus, Pluralismus, Kommunitarismus. Studien zur Legitimation des Grundgesetzes. Baden-Baden 1999.

[584] Zur Verbindung von Erkenntnistheorie und Rechtfertigung der Menschenrechte siehe Walter Schweidler: Geistesmacht und Menschenrecht. Der Universalanspruch der Menschenrechte und das Problem der Ersten Philosophie. Freiburg, München 1994.

[585] Alphabetisch gelistet: Manfred Brocker / Heino Heinrich Nau (Hrsg.): Ethnozentrismus. Möglichkeiten und Grenzen des interkulturellen Dialogs. Darmstadt 1997. Hauke Brunkhorst / Wolfgang R. Köhler / Matthias Lutz-Bachmann (Hrsg.): Recht auf Menschenrechte. Menschenrechte, Demokratie und internationale Politik. Frankfurt am Main 1999. Nicholas Bunnin / Qui Renzong / Jiang Li (Hrsg.): Political philosophy. Papers of the International conference on political philosophy in Beijing, April 2001. Beijing 2002. Christine Chwaszcza / Wolfgang Kersting (Hrsg.): Politische Philosophie der internationalen Beziehungen. Frankfurt am Main 1998. Peter Koller / Klaus Puhl (Hrsg.): Current issues in political philosophy: Justice in society and world order. Akten des 19. Internationalen Wittgenstein-Symposiums in Kirchberg am Wechsel 1996. Wien 1997. Georg Lohmann / Stefan Gosepath (Hrsg.): Philosophie der Menschenrechte. Frankfurt am Main 1998. Wilhelm Lütterfelds / Thomas Mohrs (Hrsg.): Eine Welt – eine Moral? Eine kontroverse Debatte. Darmstadt 1997. Peter van Ness (Hrsg.): Debating human rights. London 1999. Julian Nida-Rümelin / Wolfgang Thierse (Hrsg.): Ethik internationaler Beziehungen. Berlin 2000. Mike Sandbothe (Hrsg.): Die Renaissance des Pragmatismus. Aktuelle Verflechtungen zwischen analytischer und kontinentaler Philosophie. Weilerswirst 2000. Stephen Shute / Susan Hurley (Hrsg.): Die Idee der Menschenrechte. (Oxford amnesty lectures 1993). Frankfurt am Main 1996. Joachim Schwartländer (Hrsg.): Menschenrechte. Aspekte ihrer Begründung und Verwirklichung. Tübingen 1978. Joachim Schwartländer (Hrsg.): Menschenrechte und Demokratie. Kehl am Rhein, Straßburg 1981. Joachim Schwartländer (Hrsg.): Modernes Freiheitsethos und christlicher Glaube. Beiträge zur Bestimmung der Menschenrechte. München, Mainz 1981. Jean-Claude Wolf (Hrsg.): Menschenrechte interkulturell. Fribourg 2000.

4.9 Normativer Individualismus

schaftlicher Entwicklung, internationale Wirtschafts- und Handelsbeziehungen und Menschenrechte, Demokratie und Menschenrechte oder auch der Komplex von Menschenrechten, europäischer Identität und Erweiterung der europäischen Gemeinschaft, ließe sich die Liste ohne weiteres noch verlängern. Deshalb wird die Analyse und Evaluation der philosophischen Konzeptionen an dieser Stelle abgebrochen. Die meines Erachtens für die Frage der universellen normativen Geltung der Menschenrechte wichtigsten Theorien sind in den vorausgehenden Abschnitten dieses vierten Kapitels dargestellt und bewertet worden. Auf den Ergebnissen der rechtsethischen Analyse aufsetzend, wird im folgenden Kapitel das Konzept des pragmatischen Individualismus entfaltet.

5 Pragmatischer Individualismus und Menschenrechte

Das Konzept des pragmatischen Individualismus arbeitet mit zwei zentralen Begriffen, denen des *Interesses* und des *Handelns*. Ferner integriert es, soweit möglich und erforderlich, die Erkenntnisse und Ergebnisse der rechtsethischen Analyse und Diskussion des vorherigen vierten Kapitels. Das Ziel des pragmatischen Individualismus ist es, eine Ethik der Menschenrechte für die beiden Ebenen der Rechtfertigung und der Umsetzung zu formulieren.

Die Grundüberzeugung jeglicher Rechtsethik lautet, daß Recht nicht ohne Gerechtigkeit sein kann. Anders formuliert, behauptet jede Rechtsethik in verschieden starker Art und Weise, daß ein normativer Raum gerechtfertigt werden kann, der juristische und positivrechtliche Normen bis zu einem gewissen Grad an Konkretisierung vorherbestimmt. Das Konzept des pragmatischen Individualismus ist in diesem Sinn eine rechtsethische Theorie und darüber hinaus naturrechtlich inspiriert, wenn die weite Fassung des Begriffs des Naturrechts[586] zugrunde gelegt wird. Es versucht, eine Ethik der Menschenrechte zu formulieren, die der Umsetzung in positives Recht notwendig bedarf.

Der Grundsatz des normativen Individualismus behauptete, daß politische Entscheidungen dann und nur dann ethisch gerechtfertigt werden können, wenn sie in letzter Konsequenz auf die davon betroffenen Individuen zurückgeführt werden können.[587] Dieser Grundsatz, der für die Ebene der normativen Rechtfertigung und nicht etwa für die Ebene der deskriptiven Umsetzung akzeptiert worden ist, bildet die Grundlage des pragmatischen Individualismus. Denn die beiden zentralen Kategorien des pragmatischen Individualismus – des Interesses und des Handelns – werden beide im Rahmen der normativen Rechtfertigung individualistisch gefaßt. Für dieses Ansetzen beim Individuum enthält der pragmatische Individualismus selbst keine Begründung, sondern greift zurück auf den normativen Individualismus. Wenn daher in den folgenden Ausführungen von Interessen und von menschlichen Handlungen die Rede ist, so ist dies stets individuell und in der Binnenperspektive eines interessegeleiteten und handelnden Individuums zu verstehen. Dies bedarf einer kurzen Erläuterung,

---

[586] Vgl. zum weiten und engen Begriff des Naturrechts Kapitel 4.1 dieser Studie.
[587] Siehe Kapitel 4.9.1 dieser Studie.

die als eine Art Überblick vorangestellt wird, ehe das Konzept selbst mit Hilfe von fünf Hypothesen formuliert wird.

Die Grundidee des pragmatischen Individualismus besteht darin, plausibel zu machen, daß bestimmte notwendige moralische Urteile identifiziert werden können, denen jedes Individuum zustimmen muß, das ein Interesse an Handlungen hat. Insofern bilden die beiden Kategorien des Interesses und des Handelns die zentralen Begriffe des Konzeptes. Allerdings werden die notwendigen moralischen Urteile lediglich *aus der Binnenperspektive eines rationalen Individuums* heraus formuliert – der bereits erwähnte intrapersonelle Blickwinkel des Konzeptes. Er darf nicht als interpersonelle Begründung etwa von moralischen Regeln mißverstanden werden. Diese leistet das Kriterium der potentiellen öffentlichen Befürwortung des rationalistischen negativen Utilitarismus. In diesem Sinn schließen sich beide Konzepte keineswegs gegenseitig aus, sondern ergänzen sich als intrapersonelle und interpersonelle Perspektive auf den gleichen Sachverhalt.

Das Konzept des pragmatischen Individualismus ist *rational*, weil es auf der Ebene der normativen Rechtfertigung bei der Selbstreflexion eines zumindest minimal rationalen Individuums ansetzt.[588] Und es ist *pragmatisch*, weil die sich ergebenden Folgerungen auf der Ebene der Umsetzung pragmatisch gehandhabt werden sollen.[589] Dies bezieht sich beispielsweise auf die angemessene Berücksichtigung der Rahmenbedingungen der rechtsethischen Debatte, wie sie in der rechtstheoretischen Analyse bestimmt wurden, aber auch auf weitere rechtsethische Thesen, sofern sie die Umsetzung von Menschenrechten betreffen. Die folgenden fünf Hypothesen formulieren dabei zunächst die Grundlage des Ansatzes im Sinne der Selbstreflexion eines minimal rationalen, interessegeleiteten und handelnden Individuums. Die Hypothesen eins und zwei sind dabei deskriptiv zu verstehen, die Hypothesen drei bis fünf sind normativ zu lesen.

5.1 Interessen, Handlungen und ein rationales Individuum

Die *erste Hypothese* des pragmatischen Individualismus behauptet, *daß alle menschlichen Individuen bestimmte Interessen haben und auch ein Interesse*

---

[588] Siehe Kapitel 5.1 dieser Studie.
[589] Siehe Kapitel 5.2 dieser Studie.

daran haben, zu handeln. Diese deskriptive Hypothese erinnert an die Idee der kulturinvarianten Minimalanthropologie des transzendentalen Kontraktualismus.[590] Dessen positiv evaluierte Annahme lautete, daß jeder Mensch zumindest auch als Lebewesen und als sprach- und vernunftbegabtes Wesen beschrieben werden kann. Zumindest diese beiden Kategorien von Interessen sind kulturinvariant und damit geeignet für einen kulturübergreifenden Rechtfertigungsversuch. Die erste Hypothese des pragmatischen Individualismus ist insofern schwächer, als jede inhaltliche Vorgabe von Interessen vermieden wird. Es wird lediglich angenommen, daß alle menschlichen Individuen zumindest potentiell bestimmte Interessen haben, welcher Art auch immer. Wenn die rechtsethische Behauptung einer kulturinvarianten Minimalanthropologie zutrifft, dann gilt die Kulturneutralität erst recht für die Hypothese, daß alle menschlichen Individuen potentiell irgendwelche spezifischen Interessen haben. Im übrigen sind sowohl die Hypothese der kulturinvarianten Minimalanthropologie als auch die erste Hypothese des pragmatischen Individualismus deshalb deskriptiv zu interpretierende Hypothesen, weil sie einer empirischen Überprüfung ohne weiteres zugänglich sind. Allerdings kann mit der schwächeren Annahme, daß alle Individuen bestimmte Interessen haben, von welcher Art diese auch sein mögen, die anspruchsvolle Klassifizierung verschiedener Arten oder auch Klassen von Interessen[591] vermieden werden.

Aber auch für das Interesse daran, zu handeln, müssen inhaltliche Vorgaben aller Art mit Blick auf mögliche Handlungsziele vermieden werden, wenn die Hypothese kulturneutral bleiben soll. Ein Interesse daran, zu handeln und bestimmte Handlungsziele zu verwirklichen, ist in der Regel sowohl abhängig von den jeweiligen personenspezifischen Interessen als auch von den jeweiligen kulturspezifischen Sozialisationsbedingungen der betreffenden Person. Lediglich die Tatsache, daß ein Interesse daran besteht, zu handeln, ist nicht personen- oder kulturspezifisch. Nicht mehr, aber auch nicht weniger wird mit der ersten Hypothese behauptet.

---

[590] Vgl. Kapitel 4.7.1 dieser Studie.

[591] Vgl. zu diesem Thema u.a. die Kategorisierung Höffes in Kapitel 4.7, die Dreizonentheorie von der Pfordtens in von der Pfordten 1997, den Begriff der „capabilities" in Martha Nussbaum / Amartya Sen (Hrsg.): The quality of life. Oxford 1993 und Martha Nussbaum: Gerechtigkeit oder Das gute Leben. Hrsg. v. Herlinde Pauer-Studer. Frankfurt am Main 1999 sowie zum Interessenbegriff Wolfgang Kersting: Plädoyer für einen nüchternen Universalismus, in: Information Philosophie 1 (2001) S. 8-23.

Zwei weitere Präzisierungen sind hinzuzufügen, um bestimmte Sachverhalte ausschließen zu können, die für den vorliegenden Zusammenhang nicht einschlägig zu sein scheinen. Erstens ist ein Interesse daran, zu handeln, insofern ein für die Rechtfertigung von menschenrechtlichen Normen relevantes Interesse, als ohne Handlungen in aller Regel keine Individuen von politischen Entscheidungen betroffen sind. Interessen, die in keiner Weise auf Handlungen gerichtet sind, von denen andere Individuen möglicherweise betroffen werden können, sind vorstellbar, aber wohl kaum relevant für den vorliegenden Zusammenhang. Zweitens bezieht sich der Begriff der Handlung nur auf einen Teil menschlichen Verhaltens, denn nur derjenige Teil hat Handlungscharakter, der unter der Kontrolle der handelnden Person steht.[592] Externe Bedingungen, die die möglichen Handlungsoptionen einer Person in einer Art und Weise einschränken, daß diese prinzipiell nicht mehr zur Verfügung stehen oder auch zu einer kausalen Determination der jeweiligen (Handlungs-) Situation führen, sind kein Teil einer möglichen Handlungsbeschreibung mehr. In diesem Falle sollte nicht mehr von „menschlichen Handlungen", sondern nur noch von „menschlichem Verhalten" gesprochen werden.[593] Man denke zum Beispiel an ein kleines Kind oder auch an ein menschliches Individuum mit stark ausgeprägter und physisch oder psychisch bedingter Willensschwäche, das sich in einer bestimmten Art und Weise verhält. Durch deren menschliches Verhalten können ohne weiteres die Interessen anderer Individuen betroffen sein, aber mangels Kontrolle über das eigene Verhalten fehlt ihnen die Fähigkeit zu handeln.

Die *zweite Hypothese* des pragmatischen Individualismus behauptet, *daß das Interesse daran, zu handeln, ebenso wie das Phänomen des Handelns selbst für jedes handelnde Individuum einen unhintergehbaren Zusammenhang bilden.* Bereits das Interesse daran, zu handeln, von welcher Art auch immer die Handlung sein mag und welches Handlungsziel auch immer angestrebt wird, bedingt den unhintergehbaren Zusammenhang aus Sicht des Individuums. Der Begriff des Handelns wird hierbei für das Konzept des pragmatischen Individualismus

---

[592] Vgl. Julian Nida-Rümelin: Strukturelle Rationalität. Ein philosophischer Essay über praktische Vernunft. Stuttgart 2001, S. 14, S. 54f. und S. 142f.
[593] Vgl. ausführlich Nida-Rümelin 2001, S. 136-150.

5 Pragmatischer Individualismus

weit gefaßt.[594] Er umfaßt in diesem Zusammenhang sowohl aktives Handeln als auch das Unterlassen von aktiven Handlungen.[595] Ein handelndes Individuum kann lediglich darüber entscheiden, welche Handlungen es ausführen oder welche Handlungen es nicht ausführen will. Es kann nicht darüber entscheiden, ob es handeln will oder nicht. Handlungen können aus der Binnenperspektive eines handelnden Individuums heraus nicht von diesem isoliert betrachtet werden.

Dieser deskriptive weite Handlungsbegriff, der auch Unterlassungen einschließt, scheint der weitverbreiteten Intuition zu widersprechen, daß Handeln und Unterlassen sowohl begrifflich unterschieden werden können als auch verschieden bewertet werden. Betrachten wir zunächst die begriffliche Differenz. Unabhängig davon wie Handlungen begrifflich gefaßt werden, schlägt Birnbacher ex negativo für die Grundform des Unterlassens zwei notwendige Bedingungen vor, um von einem Unterlassen sprechen zu können.[596] Wenn eine Person A es unterläßt, eine Handlung H1 auszuführen, impliziert dies erstens, daß es nicht der Fall ist, daß die Person A die Handlung H1 ausführt und zweitens, daß die Person A die Handlung H1 ausführen könnte. Deutlich wird an dieser Stelle, daß die begriffliche Unterscheidung zwischen Handeln und Unterlassen immer auf eine einzige mögliche Handlung H1 fokussiert. Sie diskutiert in bezug auf eine bestimmte mögliche Handlungsoption H1, ob eben diese als Handeln oder Unterlassen charakterisiert werden kann. Sobald der betreffenden Person A nicht nur auf der Zeitachse, sondern zu einem bestimmten Zeitpunkt T mehr als nur eine einzige Handlungsoption H1 zur Verfügung steht, scheint es unproblematisch zu sein, von Handeln in einem weiten Sinn zu sprechen. Denn unabhängig davon, ob die Handlungsoption H1 als (aktives) Handeln in einem engeren Sinn oder als Unterlassen charakterisiert werden kann, bestehen weitere Handlungsoptionen H2, H3, usw. Betrachtet man diese zu einem bestimmten Zeitpunkt T zusammen mit der Handlungsoption H1, rechtfertigt dies, zu behaupten, daß das Phänomen des Handelns in einem weiten Sinn für jedes menschliche Individuum einen nicht hintergehbaren Zusammenhang bildet.

---

[594] Vgl. zu den folgenden Ausführungen ausführlich Dieter Birnbacher: Tun und Unterlassen. Stuttgart 1995.
[595] Vgl. Birnbacher 1995, S. 24.
[596] Vgl. Birnbacher 1995, S. 32. Ob die beiden notwendigen Bedingungen zugleich hinreichende Bedingungen für Unterlassungen sind, kann an dieser Stelle offen bleiben.

Doch auch die prima facie verschiedene Bewertung von aktiven Handlungen und Unterlassungen[597] ist nicht relevant und daher gut mit einem weiten Handlungsbegriff kompatibel. Birnbacher kommt nach einer ausführlichen Analyse zu folgendem Ergebnis: „1. Daß ein menschliches Verhalten dem Typ des (äußeren) Unterlassens (Nicht-Handelns) und nicht dem Typ des (äußeren) Handelns entspricht, läßt nicht darauf schließen, daß es irgend ein anderes moralisch relevantes Merkmal aufweist, aufgrund dessen es läßlicher (oder strenger) beurteilt werden muß als ein in allen sonstigen Hinsichten vergleichbares Handeln. 2. Es begründet auch nicht durchweg eine Vermutung, daß es irgendein anderes moralisch relevantes Merkmal aufweist, aufgrund dessen es läßlicher (oder strenger) beurteilt werden muß als ein in allen sonstigen Hinsichten vergleichbares Handeln. ..."[598] Trotz der begrifflich möglichen Unterscheidung zwischen Handeln und Unterlassen und der faktisch vorhandenen unterschiedlichen Bewertung von Handlungen und Unterlassungen spricht demnach nichts gegen einen weiten Begriff des Handelns, der sowohl aktive Handlungen als auch Unterlassungen einschließt.

Dies ist insofern relevant für die Fragestellung, als jegliche normative Rechtfertigung und damit natürlich auch eine Ethik der Menschenrechte versucht, eben diese Handlungen zu beeinflussen. Menschliche Handlungen sind der Gegenstandsbereich normativer Begründungen, weil praktische Normen nutzlos sind, sofern sie sich nicht auf menschliche Handlungen beziehen lassen. Es scheint mir im übrigen kein Widerspruch zu bestehen zwischen der rechtstheoretischen Analyse von Ansprüchen, die sich auf zwei Personen und einen bestimmten *Zustand* bezog[599] und der rechtsethischen Forderung, daß sich praktische Normen auf menschliche *Handlungen* beziehen lassen müssen. Die rechtstheoretische Frage, was unter einem Anspruch zu verstehen ist bzw. welcher Zustand durch wen gewährleistet werden kann, ist kombinierbar mit der rechtsethischen Frage, auf welche Art und Weise eben dieser Zustand gewährleistet werden kann und soll bzw. auf welche Art und Weise und durch welche verbotenen oder auch gebotenen menschlichen Handlungen ein bestimmter Zustand gewährleistet werden soll.

---

[597] Vgl. mit vielen Beispielen Birnbacher 1995, S. 9ff.
[598] Siehe das vorläufige Ergebnis von Birnbacher 1995, S. 231.
[599] Vgl. Kapitel 2 dieser Studie.

Zwei weitere Präzisierungen sind hinzuzufügen, um Mißverständnisse vermeiden zu helfen. Erstens darf der zweite Teil der Hypothese, daß das Phänomen des Handelns für ein handelndes Individuum einen unhintergehbaren Zusammenhang bildet, nicht gleichgesetzt werden mit der Behauptung, daß alle Individuen zu allen Zeiten und in allen Situationen tatsächlich handeln. Dies wäre eine zu starke These, die mit guten Gründen zurückgewiesen werden kann. Die Lesart, daß alle Individuen zumindest potentiell die Fähigkeit oder die Disposition besitzen, zu handeln, ist die angemessene. Denn fehlt eine derartige potentielle Fähigkeit oder Disposition, zu handeln, resultieren daraus auch keine menschlichen Handlungen. Und wenn diese aus welchen Gründen auch immer prinzipiell nicht entstehen können, wird der Gegenstandsbereich normativer Rechtfertigungen verlassen.

Zweitens besagt der Ausdruck des unhintergehbaren Zusammenhangs lediglich, daß der Zusammenhang des Handelns für die Binnenperspektive eines handelnden Individuums nicht hintergehbar ist. Andere und im Gegensatz zum hier relevanten Punkt externe Blickwinkel sowohl auf ein Individuum als auch auf dessen Interessen und Handlungen sind ohne weiteres möglich. Lediglich aus Sicht eines handelnden menschlichen Individuums ist der Zusammenhang unhintergehbar.

Die *dritte Hypothese* des pragmatischen Individualismus behauptet, *daß Handeln notwendigerweise für jedes handelnde Individuum eine Evaluation beinhaltet*. Dies kann rekonstruiert werden, weil der Begriff des Handelns für das vorliegende Konzept sowohl aktive Handlungen als auch das Unterlassen von aktiven Handlungen einschließt. Ein Individuum kann demnach darüber entscheiden, welche Handlungen es ausführt und welche Handlungen es nicht ausführt. Es kann jedoch nicht darüber befinden, ob es handelt oder nicht handelt. Der Grund dafür, eine mögliche Handlung H1 auszuführen (oder auch eine mögliche Handlung H1 nicht auszuführen und sie zu unterlassen), ist darin zu sehen, daß das mögliche Ziel Z1 einer möglichen Handlung H1 gegenüber dem möglichen Ziel Z2 einer anderen möglichen Handlung H2 positiv (oder negativ) bewertet wird. Die positive (oder negative) Bewertung von Z1 im Vergleich mit Z2 ist für das handelnde Individuum eine notwendige Voraussetzung dafür, H1 auszuführen (oder auch zu unterlassen im Falle der negativen Evaluation). Mit anderen Worten, in bezug auf eine einzige Handlung H1 kann ein Individuum darüber entscheiden, ob es die Handlung H1 ausführt oder unterläßt, in bezug auf mehr als eine Handlung H1 kann es lediglich darüber entscheiden, welche von beiden möglichen Handlungen es ausführt bzw. unterläßt. In beiden Fällen wird die der Handlung vorausgehende Entscheidung von einem weiten Handlungsbegriff gedeckt und beinhaltet eine Evaluation.

Betrachten wir dazu ein Beispiel. Gemäß Hypothese eins unterliegt die Art der Handlung ebenso wie die Auswahl der möglichen Handlungsziele keinen Beschränkungen. Nun ist zum Beispiel im Falle des Unterlassens einer Handlung, das definitionsgemäß ebenfalls als Handeln klassifiziert wird, eine Evaluation nicht besonders offensichtlich. Man denke etwa an eine unterlassene Hilfeleistung aufgrund einer vollkommen aussichtslosen Situation, mit der zunächst keine Entscheidungen aus Sicht des handelnden Individuums verbunden zu sein scheinen. Jedoch geht auch diesem Unterlassen die Entscheidung des handelnden Individuums voraus, etwas zu unterlassen und auf diese Art und Weise zu handeln. Es hätte sich auch in dem Fall für eine aktive Handlung und eine versuchte Hilfeleistung entscheiden können, wenn diese in seiner Binnenperspektive aussichtslos gewesen ist. In diesem Sinn beansprucht das handelnde Individuum durch seine Art des Handelns eine dem Handeln vorausgehende Wahlfreiheit. Und auf diesen Sachverhalt wird mit der evaluativen Struktur des Handelns abgehoben.

Für die dritte Hypothese ist es nicht entscheidend, ob eine mögliche Handlung H1 mit dem zugehörigen möglichen Handlungsziel Z1 erfolgreich beendet werden kann oder erfolgreich beendet worden ist. Angenommen, eine Handlung H1 mit dem Ziel der Handlung Z1 mißlingt in der Ausführung, weil zum Beispiel die Voraussetzungen der Handlung durch das Individuum zu optimistisch eingeschätzt worden sind. Auch in diesem Fall trifft zu, daß vor der mißlungenen Ausführung der Handlung H1 das Handlungsziel Z1 im Vergleich mit einem anderen möglichen Handlungsziel Z2 positiv bewertet worden ist. Andernfalls hätte der im Beispiel mißlungene Versuch, Handlung H1 auszuführen, gar nicht stattgefunden.

Ebenfalls irrelevant für die dritte Hypothese ist, ob Z1 oder Z2 positiv bewertet werden. Wenn Z1 gegenüber Z2 bevorzugt wird, wird die Handlung H1 ausgeführt und wenn Z2 gegenüber Z1 positiv bewertet wird, so wird die Handlung H1 nicht ausgeführt und / oder die Handlung H2 ausgeführt. In beiden Fällen kann eine evaluative Struktur identifiziert werden, die keineswegs zufällig Z1 oder Z2 in der Binnenperspektive des Individuums bevorzugt, sondern die eine notwendige Voraussetzung dafür ist, H1 auszuführen oder zu unterlassen. Handlungen beruhen auf einer der Handlung vorausgehenden Bewertung möglicher Handlungsziele, da andernfalls das betreffende Individuum nicht so handeln würde, wie es handelt.[600] Stärker und normativ ausgedrückt, haben Handlungen immer auch einen praktischen Grund, diese auszuführen.[601] Mit dieser Formulierung wird deutlich, daß Hypothese drei nicht mehr nur deskriptiv, sondern auch normativ gewendet ist.

Allerdings bedarf dieser Wechsel von der deskriptiven zur normativen Ebene durch den Rekurs auf praktische Gründe noch einiger Erläuterungen.[602] Wenn ein menschliches Individuum einen bestimmten Handlungsgrund akzeptiert und dieser sich darin äußert, daß es seine Handlungen entsprechend strukturiert, sind sowohl externe als auch interne Strukturen angesprochen. Handlungsgründe sind dabei zunächst externe Gründe, sie sind unabhängig von der je subjektiven Verfassung eines menschlichen Individuums.[603] Sie werden erst dadurch handlungsleitend, daß sie als solche akzeptiert werden. Das Akzeptieren eines Grundes gehört zu den inneren Bedingungen, obwohl Gründe nicht Teil des subjektiven Zustandes eines menschlichen Individuums sind. Ein subjektiver Handlungsgrund wäre innerhalb dieses Rahmens ein Oxymoron, weshalb in den ersten beiden deskriptiven Hypothesen nicht von (Handlungs-)Gründen, sondern ausschließlich von Interessen die Rede war. Interessen, Neigungen, Evaluationen und Meinungen sind subjektiv, Handlungsgründe hingegen sind objektiv.[604] Eine Evaluation von Handlungsgründen wäre demnach eine subjektive Meinung zu bestimmten objektiven Gründen. Allerdings ist die Berücksichtigung eigener Neigungen und Interessen als gute Gründe mit einem objektivistischen Verständnis guter Gründe kompatibel.[605] Aber erst die Feststellung, daß Interessen nicht direkt, sondern nur über die Vermittlung von

---

[600] Vgl. Nida-Rümelin 2002, S. 103-104, Zitat S. 104: „Die eine Lebensform bestimmende Kette von Handlungen repräsentiert zwei Bewertungsfunktionen: eine epistemische Wertfunktion als Repräsentation subjektiven Meinens und eine konative Wertfunktion als Repräsentation subjektiven Für-wertvoll-haltens."
[601] Vgl. Nida-Rümelin 2001, S. 75.
[602] Vgl. für die folgenden Ausführungen Nida-Rümelin 2001, S. 11ff. und S. 73ff.
[603] Vgl. Nida-Rümelin 2001, S. 21ff.
[604] Nida-Rümelin 2001, S. 78.
[605] Nida-Rümelin 2001, S. 80.

Handlungsgründen handlungsrelevant sind, macht die Freiheit des Handelns aus.

Jede Handlung ist insofern ein Ausdruck einer Stellungnahme eines menschlichen Individuums zu bestimmten Handlungsgründen.[606] Die subjektive Stellungnahme beruht sowohl auf deskriptiven als auch auf normativen Überzeugungen.[607] Deskriptive Überzeugungen speisen sich aus einem deskriptiven Orientierungswissen und bilden die Grundlage theoretischer Handlungsgründe. Normative Überzeugungen beruhen auf einem normativen Orientierungswissen und bilden die Grundlage praktischer Handlungsgründe. Die subjektive Stellungnahme bzw. die subjektive Bewertung bestimmter deskriptiver und normativer Handlungsgründe ergeben dann die Handlungsorientierung eines Individuums.

Zugleich wird mit dieser subjektiven, aber normativen Stellungnahme die dem Konzept des pragmatischen Individualismus zugrundeliegende Binnenperspektive eines minimal rationalen handelnden Individuums angemessen berücksichtigt. Diese bezieht sich dann allerdings gleichzeitig nicht mehr nur auf die einzelne punktuelle Handlung. Denn Gründe, die für eine bestimmte strukturelle Handlungsweise sprechen, sind ipso facto zugleich auch Gründe für diejenige punktuelle Handlung, die dieser Handlungsweise entspricht.[608] Mit dem Akzeptieren von Gründen werden aus der Sicht des handelnden Individuums heraus sowohl die einzelne punktuelle Handlung als auch größere Handlungsstrukturen in Einklang gebracht mit dessen deskriptiven und normativen Überzeugungen. Dies leitet über zur vierten Hypothese.

Die *vierte Hypothese* des pragmatischen Individualismus behauptet, *daß Handeln für jedes handelnde Individuum notwendig eine deontische Struktur beinhaltet*. Anders ausgedrückt, erhebt jedes handelnde Individuum bestimmte normative Ansprüche allein aufgrund der Tatsache, daß es handelt.[609] Denn für jedes handelnde Individuum ist seine Freiheit notwendigerweise ein Gut, das es

---

[606] Nida-Rümelin 2001, S. 77.
[607] Vgl. zu den folgenden Unterscheidungen Nida-Rümelin 2002, S. 96-98.
[608] So die zentrale These von Nida-Rümelin 2001, S. 9.
[609] Vgl. ähnlich Gewirth 1978, S. 63ff. und Steigleder 1999, S. 65-108. Der entscheidende Unterschied besteht darin, daß der pragmatische Individualismus lediglich *intrapersonell* verstanden werden soll, während der Rationalismus *interpersonelle* Gültigkeit zu begründen sucht.

beansprucht, weil für jedes handelnde Individuum seine Freiheit eine notwendige Voraussetzung dafür darstellt, handeln zu können. Daher ist es gezwungen, zuzugeben, daß es seine Freiheit beansprucht.

Die Hypothese behauptet, daß normative freiheitliche Ansprüche von allen handelnden Individuen erhoben werden. Sie behauptet damit aber in keiner Weise, daß diese Ansprüche auch von anderen handelnden Individuen tatsächlich anerkannt und in deren Verhalten berücksichtigt werden. Die normativen Ansprüche werden aus der Perspektive eines handelnden Individuums heraus erhoben. Die Ansprüche werden nicht zwischen verschiedenen handelnden Individuen erhoben. Der Hypothese liegt eine intrapersonelle Sicht zugrunde und kein interpersoneller oder intersubjektiver Anspruch auf Anerkennung. Die Hypothese, daß jedes handelnde Individuum bestimmte freiheitliche Ansprüche erhebt aufgrund der Tatsache, daß es handelt, fällt nicht zusammen mit der These, daß Freiheit ein objektives Gut für alle handelnden Individuen ist. Die Hypothese zielt vielmehr auf die subjektive Einschätzung jedes handelnden Individuums, daß in seiner Binnenperspektive bestimmte freiheitliche Ansprüche notwendige positive Güter bzw. notwendige Voraussetzungen dafür sind, überhaupt handeln zu können. Obwohl die weitaus stärkere These, daß Freiheit ein objektives Gut für alle handelnden Individuen ist, vereinbar ist mit der vierten Hypothese des pragmatischen Individualismus, muß sie nicht notwendig behauptet und begründet werden.

Die vierte Hypothese behauptet lediglich eine *subjektive, normative und notwendige Stellungnahme* zu bestimmten objektiven praktischen Handlungsgründen. Die Hypothese ist subjektiv, weil das Akzeptieren eines Handlungsgrundes zu den internen Strukturen des Handelns zählt, auch wenn der Handlungsgrund selbst kein Teil des subjektiven Zustandes eines Individuums ist. Doch ein objektiver Handlungsgrund wird erst durch die subjektive Stellungnahme eines Individuums handlungsorientierend oder handlungsleitend. Ob er darüber hinaus objektiv gültig ist oder nicht, bzw. ob Freiheit ein objektives Gut für alle handelnden Individuen ist oder nicht, muß an dieser Stelle nicht begründet werden. Die Hypothese ist normativ, weil für die Handlungsorientierung eines Individuums sowohl deskriptives als auch normatives Orientierungswissen benötigt wird.[610] Aus diesen zwei Arten von Orientierungswissen ergeben sich

---

[610] Vgl. Nida-Rümelin 2002, S. 96ff.

zwei Arten propositionaler Einstellungen. Deskriptives Orientierungswissen führt zu bestimmten epistemischen propositionalen Einstellungen, normatives Orientierungswissen ergibt bestimmte konative propositionale Einstellungen. Die Kombination epistemischer und konativer Einstellungen äußert sich in bestimmten Handlungen.[611] Diese Handlungen umfassen sowohl punktuelle Handlungen als auch strukturelle Handlungsweisen. Schließlich impliziert die Hypothese eine notwendige Stellungnahme, weil bestimmte subjektive Ansprüche notwendige Voraussetzungen dafür sind, überhaupt handeln zu können. Dieses Eingebettetsein in die Handlungssituation bildet gemäß Hypothese zwei für jedes menschliche Individuum einen nicht hintergehbaren Zusammenhang.

Welche freiheitlichen Ansprüche können nun als Voraussetzung der Disposition des Handelns bestimmt werden? Zusammenfassend lassen sie sich meines Erachtens mit dem Begriff der *persönlichen Autonomie* charakterisieren. Dieses Prinzip wurde bereits im Rahmen des Libertarismus ausführlich erörtert[612], wenngleich die Rechtfertigung unter Bezugnahme auf die Praxis des moralischen Diskurses nicht plausibel war. Für das Konzept des pragmatischen Individualismus braucht der Inhalt des Prinzips nicht verändert zu werden, weshalb eine zweite detaillierte Auffaltung an dieser Stelle überflüssig ist. Es sei lediglich wiederholt, daß sich das Prinzip der persönlichen Autonomie als die freie und jeweils individuelle Adaption von subjektiven Präferenzen und auf ihnen beruhenden Plänen des eigenen Lebens beschreiben läßt. Das Prinzip bezieht sich auf die Kapazität eines menschlichen Individuums, seine subjektiven Präferenzen zu verwirklichen, vollkommen unabhängig von der moralischen oder nichtmoralischen Gültigkeit dieser Präferenzen.

Eine Voraussetzung dafür, diese persönliche Autonomie überhaupt ausüben zu können, sind bestimmte menschenrechtliche Ansprüche des Menschen als körperlicher und geistiger Person.[613] Sie umfassen unter anderem die Menschenrechte auf Leben und körperliche Unversehrtheit, das Verbot von Folter und Sklaverei, das Verbot menschenunwürdiger Behandlung, aber auch die Meinungs- und Gewissensfreiheit sowie die freie Wahl der Religion. Keine Voraus-

---

[611] Vgl. Nida-Rümelin 2002, S. 111-112.
[612] Vgl. Kapitel 4.3.2 dieser Studie zu den drei materialen Prinzipien des Libertarismus.
[613] Vgl. die Differenzierung der Menschenrechte der ersten Generation, bezogen auf den Menschen als körperliche, geistige und politisch-soziale Person in Kapitel 2.2.2 dieser Studie.

setzung der Inanspruchnahme der persönlichen Autonomie sind demgegenüber diejenigen Ansprüche, die den Menschen als politisch-soziale Person in den Blick nehmen. Es ist beispielsweise keine denknotwendige Voraussetzung, eine Demokratie zu etablieren, um die persönliche Autonomie der Mitglieder der jeweiligen politischen Gemeinschaft sicherzustellen. Solange sich die betreffende politische Gemeinschaft bzw. der jeweilige Staat zur Nichtintervention verpflichten bzw. weltanschaulich neutral verhalten, scheinen auch andere Formen politischer Herrschaft zulässig zu sein. Demokratie kann als empirisch gut geeignetes Verfahren zur Umsetzung der Menschenrechte, nicht hingegen als normative Konsequenz des Prinzips der persönlichen Autonomie verstanden werden.

Sehr wohl hingegen kann die Brücke von der ersten zur zweiten Generation von Menschenrechten geschlagen werden.[614] Jeder Mensch bedarf sowohl in physischer als auch in psychischer Hinsicht nicht nur bestimmter Unterlassungen von Seiten der politischen Gemeinschaft (die als negative Abwehrrechte der ersten Generation von Menschenrechten klassifiziert worden sind), sondern auch bestimmter aktiver Handlungen der politischen Gemeinschaft (die als soziale Anspruchsrechte der zweiten Generation von Menschenrechten eingeführt worden sind), um sein Leben in persönlicher Autonomie selbstbestimmt gestalten zu können.

Auf der anderen Seite können die Menschenrechte der dritten Generation, die durch das Kriterium der Solidarität charakterisiert worden sind[615], nur in sehr begrenztem Ausmaß – wenn überhaupt – im Rahmen einer normativen Rechtfertigung mit dem Prinzip der persönlichen Autonomie in Verbindung gebracht werden. Dieser Befund deckt sich mit der rechtsethischen Diskussion des vierten Kapitels. Es fand sich keine einzige rechtsethische Theorie, die dafür argumentierte, den Menschenrechten der dritten Generation universelle normative Geltung zuzusprechen. Dies spricht für eine Entschlackung der Menschenrechtsdebatte. Anstatt den Begriff der Menschenrechte inflationär für politische Zielvorstellungen aller Art zu verwenden (für die unabhängig von der Menschenrechtsdebatte jeweils durchaus gute Gründe sprechen können), erscheint es angebracht, den Begriff für diejenigen basalen Ansprüche zu reservieren, de-

---

[614] Vgl. die Argumentation im Rahmen des fairneßorientierten Kontraktualismus in Kapitel 4.8.

[615] Vgl. Kapitel 2.2.1 dieser Studie zu den drei Generationen von Menschenrechten.

ren universelle normative Geltung ernsthaft diskutiert werden kann. Und die politischen Diskussionen beispielsweise um Verteilungsgerechtigkeit, internationale Solidarität oder weltweit gültige Umweltschutz-standards sollten unter dem entsprechenden Etikett geführt werden, anstatt sie mit Menschenrechten zu vermischen und zu konterkarieren.

Doch zurück zum Prinzip der persönlichen Autonomie: Im Rahmen des Libertarismus wurde es als intersubjektives Gerechtigkeitsprinzip charakterisiert und konnte nicht mit guten Gründen bzw. dem Verweis auf die Praxis des moralischen Diskurses gerechtfertigt werden. Im Rahmen des pragmatischen Individualismus wird der Inhalt des Prinzips unverändert beibehalten. Allerdings wird persönliche Autonomie nicht mehr als intersubjektives Gerechtigkeitsprinzip, sondern als subjektiver Anspruch eines Individuums in dessen intrapersoneller Perspektive bestimmt. Der Anspruch gründet auf dem jeweils individuellen Interesse daran, zu handeln. Und er beinhaltet keineswegs, daß sich alle anderen handelnden Entitäten in ihren Entscheidungen und Handlungen auch an ihm orientieren. Dies leitet über zur fünften und letzten Hypothese.

Die *fünfte und letzte Hypothese* des pragmatischen Rationalismus behauptet, *daß Handeln eine kohärentistisch universalisierbare Struktur besitzt*. Jedes handelnde Individuum erhebt einen Anspruch auf seine persönliche Autonomie aus dem genau gleichen Grund, nämlich, weil es ein handelndes Individuum ist. Akzeptiert es diesen Grund seines Anspruches für sich selbst – wozu es genötigt ist, da ein minimal rationales Individuum sich selbst als interessegeleitetes und handelndes Individuum in genanntem Sinn wahrnehmen muß und Handeln einen nicht hintergehbaren Zusammenhang für jedes handelnde Individuum darstellt –, so ist es nur eine intern kohärente Folgerung dieser Selbstwahrnehmung, denselben Grund auch bei anderen Individuen als zulässigen und hinreichenden Grund für deren jeweilige Ansprüche auf deren persönliche Autonomie anzuerkennen.

Auch die fünfte Hypothese der kohärentistisch universalisierbaren Struktur des Handelns wird noch aus der Binnenperspektive eines handelnden Individuums heraus formuliert. Allerdings wird der Blick auch auf andere handelnde Individuen gerichtet und insofern der Blickwinkel erweitert. Innerhalb der intrapersonellen Perspektive hat jedes handelnde Individuum einen bestimmten Grund dafür, einen Anspruch auf seine jeweilige persönliche Autonomie zu erheben.

5 Pragmatischer Individualismus

Der Grund besteht darin, daß es ein handelndes Individuum ist und seiner persönlichen Autonomie als notwendiger Voraussetzung dafür bedarf, ein eben solches handelndes Individuum sein zu können und sich selbst als ein solches wahrnehmen zu können. Der Grund ist demnach in der Binnenperspektive des Individuums ein hinreichender Grund dafür, einen Anspruch auf persönliche Autonomie erheben zu dürfen.

Dies läßt sich meines Erachtens kohärentistisch universalisieren. Denn Universalisierbarkeit bezieht sich auf singuläre Moralurteile und hat nichts mit der Anwendung von Regeln zu tun.[616] Universalisierbarkeit ist moralisch neutral und kein inhaltliches moralisches Entscheidungskriterium.[617] Wenn ein handelndes Individuum in den Blick genommen wird, läßt sich das Universalisierbarkeitsprinzip wie folgt formulieren: Wenn eine Handlung sowie die damit implizit oder explizit erhobenen normativen Ansprüche für ein handelndes Individuum moralisch richtig sind, dann sind sie auch für jedes andere relevant ähnliche handelnde Individuum in relevant ähnlichen Umständen moralisch richtig.[618] Dies kann in Bezug gesetzt werden zu den bereits formulierten Hypothesen eins bis vier des pragmatischen Individualismus. Relevant ähnliche handelnde Individuen werden in den Hypothesen eins und drei angesprochen, während sich die Hypothesen zwei und vier als relevant ähnliche Umstände interpretieren lassen.

Eine relevante Ähnlichkeit handelnder Individuen findet sich wieder in Hypothese eins, die behauptete, daß alle menschlichen Individuen bestimmte Interessen haben und auch ein Interesse daran haben, zu handeln. Diese beiden empirischen Tatsachen sind allen Individuen gemeinsam und insofern sind diese auf jeden Fall auch ähnlich. Die genannten Tatsachen sind darüber hinaus relevante Tatsachen, da sich moralische Normen in erster Linie auf Handlungen und nicht auf jedwedes menschliche Verhalten beziehen. Eine weitere relevante Ähnlichkeit enthält Hypothese drei, die behauptete, daß Handeln für jedes handelnde Individuum notwendigerweise eine Evaluation beinhaltet. Diese Evalua-

---

[616] Vgl. Jörg Schroth: Die Universalisierbarkeit moralischer Urteile. Paderborn 2001, S. 230.
[617] Vgl. Schroth 2001, S. 141-143.
[618] Vgl. Schroth 2001, S. 99: „Wenn eine Handlung für eine Person moralisch richtig ist, dann ist sie auch für jede andere relevant ähnliche Person in relevant ähnlichen Umständen moralisch richtig."

tion bezog sich auf zwei Bewertungsfunktionen und enthielt sowohl deskriptive als auch normative subjektive Bewertungen jedes Individuums.

Die relevant ähnlichen Umstände werden schließlich von Hypothese zwei erfaßt, die behauptete, daß das Interesse daran, zu handeln, für jedes handelnde Individuum einen nicht hintergehbaren Zusammenhang bildet. Wenn dies zutrifft, befindet sich jedes handelnde Individuum in der gleichen Situation des unhintergehbaren Zusammenhangs des Handelns und damit auch in relevant ähnlichen Umständen, welche Handlungen auch immer angestrebt oder ausgeführt werden. Aber auch Hypothese vier, die behauptete, daß Handeln für jedes handelnde Individuum notwendig eine deontische Struktur beinhaltet, stellt auf die Umstände des Handelns ab, die für alle handelnden Individuen relevant ähnlich sind.

Auch der Einwand, daß ein handelndes Individuum eine Ausnahme zu eigenen Gunsten beanspruchen kann, ist meiner Meinung nach nicht stichhaltig. Eine Ausnahme zu eigenen Gunsten liegt vor, wenn eine Handlung sowie die damit implizit oder explizit erhobenen normativen Ansprüche jedem handelnden Individuum geboten oder verboten sind, das sich in relevant ähnlichen Umständen befindet wie ich, jedoch mir nicht geboten ist, kurz: wenn eine Handlung jedem handelnden Individuum außer mir geboten ist.[619] Ausnahmen zu eigenen Gunsten sind mit dem Universalisierbarkeitsprinzip nicht vereinbar. Denn wenn es für mich richtig ist, eine Handlung zu tun und dadurch bestimmte normative Ansprüche zu erheben, ist es auch für alle anderen relevant ähnlichen handelnden Individuen in relevant ähnlichen Umständen richtig, dies zu tun und diese normativen Ansprüche zu erheben. Umgekehrt formuliert, sind eine Handlung sowie die damit verbundenen normativen Ansprüche genau dann richtig, wenn sie für jedes andere relevant ähnliche Individuum in relevant ähnlichen Umständen richtig ist. Hieraus folgt unmittelbar, daß Ausnahmen zu eigenen Gunsten nicht mit dem Universalisierbarkeitsprinzip vereinbar sind. Das Universalisierbarkeitsprinzip ist aber moralisch neutral und kein moralisches Entscheidungskriterium. Gleiches gilt deshalb für das Verbot der Ausnahme zu eigenen Gunsten. Wenn es zutrifft, daß ich bestimmte normative Ansprüche, die sich mit dem Begriff der persönlichen Autonomie charakterisieren lassen, aufgrund dessen erhebe, daß ich handle, dann ist es unzulässig, diese normativen Ansprüche

---

[619] Vgl. zur folgenden Argumentation Schroth 2001, S. 192-194.

nur mir selbst und nicht auch den anderen relevant ähnlichen Individuen in relevant ähnlichen Umständen zuzusprechen.

Universalisierbarkeit kann unter Berücksichtigung dieses Verbots der Ausnahme zu eigenen Gunsten aus der intrapersonellen Perspektive eines handelnden Individuums heraus formuliert werden. Ein hinreichender Grund dafür, einen bestimmten normativen Anspruch gerechtfertigt erheben zu können, den ein Individuum für sich selbst als einen solchen hinreichenden Grund akzeptiert und akzeptieren muß, ist aus Gründen interner Kohärenz auch für alle anderen Individuen aus der Binnenperspektive eines handelnden Individuums heraus ein hinreichender Grund dafür, eben diesen Anspruch begründet erheben zu dürfen. Andernfalls wäre der Grund auch für das Individuum selbst kein hinreichender Grund dafür, einen Anspruch auf seine persönliche Autonomie zu erheben. Und diesen Anspruch erhebt das Individuum aufgrund der Tatsache, daß es ein handelndes Individuum ist. Deshalb ist jedes handelnde Individuum dazu angehalten, in seinem tatsächlichen Verhalten zu berücksichtigen, daß seine persönliche Autonomie ihre Grenzen findet in der Autonomie aller anderen Individuen. Bei der Auswahl der möglichen Handlungsziele und bei der Ausführung möglicher Handlungen, denen der normative Anspruch auf persönliche Autonomie notwendig zugrunde liegt, sollte jedes Individuum die normativen Ansprüche auf dieselbe persönliche Autonomie der möglicherweise von der Handlung betroffenen anderen Individuen berücksichtigen.

Diese Operationalisierung bestimmter menschenrechtlicher Ansprüche aus der Binnenperspektive eines handelnden Individuums heraus, die sich mit dem Begriff der persönlichen Autonomie zusammenfassen lassen, bezieht sich auf das tatsächliche Verhalten eines Individuums. Um nicht inkohärent zu handeln, ist jedes minimal rationale Individuum dazu angehalten, die Richtigkeit dieser Urteile anzuerkennen. Hervorragend ergänzen läßt sich meines Erachtens diese ausschließlich *intrapersonelle* Perspektive durch die Thesen des rationalistischen negativen Utilitarismus.[620] Dieser *interpersonell* orientierte Ansatz konnte gute Gründe für das Kriterium der potentiellen öffentlichen Befürwortung von moralischen Regeln vorbringen.[621] Dieser quasi-empirische Maximentest ist schlüssig in der intersubjektiven Perspektive, weist hingegen

---

[620] Vgl. Kapitel 4.6 dieser Studie.
[621] Vgl. Kapitel 4.6.1 dieser Studie.

bestimmte Schwächen auf, sobald das tatsächliche Verhalten eines Individuums in einer konkreten Situation betrachtet wird.[622] Diese können durch das Konzept des pragmatischen Individualismus für die Binnenperspektive eines handelnden Individuums behoben werden. Insofern ergänzen sich die beiden Theorien. Darüber hinaus sind sie beide rational orientiert in dem Sinn, als sie ein minimal rationales Individuum voraussetzen, welches die dargelegten Erörterungen in der Binnen- und in der Außenperspektive nachvollziehen kann.

5.2 Pragmatische Umsetzung

Für eine Ethik der Menschenrechte zeitigt eine abstrakte rationale Rechtfertigung bestimmter Ansprüche allein noch keine in jeder Situation befriedigende Ergebnisse. Diese müssen auch umgesetzt werden und umgesetzt werden können, um nicht bloße selbstgefällige Deklamationen zu bleiben. Die Umsetzung sollte meines Erachtens pragmatisch gehandhabt werden, d.h. sowohl die rechtstheoretischen Rahmenbedingungen der rechtsethischen Diskussion als auch bestimmte empirisch gefärbte Plausibilitätsüberlegungen integrieren. Insofern bedarf das Konzept noch dreier pragmatischer Ergänzungen und Einschränkungen. Sie bilden zugleich den Abschluß des Konzepts des pragmatischen Individualismus.

Die *erste pragmatische Einschränkung* besteht in der angemessenen Berücksichtigung des rechtstheoretischen Rahmens der rechtsethischen Diskussion.[623] Menschenrechte wurden in der rechtstheoretischen Analyse als aggregierte Anspruchsrechte charakterisiert. Mögliche Träger der Anspruchsrechte sind sowohl Individuen als auch Kollektive, rechtstheoretisch sinnvolle Normadressaten sind eine oder mehrere politische Gemeinschaften. Hinsichtlich der Träger menschenrechtlicher Ansprüche ergibt sich keine Differenz zwischen der rechtstheoretischen Begriffsanalyse und dem Konzept des pragmatischen Individualismus. Individuen sind in einer normativen Relation rechtstheoretisch mögliche und rechtsethisch gerechtfertigte Träger menschenrechtlicher Ansprüche.

---

[622] Vgl. die ausführliche Diskussion in Kapitel 4.6.2.
[623] Vgl. Kapitel 2 dieser Studie.

Dies trifft jedoch prima facie nicht für die Normadressaten zu, da im pragmatischen Individualismus Individuen als Normadressaten fungieren, während in der rechtstheoretischen Begriffsanalyse politische Gemeinschaften durch bestimmte menschenrechtliche Ansprüche verpflichtet werden. Der pragmatische Individualismus scheint individualethisch orientiert zu sein im Gegensatz zu einer Ethik der Menschenrechte, die die Relationen zwischen Individuen und Kollektiven einerseits und politischen Gemeinschaften andererseits betrachtet. Auflösen läßt sich dieser scheinbare Widerspruch durch den Hinweis auf die Subsidiarität des Normadressaten der politischen Gemeinschaft. Politische Gemeinschaften als Normadressaten der Menschenrechte sind subsidiär verpflichtet, zu gewährleisten, daß bestimmte moralische Regeln eingehalten werden, die menschenrechtliche Ansprüche sicherstellen. Nun werden aber diese moralischen Regeln um so wahrscheinlicher respektiert, je eher auch Individuen zu ihrer Einhaltung verpflichtet sind. Lediglich in der Situation, in der die Regeln individuell übertreten werden, muß eine politische Gemeinschaft einschreiten und aktiv tätig werden. Und aus pragmatischen Erwägungen heraus kann auch nur eine politische Gemeinschaft in dieser Art und Weise subsidiär verpflichtet werden, aktiv zu handeln. Ein Individuum ist zwar für sein eigenes tatsächliches moralisches oder nichtmoralisches Verhalten in der Regel verantwortlich, wäre aber schlicht damit überfordert, in der oben genannten Art und Weise aktiv tätig zu werden, falls andere Individuen die moralischen Regeln übertreten.

Die *zweite pragmatische Ergänzung* greift die Idee des Diskurses bzw. des empirischen Demokratieprinzips wieder auf. Die abstrakte Idee des Diskurses und die konkretisierte Fassung desselben, verstanden als deliberative Demokratie, ist empirisch gesehen gut dafür geeignet, die genannten menschenrechtlichen Ansprüche effektiv umzusetzen. Unterstrichen werden muß, daß diese Ergänzung lediglich die Ebene der deskriptiven Umsetzung und nicht diejenige der normativen Rechtfertigung betrifft. Es wird nicht behauptet, daß diejenigen Menschenrechte der ersten Generation von Menschenrechten, mit deren Hilfe sich der Mensch als politisch-soziale Person bestimmen läßt im Gegensatz zum Menschen als körperlicher und geistiger Person, in jedem einzelnen Fall universelle normative Geltung beanspruchen können. Es wird lediglich behauptet, daß demokratische Partizipationsrechte als eine Teilklasse derjenigen Menschenrechte, die den Menschen als politisch-soziale Person bestimmen, gut dafür geeignet sind, basaleren menschenrechtlichen Ansprüchen wie zum Beispiel dem

Menschenrecht auf Leben und körperlicher Unversehrtheit zur Umsetzung zu verhelfen.

Die *dritte und letzte pragmatische Ergänzung* findet sich im Ansatz des deskriptiven Holismus. Auch diese Ergänzung betrifft lediglich die Ebene der deskriptiven Umsetzung und nicht mehr diejenige der normativen Begründung der Menschenrechte. In diesem Sinn wird ein pragmatischer Individualismus ebenso wie ein normativer Individualismus sinnvoll ergänzt durch einen deskriptiven Holismus. Dieser identifiziert eine existentielle Voraussetzung der Umsetzung der Menschenrechtsidee in die politisch-soziale Wirklichkeit. Menschenrechte können, wenn überhaupt, dann immer nur in einem spezifischen soziokulturellen Kontext umgesetzt werden, sei es, wie im Regelfall erforderlich, durch positives Recht, aber auch durch eine lebensweltlich verankerte Achtung vor den Menschenrechten. Ehe nicht der jeweilige spezifische Kontext hinreichend genau erfaßt worden ist, kann die Achtung der Menschenrechte nur schwer in die Lebenswelt transportiert werden. Eine Implementation ex cathedra oder auch eine bloße formaljuristische Anerkennung von Menschenrechtskonventionen ohne Rückbindung an die soziale Wirklichkeit der jeweiligen politischen Gemeinschaft birgt mitunter erhebliche Risiken, die den möglicherweise wohlmeinenden Handlungsabsichten zuwiderlaufen. Eine adäquate Strategie zur Durchsetzung von Menschenrechten verwendet das Konzept als eine Art Kompaß, der die angestrebten Ziele vorgibt und ergänzt es durch der jeweiligen konkreten Situation angemessene Maßnahmen, die den jeweiligen kulturellen Kontext in deskriptivem Sinn holistisch erfassen. Diese pragmatische Handhabung scheint erfolgversprechender zu sein als ein Rückzug in die abstrakte moralische Rechtschaffenheit, der den Bezug zur Wirklichkeit verloren hat. Wenn man sich jedoch in diesem Sinne auf einen spezifischen kulturellen Kontext einläßt, verläßt man zugleich das Gebiet der Philosophie. Damit hat die philosophische Erörterung einer Ethik der Menschenrechte an dieser Stelle ihren Abschluß gefunden. Das sechste und letzte Kapitel faßt noch einmal die Ergebnisse zusammen und versucht, einen kurzen Ausblick auf mögliche Anwendungen zu geben.

6 Bausteine einer Ethik der Menschenrechte

Die abschließende *Zusammenfassung* der Ergebnisse soll erstens einen Überblick verschaffen, zweitens soweit möglich die rechtsethischen Theorien des vierten und fünften Kapitels den ihnen jeweils adäquaten Ebenen der Rechtfertigung und der Umsetzung zuordnen und drittens die *Bausteine* einer Ethik der Menschenrechte identifizieren. Dies liegt insofern nahe, als es schwierig bis unmöglich erscheint, eine gänzlich neuartige und eigenständige Theorie der Rechtfertigung der Menschenrechte formulieren zu können. Dies würde bedeuten, eine beachtliche Menge von interessanten philosophischen Konzepten als fruchtlos auszeichnen zu können, da die Menschenrechte als Kern jedweder normativen Theorie politischer Gerechtigkeit verstanden werden können. Sehr wohl hingegen kann erwartet werden, daß durch die Kombination einzelner plausibler Elemente und deren Zusammenspiel eine präzisere und verfeinerte Ethik der Menschenrechte entworfen werden kann.

6.1 Zusammenfassung der Ergebnisse

Die Philosophie kann meines Erachtens zwei klärende Beiträge zur Menschenrechtsdebatte erbringen. Erstens kann der Begriff der Menschenrechte rechtstheoretisch analysiert werden.[624] Und zweitens ist die rechtsethische Diskussion der Begründung von Menschenrechten als universalen Normen ein genuin philosophisches Gebiet.[625] Eine *rechtstheoretische Analyse des Begriffs „Menschenrechte"* beinhaltet dabei noch keine rechtsethische Argumentation, sondern klärt den rechtstheoretisch möglichen Inhalt des Begriffs der Menschenrechte. Sie spannt damit den Rahmen für die Rechtsethik auf[626] und liefert in diesem Sinn noch keine Bausteine für die gesuchte Ethik der Menschenrechte.

---

[624] Vgl. Kapitel 2 dieser Studie.
[625] Vgl. Kapitel 3 zur relativistischen Kritik und Kapitel 4 und 5 zu universalistischen Begründungsversuchen.
[626] Vgl. die Einleitung von Kapitel 2 dieser Studie zum Verhältnis von Rechtstheorie und Rechtsethik.

„Ein Menschenrecht auf etwas haben" kann rechtstheoretisch sinnvoll als *aggregiertes Anspruchsrecht* interpretiert werden.[627] Aggregiert ist der Anspruch, weil er sich aus Sicht des Trägers des Menschenrechts nicht nur auf einen einzigen Normadressaten bezieht. Menschenrechte beziehen sich immer auf mehrere oder unter Umständen alle möglichen Normadressaten. Eine Disaggregation in einzelne Ansprüche eines bestimmten Trägers gegenüber einem bestimmten Normadressaten ist jedoch möglich. Die Summe der einzelnen Ansprüche eines Trägers gegenüber vielen anderen Normadressaten läßt sich als sinnvolle Beschreibung eines Menschenrechts verstehen.

Unter einem Anspruch versteht man ein Recht, das mit einer Pflicht korreliert ist, die sich auf denselben Zustand bezieht.[628] Ansprüche haben demnach immer zwei Referenzpunkte, einen Träger und einen Normadressaten des Anspruchs.[629] Als rechtstheoretisch sinnvolle *Normadressaten* menschenrechtlicher Ansprüche lassen sich in erster Linie eine oder mehrere *politische Gemeinschaften* identifizieren. Als rechtstheoretisch mögliche *Träger* von menschenrechtlichen Ansprüchen kommen *sowohl Individuen als auch Kollektive* in Frage.[630] Individualismus und Kollektivismus sind, wie durch eine Analyse der drei Generationen von Menschenrechten gezeigt werden konnte[631], keine sich rechtstheoretisch ausschließenden (Entscheidungs-)Alternativen. Statt dessen markieren Individuen und Kollektive die beiden Extrema eines abgestuften Kontinuums, das die möglichen Träger von menschenrechtlichen Ansprüchen abbildet. Dieses gradualisierbare Kontinuum dient der weiteren rechtsethischen Erörterung als Grundlage.

Die beiden Pole der *rechtsethischen Debatte* markieren der *Universalismus* und der *Relativismus*. Relativisten bestreiten die Geltung universeller normativer Ansprüche.[632] Sie fordern durch ihre Kritik eine argumentative Begründung der behaupteten universellen normativen Ansprüche ein. Allerdings müssen verschiedene Arten des Relativismus unterschieden werden. Die Pluralität real exi-

---

[627] Vgl. Kapitel 2.1 dieser Studie zur Analyse von Rechten.
[628] Vgl. Kapitel 2.1.1 und Hohfeld 1978, S. 36-38 zum Begriff des Anspruchs.
[629] Vgl. Kapitel 2.1.2 dieser Studie zu Trägern und Normadressaten von Ansprüchen.
[630] Vgl. Kapitel 2.2.2 dieser Studie zur rechtstheoretischen Präzisierung von menschenrechtlichen Ansprüchen.
[631] Vgl. Kapitel 2.2.1 dieser Studie zu den drei Generationen von Menschenrechten.
[632] Vgl. Kapitel 3 dieser Studie zur relativistischen Kritik an universalistischen Theorien.

stierender Werte und Normen ist mit relativistischen wie universalistischen Ansätzen kompatibel. Ein normativer Universalismus darf weder mit einem Absolutismus gleichgesetzt werden noch führt er zwangsläufig zu einer Uniformisierung der Lebensverhältnisse.

Aber auch die Kontextabhängigkeit von Werten und Normen, die den Ausgangspunkt des *kulturellen Relativismus* bildet, ist deskriptiv zu verstehen.[633] Jede Kultur bildet als lebensweltlicher Kontext eine Art integriertes Ganzes für den einzelnen Menschen und insofern sind Werte und Normen abhängig vom kulturellen Kontext. Die These läßt sich als deskriptiver Holismus charakterisieren, weil sie soziale Phänomene – die Art und Weise eines einzelnen oder mehrerer Menschen, zu leben, eine Identität zu haben, usw. – mit Rekurs auf bestimmte Ganzheiten – die Kultur bzw. die kulturelle Sozialisation – erklärt. Ein deskriptiver Holismus ist vereinbar mit verschiedenen normativen Positionen.[634] Er kann sowohl mit einem normativen Individualismus als auch mit einem normativen Kollektivismus verbunden werden. Demnach ist ein normativer Universalismus, unabhängig davon, ob er individualistisch oder kollektivistisch ausgerichtet ist, in der Lage, die Kontextabhängigkeit von Werten und Normen zu integrieren. Universelle normative Ansprüche widersprechen sich nicht mit einem kulturellen Pluralismus.

Ein *ethischer Relativismus* verweist nicht nur auf die Kontextabhängigkeit von Werten und Normen, sondern behauptet darüber hinaus die normative Gleichwertigkeit verschiedener Wertesysteme in verschiedenen Kulturen und Zivilisationen.[635] Erst dieser Anspruch auf Gleichwertigkeit und nicht schon der Hinweis auf Verschiedenheit eröffnen die normative Diskussion. Der ethische Relativismus motiviert damit die zentrale Fragestellung dieser Studie, auf welche Weise sich Menschenrechte als universale Normen philosophisch rechtfertigen lassen. Eine Vielzahl von Theorien und Konzepten versucht dies zu leisten.[636]

---

[633] Vgl. Kapitel 3.1 dieser Studie zum kulturellen Relativismus.
[634] Vgl. auch Kapitel 4.9.2 zur Kompatibilität von normativem Individualismus und deskriptivem Holismus.
[635] Vgl. Kapitel 3.2 dieser Studie zum ethischen Relativismus.
[636] Vgl. Kapitel 4 dieser Studie zur Einführung in die rechtsethische Diskussion.

Gegenwärtige *naturrechtliche Ansätze*[637] können dabei unterteilt werden in Theorien, die sich an der Menschenwürde orientieren und in rationale Naturrechtslehren. Beide Varianten können jedoch nicht überzeugen. Ein des öfteren auch theologisch fundierter Rückgriff auf die *Würde des Menschen* mag zwar in sich schlüssig sein, läßt sich aber nicht durch Argumente unterstützen, sondern beruht auf metaphysischen Annahmen.[638] Eine religiöse Weltanschauung läßt sich im übrigen ebenfalls als deskriptiver Holismus bestimmen. Eine Glaubensgemeinschaft kann ebenso wie eine Familie oder eine politische Gemeinschaft als soziales Phänomen aufgefaßt werden, das ganzheitlich erklärt werden sollte, um ihm gerecht zu werden. Aus dieser Erklärung heraus lassen sich jedoch keine begründeten normativen Ansprüche gewinnen. Lediglich für den Fall, daß religiöse Werte und menschenrechtliche Ansprüche übereinstimmen, trägt die Religion auf der Ebene der Umsetzung bei zur Achtung der Menschenrechte. Wobei diese Konstellation dann durchaus eine starke Motivation beinhalten kann und in der Regel auch beinhaltet, solange die Koinzidenz gegeben ist.

Aber auch das *rationale Naturrecht*[639] trägt für die Ebene der argumentativen Rechtfertigung der Menschenrechte wenig aus. Es ist eher durch dezisionistische Wertsetzungen und Evidenzbehauptungen charakterisierbar. Diese können verstanden werden als das begrifflich geronnene Extrakt christlich-abendländischer Traditionen. Sie stimmen zumindest gegenwärtig weitgehend überein mit der Idee der Menschenrechte und unterstützen auf diese Weise deren Umsetzung.

Es lassen sich in diesem Zusammenhang zwei begriffliche Fassungen des Naturrechts unterscheiden. Die soeben zurückgewiesene enge Fassung des Naturrechts ruht auf theologischen Prämissen oder dezisionistischen Evidenzen. Eine weite Fassung des Naturrechtsbegriffs bezieht sich auf die Hypothese, daß ein normativer Raum existiert und gerechtfertigt werden kann, der juristische und positivrechtliche Normen präjudiziert. Anders formuliert, ist *Recht nicht unabhängig von Gerechtigkeit* zu denken. Diese weite Fassung kann als *erster Baustein* der gesuchten Ethik der Menschenrechte beibehalten werden. Zwar liefert die enge Fassung des Naturrechts keine Begründung der Hypothese, aber alle

---

[637] Vgl. Kapitel 4.1 dieser Studie zum Naturrecht.
[638] Vgl. Kapitel 4.1.1 dieser Studie zum Begriff der Menschenwürde.
[639] Vgl. Kapitel 4.1.2 dieser Studie zum rationalen Naturrecht.

weiteren rechtsethischen Theorien und Konzepte können in diesem Sinn als naturrechtlich inspiriert gelesen werden.

Die *Diskursethik*[640] begreift sich als eine prozedurale Gerechtigkeitstheorie. Sie behauptet, durch den Rückbezug auf ein bestimmtes, eben diskursives Verfahren menschenrechtliche Ansprüche begründen zu können. Der Versuch, aus den formalen Kriterien des idealen Diskurses materiale Normen zu legitimieren, kann jedoch nicht überzeugen. Menschenrechte sind eher materiale Vorbedingungen auch des idealen Diskurses denn durch diesen begründet oder begründbar. Dieser kritischen Bewertung der Rechtfertigungsleistung der Diskursethik korrespondiert allerdings eine hohe Plausibilität des Verfahrens des Diskurses, sobald es um die Umsetzung von Menschenrechten geht. Der *Diskurs* liefert den *zweiten Baustein* für eine Ethik der Menschenrechte – allerdings für deren Umsetzung und nicht für deren Begründung.

Denn ohne die freiwillige, zwanglose Zustimmung aller oder zumindest möglichst vieler möglicherweise Betroffenen kann wohl keine abstrakte Norm dauerhaft umgesetzt werden. Dies gilt auch für die Menschenrechte. Unter den Bedingungen des modernen Pluralismus und der Vielfalt der Weltanschauungen kann der Diskurs als ein geeignetes Verfahren zur Überzeugung möglichst vieler Betroffener verstanden werden. Ein lebensweltliches Ethos ist in der Regel nicht ad hoc modifizierbar, auch wenn eine abstrakte Norm begründet werden kann. Eine Ethik der Menschenrechte benötigt die überzeugte Zustimmung möglichst vieler Betroffener, um sich in der Wirklichkeit nachhaltig durchsetzen zu können. Ergänzen läßt sich diese These durch ein empirisch zu verstehendes *Demokratieprinzip*. Die Rechtsform der Demokratie ist zumindest statistisch gesehen gut geeignet für die Umsetzung der Menschenrechtsidee. Politische Gemeinschaften, die sich die Rechtsform der Demokratie gegeben haben und diese Bezeichnung auch faktisch verdienen, schneiden statistisch gesehen in der Regel besser ab als andere politische Gemeinschaften, wenn es um die Achtung der basalen Menschenrechte geht. Mit dieser empirischen Feststellung wird im übrigen nicht beansprucht, daß die Rechtsform der Demokratie universelle normative Geltung erheben kann. Dies bedürfte einer eigenen rechtsethischen Begründung.

---

[640] Vgl. Kapitel 4.2 dieser Studie zur Diskursethik.

Der *Libertarismus* von Carlos Santiago Nino[641] nimmt zwei Gesichtspunkte der Diskursethik wieder auf. Zum einen versucht er, bestimmte libertäre Prinzipien auf formale Art und Weise durch den Bezug auf die Praxis des moralischen Diskurses zu rechtfertigen.[642] Dieser prozedurale Ansatz kann jedoch im Sinne einer Rechtfertigungsleistung ebenso wie schon das diskursethische Projekt nicht plausibel gemacht werden. Zum anderen wird die deliberative Demokratie als ein geeignetes Verfahren der Umsetzung der Menschenrechte in die politische Praxis ausgezeichnet.[643] Dies ähnelt mit einer etwas abweichenden Terminologie und einer konkreteren Problemstellung dem bereits genannten zweiten Baustein einer Ethik der Menschenrechte. Die Rechtsform der Demokratie, interpretiert als Konkretisierung eines idealen Diskurses, ist prima facie gut dafür geeignet, menschenrechtlichen Ansprüchen zu effektivem Schutz innerhalb einer politischen Gemeinschaft zu verhelfen.

Obwohl aufgrund des prozeduralen Ansatzes die drei materialen liberalen Prinzipien meiner Meinung nach begründungstechnisch in der Luft hängen, stellen sie ferner eine gute Explikation des Begriffs der Autonomie mit Blick auf die Menschenrechte bereit.[644] Das erste materiale Prinzip der persönlichen Autonomie formuliert den Gedanken der Freiheit für die Menschenrechtsproblematik. Es wird von persönlichen Idealen abgegrenzt und liefert erste Hinweise auf den Inhalt der Menschenrechtsidee. Bestimmte basale Menschenrechte können als Voraussetzung dafür verstanden werden, persönliche Autonomie überhaupt wahrnehmen und ausüben zu können. Das *Prinzip der persönlichen Autonomie* bildet den *dritten Baustein* für die Ethik der Menschenrechte und wird im Konzept des pragmatischen Individualismus mit Hilfe der Kategorien des Interesses und des Handelns wiederaufgegriffen. Das zweite Prinzip der Unverletzlichkeit der Person erweitert den Freiheitsgedanken um den wichtigen Zusatz der gleichen Freiheit für alle betroffenen Personen. Das dritte Prinzip der Würde der Person schließlich gewährleistet den Übergang vom statischen zum dynamischen Konzept. Es ist im übrigen nicht zu verwechseln mit dem naturrechtlichen Gedanken der Menschenwürde, sondern besagt lediglich, daß es legitim ist, mit

---

[641] Vgl. Kapitel 4.3 dieser Studie zum Libertarismus.
[642] Vgl. Kapitel 4.3.1 dieser Studie zur Praxis des moralischen Diskurses.
[643] Vgl. insbesondere Nino 1996.
[644] Vgl. Kapitel 4.3.2 dieser Studie zu den materialen liberalen Prinzipien.

Zustimmung der betroffenen Individuen deren menschenrechtliche Ansprüche in einer konkreten Situation zu vernachlässigen.

Der *Kommunitarismus* als eine partikularistische Strömung der gegenwärtigen politischen Philosophie setzt sich in erster Linie kritisch mit libertären und liberalen Ansätzen auseinander.[645] Deshalb liefert er keine weiteren Bausteine, sondern hilft die Rahmenbedingungen einer Ethik der Menschenrechte adäquat zu fassen. Zum einen hinterfragt er das vielen liberalen Theorien angeblich unausgesprochen zugrunde gelegte individualistische Menschenbild[646], zum anderen bezweifelt er den Vorrang der Gerechtigkeit vor dem guten Leben. Der erste Vorwurf des impliziten Individualismus verhilft dazu, verschiedene Ebenen der Menschenrechtsdiskussion klar auseinanderzuhalten. Auf der ontologischen Ebene kann die Welt als Gegenstand der Beschreibung verstanden werden. Zwischen der ontologischen und der deskriptiven Ebene besteht ein sprachliches Abbildungsverhältnis. Deskriptive Thesen beschreiben die Welt in sprachlicher Form. Beiden Ebenen gemeinsam sind die Pole des Atomismus und des Holismus. Der kommunitaristische Einwand des unausgesprochenen und ungerechtfertigten Individualismus läßt sich in diesem Sinne als deskriptiver Holismus zuspitzen. Und besitzt als deskriptive These einige Plausibilität.

Demgegenüber ist die Ethik der Menschenrechte normativ gewendet, zielt also auf eine sprachliche Bewertung der Welt und nicht nur auf eine sprachliche Beschreibung derselben. In Anlehnung an die rechtstheoretische Analyse des Begriffs der Menschenrechte lassen sich die Pole der normativen Ebene als normativer Individualismus und normativer Kollektivismus benennen. Wichtig ist schließlich der Hinweis, daß eine bestimmte normative Position keine notwendige Vorentscheidung für die beiden anderen Ebenen beinhaltet. In diesem Sinn greift der Vorwurf des unausgesprochenen Individualismus ins Leere. Verstanden als deskriptiver Holismus, ist er kompatibel mit einem normativen Individualismus, der in verschiedenen starken Varianten vielen liberalen Positionen zu eigen ist.

---

[645] Vgl. Kapitel 4.4 dieser Studie zum Kommunitarismus.
[646] Vgl. Kapitel 4.4.1 dieser Studie zum ungebundenen Selbst und der Kritik am deskriptiven Atomismus.

Der von den Kommunitaristen behauptete Vorrang des Guten vor dem Gerechten ist demgegenüber eindeutig normativ zu verstehen.[647] Allerdings ist er wenig plausibel. Denn es kann eingeräumt werden, daß die Identität eines Menschen eher von seiner Vorstellung vom guten Leben als von seinen Gerechtigkeitsüberzeugungen geprägt und konstituiert wird. Gerechtigkeit ist in diesem Sinn keine hinreichende Bedingung für ein erfülltes und gutes Leben. Doch deswegen bleibt die Gerechtigkeit eine notwendige Bedingung des guten Lebens. Ohne die Sicherstellung bestimmter grundlegender Freiheiten, die auf normativen Gerechtigkeitsüberlegungen beruhen, ist ein gutes Leben nur schwer, wenn überhaupt vorstellbar. In diesem normativen Sinn ist der Vorrang des Gerechten vor dem Guten begründet, zumindest solange das Gerechte begründet werden kann.

Auch der *Utilitarismus* geht vom Vorrang des Guten vor dem Gerechten aus, wenn man den Hedonismus und das Maximierungsgebot betrachtet.[648] Infolgedessen erbringt auch der Utilitarismus zumindest in seiner ursprünglichen Fassung keine eigenständige Begründungsleistung für basale individuelle Menschenrechte. Allerdings ist er durchaus kompatibel mit der Idee der Menschenrechte, da er menschenrechtliche Ansprüche als vorgegebene und anderweitig legitimierte Nebenbedingungen des utilitaristischen Maximierungskalküls akzeptieren und in das Kalkül integrieren kann.[649]

In diesem Sinn kann er die Idee der Menschenrechte mit ökonomischen Fragestellungen verbinden helfen. Die im Gedanken der Nutzenmaximierung implizit enthaltene Forderung nach effektivem Einsatz der zur Verfügung stehenden Ressourcen ist auch für die Umsetzung der Menschenrechte von Bedeutung. Wohlfeile und begründete normative Ansprüche gegenüber einer politischen Gemeinschaft sind für die Träger dieser Ansprüche möglicherweise nutzlos, wenn die betreffende politische Gemeinschaft nicht über die erforderlichen ökonomischen Ressourcen verfügt. Und auf subsidiär verpflichtete andere politische Gemeinschaften ausweichen zu wollen, stößt in der Praxis oft und schnell an enge Grenzen. Ein von einer Hungersnot oder einem Bürgerkrieg betroffenes Individuum hat faktisch oft keine Möglichkeit, seine berechtigten Ansprüche

---

[647] Vgl. Kapitel 4.4.2 dieser Studie zum Vorrang des Guten vor dem Gerechten.
[648] Vgl. Kapitel 4.5.1 dieser Studie zum Utilitarismus.
[649] Vgl. Kapitel 4.5.2 dieser Studie zur Kompatibilitätsthese.

wirksam geltend zu machen. Eine präventive effektivere Ressourcenverwendung – und nicht Verschwendung – kann mit dazu beitragen, solche Situationen gar nicht erst entstehen zu lassen und die Umsetzung der Menschenrechte zu verbessern.

Der *rationalistische negative Utilitarismus*[650] von Bernard Gert enthält demgegenüber einige plausible Argumente für die Rechtfertigung von menschenrechtlichen Ansprüchen. Er entfernt sich dabei allerdings sehr weit von genuin utilitaristischen Theorien. Das hedonistische Prinzip wird beibehalten, allerdings nur mehr auf die Vermeidung von Übeln angewendet. Moralische Regeln[651] beruhen auf rational gebotenen Überzeugungen zur Vermeidung von Übeln. Rational geboten sind jedoch nur einige wenige Überzeugungen, die Mehrzahl von ihnen ist rational erlaubt. Der Bereich der Moral bzw. der moralischen Regeln ist limitiert auf rational gebotene Einstellungen. Diese Bescheidenheit verdient Zustimmung.

Die Rechtfertigung der moralischen Regeln gelingt durch das *Kriterium der potentiellen öffentlichen Befürwortung*. Es ist zugleich der *vierte Baustein* einer Ethik der Menschenrechte. Moralische Regeln beziehen sich dabei nicht auf die Binnenperspektive eines Individuums und dessen persönliche, je individuelle Präferenzstrukturen. Vielmehr werden sie verstanden als interpersonelle Regeln eines Kollektivs oder auch einer politischen Gemeinschaft. Sie müssen von jeder rationalen Person innerhalb dieses Kollektivs zumindest potentiell öffentlich befürwortet werden können. Diesen quasi-empirischen Maximentest erfüllen nur einige wenige und insofern ausgezeichnete moralische Regeln. Sie können interpretiert werden als Regeln zum Schutz basaler individueller menschenrechtlicher Ansprüche, indem sie dazu verhelfen, gravierende Übel zu vermeiden.

Problematisch an diesem Ansatz ist die Kluft zwischen tatsächlichem moralischen Handeln einzelner Menschen und der rational gebotenen Einstellung gegenüber der potentiellen öffentlichen Befürwortung von moralischen Regeln.[652] Der rationalistische negative Utilitarismus nimmt von Anfang an eine *interpersonelle Perspektive* ein, wenn er moralische Regeln zur Vermeidung von Übeln

---

[650] Vgl. Kapitel 4.6 dieser Studie zum rationalistischen negativen Utilitarismus.
[651] Vgl. Kapitel 4.6.1 dieser Studie zu den moralischen Regeln.
[652] Vgl. dazu ausführlich Kapitel 4.6.2 dieser Studie.

einführt. Innerhalb dieses Rahmens argumentiert er dann plausibel, wenn er versucht, die Grenzen der Rationalität auszuloten. Dadurch gerät jedoch die Binnenperspektive eines Individuums und dessen tatsächliches moralisches oder auch nichtmoralisches Verhalten etwas aus dem Blickfeld. Das Konzept des pragmatischen Individualismus, das im fünften Kapitel entwickelt worden ist, setzt bei genau dieser Binnenperspektive ein. Insofern schließen sich die beiden Ansätze nicht gegenseitig aus, sondern ergänzen sich sehr gut als intrapersonelle und interpersonelle Perspektive.

Der *transzendentale Kontraktualismus* von Otfried Höffe[653] versucht, einen intrapersonellen und einen interpersonellen Blickwinkel in seinen Ansatz zu integrieren. Menschenrechtliche Ansprüche ließen sich, so die Grundidee, durch den Tausch von Interessen rechtfertigen. Jedes Individuum verfüge über bestimmte kulturinvariante Interessen[654] – der intrapersonelle Ausgangspunkt des Konzeptes. Diese Interessen ließen sich nur in wechselseitiger Anerkennung oder aber überhaupt nicht realisieren und deshalb sei der Tausch dieser Interessen ein universelles Klugheitsgebot[655] – die interpersonelle Perspektive.

Die intrapersonelle Perspektive und die Ermittlung bestimmter *kulturinvarianter Interessen* hält einer Überprüfung stand. Eine kulturinvariante Minimalanthropologie stellt den *fünften Baustein* der Ethik der Menschenrechte bereit. Unabhängig von seiner konkreten Sozialisation und Kultur kann jeder Mensch zumindest auch als Lebewesen und als sprach- und vernunftbegabtes Wesen beschrieben werden. Jeder Mensch hat ein Interesse daran, zu leben und seine Sprache und Vernunft zu gebrauchen, wozu auch immer. Diese Interessen können als Voraussetzung jeglichen menschlichen Handelns angesehen werden. Die interpersonelle Hypothese des Tausches als universelles Klugheitsgebot hingegen ist wenig überzeugend. Moralische Regeln können zwar einem quasi-empirischen Maximentest unterzogen werden und sind in diesem Sinn für rationale Personen potentiell öffentlich zustimmungsfähig. Damit sind sie jedoch noch nicht faktisch und in jedem Einzelfall zustimmungswürdig, unter anderem aufgrund der Möglichkeit der kollektiven Regelübertretung. Der Tausch von Interessen kann nicht als universales Klugheitsgebot begründet werden.

---

[653] Vgl. Kapitel 4.7 dieser Studie zum transzendentalen Kontraktualismus.
[654] Vgl. Kapitel 4.7.1 dieser Studie zur Anthropologie menschlicher Interessen.
[655] Vgl. Kapitel 4.7.2 dieser Studie zur Gerechtigkeit als Tauschrelation.

Der *fairneßorientierte Kontraktualismus*[656] nimmt weder eine intrapersonelle noch eine interpersonelle Perspektive ein. Statt dessen diskutiert er die vernünftigen und wohlüberlegten Beziehungen einer politischen Gemeinschaft zu anderen politischen Gemeinschaften.[657] Aufgrund seiner Realitätsnähe ist er in explanatorischer Hinsicht sehr gut geeignet, realistische Optionen einer menschenrechtsorientierten Außenpolitik aufzuzeigen. Für die eigentliche philosophische Fragestellung der Begründung universaler Normen trägt er jedoch wenig aus.

Allerdings enthält er eine plausible Argumentation für den Brückenschlag von der ersten zur zweiten Generation von Menschenrechten.[658] Die Einhaltung der Menschenrechte der ersten Generation – der grundlegenden, bürgerlichen und politischen Freiheiten des Menschen als körperlicher, geistiger und sozialer Person – erfordert die Erfüllung bestimmter Realisierungsbedingungen. Wenn den Mitgliedern einer politischen Gemeinschaft nicht auch die dafür notwendigen Grundgüter – wie zum Beispiel Nahrung, Kleidung, Wohnung, Gesundheitsvorsorge, aber auch gewisse Ausbildungsmöglichkeiten – zur Verfügung gestellt werden, sind die Freiheitsrechte der ersten Generation wert- und nutzlos. Sie können von denjenigen Menschen, denen die notwendigen Grundgüter fehlen, gar nicht selbstbestimmt und effektiv in Anspruch genommen werden. Es besteht somit kein kategorialer Unterschied zwischen liberalen Abwehrrechten der ersten Generation und sozialen Anspruchsrechten der zweiten Generation von Menschenrechten, sofern bestimmte liberale Freiheiten gerechtfertigt werden können.

Der *normative Individualismus*[659] erörtert politische Entscheidungen nicht als vernünftige (außen-)politische Beziehungen zwischen verschiedenen politischen Gemeinschaften wie der fairneßorientierte Kontraktualismus, sondern führt sie zurück auf die davon betroffenen Individuen. Der Grundsatz des normativen Individualismus lautet, daß politische Entscheidungen dann und nur dann ethisch gerechtfertigt sind, wenn sie sich in letzter Konsequenz auf die betroffenen Menschen zurückführen lassen. Er liefert den *sechsten Baustein* der

---

[656] Vgl. Kapitel 4.8.1 dieser Studie zum fairneßorientierten Rawlsschen Kontraktualismus.
[657] Vgl. Kapitel 4.8.2 dieser Studie zur Toleranz gegenüber wohlgeordneten politischen Gemeinschaften.
[658] Vgl. Kapitel 4.8.1 dieser Studie.
[659] Vgl. Kapitel 4.9 dieser Studie zum normativen Individualismus.

gesuchten Ethik der Menschenrechte und wird durch ein Relations- und ein Fragmentierungsargument plausibel unterstützt.[660] Zugleich ist mit der Grundidee des normativen Individualismus eine eindeutige Stellungnahme in der normativ-ethischen Diskussion zwischen Individualismus und Kollektivismus möglich geworden. Solange die ethische Rechtfertigungsrelation betrachtet wird, bildet das Individuum den Ausgangspunkt jeglicher normativen Überlegungen.

Für die Ebene der Umsetzung wird der normative Individualismus plausibel ergänzt durch den bereits mehrfach erwähnten *deskriptiven Holismus*.[661] Dieser ist gleichzeitig der *siebte Baustein* für die Ethik der Menschenrechte. Ein deskriptiver Holismus akzeptiert, daß bestimmte soziale und kulturelle Phänomene real existieren, die als Ganzes betrachtet werden müssen, um sie angemessen erklären zu können. Und die Umsetzung menschenrechtlicher Ansprüche erfolgt, wenn überhaupt, dann immer in einem konkreten soziokulturellen Kontext. Ein angemessenes Verständnis dieses Kontextes ist eine notwendige Voraussetzung der Umsetzung der Menschenrechtsidee. Aus dieser deskriptiven Feststellung heraus ergeben sich jedoch keine normativen Konsequenzen, weshalb ein deskriptiver Holismus kompatibel ist mit einem normativen Individualismus.

Der *pragmatische Individualismus* schließlich ermöglicht eine kohärente Konkretisierung einer Ethik der Menschenrechte.[662] Er beschränkt sich dabei allerdings strikt auf die Binnenperspektive eines interessegeleiteten und handelnden Individuums. Dieser *intrapersonelle Blickwinkel* stellt den *achten Baustein* der Ethik der Menschenrechte bereit. In diesem Sinne stellt der pragmatische Individualismus auf der Ebene der Rechtfertigung mit Hilfe der Kategorien des Interesses und des Handelns den Zusammenhang her zwischen einer normativ-individualistischen Grundannahme, dem Prinzip der persönlichen Autonomie und konkreten menschenrechtlichen Ansprüchen von Individuen. Auf der Ebene der Umsetzung können pragmatische Einschränkungen der abstrakten rechtsethischen Erörterungen die Implementierung menschenrechtlicher Ansprüche in einem konkreten Kontext operationalisieren und ihnen den Weg in die Realität ermöglichen.

---

[660] Vgl. Kapitel 4.9.1 dieser Studie zum Thema „Interessen, Individuen und Kollektive".
[661] Vgl. Kapitel 4.9.2 dieser Studie zur Verbindung von normativem Individualismus und deskriptivem Holismus.
[662] Vgl. Kapitel 5 dieser Studie zum pragmatischen Individualismus.

Zur Abrundung seien die in der Zusammenfassung der Ergebnisse ermittelten Bausteine einer Ethik der Menschenrechte noch einmal in Form von Thesen gelistet. Die Reihenfolge der Thesen orientiert sich dabei nicht mehr an der Zusammenfassung der rechtsethischen Analyse, sondern an den sachgemäßen Kriterien der Ebenen der Rechtfertigung und der Umsetzung von Menschenrechten. Sie müssen meines Erachtens beide berücksichtigt werden für eine Ethik der Menschenrechte, sind aber nichtsdestoweniger in der Argumentation zu trennen.

1. These: Recht ist nicht unabhängig von Gerechtigkeit. Es kann ein normativer Raum gerechtfertigt werden, der positivrechtliche Normen präjudiziert.

2. These: Politische Entscheidungen sind dann und nur dann ethisch gerechtfertigt, wenn sie sich letztendlich auf die betroffenen Menschen zurückführen lassen.

3. These: Es lassen sich bestimmte Kategorien von kulturinvarianten Interessen ermitteln. Jeder Mensch kann zumindest auch als Lebewesen und als sprach- und vernunftbegabtes Wesen beschrieben werden.

4. These: Bestimmte menschenrechtliche Ansprüche sind notwendige Voraussetzungen dafür, persönliche Autonomie überhaupt wahrnehmen zu können.

5. These: Die Kategorien des Interesses und des Handelns ermöglichen in der Binnenperspektive eines minimal rationalen Individuums eine Verbindung zwischen einem normativen Individualismus, dem Prinzip der persönlichen Autonomie und konkreten menschenrechtlichen Ansprüchen.

6. These: Moralische Regeln können von rationalen Personen potentiell öffentlich befürwortet werden.

7. These: Der Diskurs als abstrakte Idee und die Demokratie, verstanden als die konkretisierte Fassung eines idealen Diskurses, eignen sich gut für die Umsetzung von menschenrechtlichen Ansprüchen.

8. These: Ein normativer Individualismus ist kompatibel mit einem deskriptiven Holismus.

6.2 Ausblick

Die vorliegenden Bausteine einer Ethik der Menschenrechte bzw. die genannten rechtsethischen Thesen sind meines Erachtens robust genug und hinreichend konkret, um in spezifischen Anwendungsfeldern überprüft zu werden. Im Rahmen der Philosophie können dabei jedoch nur die abstrakten Leitlinien der Umsetzung von Menschenrechten benannt werden. Weitere für die Umsetzung relevante Faktoren lassen sich unter die Sammelbegriffe *Kultur* und *Ökonomie* subsumieren. Insbesondere der deskriptive Holismus legt dabei eine eingehendere Beschäftigung mit fremden Kulturen wie zum Beispiel dem Islam oder auch dem asiatischen Kulturraum nahe. Allerdings wird mit dieser kulturwissenschaftlichen Fragestellung zugleich der philosophische Rahmen verlassen, der normative Orientierung anbietet, aber keine Einzelfalllösungen. Darüber hinaus scheint der Zusammenhang von menschenrechtlichen Ansprüchen und der wirtschaftlichen Entwicklung von bislang unterentwickelten politischen Gemeinschaften neue Einsichten liefern zu können, wenn man das Konzept des pragmatischen Individualismus anwendet. Doch auch ein solcher rechtebasierter Entwicklungsansatz ist eher der Entwicklungsökonomie als der Philosophie zuzurechnen. Damit schließt sich der Kreis. Menschenrechte sind ein vielschichtiges Thema, zu dem die Philosophie nur einen Teilbeitrag leisten kann. Die Voraussetzung aller Bestrebungen jedoch, die Umsetzung der Menschenrechte zu verbessern, ist und bleibt eine eindeutige und klare philosophische Erörterung der normativen Grundlagen der Menschenrechtsidee.

Literaturverzeichnis

Zitiert wird in der vorliegenden Studie bei der *ersten* Zitation vollständig mit Vorname, Name, Titel, gegebenenfalls Untertitel, gegebenenfalls Serientitel, gegebenenfalls Fundstelle, gegebenenfalls Herausgeber, gegebenenfalls Auflage, Ort, Jahr, gegebenenfalls Seitenzahlen (in Anlehnung an die *deutsche* Zitierweise). Ab der *zweiten* Zitation wird abgekürzt zitiert mit Name, Jahreszahl, Seitenzahl (in Anlehnung an die *angloamerikanische* Zitierweise). Alle Zitationen sind darüber hinaus weitestmöglich deutsch gehalten, das heißt zum Beispiel Herausgeber (abgekürzt „Hrsg.") und Seite (abgekürzt „S."), auch bei fremdsprachigen Texten.

Abel, Günter (2000): Probleme und Perspektiven der Gegenwartsphilosophie, in: Allgemeine Zeitschrift für Philosophie 25 (2000) S. 19-44.

Adams, David M. (1985): Hohfeld on rights and privileges, in: Archiv für Rechts- und Sozialphilosophie 71 (1985) S. 84-95.

Albert, Hans (1982): Münchhausen oder der Zauber der Reflexion – die Ansprüche der Transzendentalpragmatik im Lichte des konsequenten Fallibilismus, in: Ders.: Die Wissenschaft und die Fehlbarkeit der Vernunft. Tübingen 1982. S. 58-94.

Alexy, Robert (1986): Theorie der Grundrechte. Frankfurt am Main 1986.

Alexy, Robert (1991): Theorie der juristischen Argumentation. 2. Auflage. Frankfurt am Main 1991.

Alexy, Robert (1995a): Recht, Vernunft, Diskurs. Studien zur Rechtsphilosophie. Frankfurt am Main 1995.

Alexy, Robert (1995b): Probleme der Diskurstheorie, in: Ders.: Recht, Vernunft, Diskurs. Studien zur Rechtsphilosophie. Frankfurt am Main 1995. S. 109-126.

Alexy, Robert (1995c): Diskurstheorie und Menschenrechte, in: Ders.: Recht, Vernunft, Diskurs. Studien zur Rechtsphilosophie. Frankfurt am Main 1995. S. 127-164.

Alston, Philipp (1982): A third generation of solidarity rights: Progressive development or obfuscation of International human rights law?, in: Netherlands International law review 29 (1982) S. 307-322.

Apel, Karl-Otto (1973): Transformation der Philosophie. 2 Bände. Frankfurt am Main 1973.

Apel, Karl-Otto (1988): Diskurs und Verantwortung. Das Problem des Übergangs zur postkonventionellen Moral. Frankfurt am Main 1988.

Apel, Karl-Otto / Kettner, Matthias (1992) (Hrsg.): Zur Anwendung der Diskursethik in Politik, Recht und Wissenschaft. Frankfurt am Main 1992.

Aquin, Thomas von (1933): Summa theologica. Deutsch-lateinische Ausgabe. Graz, Wien und Köln 1933 ff.

Arendt, Hannah (1949): Es gibt nur ein einziges Menschenrecht, in: Die Wandlung 4 (1949) S. 754-765.

Austin, John (1962): How to do things with words. Oxford 1962.

Barber, Benjamin (1984): Strong democracy. San Francisco 1984.

Barnes, B. / Bloor, D. (1981): Relativism, rationalism and the sociology of knowledge, in: Martin Hollis / Steven Lukes (Hrsg.): Rationality and relativism. Oxford 1981. S. 21-47.

Barrett, Richard / Petron-Brunel, Anne / Salles, Maurice (2000): A new approach to rights in social choice theory which incorporates utilitarianism. Discussion paper 01/2000 of the university of Birmingham. Birmingham 2000.

Barry, Brian (1989): Theories of justice. Berkeley 1989.

Barthel, Arnim (1991): Die Menschenrechte der dritten Generation. Aachen 1991.

Batzli, Stefan u.a. (1994) (Hrsg.): Menschenbilder, Menschenrechte. Islam und Okzident: Kulturen im Konflikt. Zürich 1994.

Bauböck, Rainer (1997): Can liberalism support collective rights?, in: Peter Koller / Klaus Puhl (Hrsg.): Current issues in political philosophy: Justice in society and world order. Wien 1997. S. 227-235.

Baumann, Peter (2000): Die Autonomie der Person. Paderborn 2000.

Beck, Ulrich (1986): Risikogesellschaft. Auf dem Weg in eine andere Moderne. Frankfurt am Main 1986.

Beitz, Charles R. (1979): Human rights and social justice, in: Peter G. Brown / Douglas MacLean (Hrsg.): Human rights and U.S. foreign policy. Lexington 1979. S. 45-63.

Bellah, Robert u.a. (1985): Habits of the heart. Individualism and commitment in American life. San Francisco 1985.

Bellah, Robert (1991): The good society. New York 1991.

Benhabib, Seyla (1996) (Hrsg.): Democracy and difference. Princeton 1996.

Bentham, Jeremy (1843): The works of Jeremy Bentham. Hrsg. v. John Bowring. Edinburgh 1843ff. Nachdruck New York 1976.

Berlin, Isaiah (1991): Four essays on liberty. Oxford 1991.

Bielefeldt, Heiner (1998): Philosophie der Menschenrechte. Grundlagen eines weltweiten Freiheitsethos. Darmstadt 1998.

Birnbacher, Dieter (1995): Tun und Unterlassen. Stuttgart 1995.

Bloch, Ernst (1977): Naturrecht und menschliche Würde. Frankfurt am Main 1977.

Blocker, Gene / Smith, Elisabeth (1980) (Hrsg.): John Rawls theory of social justice. Athens, Ohio 1980.

Böckenförde, Ernst-Wolfgang / Spaemann, Robert (1987) (Hrsg.): Menschenrechte und Menschenwürde. Historische Voraussetzungen – säkulare Gestalt – christliches Verständnis. Stuttgart 1987.

Böckle, Franz / Böckenförde, Ernst-Wolfgang (1973) (Hrsg.): Naturrecht in der Kritik. Mainz 1973.

Bowring, John (1976) (Hrsg.): The works of Jeremy Bentham. 11 Bände. Edinburgh 1843ff. Nachdruck New York 1976.

Brandt, Richard B. (1984): Utilitarianism and moral rights, in: Canadian journal of philosophy XIV (1984) 1, S. 1-19.

Brandt, Richard B. (1992): Morality, utilitarianism, and rights. New York 1992.

Brieskorn, Norbert (1997): Menschenrechte. Eine historisch-philosophische Grundlegung. Stuttgart 1997.

Brocker, Manfred / Nau, Heino Heinrich (1997) (Hrsg.): Ethnozentrismus. Möglichkeiten und Grenzen des interkulturellen Dialogs. Darmstadt 1997.

Brugger, Winfried (1980): Menschenrechtsethos und Verantwortungspolitik. Max Webers Beitrag zur Analyse und Begründung von Menschenrechten. Freiburg 1980.

Brugger, Winfried (1981): Rezension zu Ronald Dworkin: Taking rights seriously. Cambridge, Massachusetts 1977, in: Archiv für Rechts- und Sozialphilosophie 67 (1981) S. 558-561.

Brugger, Winfried (1985): Rezension zu Ronald Dworkin: Bürgerrechte ernstgenommen. Frankfurt am Main 1984, in: Archiv für Rechts- und Sozialphilosophie 71 (1985) S. 123-128.

Brugger, Winfried (1999): Liberalismus, Pluralismus, Kommunitarismus. Studien zur Legitimation des Grundgesetzes. Baden-Baden 1999.

Brunkhorst, Hauke / Köhler, Wolfgang R. / Lutz-Bachmann, Matthias (1999) (Hrsg.): Recht auf Menschenrechte. Menschenrechte, Demokratie und internationale Politik. Frankfurt am Main 1999.

Buchanan, Allen I. (1989): Assessing the communitarian critique of liberalism, in: Ethics 99 (1989) S. 852-882.

Buchanan, James M. (1975): The limits of liberty. Between anarchy and leviathan. Chicago, London 1975. (Die Grenzen der Freiheit. Zwischen Anarchie und Leviathan. Tübingen 1984).

Bunnin, Nicholas / Renzong, Qiu / Yi, Jiang (2002) (Hrsg.): Political philosophy. Papers of the International conference on political philosophy in Beijing, April 2001. Beijing 2002.

Chisholm, Roderick (1978): What is a transcendental argument?, in: Zur Zukunft der Transzendentalphilosophie. Neue Hefte für Philosophie 14. Göttingen 1978. S. 19-22.

Chwaszcza, Christine / Kersting, Wolfgang (1998) (Hrsg.): Politische Philosophie der internationalen Beziehungen. Frankfurt am Main 1998.

Cook, Walter Wheeler (1978) (Hrsg.): Wesley Newcomb Hohfeld: Fundamental legal conceptions as applied in judicial reasoning. Reprint of the first edition New Haven 1919. Introduction and edition. Westport 1978.

Corlett, Angelo (1991) (Hrsg.): Equality and liberty. Analysing Rawls and Nozick. Houndmills 1991.

Cortina, Adele (1990): Diskursethik und Menschenrechte, in: Archiv für Rechts- und Sozialphilosophie 76 (1990) S. 37-49.

Coser, Lewis (1956): The social functions of conflict. New York 1956.

Cranston, Maurice (1973): What are human rights? London 1973.

Cranston, Maurice (1983): Are there any human rights?, in: Daedalus. Journal of the American academy of arts and science 112 (1983) 4, S. 1-18.

Cranston, Maurice (1987): Kann es soziale und wirtschaftliche Menschenrechte geben?, in: Ernst-Wolfgang Böckenförde / Robert Spaemann (Hrsg.): Menschenrechte und Menschenwürde. Historische Voraussetzungen – säkulare Gestalt – christliches Verständnis. Stuttgart 1987. S. 224-237.

Daniels, Norman (1975) (Hrsg.): Reading Rawls. Critical studies of „A theory of justice". Oxford 1975.

Deloch, Heinke (1997): Verstehen fremder Kulturen. Die Relevanz des Spätwerks Ludwig Wittgensteins für die Sozialwissenschaften. Frankfurt am Main 1997.

Dias, Maria Clara (1993): Die sozialen Grundrechte. Eine philosophische Untersuchung der Frage nach den Menschenrechten. Konstanz 1993.

Donnelly, Jack (1982a): Human rights as natural rights, in: Human rights quarterly (1982) S. 391-405.

Donnelly, Jack (1982b): Human rights and human dignity: An analytic critique of non-Western conceptions of human rights, in: The American political science review 76 (1982) Nr. 2, S. 303-316.

Donnelly, Jack (1983): Cultural relativism and universal human rights, in: Human rights quarterly (1983) S. 400-419.

Donnelly, Jack (1984): The concept of human rights. London 1984.

Dreier, Ralf (1991): Recht und Gerechtigkeit, in: Ders.: Recht – Staat – Vernunft. Studien zur Rechtstheorie 2. Frankfurt am Main 1991. S. 8-38.

Dworkin, Ronald (1977): Taking rights seriously. Cambridge, Massachusetts 1977. (Bürgerrechte ernstgenommen. Frankfurt am Main 1984).

Ermacora, Felix (1986): Die Menschenrechte im Rahmen der Vereinten Nationen, in: Politik und Zeitgeschichte B 19 (1986) S. 3-20.

Ermacora, Felix / Nowak, Manfred / Tretter, Hannes (1993) (Hrsg.): International human rights. Documents and introductory notes. Wien 1993.

Europäische Union (2000): Europäische Grundrechtecharta. Nizza 2000.

Finnis, John (1980): Natural law and natural rights. Oxford 1980.

Finnis, John (1991): Moral absolutes: Tradition, revision and truth. Washington 1991.

Finnis, John (1998): Aquinas. Moral, political, and legal theory. Oxford 1998.

Follesdal, Andreas (1997): The standing of illiberal states: Stability and toleration in John Rawls ‚Law of peoples', in: Peter Koller / Klaus Puhl (Hrsg.): Current issues in political philosophy: Justice in society and world order. Wien 1997. S. 165-174.

Forst, Rainer (1993): Kommunitarismus und Liberalismus – Stationen einer Debatte, in: Axel Honneth (Hrsg.): Kommunitarismus. Eine Debatte über die moralischen Grundlagen moderner Gesellschaften. Frankfurt am Main, New York 1993. S. 181-212.

Forst, Rainer (1994): Kontexte der Gerechtigkeit. Frankfurt am Main 1994.

Forst, Rainer (1999): Das grundlegende Recht auf Rechtfertigung. Zu einer konstruktivistischen Konzeption von Menschenrechten, in: Hauke Brunkhorst / Wolfgang R. Köhler / Matthias Lutz-Bachmann (Hrsg.): Recht auf Menschenrechte. Menschenrechte, Demokratie und internationale Politik. Frankfurt am Main 1999. S. 66-105

Frankena, William K. (1972): Analytische Ethik: Eine Einführung. Hrsg. und übersetzt von Norbert Hoerster. München 1972.

Frey, Raymond Gillespie (1985) (Hrsg.): Utility and rights. Oxford 1985.

Gabler Wirtschaftslexikon (1988). 6 Bände. 12. Auflage. Wiesbaden 1988.

Gauthier, David (1986): Morals by agreement. Oxford 1986.

Geddert-Steinacher, Tatjana (1990): Menschenwürde als Verfassungsbegriff. Aspekte der Rechtsprechung des Bundesverfassungsgerichtes zu Art. 1 Abs. 1 Grundgesetz. Berlin 1990.

George, Robert P. (1999): In defense of natural law. Oxford 1999.

Gert, Bernard (1966): The moral rules. A new rational foundation for morality. New York 1966. (Die moralischen Regeln. Eine neue rationale Begründung der Moral. Frankfurt am Main 1983).

Gert, Bernard (1998): Morality. A new justification of the moral rules. Fifth and revised edition. Oxford 1998.

Gesang, Bernward (1998) (Hrsg.): Gerechtigkeitsutilitarismus. Paderborn 1998.

Gewirth, Alan (1981): Reason and morality. Chicago 1981.

Gewirth, Alan (1985): Human rights. Essays on justification and applications. Chicago 1985.

Gewirth, Alan (1996): The community of rights. Chicago 1996.

Ghandhi, Indira (1975): A new generation of human rights, in: New York Times vom 3. Juli 1975. S. 4.

Göller, Thomas (1999) (Hrsg.): Philosophie der Menschenrechte: Methodologie – Geschichte – Kultureller Kontext. Göttingen 1999.

Gosepath, Stefan / Lohmann, Georg (1998) (Hrsg.): Philosophie der Menschenrechte. Frankfurt am Main 1998.

Gutmann, Amy (1993): Die kommunitaristischen Kritiker des Liberalismus, in: Axel Honneth (Hrsg.): Kommunitarismus. Eine Debatte über die moralischen Grundlagen moderner Gesellschaften. Frankfurt am Main, New York 1993. S. 68-83.

Habermas, Jürgen (1981): Theorie des kommunikativen Handelns. 2 Bände. Frankfurt am Main 1981.

Habermas, Jürgen (1983): Moralbewußtsein und kommunikatives Handeln. Frankfurt am Main 1983.

Habermas, Jürgen (1987): Wie ist Legitimität durch Legalität möglich?, in: Kritische Justiz 20 (1987) S. 1-16.

Habermas, Jürgen (1991): Erläuterungen zur Diskursethik. Frankfurt am Main 1991.

Habermas, Jürgen (1992): Faktizität und Geltung. Beiträge zur Diskurstheorie des Rechts und des demokratischen Rechtsstaates. Frankfurt am Main 1992.

Habermas, Jürgen (1996): Die Einbeziehung des Anderen. Studien zur politischen Theorie. Frankfurt am Main 1996.

Habermas, Jürgen (1999): Der interkulturelle Diskurs über Menschenrechte, in: Hauke Brunkhorst / Wolfgang R. Köhler / Matthias Lutz-Bachmann (Hrsg.): Recht auf Menschenrechte. Menschenrechte, Demokratie und internationale Politik. Frankfurt am Main 1999. S. 216-227.

Hain, Karl-E. (1997): Diskurstheorie und Menschenrechte. Unveröffentlichtes Vortragsmanuskript. Göttingen 1997.

Hamlin, Alan P. (1989): Rights, indirect utilitarianism, and contractualism, in: Economics and philosophy 5 (1989) S. 167-187.

Hart, Herbert Lionel Adolphus (1955): Are there any natural rights?, in: The philosophical review volume LXIV (1955) 2, S. 175-191.

Hart, Herbert Lionel Adolphus (1961): The concept of law. Oxford 1961. (Der Begriff des Rechts. Frankfurt am Main 1973).

Hart, Herbert Lionel Adolphus (1979): Utilitarianism and natural rights. The Shell foundation lectures, in: Tulane law review 53 (1979) 3, S. 663-680.

Hastedt, Heiner (1998): Der Wert des Einzelnen. Eine Verteidigung des Individualismus. Frankfurt am Main 1998.

Hausman, Daniel M. (1995): The impossibility of interpersonal utility comparisons, in: Mind 104 (1995) S. 473-490.

Heidelmeyer, Wolfgang (1982) (Hrsg.): Die Menschenrechte. Erklärungen, Verfassungsartikel, Internationale Abkommen. 3. Auflage. Paderborn 1982.

Hilgendorf, Eric (1995): Zur transzendentalpragmatischen Begründung von Diskursregeln, in: Rechtstheorie 27 (1995) S. 183-200.

Hinkmann, Jens (1996): Philosophische Argumente für und wider die Universalität der Menschenrechte. Marburg 1996.

Hinkmann, Jens (1997): Der Stellenwert der Informationstechnologie und der Liberalisierung von Märkten im Transaktionskostenkalkül internationaler Unternehmen. Göttingen 1997.

Hinkmann, Jens (1998): Human rights and European development aid. Publications of the European Parliament. Luxembourg 1998.

Hinkmann, Jens (1999): Der Tausch von Interessen – ein universalistischer Begründungsversuch, in: Thomas Göller (Hrsg.): Philosophie der Menschenrechte: Methodologie – Geschichte – Kultureller Kontext. Göttingen 1999. S. 88-100.

Hinkmann, Jens (2000): Argumente für und wider die Universalität der Menschenrechte, in: Jean-Claude Wolf (Hrsg.): Menschenrechte interkulturell. Fribourg 2000. S. 185-206.

Hinkmann, Jens (2001): Menschenrechte zwischen Universalismus und Relativismus, in: Der Blaue Reiter – Journal für Philosophie 11 (2001) S. 97-100.

Hinkmann, Jens (2002): Philosophical justifications of human rights, in: Nicholas Bunnin / Qui Renzong / Jiang Yi (Hrsg.): Political philosophy. Papers of the International conference on political philosophy in Beijing, April 2001. Beijing 2002.

Hobbes, Thomas (1651): Leviathan or the matter, form and power of a commonwealth, ecclesiastical and civil. Edition of the first edition of 1651 by Richard Tuck. Cambridge 1991. (Leviathan oder Stoff, Form und Gewalt eines bürgerlichen und kirchlichen Staates. Frankfurt am Main 1984).

Höffe, Otfried (1977) (Hrsg.): Über John Rawls Theorie der Gerechtigkeit. Frankfurt am Main 1977.

Höffe, Otfried (1987): Politische Gerechtigkeit. Grundlegung einer kritischen Philosophie von Recht und Staat. Frankfurt am Main 1987.

Höffe, Otfried (1988): Den Staat braucht selbst ein Volk von Teufeln. Philosophische Versuche zur Rechts- und Staatsethik. Stuttgart 1988.

Höffe, Otfried (1990a): Kategorische Rechtsprinzipien. Ein Kontrapunkt der Moderne. Frankfurt am Main 1990.

Höffe, Otfried (1990b): Transzendentale Interessen: Zur Anthropologie der Menschenrechte, in: Paul-Henri Steinauer (Hrsg.): Das Menschenbild im Recht. Fribourg 1990. S. 251-264.

Höffe, Otfried (1991a): Transzendentale Interessen: Zur Anthropologie der Menschenrechte, in: Walter Kerber (Hrsg.): Menschenrechte und kulturelle Identität. Ein Symposium. München 1991. S. 15-60.

Höffe, Otfried (1991b): Gerechtigkeit als Tausch? Zum politischen Projekt der Moderne. Würzburger Vorträge zur Rechtsphilosophie, Rechtstheorie und Rechtssoziologie. Heft 13. Baden-Baden 1991.

Höffe, Otfried (1992a): Ein transzendentaler Tausch: Zur Anthropologie der Menschenrechte, in: Philosophisches Jahrbuch 99 (1992) S. 1-28.

Höffe, Otfried (1992b) (Hrsg.): Einführung in die utilitaristische Ethik. 2. Auflage. Tübingen 1992.

Höffe, Otfried (1993): Sieben Thesen zur Anthropologie der Menschenrechte, in: Ders. (Hrsg.): Der Mensch – ein politisches Tier? Essays zur politischen Anthropologie. Stuttgart 1993. S. 188-211.

Höffe, Otfried (1994): Grundzüge einer Rechtsanthropologie, in: Dialektik 1 (1994) S. 19-30.

Höffe, Otfried (1996): Vernunft und Recht. Bausteine zu einem interkulturellen Rechtsdiskurs. Frankfurt am Main 1996.

Höffe, Otfried (1997): Erwiderung, in: Wolfgang Kersting (Hrsg.): Gerechtigkeit als Tausch? Auseinandersetzungen mit der politischen Philosophie Otfried Höffes. Frankfurt am Main 1997. S. 331-356.

Höffe, Otfried (1998): Transzendentaler Tausch. Eine Legitimationsfigur für Menschenrechte?, in: Stefan Gosepath / Georg Lohmann (Hrsg.): Philosophie der Menschenrechte. Frankfurt am Main 1998. S. 29-47.

Höffe, Otfried (1999a): Gibt es ein interkulturelles Strafrecht? Ein philosophischer Versuch. Frankfurt am Main 1999.

Höffe, Otfried (1999b): Demokratie im Zeitalter der Globalisierung. München 1999.

Hohfeld, Wesley Newcomb (1978): Fundamental legal conceptions as applied in judicial reasoning. Edited by Walter Wheeler Cook. Reprint of the first edition New Haven 1919. Westport 1978.

Honneth, Axel (1993a) (Hrsg.): Kommunitarismus. Eine Debatte über die moralischen Grundlagen moderner Gesellschaften. Frankfurt am Main, New York 1993.

Honneth, Axel (1993b): Einleitung, in: Ders. (Hrsg.): Kommunitarismus. Eine Debatte über die moralischen Grundlagen moderner Gesellschaften. Frankfurt am Main, New York 1993. S. 7-17.

Hunter, Lynne (2000): Humanitäre Intervention. Unveröffentlichtes Manuskript. Erfurt 2000.

Huntington, Samuel P. (1993a): The clash of civilizations?, in: Foreign affairs 72 (1993) S. 22-49.

Huntington, Samuel P. (1993b): If not civilizations, what?, in: Foreign affairs 72 (1993) S. 186-194.

Huntington, Samuel P. (1997): Kampf der Kulturen: Die Neugestaltung der Weltpolitk im 21. Jahrhundert. München, Wien 1997.

Institut für internationale Beziehungen (1980): Wörterbuch der Außenpolitik und des Völkerrechts. Berlin 1980.

Kanger, Helle (1981): Human rights and their realization. An inquiry into the U.N. declaration of human rights based upon a philosophical theory of rights and influence. Uppsala 1981.

Kanger, Helle (1984): Human rights in the U.N. declaration. Uppsala 1984.

Kant, Immanuel (1784): Beantwortung der Frage: Was ist Aufklärung?, in: Gesammelte Werke. Akademieausgabe Berlin 1902ff. A481-A494.

Kant, Immanuel (1795): Zum ewigen Frieden. Ein philosophischer Entwurf, in: Gesammelte Werke. Akademieausgabe Berlin 1902ff. A3-A104, B3-B112.

Kelsen, Hans (1960): Reine Rechtslehre. 2. Auflage. Wien 1960.

Kersting, Wolfgang (1993a): Liberalismus und Kommunitarismus. Zu einer aktuellen Debatte, in: Information Philosophie 3 (1993) S. 4-19.

Kersting, Wolfgang (1993b): John Rawls. Hamburg 1993.

Kersting, Wolfgang (1994): Die politische Philosophie des Gesellschaftsvertrags. Darmstadt 1994.

Kersting, Wolfgang (1997a) (Hrsg.): Gerechtigkeit als Tausch? Auseinandersetzungen mit der politischen Philosophie Otfried Höffes. Frankfurt am Main 1997.

Kersting, Wolfgang (1997b): Herrschaftslegitimation, politische Gerechtigkeit und transzendentaler Tausch. Eine kritische Einführung in das politische Denken Otfried Höffes, in: Wolfgang Kersting (Hrsg.): Gerechtigkeit als Tausch? Auseinandersetzungen mit der politischen Philosophie Otfried Höffes. Frankfurt am Main 1997. S. 11-60.

Kersting, Wolfgang (2001): Plädoyer für einen nüchternen Universalismus, in: Information Philosophie 1 (2001) S. 8-23.

Kettner, Matthias (1992): Human rights, human dignity, and the object range of moral concerns according to „discourse ethics", in: Jon Wetlesen: Menneskeverd. Humanistike perspektiver. Oslo 1992. S. 128-151.

Kettner, Matthias (1994): Menschenwürde als Metapher und Begriff. Diskussionspapiere des Hamburger Instituts für Sozialforschung. Hamburg 1994. S. 1-50.

Kettner, Matthias (1995): Human rights and discourse ethics. Unveröffentlichtes Vortragsmanuskript. Prag 1995.

Kettner, Matthias (1997): Otfried Höffes transzendental-kontraktualistische Begründung der Menschenrechte, in: Wolfgang Kersting (Hrsg.): Gerechtigkeit als Tausch? Auseinandersetzungen mit der politischen Philosophie Otfried Höffes. Frankfurt am Main 1997. S. 243-283.

Kettner, Matthias (2000a): Neue Perspektiven der Diskursethik: Der öffentliche Vernunftgebrauch. Habilitationsschrift. Frankfurt am Main 2000.

Kettner, Matthias (2000b) (Hrsg.): Angewandte Ethik als Politikum. Frankfurt am Main 2000.

Kimminich, Otto (1984): Einführung in das Völkerrecht. 2. Auflage. München, New York, London, Paris 1984.

Koller, Peter / Puhl, Klaus (1997) (Hrsg.): Current issues in political philosophy: Justice in society and world order. Akten des 19. Internationalen Wittgenstein-Symposiums in Kirchberg am Wechsel 1996. Wien 1997.

Koller, Peter (1998): Jürgen Habermas über Moral, Staat und Politik. Anmerkungen zu „Die Einbeziehung des Anderen. Studien zur politischen Theorie", in: Zeitschrift für philosophische Forschung 52 (1998) S. 257-267.

Kriele, Martin (1977): Menschenrechte in Ost und West. Köln 1977.

Kühnhardt, Ludger (1986): Herausforderung des Westens. Droht eine Entpersönlichung der Menschenrechte?, in: Die politische Meinung 31 (1986) 228, S. 54-61.

Kühnhardt, Ludger (1991): Die Universalität der Menschenrechte. 2. Auflage. Bonn 1991.

Lauren, Paul Gordon (1999): The evolution of International human rights. Visions seen. Philadelphia 1999.

Lehmkuhl, Ursula (1996): Theorien internationaler Politik. Einführung und Texte. München 1996.

Lightfood-Klein, Hanny (1992): Das grausame Ritual. Sexuelle Verstümmelung afrikanischer Frauen. Frankfurt am Main 1992.

Locke, John (1690): Two treatises of government. Hrsg. v. Peter Laslett. Cambridge 1988. (Zwei Abhandlungen über die Regierung. Hrsg. von Walter Euchner. Frankfurt am Main 1977).

Lohmann, Georg (1997): Zu Problemen der Institutionalisierung von Menschenrechten in Japan, in: Peter Koller / Klaus Puhl (Hrsg.): Current issues in political philosophy: Justice in society and world order. Wien 1997. S. 196-202.

Lohmann, Georg / Gosepath, Stefan (1998) (Hrsg.): Philosophie der Menschenrechte. Frankfurt am Main 1998.

Lomasky, Loren E. (1987): Persons, rights and the moral community. Oxford 1987.

Lütterfelds, Wilhelm / Mohrs, Thomas (1997) (Hrsg.): Eine Welt – eine Moral? Eine kontroverse Debatte. Darmstadt 1997.

Lukes, Steven (1973): Individualism. Oxford 1973.

Lukes, Steven (1996): Fünf Fabeln über Menschenrechte, in: Stephen Shute / Susan Hurley (Hrsg.): Die Idee der Menschenrechte. (Oxford amnesty lectures 1993). Frankfurt am Main 1996. S. 30-52.

Lumer, Christoph (1997): Habermas Diskursethik, in: Zeitschrift für philosophische Forschung 51 (1997) 1, S. 42-64.

Lyotard, Jean Francois (1996): Die Rechte des Anderen, in: Stephen Shute / Susan Hurley (Hrsg.): Die Idee der Menschenrechte. (Oxford amnesty lectures 1993). Frankfurt am Main 1996. S. 171-182.

MacIntyre, Alasdair (1981): After virtue. A study in moral theory. Notre Dame 1981. (Der Verlust der Tugend. Zur moralischen Krise der Gegenwart. Frankfurt am Main 1995).

MacIntyre, Alasdair (1988): Whose justice? Which rationality? Notre Dame 1988.

Maritain, Jacques (1949): The rights of man and natural law. New York 1949.

Mayer, Ann Elizabeth (1991): Islam and human rights. Tradition and politics. Boulder 1991.

Meinhof, Ulrike Marie (1980): Die Würde des Menschen ist antastbar: Aufsätze und Polemiken. Berlin 1980.

Mersch, Dieter (1997): Vom Anderen reden. Das Paradox der Alterität, in: Manfred Brocker / Heino Heinrich Nau (Hrsg.): Ethnozentrismus. Möglichkeiten und Grenzen des interkulturellen Dialogs. Darmstadt 1997. S. 27-45.

Meyer, Lutz (1996): John Rawls und die Kommunitaristen. Eine Einführung in Rawls` Theorie der Gerechtigkeit und die kommunitaristische Kritik am Liberalismus. Würzburg 1996.

Mill, John Stuart (1863): Utilitarianism. London 1863. (Der Utilitarismus. Stuttgart 1976).

Mill, John Stuart (1968): Gesammelte Werke. Hrsg. v. Thomas Gomperz. 12 Bände. Leipzig 1869-1880. Nachdruck Aalen 1968.

Nardin, Terry (1983): Law, morality, and the relations of states. Princeton 1983.

Ness, Peter van (1999) (Hrsg.): Debating human rights. London 1999.

Nida-Rümelin, Julian (1990): Die beiden zentralen Intentionen der Gerechtigkeit als Fairneß von John Rawls – eine kritische Rekonstruktion, in: Archiv für Rechts- und Sozialphilosophie 76 (1990) S. 458-466.

Nida-Rümelin, Julian (1992): Rationale Ethik, in: Annemarie Pieper (Hrsg.): Geschichte der neueren Ethik. Band 2. Tübingen, Basel 1992. S. 154-172.

Nida-Rümelin, Julian (1993): Kritik des Konsequentialismus. München 1993.

Nida-Rümelin, Julian (1996): Angewandte Ethik. Die Bereichsethiken und ihre theoretische Fundierung. Stuttgart 1996. Teilweise wiederabgedruckt in: Julian Nida-Rümelin: Ethische Essays. Frankfurt am Main 2002.

Nida-Rümelin, Julian (1997a): Über die Vereinbarkeit von Universalismus und Pluralismus in der Ethik, in: Wilhelm Lütterfelds / Thomas Mohrs (Hrsg.): Eine Welt – eine Moral? Eine kontroverse Debatte. Darmstadt 1997. S. 104-117. Wiederabgedruckt in: Julian Nida-Rümelin: Ethische Essays. Frankfurt am Main 2002. S. 63-78.

Nida-Rümelin, Julian (1997b): Gerechtigkeit bei John Rawls und Otfried Höffe. Ein Vergleich, in: Wolfgang Kersting (Hrsg.): Gerechtigkeit als Tausch? Auseinandersetzungen mit der politischen Philosophie Otfried Höffes. Frankfurt am Main 1997. S. 306-320.

Nida-Rümelin, Julian / Vossenkuhl, Wilhelm (1998) (Hrsg.): Ethische und politische Freiheit. Berlin, New York 1998.

Nida-Rümelin, Julian (2000a): Was ist ein praktischer Grund?, in: Jürgen Mittelstraß (Hrsg.): Die Zukunft des Wissens. Berlin 2000. S. 177-188. Wiederabgedruckt in: Julian Nida-Rümelin: Ethische Essays. Frankfurt am Main 2002. S. 79-95.

Nida-Rümelin, Julian (2000b): Normatives Orientierungswissen, in: Jürgen Mittelstraß (Hrsg.): Die Zukunft des Wissens. Berlin 2000. S. 374-385. Wiederabgedruckt in: Julian Nida-Rümelin: Ethische Essays. Frankfurt am Main 2002. S. 96-112.

Nida-Rümelin, Julian / Thierse, Wolfgang (2000c) (Hrsg.): Ethik internationaler Beziehungen. Berlin 2000.

Nida-Rümelin, Julian (2001): Strukturelle Rationalität. Ein philosophischer Essay über praktische Vernunft. Stuttgart 2001.

Nida-Rümelin, Julian (2002): Ethische Essays. Frankfurt am Main 2002.

Nino, Carlos Santiago (1991): The ethics of human rights. Oxford 1991.

Nino, Carlos Santiago (1996): The constitution of deliberative democracy. New Haven, London 1996.

Nozick, Robert (1974): Anarchy, state and utopia. New York 1974. (Anarchie, Staat, Utopia. München 1978).

Nussbaum, Martha / Sen, Amartya (1993a) (Hrsg.): The quality of life. Oxford 1993.

Nussbaum, Martha (1993b): Menschliches Tun und soziale Gerechtigkeit. Zur Verteidigung des aristotelischen Essentialismus, in: Micha Brumlik / Hauke Brunkhorst (1993) (Hrsg.): Gemeinschaft und Gerechtigkeit. Frankfurt am Main 1993. S. 323-362.

Nussbaum, Martha (1999): Gerechtigkeit oder Das gute Leben. Hrsg. v. Herlinde Pauer-Studer. Übersetzt von Ilse Utz. Frankfurt am Main 1999.

Oestreich, Gerhard (1978): Geschichte der Menschenrechte und Grundfreiheiten im Umriß. Berlin 1978.

Özmen, Elif (1994): Weibliche Beschneidung als Menschenrechtsverletzung. Unveröffentlichtes Manuskript Göttingen 1994.

Özmen, Elif (1999): Der Stellenwert des guten Lebens in der Theorie des richtigen Handelns. Unveröffentlichtes Manuskript Göttingen 1999.

Organisation for Economic Cooperation and Development (OECD) (2000): Jahresbericht 2000. Paris 2000.

Parfit, Derek (1984): Reasons and persons. Oxford 1984.

Pfordten, Dietmar von der (1993): Deskription, Evaluation, Präskription. Trialismus und Trifunktionalismus als sprachliche Grundlagen von Ethik und Recht. Berlin 1993.

Pfordten, Dietmar von der (1996a): Rechtsethik, in: Julian Nida-Rümelin (Hrsg.): Angewandte Ethik. Die Bereichsethiken und ihre theoretische Fundierung. Stuttgart 1996. S. 200-289.

Pfordten, Dietmar von der (1996b): Ökologische Ethik. Reinbek bei Hamburg 1996.

Pfordten, Dietmar von der (1997): Vorüberlegungen zu einer Dreizonentheorie politischer Gerechtigkeit, in: Peter Koller / Klaus Puhl (Hrsg.): Current issues in political philosophy: Justice in society and world order. Wien 1997. S. 84-98.

Pfordten, Dietmar von der (2000a): Zur Rechtfertigung der Menschenrechte. Unveröffentlichtes Manuskript. Erfurt 2000.

Pfordten, Dietmar von der (2000b): Rechtsethische Rechtfertigung – material oder prozedural?, in: Archiv für Rechts- und Sozialphilosophie Beiheft 75 (2000), hrsg. v. Lorenz Schulz: Verantwortung zwischen materialer und prozeduraler Zurechnung. S. 17-44.

Pfordten, Dietmar von der (2000c): Normativer Individualismus versus normativer Kollektivismus in der Politischen Philosophie der Neuzeit, in: Zeitschrift für philosophische Forschung 54 (2000) S. 491-513.

Pfordten, Dietmar von der (2001): Rechtsethik. München 2001.

Platon (1990): Theaitetos, in: Platon. Werke in acht Bänden. Hrsg. v. Gunther Eigler. Übersetzung von Friedrich Schleiermacher. 2. Auflage. Darmstadt 1990.

Pogge, Thomas W. (1990): Realizing Rawls. Ithaca, New York 1990.

Pogge, Thomas W. (1997): Menschenrechte als moralische Ansprüche an globale Institutionen, in: Peter Koller / Klaus Puhl (Hrsg.): Current issues in political philosophy: Justice in society and world order. Wien 1997. S. 147-164.

Pollis, Adamantia / Schwab, Peter (1982): Toward a human rights framework. New York 1982.

Pollis, Adamantia (1982): Liberal, socialist, and third world perspektives of human rights, in: Adamantia Pollis / Peter Schwab: Toward a human rights framework. New York 1982. S. 1-26.

Popper, Karl R. (1943): Die offene Gesellschaft und ihre Feinde. 2 Bände. 6. Auflage. Tübingen 1980. (The open society and its enemies. London 1943).

Ranft, Eberhard (1995): Grundrechte und Naturrecht: Entwicklung und Tendenzen der naturrechtlichen Auslegung der Grundrechte nach 1945. Goldbach 1995.

Rawls, John (1971): A theory of justice. Cambridge, Massachusetts 1971. (Eine Theorie der Gerechtigkeit. Frankfurt am Main 1975).

Rawls, John (1985): Justice as fairness: Political not metaphysical, in: Philosophy and public affairs 14/3 (1985) S. 223-251.

Rawls, John (1993a): Political liberalism. New York 1993. (Politischer Liberalismus. Frankfurt am Main 1998).

Rawls, John (1993b): The law of peoples, in: Stephen Shute / Susan Hurley (Hrsg.): On human rights: The Oxford Amnesty Lectures 1993. New York 1993. S. 41-82. (Das Völkerrecht, in: Stephen Shute / Susan Hurley (Hrsg.): Die Idee der Menschenrechte. Frankfurt am Main 1996. S. 53-103).

Rawls, John (1999): The law of peoples. With „The idea of public reason revisited". Cambridge 1999.

Reese-Schäfer, Walter (1990): Karl-Otto Apel. Hamburg 1990.

Reese-Schäfer, Walter (1994): Jürgen Habermas. 2. Auflage. Frankfurt am Main, New York 1994.

Renteln, Alison D. (1990): International human rights: Universalism versus relativism. London 1990.

Riedel, Eibe H. (1986): Theorie der Menschenrechtsstandards. Berlin 1986.

Rippe, Klaus Peter (1993): Ethischer Relativismus. Seine Grenzen, seine Geltung. Paderborn 1993.

Ritterband, Charles E. (1982): Universeller Menschenrechtsschutz und völkerrechtliches Interventionsverbot. Bern 1982.

Rorty, Richard (1989): Contingency, irony, and solidarity. Cambridge 1989.

Rorty, Richard (1995): Solidarität oder Objektivität? Drei philosophische Essays. Stuttgart 1995.

Rorty, Richard (1996): Menschenrechte, Rationalität und Gefühl, in: Stephen Shute / Susan Hurley (Hrsg.): Die Idee der Menschenrechte. (Oxford amnesty lectures 1993). Frankfurt am Main 1996. S. 144-170.

Rosefeldt, Tobias (2001): Die Rechtfertigung von Wahrheit. Richard Rorty und seine Kritiker, in: Philosophische Rundschau 48/3 (2001) S. 196-207.

Sandbothe, Mike (2000) (Hrsg.): Die Renaissance des Pragmatismus. Aktuelle Verflechtungen zwischen analytischer und kontinentaler Philosophie. Weilerswirst 2000.

Sandel, Michael (1982): Liberalism and the limits of justice. First edition 1982. Second edition 1998. Cambridge 1982.

Sandel, Michael (1993): Die verfahrensrechtliche Republik und das ungebundene Selbst, in: Axel Honneth (Hrsg.): Kommunitarismus. Eine Debatte über die moralischen Grundlagen moderner Gesellschaften. Frankfurt am Main, New York 1993. S. 18-35.

Sandel, Michael (1995): Liberalismus oder Republikanismus? Von der Notwendigkeit der Bürgertugend. Wien 1995.

Scanlon, Thomas (1998): What we owe to each other. Cambridge 1998.

Schlothfeld, Stefan (1999): Erwerbsarbeitslosigkeit als sozialethisches Problem. Freiburg 1999.

Schluchter, Wolfgang (2000): Individualismus, Verantwortungsethik und Vielfalt. Weilerswirst 2000.

Schmidt, Thomas (2000): Die Idee des Sozialvertrags. Rationale Rechtfertigung in der politischen Philosophie. Paderborn 2000.

Schnarrer, Johannes Michael (1999): Norm und Naturrecht verstehen. Eine Studie zu Herausforderungen der Fundamentalethik. Frankfurt am Main u.a. 1999.

Schockenhoff, Eberhard (1996): Naturrecht und Menschenwürde. Universale Ethik in einer geschichtlichen Welt. Mainz 1996.

Scholler, Heinrich (1991): Anknüpfungspunkte für eine Rezeption der abendländischen Menschenrechte in der afrikanischen Tradition, in: Walter Kerber (Hrsg.): Menschenrechte und kulturelle Identität. Ein Symposium. München 1991. S. 117-164.

Schroth, Jörg (2001): Die Universalisierbarkeit moralischer Urteile. Paderborn 2001.

Schurz, Gerhard (1997): Der Wert des Lebens und die Grenzen ethischer Universalisierung, in: Peter Koller / Klaus Puhl (Hrsg.): Current issues in political philosophy: Justice in society and world order. Wien 1997. S. 310-320.

Schwartländer, Joachim (1978) (Hrsg.): Menschenrechte. Aspekte ihrer Begründung und Verwirklichung. Tübingen 1978.

Schwartländer, Joachim (1981a) (Hrsg.): Menschenrechte und Demokratie. Kehl am Rhein, Straßburg 1981.

Schwartländer, Joachim (1981b) (Hrsg.): Modernes Freiheitsethos und christlicher Glaube. Beiträge zur Bestimmung der Menschenrechte. München, Mainz 1981.

Schweidler, Walter (1994): Geistesmacht und Menschenrecht. Der Universalanspruch der Menschenrechte und das Problem der Ersten Philosophie. Freiburg, München 1994.

Schwinger, Elke (2001): Angewandte Ethik: Naturrecht, Menschenrechte. München 2001.

Searle, John R. (1994): Sprechakte. Ein sprachphilosophischer Essay. 3. Auflage. Frankfurt am Main 1994. (Speech acts. An essay in the philosophy of language. Cambridge 1969).

Sen, Amartya / Williams, Bernard (1982) (Hrsg.): Utilitarianism and beyond. Cambridge 1982.

Sen, Amartya (1997): Human rights and Asian values: What Lee Kuan Yew and Le Peng don't understand about Asia, in: The new republic 7 (1997) S. 217-228.

Sennett, Richard (1998): The corrision of character. New York 1998. (Der flexible Mensch. Die Kultur des neuen Kapitalismus. Berlin 1998).

Shaw, William H. (1999): Contemporary ethics. Taking account of utilitarianism. Oxford 1999.

Shute, Stephen / Hurley, Susan (1996): Die Idee der Menschenrechte (Oxford amnesty lectures 1993). Frankfurt am Main 1996.

Sidgewick, Henry (1874): The methods of ethics. London 1874. Nachdruck Indianapolis 1981. (Die Methoden der Ethik. 2 Bände. Leipzig 1909).

Simma, Bruno (1977): Souveränität und Menschenrechtsschutz nach westlichem Völkerrechtsverständnis, in: Europäische Grundrechtezeitung (1977) S. 235-251.

Simma, Bruno (1985) (Hrsg.): Menschenrechte: Ihr internationaler Schutz. 2. Auflage. München 1985.

Sinha, Surya Prakash (1978a): The anthropocentric theory of International law as a basis for human rights, in: Case Western journal of International law 10 (1978) S. 469-504.

Sinha, Surya Prakash (1978b): Human rights philosophically, in: Indian journal of International law 18 (1978) S. 139-159.

Sinha, Surya Prakash (1981): Human rights: A non-western viewpoint, in: Archiv für Rechts- und Sozialphilosophie 67 (1981) S. 88-103.

Sinha, Surya Prakash (1984): Freeing human rights from natural rights, in: Archiv für Rechts- und Sozialphilosophie 70 (1984) S. 342-383.

Sinha, Surya Prakash (1989): Why has it not been possible to define law?, in: Archiv für Rechts- und Sozialphilosophie 75 (1989) S. 1-26.

Sinha, Surya Prakash (1995): Non-universality of law, in: Archiv für Rechts- und Sozialphilosophie 81 (1995) S. 185-214.

Spaemann, Robert (1987): Über den Begriff der Menschenwürde, in: Ernst-Wolfgang Böckenförde / Robert Spaemann (Hrsg.): Menschenrechte und Menschenwürde. Historische Voraussetzungen – säkulare Gestalt – christliches Verständnis. Stuttgart 1987. S. 295-316.

Steigleder, Klaus (1999): Grundlegung der normativen Ethik. Der Ansatz von Alan Gewirth. Freiburg, München 1999.

Strauss, Leo (1953): Natural right and history. Chicago 1953. (Naturrecht und Geschichte. Frankfurt am Main 1989).

Taylor, Charles (1989): Sources of the self: The making of modern identity. Cambridge 1989. (Quellen des Selbst. Frankfurt am Main 1994).

Taylor, Charles (1993): Aneinander vorbei: Die Debatte zwischen Liberalismus und Kommunitarismus, in: Axel Honneth (Hrsg.): Kommunitarismus. Eine Debatte über die moralischen Grundlagen moderner Gesellschaften. Frankfurt am Main, New York 1993. S. 103-130.

Thomson, Judith Jarvis (1990): The realm of rights. Cambridge, Massachusetts 1990.

Thumfart, Alexander (2001): Die politische Integration Ostdeutschlands. Frankfurt am Main 2001.

Tibi, Bassam (1992): Universalität der Menschenrechte?, in: Universitas 2 (1992) S. 130-139.

Tibi, Bassam (1995): Krieg der Zivilisationen. Politik und Religion zwischen Vernunft und Fundamentalismus. Hamburg 1995.

Tibi, Bassam (2000): Fundamentalismus im Islam. Eine Gefahr für den Weltfrieden? Darmstadt 2000.

Trapp, Rainer W. (1988): Nicht-klassischer Utilitarismus: Eine Theorie der Gerechtigkeit. Frankfurt am Main 1988.

Tugendhat, Ernst (1993): Menschenrechte, in: Ders.: Vorlesungen über Ethik. 17. Vorlesung. Frankfurt am Main 1993. S. 336-363.

Tugendhat, Ernst (1998): Die Kontroverse um die Menschenrechte, in: Stefan Gosepath / Georg Lohmann (Hrsg.): Philosophie der Menschenrechte. Frankfurt am Main 1998. S. 48-61.

United Nations (1948): Resolution 217 (III) der UN-Generalversammlung vom 10. Dezember 1948. New York 1948 [Allgemeine Erklärung der Menschenrechte].

United Nations (1966): Internationaler Pakt über bürgerliche und politische Rechte vom 19. Dezember 1966. New York 1966 [Zur ersten Generation von Menschenrechten].

United Nations (1966): Internationaler Pakt über wirtschaftliche, soziale und kulturelle Rechte vom 19. Dezember 1966. New York 1966 [Zur zweiten Generation von Menschenrechten].

United Nations (1977): Resolution 32/130 der UN-Generalversammlung vom 16. Dezember 1977. New York 1977 [Zur dritten Generation von Menschenrechten].

United Nations Development Program (UNDP) (2000): Human development report 2000. Human rights and human development. New York 2000.

Walzer, Michael (1983): Spheres of justice. A defense of pluralism and equality. New York 1983. (Sphären der Gerechtigkeit. Ein Plädoyer für Pluralität und Gleichheit. Frankfurt am Main, New York 1992).

Walzer, Michael (1996): Lokale Kritik – globale Standards. Zwei Formen moralischer Auseinandersetzung. Hamburg 1996.

Weiss, Ulrich (1997): Menschenwürde / Menschenrechte: Normative Grundorientierung für eine globale Politik?, in: Wilhelm Lütterfelds / Thomas Mohrs (Hrsg.): Eine Welt – eine Moral? Eine kontroverse Debatte. Darmstadt 1997. S. 217-243.

Welzel, Hans (1951): Naturrecht und materiale Gerechtigkeit. Göttingen 1951.

Wetz, Franz Josef (1998): Die Würde des Menschen ist antastbar. Eine Provokation. Stuttgart 1998.

Williams, Bernard (1986): Der Begriff der Moral. Eine Einführung in die Ethik. Stuttgart 1986.

Wolf, Jean-Claude (2000a) (Hrsg.): Menschenrechte interkulturell. Fribourg 2000.

Wolf, Jean-Claude (2000b): Wie kommunitaristisch darf der Liberalismus sein?, in: Kurt Seelmann (Hrsg.): Kommunitarismus versus Liberalismus. Stuttgart 2000. S. 37-60.

www.ingramcontent.com/pod-product-compliance
Lightning Source LLC
Chambersburg PA
CBHW020113010526
44115CB00008B/810